普通高等教育"十一五"国家级

U0694310

高职高专市场营销专业系列教材

MARKETING

商务谈判

（第3版）

主　编　蒋小华

副主编　余　燕

主　审　于志达　汤秀莲

重庆大学出版社

内 容 提 要

本书系统地介绍了商务谈判的基本理论和方法,以及运用这些理论和方法从事商务谈判应该掌握的各种策略和技巧。主要内容包括商务谈判概述、商务谈判人员的素质、商务谈判的准备、商务谈判开局阶段策略、商务谈判磋商阶段策略、商务谈判签约阶段策略、商务谈判语言、谈判心理在商务谈判中的运用、商务谈判的礼仪、各国商人的谈判风格等。本书具有系统性、实用性和可操作性等特点,在内容和结构上达到了高职高专学校的教学要求。

本书既可作为高职高专市场营销专业或其他财经类专业的教材,也可作为成人高校经济管理类专业通用教材,亦可作为从事商务工作的在职人员的培训用书。

图书在版编目(CIP)数据

商务谈判/蒋小华主编.-- 3 版. -- 重庆:重庆
大学出版社,2019.11
高职高专市场营销专业系列教材
ISBN 978-7-5689-0818-4

Ⅰ.①商… Ⅱ.①蒋… Ⅲ.①商务谈判—高等职业教
育一教材 Ⅳ.①F715.4

中国版本图书馆 CIP 数据核字(2017)第 235155 号

高职高专市场营销专业系列教材
商 务 谈 判
(第 3 版)
主 编 蒋小华
副主编 余 燕
主 审 于志达 汤秀莲
责任编辑:马 宁 史 骥 版式设计:史 骥
责任校对:邬小梅 责任印制:张 策

*

重庆大学出版社出版发行
出版人:饶帮华
社址:重庆市沙坪坝区大学城西路 21 号
邮编:401331
电话:(023) 88617190 88617185(中小学)
传真:(023) 88617186 88617166
网址:http://www.cqup.com.cn
邮箱:fxk@ cqup.com.cn(营销中心)
全国新华书店经销
重庆华林天美印务有限公司印刷

*

开本:787mm×1092mm 1/16 印张:21.5 字数:526 千
2004 年 8 月第 1 版 2019 年 11 月第 3 版 2019 年 11 月第 13 次印刷
印数:38 001—41 000
ISBN 978-7-5689- 0818-4 定价:49.00 元

第3版前言

有交易的地方就有谈判。随着市场经济的发展,商务谈判日益频繁,小到菜市场上的讨价还价、大到国与国之间的贸易合作,都离不开谈判。商务谈判在经济活动中的作用越来越重要,掌握商务谈判的技能是现代商务人士最重要、最必不可少的技能之一。由于我国对于商务谈判的研究起步较晚,我们的很多商务谈判人员由于缺乏系统的理论及实践知识,因此在谈判桌上吃亏,付出了高昂的代价。现在,我们的企业比以往任何时候都需要大量经过系统培训的商务谈判人员。本书正是为了满足这种需要而编写的。

高等职业教育的培养目标:使学生成为掌握本专业必备的专业基础知识,具有从事本专业的实际工作的基本技能和能力,适应生产、管理第一线的全面发展的高等技术应用型人才。根据该培养目标,高等职业技术院校的教材应该体现"以应用为目的,够用为度"的原则。

本书是高等职业技术院校市场营销专业的一门技能性课程,实用性和可操作性非常强。为了体现上述原则,在本书的第3版编写过程中,我们坚持以创新、实用为特色。本书吸收了国内外商务谈判研究与实践的最新观念、理论和经验;在系统介绍本学科基本内容的基础上,充分发挥实例的作用,增加了大量的"案例"。做到章前有"本章导读",章中有"案例",章后有"本章小结""复习思考题""实训题""案例",并在书后增加了工矿产品购销合同、国际劳务合同、技术转让合同、国际货物买卖合同、销售确认书、仲裁申请书、仲裁协议等标准格式作为附录,形成了"讲练结合"的模式,突出了本书的应用性。

本书第3版的编写修订工作由蒋小华(昆明冶金高等专科学校)任主编,余燕(昆明冶金高等专科学校)任副主编,李彩兰、甄珍(石家庄职业技术学院)任参编,由蒋小华进行总体策划、设计并最终定稿。全书由南开大学教授于志达、汤秀莲先生主审。

本书在编写修订过程中,参阅了许多文献并得到了重庆大学出版社的支持,且承蒙于志达、汤秀莲先生主审,提出了许多宝贵的修改意见,谨此深表谢意!

由于编写修订者时间仓促,水平有限,书中偏颇、疏漏在所难免,敬请广大读者提出宝贵意见,以便进一步修订完善。

编 者
2019 年 5 月

第 2 版前言

加入 WTO 后的今天，随着我国社会主义市场经济的迅速发展，我国在世界经济一体化过程中的步伐正在不断加快，我国已经变成了世界的巨大加工场，国内外的经贸活动与日俱增，各种各样的商务谈判无时无刻不在进行着。由于我国对于商务谈判的研究起步较晚，我们的很多涉外商务谈判人员由于缺乏系统的理论及实践知识，在谈判桌上吃亏，付出了高昂的代价。现在，我们的企业比以往任何时候都需要大量经过系统培训的商务谈判人员。本书正是为了满足这种需要而编写的。

高等职业教育的培养目标是：使学生掌握本专业必备的专业基础知识，具有从事本专业的实际工作的基本技能和能力，适应生产、管理第一线的全面发展的高等技术应用型人才。根据该培养目标，高等职业技术院校的教材应该体现"以应用为目的，够用为度"的原则。

本书是高等职业技术院校市场营销专业的一门技能性课程，实用性和可操作性非常强。为了体现上述原则，在本书的第 2 版编写过程中，我们坚持以创新、实用为特色。本书吸收了国内外商务谈判研究与实践的最新观念、理论和经验；在系统介绍本学科基本内容的基础上，充分发挥实例的作用，增加了大量的"案例"。做到章前有"本章导读"，章中有"案例"，章后有"本章小结""复习思考题""实训题""案例"。并在书后增加了工矿产品购销合同、国际劳务合同、技术转让合同、国际货物买卖合同、销售确认书、仲裁申请书、仲裁协议等标准格式作为附录，形成了"讲练结合"的模式，突出了本书的应用性。

本书由徐春林（天津工业大学）任主编，廖小林（广西财经学院）、蒋小华（昆明冶金高等专科学校）、刘继山（邯郸职业技术学院）任副主编，李彩兰（太原大学）、甄珍（石家庄职业技术学院）、韩婷（天津工业大学）任参编。由徐春林进行总体策划、设计并最终定稿。本书第 1、5 章，第 8 章第 1、2、4 节由徐春林编写，第 2、3 章由廖小林编写，第 4、6 章由蒋小华编写，第 7 章由刘继山编写，第 9 章由李彩兰编写，第 10 章由甄珍编写，第 8 章第 3 节及附录由韩婷编写。全书由南开大学教授于志达、汤秀莲先生主审。

本书在编写修订过程中，参阅了许多文献并得到了重庆大学出版社的支持，且承蒙于志达、汤秀莲先生主审，提出了许多宝贵的修改意见，谨此深表谢意！

由于编写时间仓促，水平有限，书中偏颇、疏漏在所难免，敬请广大读者提出宝贵意见，以便进一步修订完善。

编　者
2007 年 2 月

目　录

第1章
商务谈判概述

【本章导读】

本章是商务谈判的入门。主要介绍了谈判的概念和特点；商务谈判的含义、特点和种类；商务谈判的作用、内容、原则、程序和方式。目的是使读者对商务谈判有一个全面的、准确的理解。

【关键词汇】

谈判　商务谈判

1.1　商务谈判的概念、特点与种类

1.1.1　商务谈判的概念

谈判在人们的生活中无所不在,生活中的每一个人都是谈判的参与者。在日常生活里,人们每天都在为某些事情进行着谈判,如在农贸市场为购买商品与个体老板进行讨价还价;和家人商谈国庆七天假日的旅游度假计划;在单位中与同事、领导就工作上的问题进行协商;与外商就建立合营企业进行商谈;为进口商品的质量问题与国外的出口商在谈判桌上反复磋商;中国为复关和加入 WTO 进行的 15 年艰苦卓绝的谈判;为了解决朝鲜核问题在北京举行的中、美、朝、韩、日、俄六方会谈等,这些都可以归入谈判的范畴。

1) 谈判的概念

关于什么是谈判的问题,并没有一个统一的解释。英国谈判学家 P.D.V.马什认为:"所谓谈判是指有关各方为了自身的目的,在一项涉及各方利益的事务中进行磋商,并通过调整各自提出的条件,最终达成一项各方较为满意的协议这样一个不断协调的过程。"美国哈佛大学法学院教授罗杰·费希尔和谈判专家威廉·尤瑞把谈判定义为:"谈判是从别人那里得到你所需要的东西的一个基本手段。当你和谈判对方之间有共同利害关系时,为达成协议,双方需要一来一往地交换意见。这就是谈判。"美国谈判专家 C.威恩·巴罗和格莱恩·P.艾森认为:"谈判是在双方都致力于说服对方接受其要求时所运用的一种交换意见的技能,其最终目的就是要达成一项对双方都有利的协议。"美国谈判协会会长、著名律师杰勒德·I.尼尔伦伯格指出:"只要人们是为了改变相互关系而交换观点,只要人们是为了取得一致而磋商协议,他们就是在进行谈判。"

综合上述观点,从实质上看,谈判的内涵的基本点包括:谈判是以某种利益需求的满足为预期目标;是处于平等的双方通过对话谋求合作、协调彼此之间的关系的交往活动;谈判各方通过沟通信息、交换观点、相互磋商、达成共识。

据此,我们认为,谈判是指人们为了实现各自的某种需求,彼此进行信息交流,交换观点,磋商协议,旨在谋求一致意见的行为过程。

谈判作为协调各方关系的重要手段,广泛应用于政治、经济、军事、外交、科技等各个领域。谈判的适用范围也是十分广泛的,大至国家之间经济、政治、军事等方面的谈判,小至现实生活中人们在工作、学习等方面的谈判。因此谈判不仅是政治家、外交家、贸易谈判家和法律专家的事,也是我们每一个人都必须面对的事。由此可见,谈判是人与人交往的一种常见的形式。在现实生活中,人们每天都面临着谈判,每天都在与人谈判。因此,为了事业的成功,为了谋求一个美好的生活氛围,我们每一个人都有必要学习和掌握谈判的原理及其技巧。

2) 商务谈判的概念

【小贴士 1-1】　有关资料表明,发达国家约有 10% 的人每天直接或间接从事谈判活动,其中职业的商务谈判占5%以上。随着互联网的普及,沟通更加便捷和顺畅,谈判成为社会交往中的重要组成部分。

商务谈判是指经济领域中,两个或两个以上从事商务活动的组织或个人,为了满足各自的经济利益,进行意见交换和磋商,谋求取得一致和达成协议的行为过程。它是市场经济条件下流通领域最普遍最大量的活动。商品买卖谈判、劳务贸易谈判、技术贸易谈判、投资谈判、经济合作谈判均属于商务谈判的范畴。

商务谈判是交易双方为最终取得互惠协议而做的努力。因此,一场成功的商务谈判不应该是你输我赢、胜者为王、败者为寇的对决,而应该是双方互利合作的过程,商务谈判的每一方都应是胜利者,最终达成的协议必须对双方都有利,即各方都满足了自己的需要。否则,谈判就不会成功。

【案例1-1】 格蒂石油公司的老板保罗·格蒂是美国的大富豪,而乔治·密勒是他手下的一名主管,负责监督洛杉矶郊外的一片油田。此人勤奋、诚实、懂行,在格蒂眼中,他的薪水跟他所负的责任相称。但格蒂每次到油田察看钻探现场、油井和装备设施时,总会发现工作效率不高、错误迭出,如经费失控、工序脱节、后勤保障不到位等问题。格蒂认为,症结在于密勒热衷于坐在洛杉矶的办公室里进行遥控指挥,很少亲临现场监督作业情况,没有很好地履行监督人员的职责。于是,他决定跟密勒进行"男人与男人的谈话"。

为使谈判达到预定的目的,格蒂作了认真的准备。但格蒂自以为对密勒了如指掌,便气势夺人地跟他摊牌:"我认为你的工作方式还有不少需要改进的地方,我只在现场待了一个小时,便发现有好多地方需要改进,坦率地说,我不懂你为什么看不出来。"密勒回答说:"先生,您忽略了一点,脚下踩的是您自己的油田,油田的一切跟您都有切身利益关系,这就足够让您眼光锐利,发现问题。至于解决办法,当然多的是! 可是工地上有谁与您一样呢?"格蒂没有想到密勒另有缘由,他只得说:"让我考虑考虑。"两人便暂停了谈话。

第二次谈判,格蒂干脆利落地亮出底牌说:"假如我把这片油田交给你管理,利润按9∶1分成,不再给你薪金,你看怎么样?"

密勒考虑了一会儿说:"我同意这种分配方式,但我想得到由我创造的应得的利润。""那么请你开个价。"格蒂谨慎地说。"格蒂,您做了基础投资,但管理是我一个人做的,所以,至少应按8∶2分配利润。"密勒坚定地说。"好吧,让我们共同来做一个试验。"格蒂边说边伸出了手。"你不会吃亏的。"密勒也伸出了他的手。

协议达成后,变化立即出现。密勒开始真正关心降低成本,提高产量。他用一种完全不同的眼光看待油田作业。以前的工作效率低、人浮于事的现象有了根本的改观。经过密勒的不懈努力,油田的产量不断提高,成本却在逐渐降低。

格蒂嘴上说做个试验,心里却想"吃小亏占大便宜"。他耐着性子等了两个多月之后,带着挑剔的目光来到油田。他仔细察看了作业情况,却找不出什么毛病。最后,他信服地对密勒表示,油田状况令他十分满意,就此开始了两个人长久的合作。

需要不仅是显现的,也是潜在的,在许多情况下,需要靠发现、发掘。格蒂成功地发现密勒的自尊需要,并就两个人的合作方式达成了正式协议,改善了企业的管理现状。

【案例1-2】 一位买方收到一份卖方报价:14 750美元,提供10台计算机及相应的软件,报价包括送货及安装软件。

买方自然会货比三家,在研究了几份不同的报价后,要求卖方把价格降低到 12 500 美元。12 500 美元是买方最高承受价,高于这个价根本不考虑购买。而卖方的底价是 12 875 美元,低于这个价就会亏损。有亏损自然不会卖,眼看 375 美元的差价就要"棒打鸳鸯"了,怎么办?卖方这时想:我们能否创造什么新的价值来调节买方因为价格带来的心理不平衡。我们在价格上或许不能再让步,然而,能提供什么附加服务或附加价值呢?买方这时也在想,我能否在某些方面获得其他实质性补偿呢?双方一合计,新的解决方案出来了。价格按卖方的底价 12 875 美元走,但可以为买方提供免费培训,卖方所提供的这种培训正是买方所需要的。每周举办一期培训班,收费是 187 美元。卖方可以免费为买方提供几个培训名额。

于是卖方向买方提出了每周送 1~2 人免费参加培训的建议,总共 5 个名额。另外,还可以较低价位向买方提供大的控制器或其他硬件设备。这个建议令买方很满意,虽然产品本身价格高出心理预期,但可以获得更多的培训机会,节省更多的培训费用。卖方也非常高兴,因为他为买方提供的培训名额,费用几乎不增加。

如果卖方坚持 14 750 美元销售,买方坚持以 12 500 美元购买,双方"寸土必争,寸步不让",势难成交,更不用说双赢了。但是因为卖方引进了一个新的因素——创造了新的价值,这个价值又是买方所需要的,所以,买卖双方的谈判才能成功。

1.1.2　商务谈判的特点

商务谈判与其他谈判相比,既具有一般谈判的共性特点,又具有其个性特点。

1) 谈判的特点

①谈判是一种社会现象,是人际关系的一种特殊表现。人是自然界发展到最高阶段的产物,人具有社会属性,人为了某种需要的满足就不可避免地发生人和人之间的关系,这就是人际关系。人际关系的类型很多,诸如生产关系、经济关系、血缘关系、师徒关系、邻里关系、同学关系等。虽然存在着如此多种多样的关系,但却不能将它们都归结为谈判关系。谈判是在特定条件下的特定类型的人际关系,是人际关系的一种特殊表现。其特殊之处在于它具有动态性、短暂性和导向性。所谓动态性是指其不像血缘关系、邻里关系、师徒关系等人际关系那样具有相对稳定的状态,而是在任何一个层次上人们之间都可能发生谈判关系,一旦谈判过程结束,相互间的谈判关系也随之结束,它呈现出一种动态的特点;短暂性是相对于其他人际关系而言的,谈判关系在时间的持续上是短暂的,一旦围绕某种问题的协商得以完成,谈判关系即告结束;导向性是指谈判的结局将对谈判者在某事物或某领域的价值取向或利益分配产生直接的约束与导向作用。

②谈判的核心任务是一方企图说服另一方。由于人们所处的自然环境和社会环境存在着差别,在思维素质、文化素质等方面存在着差异,心理的发展状况也呈现出不同的层次与水平,这些都决定了人们在所追求的需要和所维护的基本利益方面的不一致。当人们希望自己所追求的需要和所维护的基本利益得到其他人的理解、允许或接受时,就必须与之进行会谈,取得沟通、协商一致,而这也就是谈判。

③谈判产生的条件是双方在观点、利益或行为方式等方面既存在着一致性又存在着差异性。显而易见,如果人们在观点、基本利益或行为方式等方面不存在不一致的情况,也就

用不着进行谈判。但是,我们却不能由此得出一个简单的结论:只要人们在观点、基本利益或行为方式等方面出现了不一致,就一定会导致谈判现象的产生。例如,某单位中可能既有共产党员,也有基督教徒。前者持无神论观点,后者持有神论观点。他们的观点截然不同,但在一般情况下他们之间并不需要进行谈判。由此可见,谈判现象的产生还要依赖其他方面的条件。产生谈判现象的重要条件之一就是双方的差异、矛盾、冲突必须是存在于相关联的状态或系统中,即双方在观点、基本利益和行为方式等方面出现了既相互联系又相互差别或冲突的状况。例如,甲企业生产的集装箱需要推销,乙企业需要甲企业的集装箱运输产品,这就构成了它们之间的相互联系。然而,甲乙两家企业又都是独立的商品生产者和经营者,它们各自所代表的基本利益要求它们以最大的经济效益获得相关的利益,这就构成了它们之间的差别或冲突。如何才能在这种既相互联系又存在相互差别或冲突的局面中去求得双方的协调发展呢?这就需要借助于谈判。在上述情况下,甲乙两家企业之间就会产生谈判现象。所以,每一种谈判现象的产生,都意味着谈判的双方在观点、基本利益和行为方式等方面出现了既相互联系又相互冲突的情况。

④构成谈判关系的因素是双方在法律地位方面呈现相对独立性。即使人们在观点、利益和行为方式方面存在既相互联系又相互冲突时,如果双方不是处于相对独立的地位,也不具备产生谈判的条件。只有双方处于相对独立的地位,才可能具备产生谈判的条件。如甲公司与乙公司都具有法人资格,它们在准备进行合作生产时,就必须就有关的合作事宜进行谈判,这种谈判只有在平等互利的前提下,通过平等协商才能达成协议。这是因为它们在法律上是平等的。如果甲公司的一个车间,其本身并不具有法人资格,在没有得到甲公司授权的情况下,它与乙公司谈判合作生产的问题,就不存在法律上的合法性。

⑤谈判的工具是思维—语言链。在谈判中,谈判的双方需要进行信息的双向传递、反馈和沟通,即谈判双方在阐述自己的想法和意见的同时,听取对方的想法和意见,然后进行反复磋商,争取达成一致。如果双方之间离开了信息的传递、反馈和沟通的过程,也就无所谓谈判。谈判中信息沟通的工具是思维—语言链。

2) 商务谈判的特点

商务谈判作为谈判的一种,除了具有一般谈判的特点以外,还具有其独有的特点,具体表现在以下几个方面:

①商务谈判具有利益性。商务谈判是以为己方谋取较大经济利益为目的的谈判。商务谈判所涉及的因素很多,谈判者的需求和利益表现在众多的方面,但价格则几乎是所有商务谈判的核心内容,占据重要地位。因为价格的高低直接反映了谈判双方的经济利益的分配,而这些因素都与价格有着密切的关系,并往往可以折算为一定的价格,且通过价格的升降得到体现。这就要求商务谈判者一方面要以价格为核心坚持自己的利益,另一方面又不能仅仅局限于价格,要善于拓宽思路,设法从其他与价格相联系的因素上争取更多的利益。例如,对方在价格上不肯让步,那么就可以要求对方在售后服务等方面提供优惠条件,以此让对方易于接受。

②商务谈判具有平等性。商务谈判一定要遵循价值规律并根据等价交换的原则进行。参加商务谈判的各方不论组织大小还是实力强弱,在价值规律面前和相互关系上都是平等的,这是商务谈判的平等性。在商务谈判中谈判者向对方提出什么条件,如何进行讨价还

价,可以做出何种最大限度的让步,根据什么标准来确定能否达成协议等一系列问题的思考和解决,都受到价值规律和等价交换原则的制约,并且迫使谈判双方既要争取自己的经济利益,又要顾及对方的经济利益。无视商务谈判的平等性,只想要对方让步而自己不想做丝毫妥协,是不可能达成协议和取得谈判成果的。当然,这并不是说在商务谈判中达成协议后双方在利益的分配上是绝对平均的,而是要达到平衡。只要一方的要求得到满足,另一方也得到补偿,双方相互满意,就是达到了利益上的平衡。

③商务谈判具有多样性。商务谈判的多样性,不只是指谈判内容的多样性,也是指商务谈判的当事人是多种多样的。既有企业或其他经济组织之间的各种商务谈判,也有个人之间进行的谈判,还有各层次之间相互交叉进行的商务谈判。就商品的买卖而言,买者可以货比百家,同商品质量好、价格合理的卖者建立谈判关系和买卖关系;卖者可以面向千家,同结算形式、信用好的用户或经销商建立协作关系。商务谈判者要正确认识自己所进行的商务谈判所处的层次,选择具有可合作性的对象建立谈判关系和买卖关系。

④商务谈判具有组织性。早期的商务谈判大多限制在货物贸易的范围,只需要一个人就可以完成。而现代商务谈判领域已经扩大到劳务、技术、资金、借贷、信息等方面,交易条款多而复杂,给谈判增大了难度。尤其是大型的、综合性的、一揽子的谈判,必须成立由各方面专家组成的谈判小组,分工协作处理谈判中的有关事务。

⑤商务谈判具有约束性。商务谈判在内容和结果上受外部环境的制约,这是商务谈判的约束性。政治、法律环境对国际商务谈判影响最大;经济环境中的市场供求变化和竞争情况对商务谈判的约束性最强;社会环境如风俗习惯、宗教信仰、教育程度等因素制约着商务谈判者的沟通和交流。因此,商务谈判人员不仅要掌握商务知识、谈判策略和技巧,而且还要掌握政策、法规、社会文化等方面的知识。这样才能控制复杂的谈判局势,实现谈判目标。

⑥商务谈判的科学性。商务谈判是一门科学,涉及多门学科的知识。商务谈判所研究的是在激烈的市场竞争中,对参与谈判的买卖双方,彼此相互制约、相互合作、相互竞争的方式并在特定方式下体现相互的经济利益关系,以及由这种经济利益关系所决定的相应的谈判方针、原则、方式与技巧和策略。整个谈判活动,既涉及专业知识,如贸易、金融、保险、企业管理、商法、市场营销等知识,同时又涉及社会学、心理学、语言学、公共关系学、运筹学、逻辑学等广泛的知识领域。

⑦商务谈判具有艺术性。商务谈判作为一门艺术,参与人员的素质、能力、经验、心理状态、感情以及临场的发挥状况都对谈判进程和结果有着极大的影响,使谈判的结果往往表现出很大的不确定性。谈判是一门艺术,要求谈判者必须掌握其理论知识,通晓其规律,同时,通过谈判的实践与磨炼,才能达到炉火纯青的地步。

【案例1-3】 某友好国家工业贸易代表团来华谈判,该国大使先找到了中方有关领导要求促成贸易合作。中方有关领导指示,在可能的前提下尽量与对方达成协议。对方要求向中国出口矿山设备,要价高且质量不及先进国家水平。中方代表很为难,如果答应,中方损失太大;如果当场拒绝,又怕影响两国关系。最后中方代表想出了办法,要求对方拿出一台矿山设备到我国北方严寒地区进行一定时间的试验。如果能在-40 ℃的环境中正常工作,我方可以购买。对方答应回去研究。两个月后,对方答复说,他们国家最低气温才-7.2 ℃,要适应我国-40 ℃的工作条件,技术上有困难。于是,对方主动放弃了向我国出口矿山设备的要求。

【案例思考】

①这场谈判的基本要素有哪些?

②这场谈判中体现出哪些谈判的基本原则?

③从这场谈判中能得到什么启示?

1.1.3 商务谈判的种类

根据不同的标准,可以将商务谈判划分为不同的类型。商务谈判的类型主要有以下几种:

1) 按谈判的地点划分,分为主场谈判、客场谈判、第三地谈判

主场谈判是指谈判一方在自己所在地以东道主身份组织的谈判。一般说来,谈判者都愿意在自己所在地即主场进行谈判。因为在主方自己熟悉的环境中进行,会给主方带来许多方便。

主场谈判的优点:

①易于树立自信心。在本方所在地进行谈判,主场谈判方在心理上有一种安全感和优越感,易于树立自信心。谈判过程中可以应付自如,如果能很好地运用谈判策略和技巧,就能使谈判朝着有利于自己的方向发展。

②可随时检索各种资料并予以充分利用,客方则无此便利。

③利用室内布置、座位安排乃至食宿款待等创造某种谈判气氛给对方施加压力。

④谈判出现意外情况时可随时向领导请示。

主场谈判的缺点:

①在谈判进入白热化阶段时,客方为了摆脱没有把握的决策压力,就可借口资料不全而扬长而去。

②远离工作地的种种不便,成为客方中止谈判的体面借口。

③要支付较大的谈判成本,且容易被对方了解虚实。

客场谈判是主场谈判的对称,客场谈判是指在谈判对方所在地进行有关交易的谈判。

客场谈判的优点:

①谈判人员可全心全意参加谈判,不受或少受本企业事务干扰。

②使对手无法借口无权决定或资料不全而故意拖延时间。

③因谈判小组在外,谈判无法经常向领导汇报从而有更多灵活性;退出谈判方便。

④可减少烦琐的接待工作。

客场谈判的缺点:

由于谈判人员身处异地他乡,会有拘束感,会形成一些客观上的劣势,诸如谈判期限、谈判授权、信息交流以及可能出现的语言障碍。

在客场谈判最需要注意的问题是:保持头脑冷静,与对方保持一定的距离,时刻记住自己的使命,因为过分的款待和接受款待及娱乐活动会使谈判者失去斗志。另外,可以以授权有限为由,采取拖延战术,使自己由被动变为主动。

第三地谈判是指在谈判双方所在地以外的其他地方进行的谈判。当存在双方冲突性

大,政治关系微妙等原因时,在主场、客场谈判都不适宜的情况下,则可选择一处中立地点进行谈判。这种谈判对任何参加谈判方都没有"主""客"之分,享有同等的谈判气氛,这样也就避免了其中的某一方处于客场的不利地位,为双方平等地进行谈判创造了条件。在这里由于气氛冷静,不受干扰,双方都比较注意自己的声望、礼节,通常能心平气和地对待问题,从接触了解,进而澄清议题内容、取得相互谅解,最后容易达成某种默契或协议。当然,采用第三地谈判也有不足,主要是不利于双方实地考察、了解对方的状况等。

【案例 1-4】　　　　　　　　　　口头谈判案例

顾客:这个铜盘子要多少钱?

店主:这可是一件名贵的古董啊,我想就算 75 元吧。

顾客:别开玩笑了,它的边已经扁了,我只能出 15 元。

店主:是吗? 我可以考虑一个合适的价格,但 15 元可不行。

顾客:好吧,我可以出 20 元,但 75 元我绝不会买,给我一个实价吧。

店主:您可真会计价还价,60 元可以了吧。

顾客:25 元。

店主:我是花了大价钱买来的,您也不能差得太远啊。

顾客:37 元 5 角,这可是我出的最高价了。

店主:您注意到盘子上的雕刻了吗? 明年的价钱将是您今天所出的两倍。

顾客:我们双方再各让一步,我出 40 元,不行我就走了。

店主:成交。

2) 按谈判的规模划分,分为小型谈判、中型谈判、大型谈判

小型谈判、中型谈判、大型谈判的划分只是相对而言,并没有严格的界限。通常以各方谈判的人员数量为依据。一般各方在 12 人以上的为大型谈判,4~12 人的为中型谈判,4 人以下的为小型谈判。

小型谈判的特点:参加的人数不多,议题简单,延续的时间较短。例如,在国际贸易中就商品买卖的谈判只需双方接触一两次,就彼此需要了解的事项做出说明和承诺,即可达成交易。

中型谈判的特点:参加谈判的人数较多,议题较复杂,延续的时间一般较小型谈判要长。

大型谈判的特点:参加谈判的人数多,谈判的项目、内容、背景相对复杂,谈判本身意义重大,因而需要充分做好各项准备工作。如,谈判班子的配备、信息的准备、物质的准备,以及制订全面的方案、规划,选择有效的谈判策略等。

3) 按谈判的地区范围划分,分为国内商务谈判与国际商务谈判

国内商务谈判是指国内各种经济组织及个人之间所进行的商务谈判。它包括国内的商品购销谈判、商品运输谈判、仓储保管谈判、联营谈判、经营承包谈判、借款谈判和财产保险谈判等。国内商务谈判的主要问题在于怎样调整双方的不同利益,寻找更多的共同点。

目前,在国内商务谈判中存在的主要问题是谈判双方不太注意对合同条款的协商和履行。许多应该明确写入合同条款中的内容,双方却不认真研究、协商,当出现纠纷时,因为没

有约定,难以追究违约一方的法律责任。此外,有的企业签订合同之后,并不认真履行,甚至随意撕毁合同,单方中止合同。上述问题的存在,究其原因,主要是谈判双方缺乏法律意识,认为交易靠的是双方的关系,合同条款过于细致,会伤了感情。这种做法是十分有害的,也是谈判人员应该坚决避免和克服的。

国际商务谈判是指本国的各种经济组织、个人与外国的各种经济组织、个人之间所进行的商务谈判。国际商务谈判包括国际进出口贸易谈判、补偿贸易谈判、来料加工和来件装配贸易谈判、现汇贸易谈判、技术贸易谈判、合资经营谈判、租赁业务谈判和劳务合作谈判等。由于谈判双方人员来自不同的国家,其语言、信仰、生活习惯、价值观念、行为规范、道德标准乃至谈判的心理都有着极大的差别,而这些方面都是影响谈判进行的重要因素。因此,国际商务谈判不论从谈判形式,还是谈判内容都远比国内商务谈判要复杂得多。

4) 按谈判的态度划分,分为软式谈判、硬式谈判、原则式谈判

【小贴士 1-2】 表 1-1 三种谈判模式的基本特征

软　式	硬　式	原则式
谈判的对方是朋友	谈判的对方是敌手	谈判的双方是问题的解决者
谈判的目标是达成协议	谈判的目标是取得胜利	谈判的目标是获得有效率、友好的结果
通过作出让步来搞好与对方的关系	把对方作出让步作为保持关系的条件	把人与问题分开
对人、对事采取软的态度	对人、对事采取硬的态度	对人采取软的态度、对事采取硬的态度
相信对方	不相信对方	超然于信任之外
轻易改变自己的立场	坚持自己的立场	着眼于利益,而不是立场
提出建议	提出威胁	寻求利益
提出自己最低限度的要求	谎报自己最低限度的要求	没有最低限度
同意以对方的损失来促成协议	坚持把己方片面得利作为协议的价值	提出互利的选择
寻找对方可以接受的方案	寻找自己可以接受的方案	探讨多重方案
坚持达成协议	坚持自己的立场	坚持客观标准
避免一场意志的竞争	努力赢得意志的竞争	寻找意志之外的合理结果
屈服于压力	施加压力	服从原则而不是压力

软式谈判是指谈判者设法避免冲突,强调互相信任、互相让步,以达成互相满意的协议,为将来进一步扩大合作打好基础为目的的商务谈判。在谈判中出现分歧时,常以友善的言语提出建议,或在有利于大局的情况下尽量作出妥协,避免与谈判对手摊牌。软式谈判的一

般做法是提议、让步、信任对方、保持友善、保持友好发展关系以及为了避免冲突而屈服于对方。

在实际的商务谈判中,采取这种谈判方法是极少的,一般只限于有定期的业务来往且合作关系非常友好的双方或为了长远利益的谈判。

硬式谈判是指谈判者视对方为劲敌,强调立场的坚定性,强调针锋相对的商务谈判。谈判各方都以各自的实力,提出自己的条件;各方强调各自的意愿,申明自己的观点和立场不能改变,把谈判看成是一种意志力的竞赛;各方都想达成对己方更为有利的协议。在谈判过程中,出现困难和矛盾时,互不让步,或互要对方改变立场,甚至向对方施加压力,指责批评对方。这种谈判往往在开始时提出一个极端的立场,进而固执地加以坚持。只有在谈判难以进行下去时,才迫不得已地做出极少的松动和让步。谈判双方如果都采取这种态度,必然导致双方关系紧张,增加谈判的时间和成本,降低谈判的效率,结果往往使谈判陷入僵局,无法达成协议。即使某一方屈服于对方而被迫让步签订协议,其内心的不满也是必然的。因为在这场谈判中,他的需要没能得到应有的满足,会导致他在以后合同履行中的消极行为。而且,由于这种谈判不注意尊重对方的需要和要求,不注意双方利益的共同点,也很难达成理想的协议。

原则式谈判是指谈判双方将对方作为合作伙伴而不是作为敌人,谈判的出发点和落脚点均建立在公正的利益目标上,友好而高效地取得各方均感满意的谈判结果的商务谈判。原则式谈判综合了软式谈判和硬式谈判的优点,克服了其缺点。原则式谈判要求谈判双方尊重对方的基本需要,寻求双方合作的共同点,当双方的利益发生冲突时,则坚持运用公平、公正的原则做出最后的决定。这样,常常可以找到既符合己方利益,又符合对方利益的方案。原则式谈判与当代谈判强调的互惠合作的宗旨相符,在谈判实践中得到了广泛的应用。

【案例1-5】 江苏仪征工程是世界上最大的化纤工程。该项目引进了国际上最先进的技术设备,多家公司参与了合作。但是,在与德国德吉玛公司的合作中,我方发现从对方引进的圆盘反应器有问题,并给我方造成了重大的经济损失,由此引发了我方对德方的索赔谈判。中方提出了索赔1 100万欧元的要求,而德方只认可300万欧元。由于双方要求差距太大,几个回合之后,谈判搁浅了。中方谈判首席代表、仪征化纤公司总经理任传俊反复考虑,决定以情感化的方式,真诚相待。他提议陪德方公司总经理理扬·奈德到扬州游览。

在大明寺的鉴真和尚面前,任传俊真诚地说:"这里纪念的是一位为了信仰,六渡扶桑,双目失明,终于达到理想境界的高僧。""你不是常奇怪日本人对华投资比较容易吗?那是因为日本人理解中国人重感情、重友谊的心理。你我是打交道多年的老朋友了,除了彼此经济上的利益外,就没有一点个人之间的感情吗?"理扬·奈德深受感动。

双方从扬州直接回到仪征,谈判继续。任总开门见山地说:"问题既然出在贵公司身上,为索赔花太多的时间是不必要的,反正要赔偿……"理扬·奈德耸耸肩膀:"我在贵公司中标,才1亿多美元,我无法赔偿过多,总不能赔本干。"任总紧跟一句:"据我得到的消息,正是因为贵公司在世界上最大的化纤基地中标,才得以连续在全世界15次中标,这笔账又该怎么算呢?"对方语塞。

随后,任传俊直率地说:"我们是老朋友了,打开天窗说亮话,你究竟能赔多少? 我们是重友谊的,总不能让你被董事长敲掉饭碗。但你也要为我想想,中国是个穷国,我总得对这里的 1 万多名建设者有个交代。"中方这种实事求是的态度,终于感化了德方,最终以德方赔偿 800 万欧元达成谈判协议。

5) 按谈判的内容划分,分为货物买卖谈判、投资项目谈判、技术贸易谈判、劳务贸易谈判、索赔谈判

货物买卖谈判即一般商品的买卖谈判。主要是指买卖双方就买卖货物本身的有关内容,如质量、数量、货物的转移方式和时间,买卖的价格条件与支付方式,以及交易过程中双方的权利、责任和义务等问题所进行的谈判。

投资项目谈判是指谈判的双方就双方共同参与或涉及双方关系的某项投资活动所涉及的有关投资目的、投资方向、投资形式、投资内容与条件、投资项目的经营与管理,以及投资者在投资活动中的权利、义务、责任及相互之间的关系所进行的谈判。

技术贸易谈判是指技术贸易中关于技术的内容、性能、使用权益等方面的谈判,它同时包括技术服务、技术培训、专有技术的保密、商标以及标准和考核验收内容。由于技术本身的特点,使得技术贸易谈判与一般货物买卖谈判有着较大的差别。

劳务贸易谈判是指劳务贸易双方就劳务提供的形式、内容、时间、劳务的价格、计算方法等有关买卖双方的权利、责任和义务关系所进行的谈判。由于劳务本身不是某种物质商品,而是通过人的特殊劳动,改变某种物质或物体的性质或形状,来满足人们一定需要的劳动过程。因此,劳务贸易谈判与一般货物买卖谈判是有本质区别的。

索赔谈判是指在合同义务不能或未能完全履行时,合同当事双方进行的谈判。在众多的合同履行中,因种种原因违反或部分违反合同约定的事件屡见不鲜,也给商务谈判提供了一种特定的形式——索赔谈判。

【案例 1-6】   布鞋索赔谈判
甲方:上海华实制鞋厂
乙方:日本某株式会社

2010 年 12 月,上海华实制鞋厂与日本一家株式会社签订了一份布鞋买卖合同,共计价值 200 万元人民币。总共是 2 万双布鞋,合同约定这批布鞋分两批发货,每批 1 万双,分别于 2011 年 3 月 15 日和 4 月 15 日,由上海华实制鞋厂负责以船运方式送达日本福岛口岸。由于日本 2011 年 3 月 11 日发生了巨大的地震海啸,并且引起福岛核电站发生了核泄漏事故。上海到日本的货轮因为地震原因无法在原定口岸靠岸。日本这家株式会社在地震中受到重创,商铺在海啸中被全面冲垮,无法正常经营。日本这家株式会社电告上海,要求第一批布鞋退货,因为遇到不可抗力,企业无法经营,第二批推迟到 5 月 15 日发货。上海华实制鞋厂按原来的合同约定已经作好了生产计划,第一批布鞋已经于 3 月 10 日从上海外滩装船,准备 11 日出发,接到对方通知只能卸货,并将布鞋存放在码头仓库。第二批布鞋生产计划已经下达,4 月初就可以生产完成,但现在要推迟到 5 月 15 日运送,至少要积压在仓库 1 个月。4 月中旬,日本地震后情况基本趋于平稳,中方就布鞋推迟送货,第一批退货和装船、卸货造成的损失向日方索赔 100 万元人民币。中日双方在上海就赔偿问题进行了谈判,最终经过充分协商达成了协议。

1.2　商务谈判的内容

1.2.1　货物买卖谈判的内容

货物买卖谈判,按照交易地位可分为采购谈判和推销谈判;按照国域界限可分为国内货物买卖谈判和国际货物买卖谈判。在国际货物买卖谈判中,又有进口谈判和出口谈判。

在货物买卖的谈判中,主要有以下内容:

①标的。标的即谈判涉及的交易对象或交易内容。在货物买卖合同中,标的是指被交易的具体货物。

②品质。货物的品质是指货物的内在质量及其外观形态。它是度量货物价值和使用价值的依据,也是货物买卖谈判中的主要交易条件。因此,在谈判中必须对货物品质作出准确、全面的规定。

③数量。数量是货物买卖的主要交易条件,它既影响合同的总金额,又与单价直接相关。有关数量问题,谈判中应根据货物性质和交易需要选用适当的计量单位。

④包装。包装分为运输包装和销售包装,它不仅有利于保护货物的使用价值,也有利于实现和增加货物的价值。在货物的包装方面,买卖双方一般主要就包装材料、包装方式、包装标志和包装费用等方面进行磋商。在国际货物买卖中,谈判人员还应注意了解有关国家或地区对包装的规定和偏好。

⑤价格。价格是谈判议题的核心,它直接关系交易各方的经济利益,也与其他交易条件有着密切的联系。货物买卖谈判中的价格条款主要涉及以下内容:价格水平、价格计算的方式、价格术语的运用。

⑥交货。怎样使货物按照合同规定及时、完整地交付给买方,这是卖方的责任和义务,也是货物买卖谈判中的重要内容。在交货问题上,买卖双方主要应就货物运输方式、装运时间、装运地和目的地等进行磋商。

⑦支付。货款的支付是货物买卖中的一项重要问题。在不同的支付条件下,对买方的实际支出和卖方的实际收入可能有很大影响,因此,谈判各方都应努力争取对自身有利的支付条件。在支付问题上,买卖双方主要应就以下问题进行磋商:支付手段、支付时间、支付货币、支付方式。

⑧检验。检验是对被交易的货物的品质、数量、包装等实施的检查和鉴定。检验合格,是卖方履约的重要标志,也是买方支付货款的前提条件。为保障买卖双方的利益和避免合同履行中的矛盾,谈判中关于检验的磋商主要有:检验内容和方法、检验时间和地点、检验机构。

⑨不可抗力。不可抗力是指某些非可控的自然或社会力量引起的突发事件。不可抗力可能会影响合同的顺利履行,贸易实践和各国法律均认可不可抗力,但对什么情况属于不可抗力却没有统一的规定。为了维护当事各方的权益,必须通过磋商在合同中规定不可抗力条款。谈判中关于不可抗力条款的磋商一般涉及:不可抗力事件的范围、出具不可

抗力事件证明的机构、事件发生后通知对方的期限、不可抗力事件后合同的履行和处理等。

⑩索赔和仲裁。在货物买卖中,常常会发生一方因种种理由而违约的情况,而另一方则有权索取相应的赔偿,这是商务谈判中不可回避的一个问题。关于谈判中的索赔问题,通常应就以下条款达成一致:索赔的依据、索赔的有效期限、索赔损失的计算办法等。

【案例 1-7】 某电池厂从国外引进一条生产线。合同约定:由外方派人安装,预定期限为 10 个月,由中方考核验收。但期满后,生产线仍不能正常运转,而外方代表却要如期回国。

这时,中方有两种意见:一是起诉;二是谈判。中方先礼后兵:虽合同到期,但生产线仍不能正常运转,应视为外方未能履约。如果外方代表坚持回国,中方就有理由提出索赔。

这样一来,外方代表为了自身的利益,也不得不尊重中方的利益,坚持到生产线调试成功。

仲裁是指合同当事人在产生争议不能协商解决的情况下,由仲裁机构居中做出的判断和裁决。商务谈判中的仲裁条款应协商的问题主要是:仲裁地点、仲裁机构、仲裁程序、仲裁费用等。

【小贴士 1-3】　　　　　　　**货物买卖谈判应注意的事项**

- 货物品质
- 货物数量
- 货物价格
- 货款支付
- 货物检验
- 不可抗力
- 索赔和仲裁

1.2.2　劳务贸易谈判的内容

因为国际劳务贸易谈判的内容较国内的劳务贸易谈判更复杂,但原理是相同的。所以,在此仅介绍国际劳务贸易谈判。国际劳务贸易主要有两种形式,即国际工程承包和国际劳务输出。

1) 国际工程承包谈判

国际工程承包谈判以招投标方式进行。它是指承包人通过国际通行的投标或接受委托等方式,与发包人签订合同或协议,以提供技术、劳务、设备、材料等,承担合同所规定的工程设计、建造和机器设备安装等任务,并按合同规定的价格和支付条款,向发包人收取费用及应得的利润。国际工程承包是一种综合性的交易,它是带动建筑材料、机电产品等货物买卖和带动技术、劳务等贸易的重要方式,在国际商务活动中占有重要地位。国际工程承包谈判的内容主要包括:材料、设备的品种与规格,材料、设备的数量与价格,技术、劳务价格,工程

条件、工期、工程质量与验收等。

2）国际劳务输出谈判

（1）国际劳务输出谈判的含义

国际劳务输出是指国际上一国或地区向另一国或地区输出劳务。其方法和途径主要有如下几种：通过国际承包工程输出劳务、通过业主或第三国承包商开展工程劳务承包、成建制劳务合作、政府和有关机构聘请高级劳务、雇主招聘劳工。国际劳务输出谈判是指劳务输出、输入双方就劳务提供的形式、内容、时间、劳务费的支付方式等有关双方的权利、责任和义务关系所进行的谈判。

（2）国际劳务输出谈判的内容

①劳务人员的派遣问题。谈判双方对所需劳务人员的类别、技术条件、年龄、数量、工作期限等内容进行详细的磋商，要明确规定如果合同签订后，输入方要求变更派遣日期或取消派遣时，要做什么处理。

②劳务输出、输入双方的责任问题。

③劳务人员的待遇问题。谈判双方对劳务人员的工资标准、工资计价货币种类、保值方法、增长率、计发工资期限、支付办法等加以明确。

④劳务人员服务期限及节假日的规定问题。谈判双方应对劳务人员每日、每月的工作时间，休假日及休假日期间的待遇，加班及加班费用等加以协商并具体规定。

⑤劳务人员的食宿与交通安排问题。

⑥劳务人员医疗卫生及劳保福利待遇问题。

⑦其他费用的支付问题。（动员费、国际旅费、税收等费用的确定）

⑧争议解决办法的规定。

1.2.3　技术贸易谈判的内容

技术贸易是指以技术为对象的买卖交易活动。技术贸易中的买方又称为"技术引进方"或"引进方""受让方"，卖方又称为"技术转让方"或"转让方""许可方"。

技术贸易谈判的内容一般包括技术部分的谈判、商务部分的谈判和法律部分的谈判3个方面。

1）技术部分的主要谈判内容

【小贴士1-4】　　　　　　　　　　五种许可类型

● 独占许可：它是指被许可方不仅取得在规定的时间和地域内实施某项专利技术的权利，而且有权拒绝任何第三者，包括许可方在内的一切其他人在规定的时间、地域内实施该项技术。

● 排他许可：亦称独家许可，即在一定地域，许可方只允许被许可方一家而不再许可其他人在该地域内实施其专利，但许可方仍有权在该地域内实施。

● 普通许可：亦称非独占性许可。它是指许可方允许被许可方在规定的时间和地域内使用某项专利,同时许可方自己仍保留在该地域内使用该项技术,以及再与第三方就同一技术签订许可合同的权利。

• 可转售许可:也称"分许可",指技术的引进方有权将所得到的权利在其所在的地区内转售给第三方。

• 互换许可:就是指持有双方可交换使用对方技术。

①标的。它是指技术贸易的对象、内容、范围等,其关键词语应作出明确的定义。

②技术性能。技术性能是指技术的水平和特性。

③技术资料的交付。在谈判中主要应规定:交付日期、交付方式、文本的完好性。

④技术咨询和人员培训。谈判技术咨询条款,通常需商定:人选、工作条件、生活待遇。人员培训条款的内容应包括:培训目的、内容、时间、人数、要求、培训费用等。

⑤技术考核与验收。技术考核与验收部分谈判的主要内容有:考核验收的方式、标准,考核验收结果的评定与处理。

⑥技术的改进和交换。在洽谈技术改进和交换时,应注意的问题是:平等互利、明确改进技术的所有权属于改进方、对重大技术改进和交换范围作出明确的规定。

2)商务部分的主要谈判内容

【小贴士 1-5】   保证、索赔和罚款
谈判中要求转让方承担的保证责任主要有:
• 对技术的先进性和实用性的保证
• 对技术资料按时完整交付的保证
• 对技术咨询和人员培训的保证等
如未能履行即构成违约,引进方则有权要求赔偿。索赔的主要方式就是罚款。
因此,在谈判保证、索赔和罚款时,必须注意根据可能造成违约的各种情况,协商制定出具体的、切实可行的规定。

①技术使用的范围和许可的程度。技术使用的范围包括:确定技术使用的组织范围、确定技术使用的产品范围、确定使用某技术生产的产品的销售地区范围 3 个方面。关于技术许可的程度,应予以明确规定。

②价格。技术贸易的价格通常由技术使用基本费、项目设计费、技术资料费、技术咨询费、人员培训费等构成。

③支付。技术贸易中的支付方式主要有以下 3 种:一次总算、提成、入门费加提成。

④保证、索赔和罚款。

【小贴士 1-6】   支 付
• 主要有三种方式:一次总算、提成、入门费加提成。
• 提成方式使用最多。

3)法律部分的主要谈判内容

技术贸易谈判中涉及的法律部分的内容,主要包括:侵权和保密、不可抗力、仲裁与法律

适用等项。

1.2.4　投资谈判的内容

投资谈判主要指合资谈判和合作谈判。

合资是指两个或两个以上的组织或个人,按一定资金比例联合投资。其主要特点是合资入股、共同经营、共负盈亏、共担风险。

合资谈判的目的是建立长期的合作关系,而并非完成一次交易。因此,需要各方做出较多的投入和承诺,比其他商务谈判也更为复杂。中外合资谈判涉及的内容主要有:

①投资总额和注册资本;

②投资比例和董事会席位分配;

③出资方式和资产评估;

④组织机构与职责权限;

⑤劳动管理;

⑥中外合资经营中的外汇收支平衡;

⑦合营的期限和清算等。

合作谈判是指按照契约式运作的各种类型、各种方式的商务协作,如合作生产、合作经营、合作开发、补偿贸易等。合作的主要特点是:合作而不合资,即双方或各方的权利与义务完全由签订的合同加以规定,优势互补,灵活多样,各自经营,各负盈亏。这里,着重介绍"三来一补"的合作方式及其谈判内容。

"三来一补",即指来料加工、来样加工、来件装配和补偿贸易,它是国内特别是国际上兴起的商务合作的普遍形式。

来料加工、来样加工、来件装配的谈判内容,主要涉及:

①来料、来件的质量、数量及时间;

②成品质量标准;

③原材料、零部件的损耗率与成品合格率;

④加工费及支付方式;

⑤保证与索赔等。

补偿贸易,指合作一方提供技术、设备、器材等兴建企业或改造老企业,待项目竣工投产后,合作的另一方以该项目的产品或双方商定的其他产品来偿还的合作方式。补偿贸易的谈判内容,主要涉及:

①供货商的选择;

②技术设备的性能及价格;

③补偿方式和补偿产品;

④补偿产品的作价原则;

⑤补偿期限与各期补偿产品的数量;

⑥技术设备购买合同与补偿产品购买合同的联结;

⑦违约责任等。

1.2.5 索赔谈判的内容

【小贴士 1-7】   索赔

在货物买卖中,常常会发生一方因种种理由而违约的情况,而另一方则有权索取相应的赔偿,这是商务谈判中不可回避的一个问题。

关于此问题,通常应就以下达成一致:

- 索赔的依据,即在什么情况下可索赔
- 索赔的有效期限
- 索赔损失的计算方法等

索赔谈判是指合同义务不能履行或不完全履行时,合同当事人双方进行的谈判。在合同执行过程中,由于各种原因,会出现双方或一方违约的情况,因此索赔谈判也是一种主要的谈判类型。在索赔谈判中,一方提出索赔,总要提出索赔的证据和理由,另一方的反应可能有两种情况:一是承认己方责任,同意赔偿,双方协商赔偿的方式与额度;二是不承认被指控的责任。在这种情况下,受损方要求索赔可能有两种形式:一种是提出索赔的一方利用自己的有利条件,如货款未付,迫使对方同意赔偿,即强行索赔;另一种是向合同管理机关申请调解或仲裁,甚至向法院起诉。因此,索赔表现为 3 种形式:协商索赔、强行索赔和请第三方干预索赔。如果是前两种情况,索赔主要是通过谈判解决,如果是第三方出面仲裁解决,则具有强制性,纠纷双方都要无条件服从仲裁结果。

索赔谈判的主要内容有:确定违约行为、明确违约责任、确定赔偿金额、确定赔偿期限。

【案例 1-8】   灾难事件的损失赔偿

2009 年 6 月 1 日,法航空客 A330-200 于格林尼治时间凌晨在大西洋海域上空失踪。客机上有机组成员 12 人,乘客 216 人。灾难过后的损失赔偿成为人们关注的焦点。

法航作为承运人,至少承担来自两个方面的损失:一是损毁客机的损失;二是作为承运人对遇难者的责任赔付。当然,由于航空公司事先购买了飞机保险,将得到保险人的赔付。此次法航事故是自"9·11"事件以来航空保险市场的最大损失。根据已经披露的消息,失事飞机的首席承保人是法国的 AXA(安盛保险)。现有的报道对客机价值的认定不尽相同,但都认为该空客 A330-200 的保险金额为 1 亿美元左右。

相比对客机的赔偿,谈判家们更关注对遇难者家属的赔偿的谈判活动。但这种谈判并不仅仅是靠谈判人员的策略和技巧的发挥,更重要的是熟悉各类相关的法规条款以及在执行中的各种限制与约束。在北美、西欧和日本等现代经济体中,空难遇难者家属的赔付以遇难者的收入能力为基础,每名乘客的赔偿在 240 万~410 万美元。但此次失事飞机是国际航班,应根据 1999 年 5 月由国际民航组织起草的《蒙特利尔公约》进行赔偿。《蒙特利尔公约》第 17 条和第 21 条规定了承运人对乘客安全的责任及其赔偿。首先,对乘客的死亡或损害赔偿,不论承运人是否有过错,都要承担不超过 10 万特别提款权(SDR)的赔付责任。其次,如果承运人有过错,乘客可以要求超过 10 万特别提款权的赔偿。而且,要求承运人在事故发生后向索赔人及时付款。例如,根据 2009 年 6 月 1 日的汇价,1SDR = 1.557 61 美元。可以据此推测法航面临的索赔额度。

谈判专家们还注意到,遇难者家属得到的赔偿将不局限于承运人,即法航的赔付。如果遇难者有人寿保险、意外伤害保险等,他们也可以同时得到其承保人的赔付。例如,此次遇难的9名中国籍乘客中,已有5人获得人保寿险、太平洋财险和中国联合财险的赔付。其中1位购买了人保寿险"畅享人生年金保险"的遇难者,其家属获得960万元的保险赔付。其他4位遇难者购买的均为意外伤害保险(航空意外保险或交通意外保险),其家属得到50万元的保险赔付。

在经济一体化和人们空间流动频繁的大背景下,航空安全的影响范围不再局限在一国之内。正如美国保险信息协会所言,此次事故有许多现实的和潜在的复杂性,包括A330-200归法航所有,欧洲大型企业制造,而零部件则由全球供给,坠毁在国际水域。此外,216名遇难乘客来自33个国家。保险意在提供事故发生后的损失补偿,而提高民航的安全度依然是飞机制造商、航空公司、航空监管机构的最高目标。

资料来源:张翠珍.灾难事件的损失赔偿[N].中国财经报,2009-07-02.有改动。

思考题:

对这种灾难性的事故,谈判在赔偿条款协商中的作用有多大? 这个案例对国内灾害事件的赔偿是否具有启示作用?

1.3　商务谈判的程序和原则

1.3.1　商务谈判的程序

一般比较正式的商务谈判的程序,可以分为4个阶段:

1) 准备阶段

商务谈判前的准备工作简而言之就是要做到知己知彼。一场谈判能否达到预期的目的,获得圆满的结果,不仅要靠谈判桌上有关策略、战术和技巧的灵活运用和充分发挥,还有赖于谈判前充分细致的准备工作,谈判前的准备阶段的工作做得如何,对谈判的顺利进行和取得成功至关重要。

商务谈判前的准备阶段,主要包括以下5项工作:

①选择谈判对象。选择谈判对象也就是选择谈判对手。当决定进行某项商务谈判时,首先要做的准备工作就是选择谈判对象。选择谈判对象,应根据交易目标之必要和相互间商务依赖关系之可能,通过直接的或间接的先期探询,即相互寻找、了解交易对象的活动,在若干候选对象中进行分析、比较和谈判的可行性研究,找到己方目标与对象条件的最佳结合点,以实现优化选择。

②信息的收集。在商务谈判中,谈判者对谈判信息的搜集、分析和利用的能力,对整个谈判活动有着极大的影响。在谈判信息方面占据优势的一方往往总能把握谈判的主动权。因此,在确定了谈判对象的基础上,即应以"知己知彼"为原则,对与谈判有关的各种信息要进行认真的收集、研究。收集的信息应包括己方的信息和谈判对方的信息。信息的内容,应

包括谈判环境因素信息、组织信息和人员信息等方面。

③组建团队。商务谈判是一项有目标、有计划、有组织的活动,必须依靠具体的谈判人员去实现。所以,组建好谈判团队,是谈判前最重要的准备工作。在很多情况下,某些组织在即将进行的谈判中其实具有相当的优势,但由于缺乏优秀的谈判人员和协调有序的谈判团队,反而导致了谈判的失败。因此,组建好谈判团队,是谈判取得成功的组织保证。一般来说,优秀的谈判团队的组建及运作,要抓好3个环节:一是人员个体素质优化,即按照一定的职业道德、知识能力、心理、体力等要求,做好对谈判人员的遴选。二是团队规模结构适当,即一方面应根据谈判的客观需要和组织的资源条件,使谈判团队规模适当;另一方面应从组织、业务、性格、年龄等构成方面,使谈判团队结构合理、珠联璧合。三是实现队伍有效管理,即通过谈判团队负责人的挑选和履行其职责,通过确定谈判方针和高层领导适当干预,实现对谈判团队间接或直接的有效管理。

④制订谈判方案。谈判方案是指在谈判开始以前对谈判目标、谈判议程、谈判策略预先所作的设想及其书面安排。在了解谈判环境、谈判对手和自身的情况之后,正式进行激烈的谈判交锋之前,我们还需制订出一个周全而又明确的谈判方案。谈判方案是指导谈判人员行动的纲领,在整个谈判过程中起着非常重要的作用。谈判方案是谈判的重要文件,应注意它的保密性,最好限于主管领导和谈判团队成员参阅。谈判方案的制订原则,应当简要、明确、灵活。谈判方案的制订程序,是在明确谈判目标以及所要采取的谈判策略的基础上,经谈判团队成员集思广益,报主管领导审批确定。其主要内容一般包括:谈判的基本目标、主要交易条件、各方地位分析、人员分工职责、时间和地点安排、谈判成本预算、谈判策略谋划、必要说明及附件等。

⑤模拟谈判。模拟谈判是正式谈判前的"彩排"。它是将谈判团队的全体成员分为两部分,一部分人员扮演对方角色,模拟对方的立场、观点和风格,与另一部分己方人员对阵,预演谈判过程。模拟谈判可以帮助己方谈判人员从中发现问题,对既定的谈判计划进行修改和加以完善,使谈判计划更为实用和有效。同时,能使谈判人员获得实际谈判经验,锻炼谈判能力,从而提高谈判的成功率。

谈判前准备阶段的各项工作完成后,便可以按照谈判计划的时间和地点开始正式的谈判阶段。

【案例1-9】 日本生产的农业加工机器设备,是国内几家企业都急需的关键性设备。中国某公司正是基于这一需求,与日商进行买卖谈判。谈判开始,按照国际惯例,卖方首先报价1 000万日元。这一报价比实际卖价高很多。日方之所以这样做,是因为他们以前的确卖过这个价格。如果中方不了解谈判当时的国际行情,就会以此为谈判的基础,那么日方就可能赢得厚利。如果中方不能接受,日方也能自圆其说,有台阶可下,可谓进可攻、退可守。但是中方事前不仅摸清了该产品在国际市场上的最新价格及日方在其他国家的销售价格,而且还研究了日方产品的性能、质量、特点以及其他同类产品的有关情况,深知日方是在放"试探气球"。于是中方单刀直入,明确指出这个报价不能作为谈判的基础,同时中方还指出日本货物运往中国与其他国家相比的运费优势以及中国政府在外汇管制上有利于日方的新政策。最后,经过两轮谈判,中方以合理的价格拿下了这场谈判。

2) 开局阶段

开局是指谈判双方从见面开始,在进入具体交易内容磋商之前,相互介绍、寒暄以及就谈判内容以外的话题进行交谈的那段时间和经过。开局阶段所占用的时间较短,谈论的内容也与整个谈判主题关系不大或根本无关。但这个阶段却很重要,因为它为整个谈判奠定了基调,它是全部谈判程序的中心和关键。开局的主要工作有 3 项:

①营造气氛。即通过相互致意、寒暄、交谈等,营造一种和谐、融洽、合作的谈判气氛,使谈判有一个良好的开端。

②协商通则。即根据谈判议题先对谈判目的、计划、进度等非实质性的安排进行协商,并相互介绍谈判人员。

③开场陈述。即分别简介各自对谈判议题的原则性态度、看法和各方的共同利益。各方陈述后,有时需要做出一种能把各方引向寻求共同利益的进一步陈述,这就是倡议。同时,通过对对方陈述的分析,也可大体了解对方对谈判的需要、诚意和意向,这就是探测。这个阶段,就是谈判当事人为实现预定的交易目标,就交易条件与对方协商的过程。

开场陈述之后,谈判即进入实质性的磋商阶段。

3) 磋商阶段

磋商阶段又称实质性谈判阶段,是指开局阶段结束以后,到最终签订协议或败局为止,双方就交易的内容和条件所进行谈判的时间和过程。它是整个谈判过程的主体,是谈判阶段的核心和最具有实质意义的步骤。磋商过程,又包括:

①明示和报价。明示是指谈判各方通过各种信息传递方式,明确地表示各自的立场和意见,暴露出分歧点,以便展开讨论。报价是指谈判一方向对方提出的所有要求。

②交锋。交锋是指谈判各方在已掌握的各种谈判信息的基础上,为了实现各自的谈判目标和利益,针锋相对、据理力争、反驳论辩、说服对方,这样一个沟通交流的过程。交锋,常常是一个充满着挑战性的艰辛过程。交锋中,作为谈判人员,一方面要坚定信念、勇往直前;另一方面又要以科学的态度、客观的事实、严密的逻辑,倾听、分析对方的意见并回答对方的质询。

③妥协。妥协是指经过激烈的交锋,为了突破谈判僵局,防止谈判破裂和实现谈判目标所作出的让步。实际上,商务谈判不能"一口价",磋商中的交锋也不可能各方一直无休止地争论和坚持己见。为了寻求各方都可以接受的条件和共同利益,适时、适当的妥协是完全必要的。妥协的原则应是:有所失、有所得。在商务谈判中,成功的谈判应当各方都是赢家。而这种"双赢"的结果,必须从各方共同利益的大局着眼,求同存异、互谅互让。从这个意义上可以说,善于做出妥协让步,恰恰是谈判人员成熟的表现。

4) 签约阶段

签约就是谈判各方经过磋商,特别是经过交锋和妥协,达到了各自利益和预期目标,而拟订合同并签字生效。谈判双方经多次反复洽谈,就合同的各项重要条款达成协议以后,为了解决各方的权利和义务,通常要以文字形式签订书面合同。书面合同是确定双方权利和义务的重要依据,因此,合同内容必须与双方谈妥的事项及其要求完全一致,特别是主要的交易条件都要订得明确和肯定。拟定合同时所涉及的概念不应有歧义,前后的叙述不能自相矛盾或出现疏漏差错。签约标志着谈判的成功。之前谈判席上唇枪舌剑的对手,顿时亲密无间、互致祝贺。

【案例1-10】　　　　　　中俄天然气谈判的讨价还价

早在1994年,中俄就签订了天然气管道修建备忘录。1999年,俄气集团和中石油集团达成意向性天然气出口协议。2004年10月,普京访华,中石油与俄气签署了战略合作协议,由此正式拉开了中俄天然气十年谈判的序幕。几乎每次中俄领导人的高层会晤,都会谈及中俄天然气事宜,但价格成为中俄双方博弈的关键,一度导致谈判接近破裂。

2012年4月,中方提出了"上下游一体化"的合作新思路,其基本要旨是俄方参股中国天然气管道建设,中方参与俄上游天然气开发,以做到优势互补、双方共赢和风险共担。由此,谈判出现转机,2013年9月,中石油与俄气签署了双方经过多轮谈判达成的协议。协议内容包括定价原则、价格公式、价格与石油市场的捆绑关系等技术性、框架性问题。谈判只剩下最关键的一步——价格问题没有解决了。

随后,俄罗斯卷进乌克兰争端中,西方国家的制裁让俄罗斯经济出现下滑,扩大能源出口规模成为俄罗斯平衡国内局势的重要步骤,这也让中方获得更有力的支持。但直到2014年5月21日凌晨4点,双方才就供气协议价格达成一致。

业内人士评价中俄天然气谈判称,可以用艰苦卓绝来形容。

谈判伊始,作为卖方的俄罗斯精心制订自己的报价方案,即以对欧洲的出口价格为基础。俄天然气抵达德国边境的到岸价是400美元,俄方谈判代表要中方也按此价购买。但中方拒不接受。

按照国际惯例,天然气运费一般大于气价(出井价)。并且,中国与土库曼斯坦天然气管道就是一个实例——中土油气管道长达2 000 km,千立方天然气价格从200美元(其中包含了土方的资源主权权益)变成350美元,上涨了150美元。俄罗斯出口到德国的价格为400美元,其中出井价只为100美元,运费则占了300美元。

运费贵的原因,是由于俄罗斯出口欧洲的主力气田分布在西西伯利亚的秋明州和靠近北冰洋的亚马尔半岛,输送到德国国境的管道距离长达4 000 km,300美元运费很正常。而俄罗斯预计用来出口中国的油气田,主供气源地为东西伯利亚的伊尔库茨克州科维克金气田和萨哈共和国恰扬金气田。尽管因为要绕过贝加尔湖和外兴安岭增加了距离,但输送到中国国境(东北满洲里口岸)的距离也只有2 000 km左右,运费为150美元。中国方面参考此标准,将购买价报为250美元。

俄方谈判代表也不让步,主要担心欧洲客户的比价,于是双方就此陷入了漫长的讨价还价的拉锯战。另外,俄罗斯与中国接壤的东北亚地区,俄罗斯是这一区域唯一的本地性大宗天然气供应者。这是俄方坚持高报价的原因。

2009年,中国与土库曼斯坦签订协议,购买该国天然气。这给中俄谈判带来了转机,中方提出,请俄罗斯按土库曼斯坦的到岸价(现今为352美元左右)重新定价,但俄方还是没有妥协。因为土库曼斯坦天然气出口到中国,距离中国人口密集区和用气区域还有很长的距离。例如,从霍尔果斯口岸运到北京,还需要3 000 km,而从满洲里口岸运到北京只需要1 500 km,可以有75美元运价优势。

经过一番又一番讨价还价,中俄最后天然气的报价进入了这最后 75 美元运输差价的砍价中,双方搬出各种测算的模型以支持己方报价的理由。在关键阶段,双方甚至是一美元一美元的拉锯战。最后,中国与俄罗斯达成购买天然气协议到岸价格是 361 美元(其国内输送距离有的比"土气"短,有的比"土气"长)。尽管"俄气"比"土气"进价贵 9 美元,但中方最终能够节约 66 美元。

资料来源:唐驳虎.中俄天然气谈判的讨价还价[EB/OL].凤凰网,2014-05-29.

1.3.2　商务谈判的基本原则

商务谈判的基本原则是指商务谈判中谈判各方应当遵循的指导思想和基本准则,是商务谈判内在的、客观的、必然的行为规范。认识和把握商务谈判的基本原则,有助于维护谈判各方的权益和正确选择、运用谈判策略,以提高谈判的成功率。商务谈判的基本原则主要有以下几方面:

1)自愿原则

自愿原则是指作为谈判的当事各方,是出于自身利益目标的追求和互补互惠的意愿来参加谈判的,而非由于外来的压力和他人的驱使。自愿原则表明,谈判各方都具有独立的行为能力和决策能力,能够按照自己的意志在谈判中就有关问题作出自己的决定。同时,只有在自愿的前提下,谈判各方才会有合作的诚意,最终取得满意的谈判结果。如果自愿原则受到破坏,即谈判是在被迫的情况下进行的,被强迫的一方必然会存在抵触情绪,谈判是不会有好的结果的。

2)平等互利原则

【案例 1-11】　在美国与墨西哥的谈判中,美国想用低价购买墨西哥的天然气。美国能源部长拒绝同意美国石油财团与墨西哥人进行提高价格的协商。他认为由于没有潜在的购买者,墨西哥会降低所要求的价格。

但是,墨西哥人的主要利益不仅在于为天然气卖一个好价钱,还在于受到尊重和求得平等。美国的行动看上去像是又一次欺侮墨西哥,这就使墨西哥人产生了极大的愤慨。墨西哥政府决定不出售天然气而把它们烧光,任何签订降低价格协定的机会在政治上已不可能。

平等原则是指商务谈判中无论谈判各方的经济实力强弱、组织规模大小,其法律地位都是平等的。在谈判中,各方对于交易项目及其交易条件都拥有同样的否决权,协议的达成只能是双方相互协商一致的结果,绝不能一家说了算。这种相同的否决权和协商一致的要求,客观上赋予了各方平等的权利和地位。互利原则是指谈判达成的协议对于各方都是有利的。

在谈判中,谈判各方必须自觉贯彻平等互利原则。在谈判中应互相尊重、以礼相待,任何一方都不能仗势欺人、以强凌弱,把自己的意志强加于人。只有坚持平等互利的原则,商务谈判才能顺利进行,并达到预期的谈判目标。

3）求同存异原则

求同存异原则是指谈判中面对各方的利益分歧，各方从大局着眼，努力寻求共同利益。商务谈判不是兵战，也不是竞技场；要把谈判对象当作合作伙伴，而不是敌人。根据"两利相权取其重，两弊相衡取其轻"的古训，在可能力争时应尽量力争；在不可能奢望时，应考虑做出局部牺牲，让出眼前利益去换取长远利益。因此，贯彻求同原则，要求谈判各方善于从大局出发，要着眼于自身发展的整体利益和长远利益的大局，着眼于长期合作的大局；同时，要善于运用灵活机动的谈判策略，通过妥协寻求协调利益冲突的解决办法，构建和增进共同利益。其实，求同存异还可以通过优势互补、劣势互抵的原理调动双方可以调动的各种因素，创造条件，趋利避害，把双方的利益做大，使双方都成为赢家。可以说，善于求同存异，反映了谈判者较高的素质，历来是谈判高手智慧的表现。

4）诚实信用原则

【小贴士 1-8】 诚信是一种美德。在商务谈判中奉行诚信的人会得到对方的信任，使对方乐于接近。当一个人在赢得他人的信任的时候，也将使自己得到更多的机会。运用诚信原则应注意以下几个要点：

（1）信守承诺。商务谈判中不要轻易许诺，一旦许诺，就要努力做到。

（2）注意细节。商务谈判中，即使微小的问题也不能轻易失言，否则它会让你失去信任。

（3）坦诚相见。如果不希望别人对你产生不必要的期待，不妨在交往之初就说明白。

（4）勇于道歉。就是要勇于承担责任。但道歉需要注意尺度，如果道歉次数太频繁，反而会让人觉得你不够真诚。

诚实信用原则是指商务谈判各方在谈判过程中都要讲信用，重信誉，遵守和履行诺言或协议。诚实信用是诚信不欺的职业道德，也是商务谈判各方交往的感情基础。"诚招天下客"，诚实和信誉给人以安全感，使人愿意同你洽谈生意，还有利于消除顾虑，促进成交，甚至建立较长期的贸易关系。如果谈判人员不讲信用，出尔反尔，言而无信，那么要取得对方的诚意合作是不可能的。为此，商务谈判人员及其企业要坚持诚实信用原则，以信誉为本，实事求是，言行一致，取信于人。同时，在谈判中也要注意不轻易许诺，一旦承诺或达成协议，就必须严格履行。

5）效益原则

效益原则是在维护和发展合作的前提下，在平等互利的基础上追求己方尽可能大的利益的原则。效益包括商务谈判自身的效益和社会宏观效益两类。商务谈判自身的效益是指商务谈判以最短的时间、最少的人力和资金投入，达到预期的谈判目标。社会效益是指谈判应综合考虑项目对社会宏观的影响，是谈判主体应承担的社会责任。例如，在引进项目时要充分考虑该项目投产是否对环境造成污染。效益原则体现了竞争与合作的统一。要求把实现组织自身微观效益和社会宏观效益统一起来。所以，在谈判中既实现了谈判的自身效益，又实现了良好的社会效益才符合效益原则。只有这样，才能保证谈判获得成功。

6）合法原则

【案例 1-12】　我国某企业与加拿大的客商洽谈一个项目。当谈到双方相互考察时,外商问我方怎样安排考察。

我方回答:"按照对等的原则,双方各自安排 5 人,你们负担我们什么费用,我们也负担贵方什么费用。"

加拿大客商听了很不高兴,说:"这不是对等,加拿大费用高,你们中国费用低。"

我方又一次申辩:"双方人员数量和考察时间是一样的,这就是对等,符合国际惯例。具体到负担接待费用的多少,各国的情况不一样,就像你们吃西餐、我们吃中餐,不好用价格来衡量,不能说对等不对等。"

这时,加拿大客商忽地站了起来,我方人员以为他不欢而散地离去,便也站了起来。没想到这位"老外"一下子把我方人员紧紧抱住,并伸出大拇指"OK"起来。据翻译小姐说,他这是佩服我方人员坚持对等原则不让步的劲头。协议就这样达成了。

合法原则是指商务谈判必须符合有关法律、法规及贸易惯例的规定。任何商务谈判都是在一定的法律环境下进行的。法律规范制约着协议的内容。依法认真严肃地履行协议,关系到未来谈判的机会得失,也决定着既定合作能否继续进行下去。因此,坚持合法原则,是商务谈判公正、合理、健康进行的基本保证,也是合同执行的保证。只有在商务谈判中遵守合法原则,谈判的结果——合同或协议才具有法律效力,受法律保护。

商务谈判的合法原则具体体现在以下 3 个方面:一是谈判主体合法,即谈判的参与各方组织及其谈判人员具有合法资格。二是谈判议题合法,即谈判的内容、交易项目具有合法性。对于法律明令禁止交易的项目,即使双方是自愿的,也是不允许的。如买卖毒品、贩卖人口、走私货物等。三是谈判手段合法,即应通过公正、公平、公开的手段达到谈判目的,而不能采用某些不正当的手段来达到谈判的目的,如窃听暗杀、暴力威胁、行贿受贿等。

1.4　商务谈判的方式与作用

1.4.1　商务谈判的方式

商务谈判的方式按不同的标准可以分成不同的种类。

1）按沟通手段划分,商务谈判分为面对面谈判、电话谈判、函电谈判和网上谈判

（1）面对面谈判

面对面谈判是指谈判双方（或多方）直接地、面对面地就谈判内容进行沟通、磋商和洽谈。面对面谈判时,谈判各方可以直接对话,不仅是语言的直接交流,而且各方均能直接观察对方的仪表、手势、表情和态度。

一般地讲,凡是正规的谈判、重要的谈判、高规格的谈判,都以面对面的谈判方式进行。

面对面谈判的优点:

①谈判具有较大的灵活性。在举行正式的商务谈判前，谈判双方都能够广泛地了解市场动态，开展多方面的市场调研，全面深入地了解对方的资金、信誉、谈判作风等情况，制订出详细、切实可行的谈判方案；在商务谈判桌上，则可以利用直接面谈的机会，甚至利用私下接触，进一步了解谈判对手的需要、动机、策略，以及主谈人的个性等，结合谈判过程中出现的具体情况，及时、灵活地调整谈判计划和谈判策略、技巧。

②谈判的方式比较规范。商务谈判各方在谈判桌前就座，就形成了正规谈判的气氛，使每个参加谈判的人产生一种开始正式谈判的心境，很快进入谈判角色。而且，面对面谈判又都是按照开局→讨价还价→达成协议或签订合同的谈判过程进行的，所以，它是比较规范的谈判方式。

③谈判的内容比较深入细致。面对面谈判方式，便于谈判各方就某些关键问题或难点进行反复沟通，就谈判协议的具体条款进行反复磋商、洽谈，从而使谈判的内容更加深入、细致，谈判的目标更容易达成。

④有利于建立长久的贸易伙伴关系。由于面对面谈判方式是由双方或多方直接接触进行的，彼此面对面的沟通容易产生感情，特别是在谈判工作之余的侃热门话题或文娱活动中，增进了了解，培养了友谊，从而建立了一种比较长久的贸易合作伙伴关系。而这种关系对于谈判协议的履行，以及今后新一轮的谈判工作都有积极的意义。

面对面谈判的缺点：

①容易被谈判对手了解我方的谈判意图。面对面的谈判方式，谈判对手可以从我方谈判人员的举手投足、语言态度，甚至面部表情来推测我方所选定的最终目标以及追求最终目标的坚定性。

②决策时间短。面对面的谈判方式，往往要在谈判期限内作出成交与否的决定，不能有充分的考虑时间，也难以充分利用谈判后台人员的智慧。因而要求谈判人员有较高的决策水平，如果决策失误，会使我方蒙受损失或是失去合作良机。

③费用高。对于面对面的谈判方式，谈判各方都要支付一定的差旅费或礼节性的招待费等，从而增加了商务谈判的成本。可以说，在所有的谈判方式中，面对面的谈判方式费用最高。

（2）电话谈判

电话谈判是指借助电话通信进行沟通信息、协商，寻求达成交易的一种谈判方式。

电话谈判的优点：

使用电话进行谈判的主要优势是快速、方便、联系广泛。

电话谈判的缺点：

①易被拒绝。电话谈判，双方互相看不见，"不"字更容易说出口。

②误解较多。电话谈判要比面对面谈判容易产生误解。

③某些事项容易被遗漏和删除。在运用电话方式谈判时，多数情况下是一次性叙谈，很少有重复，所以，谈判者有意无意地将某些事项遗漏或删除是在所难免的。

④有风险。在运用电话方式谈判时，由于无法验证对方的各类文件，有被骗的风险。

⑤容易出现失误。就电话谈判方式而言，由于时间有限，谈判者没有深入思考的时间，往往是在毫无准备的状态下仓促面对某一话题，甚至进行某一项决策，因此容易出现失误。

（3）函电谈判

函电谈判是指通过邮政、电传、传真等途径进行磋商,寻求达成交易的书面谈判方式。

函电谈判的优点:

①方便、准确。函电谈判的电传、传真是现代化通信手段,具有方便、及时、快速的特点。即使是用函件的往来,也是简便易行的。而且,在函电谈判方式中,来往的电传、信函都是书面形式,做到了白纸黑字,准确无误。

②有利于谈判决策。函电谈判方式所提供的谈判内容都是书面文字,并且有较充裕的时间思考,从而有利于慎重决策。

③材料齐全、有据可查。函电谈判方式可以充分利用文字、图表来表达。而且,谈判双方经过了反复多次的函电磋商,这些来往的函电就是今后达成交易、签订合同的原始凭证,有根有据,便于存查。

④省时、低成本。使用函电谈判方式可以使谈判人员无须四处奔波,一来省时,二来省去了差旅费等。因此,函电谈判方式的费用开支要比面对面谈判方式少。

函电谈判的缺点:

①函电谈判方式用书面文字沟通,有可能出现词不达意的情况,使谈判对方耗时揣摩。如果因此造成谈判双方各有不同的解释,就会引起争议和纠纷。

②谈判双方代表不见面,就无法通过观察对方的语态、表情、情绪以及习惯动作等来判断对方的心理活动,从而难以运用语言与非语言技巧。

③谈判双方缺少了面对面的接触,讨论问题往往不深入、细致,彼此印象、情感也不深刻。

（4）网上谈判

【小贴士1-9】　　　　　　　　　　　在线商务谈判

电子商务是通过电脑编程和网络传输的电子数据信息来开展各种商务活动的新形式。目前,我国有90%的电子商务交易都采用网上谈判形式,达成交易后再通过银行或第三方支付平台进行离线支付或网上支付。电子商务实现网上货物、信息、货币的三流一体,解除了传统贸易活动中物质、时空、支付等问题对交易双方的限制,对传统的贸易方式产生了强大的冲击。随着全球经济一体化趋势的日益增强,电子商务的发展已成为一种必然趋势,代表着未来贸易方式的发展方向。伴随 Internet 用户规模的迅速壮大,电子商务交易额也在急剧上升。1995 年全球电子商务交易额仅为 2 亿美元,2005 年达到 4 900 亿美元,2015 年达到22.1 万亿美元。我国 2006 年电子商务交易额达到 10 000 亿元人民币,2015 年达到21.8万亿元人民币,跃居全球第一。

网上谈判就是借助于互联网进行协商、对话的一种特殊的书面谈判。网上谈判为买卖双方的沟通提供了丰富的信息和低廉的沟通成本,因而有强大的吸引力。

网上谈判的优点:

①加强了信息交流。网上谈判具有谈判快速、联系广泛、内容全面丰富、可以备查的特点,可使企业、客户掌握他们需要的最新信息。

②有利于慎重决策。网上谈判使得谈判双方能仔细考虑本企业所提出的要点,又能使谈判双方有时间进行充分的分析,有利于慎重地决策。

③降低了成本。采用网上谈判方式,企业大大降低了人员开销、差旅费、招待费以及管理费等,降低了谈判成本。

网上谈判的缺点:

一是商务信息公开化,导致竞争对手的加入;二是互联网的故障病毒等,会影响商务谈判的开展。

2)按心理倾向性划分,商务谈判分为常规式谈判、利导式谈判、迂回式谈判和冲击式谈判

(1)常规式谈判

常规式谈判是指经过反复往来,双方交易条件已趋向固定,主客户之间以过去交涉的程序、条件、经验为基础所进行的商务谈判方式。常规式谈判的心理特点是循规蹈矩,每次谈判的内容及形式均无重大变化。它多用于固定客户之间的洽谈。

(2)利导式谈判

利导式谈判是指本方商务谈判人员在研究了对方谈判人员心理动态的基础上,迎合、利用对手的主体意愿,诱发其向本方谈判目标靠拢的商务谈判方式。例如,将计就计、投其所好等就属于利导式谈判中通常使用的谋略。谈判高手在谈判时,经常首先提出一些双方能够接受或双方有共同点的议题以达成一致,使对手造成一种双方立场相近的印象,以赢得对手的好感,借此再推进交易的成功。实际上这是在运用利导式的谈判方式进行谈判。

(3)迂回式谈判

迂回式谈判是指本方谈判人员在全面调查、分析了谈判对手所处的环境和洽谈条件的基础上,不与对手直接就交易的内容进行协商,而是抓住要害或利用某些外在条件间接地作用于对手的商务谈判方式。例如,买方采购时,通常的做法是货比三家,目的是利用不同谈判对手的不同报价,将其中最低的报价作为筹码,迫使对方把价格压下来,从而取得最有利的成交条件。

(4)冲击式谈判

冲击式谈判是指本方谈判人员采用正面对抗或冲突方法,使用强硬手段给对方施加压力,以实现自己目标的谈判方式。例如当谈判处于僵持状态时采用最后通牒的方式,要求对方要么接受我方的条件,要么停止谈判,迫使对方就范;又如发生争端时,据理力争,都属于冲击式谈判方式。在一般商务谈判中,冲击式谈判用得较少。万一需要用它时,要做到深思熟虑和有的放矢,并有相应的备用方案来作为补救措施。如果使用不当,则往往事与愿违,出现僵局,甚至导致谈判破裂。

3)按谈判的方式或方法划分,商务谈判可分为纵向谈判和横向谈判

(1)纵向谈判

【小贴士1-10】 纵向谈判受到因果关系制约,原因在先,结果在后。比如索赔,甲:索赔原因,乙:确认原因,甲乙商讨赔款条件,最后再商讨赔付金额问题。

纵向谈判是指在确定谈判的议题之后,逐个讨论每一问题和条款,若该问题和条款不彻底解决就不谈第二个问题和条款,一直这样到结束的一种谈判。例如,国内甲企业向银行借流动资金的借款谈判,在该谈判中的议题有:金额、利息率、贷款期限、担保、还款限期、违约责任、纠纷处理等问题,双方确定出谈判的主要内容后,首先就金额进行磋商,如果金额确定不下来,就不谈其他条款。只有金额谈妥之后,才依次讨论其他问题。

纵向谈判方式的基本特点,就在于按议题纵向展开,每次只洽谈一个问题,直至谈妥为止。

纵向谈判方式比较适合于对链条式复合问题的洽谈。所谓链条式复合问题,是指复合问题中分解出的若干小问题,并不处在同一个层次上,而是像链条一样,一环扣一环,逐层展开的。因此,它适宜用纵向谈判方式,把要谈的若干议题,按它们之间的内在逻辑要求,整理成一个系列,依顺序逐个地进行谈判。

纵向谈判的优点:
①程序明确,把复杂问题简单化;
②每次只谈一个问题,讨论详尽,解决彻底;
③避免多头牵制,议而不决的弊病。

纵向谈判的缺点:
①议程确定过于死板,不利于双方沟通交流;
②讨论问题时不能相互通融,当某一问题面临僵局后,不利于其他问题的解决;
③不能充分发挥谈判人员的想象力、创造力,不能灵活、变通地处理谈判中的问题。

(2)横向谈判

横向谈判是指在确定谈判所涉及的主要问题后,把谈判的议题全部横向铺开,多项议题同时讨论,周而复始反复进行,直到所有内容都谈妥为止的一种谈判。

如在一笔以 CIF 价格条件出口某商品的贸易谈判中,双方确定需要谈判的内容包括:品质、价格、数量、支付、装运、保险和索赔等条款,则双方首先开始谈品质条款,待稍有进展后就去谈价格条款⋯⋯等这几项条款都轮流谈到后,再回过头来进一步谈品质条款、价格条款⋯⋯以此类推,如有必要可再进行第三轮乃至更多轮的磋商。

横向谈判方式的基本特点,在于按议题横向展开,一轮一轮地洽谈,每轮都几乎谈及各个问题。

横向谈判方式比较适合于并列式复合问题的洽谈。所谓复合问题,是指那些自身还能分解出若干小问题的问题。而并列式的复合问题,是指复合问题中包含的若干小问题,它们各自独立存在,相互之间没有隶属关系。正由于它们是相互并列的,故可以分别进行讨论。

横向谈判的优点:
①议程灵活,方法多样;
②多项议题同时讨论,有利于寻找变通的解决办法;
③有利于更好地发挥谈判人员的创造力、想象力,更好地运用谈判策略和技巧。

横向谈判的缺点:
①加剧双方的讨价还价,容易促使谈判双方作不对等让步;
②容易使谈判人员纠缠枝节问题,而忽略了主要问题。

1.4.2 商务谈判的作用

有商务活动就有商务谈判,商务谈判贯穿于商务活动的全过程,无论是国内贸易还是对外贸易及经济合作,都离不开谈判。随着我国社会主义市场经济体系的不断完善,商品经济的高度发展,企业间经济交往会越来越频繁,商务谈判在我国经济和企业活动中,将起着越来越重要的作用。具体表现在以下几个方面:

1) 商务谈判是商业交易活动中的桥梁和纽带

企业的商务活动,无论是采购商品还是销售商品,商务人员都会面临两方面的工作。从国内商务活动来看,需要与货源即供应商或用户进行联系,确定商品的数量、质量或服务量、商品价格、交货条件、结算条件、期限、包装与运输条件等。对国外商务活动而言,需要与外商根据这些具体条件与国际贸易惯例进行谈判以求达成一致。从静态上看,商务谈判就好像是个桥梁和纽带,维系着买卖双方的关系;从动态上看,它通过有效的谈判活动促使交易成功。

2) 商务谈判是企业开拓市场的主要方法

企业的发展壮大,需要有广阔的市场。在占领现有市场基础上,不断开拓新市场,提高市场占有率,是企业生存和发展的基本条件。而开拓市场既包括占领原有市场,又包括开辟新的市场。因此,商务谈判选择的对象不仅要有老客户,还要不断开发新客户;既要用传统商品,也要用新产品满足客户的需求。在商务谈判中,占领市场和开拓市场没有明显的界限,二者应密切结合在一起。当然,开拓市场还可以采用广告宣传、售后服务等手段,但市场开拓的情况如何,最终仍要在商务谈判中得到反映,受到检验,并通过谈判使之成为现实。因此,商务谈判是企业开拓市场、强化经济联系的主要方法。

3) 商务谈判是企业树立形象的重要手段

企业形象,就是企业在公众脑海中的印象。它既来源于有形的、看得见摸得着的外在事物,诸如企业的名称、产品、商标、包装、广告、建筑式样和门面装饰等,也来源于长期为公众感知和记忆的企业行为和表现的精神风貌,诸如经营管理思想、风格、方法、价值观念等。良好的企业形象能使企业赢得公众的好感、支持、谅解,扩大知名度,它是企业无形的财富。良好企业形象的塑造可以通过日常的和专门性的公共关系策划活动来进行,同时也有赖于通过商务谈判达到目标。因为谈判者往往代表企业的文化和精神,通过谈判者可以感受企业的可信度。谈判者的着装、举止、谈吐、思维、语言直接影响对方对本企业的联想和记忆。在谈判过程中,谈判者处理问题是否有理有节、顾全大局且讲究效率、讲信用,这更是关系到双方能否真诚守信、长期合作的关键。若一个谈判者在这些方面都表现出较高的素质,那么,不仅能促成双方达成一致协议,而且能树立良好的企业形象。

4) 商务谈判是企业获取市场信息,提高经营决策科学性的重要途径

市场是纷繁复杂、瞬息万变的,而市场信息则是企业采取相应对策、掌握市场主动权的

基本依据。商务谈判是企业获取市场信息的重要途径。通过商务谈判,谈判人员可以及时、准确地收集诸如产品设计、质量、价格、服务、竞争者的经营策略、市场供求状况以及同类产品的市场变化等信息。及时、准确的市场信息,有利于企业预测和研究市场发展趋势,提高经营决策的科学性,使企业在市场竞争中立于不败之地。

5) 商务谈判是企业实现经济目标,取得经济效益的重要手段

企业是商品生产和商品流通的直接承担者。凡有经营活力的企业,其流通渠道通畅,购销两旺,经济效益高,有利于商品生产和商品交换的进一步发展。但是,购销两旺绝非易事。在市场竞争条件下,企业的供销工作受各种主客观条件的制约。企业产品的畅销,除了商品要适销对路、质量过硬、价格合理、包装美观等条件外,在很大程度上还有赖于供销人员搞好商务谈判工作。商务谈判是达成商品交换关系的前奏,每一笔交易的价格、数量和其他交易条件都要通过谈判来确定。如果谈判不成功,产品销售困难,就会造成商品积压、资金短缺、经济效益下降、企业的经济目标无法实现等状况,久而久之,企业就要面临破产的危险。

本章小结

本章从谈判的概念入手,介绍了商务谈判的概念、特点与种类;解释了商务谈判的内容;详细地论述了商务谈判的程序;介绍了商务谈判的原则、方式与作用。了解本章内容,是学好"商务谈判"课程的基础。

复习思考题

1.什么是谈判? 什么是商务谈判?

2.商务谈判有哪些特点和种类?

3.商务谈判的内容有哪些?

4.商务谈判的程序是什么?

5.商务谈判的原则是什么?

6.商务谈判的方式有哪些?

7.商务谈判的作用是什么?

实 训 题

一、判断题

1.谈判双方刚见面时寒暄等客套行为决定了谈判的气氛。　　　　　　　(　　)

2.在现实生活中,人们始终都面对着各种各样的谈判。　　　　　　　　(　　)

3.一场成功的商务谈判应该双方都是赢家。　　　　　　　　　　　　　(　　)

4.与硬式谈判相比,原则式谈判注意调和双方的利益而不是双方的立场。(　　)

二、单项选择题

1.谈判双方只集中谈论一个项目,达成协议后再谈判下一项目的谈判方法是(　　)。

　　A.多头并进谈判法　　　　　　　　B.纵向式谈判

　　C.单项深入式谈判　　　　　　　　D.复合式谈判

2.谈判双方同时谈论有待解决的各个项目,当其中一项遇到难题时,暂时搁放,移到下一项的谈判方法是(　　)。

　　A.横向式谈判　　　　　　　　　　B.单项深入式谈判

　　C.链条式谈判　　　　　　　　　　D.多头并进谈判

3.一场成功的谈判,双方在谈判中必须(　　)。

　　A.只考虑自己的利益

　　B.只考虑对方的利益

　　C.既要考虑自己的利益,也要兼顾对方的利益

　　D.考虑对方的利益比考虑自己的利益要多

三、多项选择题

1.按谈判进行的地点来划分,可将谈判分为(　　)。

　　A.个体谈判　　　　　B.主场谈判　　　　　　C.客场谈判

　　D.第三地谈判　　　　E.双方谈判

2.商务谈判中应遵循的原则有(　　)。

　　A.平等互利原则　　　B.诚实信用原则　　　　C.友好协商原则

　　D.合法原则　　　　　E.求同存异原则

3.商务谈判的基本程序一般包括(　　)。

　　A.准备阶段　　　　　B.开局阶段　　　　　　C.接受阶段

　　D.磋商阶段　　　　　E.签约阶段

四、问答题

1.你是否进行过谈判? 如果进行过谈判,请写出谈判的过程和结果。如果你没有进行过谈判,请写出你知道的谈判的过程和结果。

2.如果你代表公司去参加商务谈判,你将采用什么谈判方法? 为什么?

案 例

【1-1】 上海甲厂计划引进西欧某公司的一条生产线,委托外贸公司来做这笔生意。外国公司提出了十分合理的价格——80万美元。当时甲厂用于购买生产线的外汇只有50万美元,差距很大。外贸公司先请外方的销售经理汤姆先生来上海访问,进行具体的商务洽谈。

汤姆先生来沪后,外贸公司先安排他参观了用户,向他发出了我们有诚意购买的信号。同时,外贸公司又介绍了该厂在中国同行业中的地位,这些引起了对方的兴趣。于是,外贸公司趁机提出如果这笔生意做成,将协助这家公司在上海举办展览,并负责邀请中国的有关企业来参观。由于该公司的产品优秀,世界其他国家都有其产品,而中国却没有,但该公司对进入中国市场又很有兴趣。听了这些介绍以后,汤姆先生考虑再三,表示这次只收设备的成本费,不赚利润,把报价降到了70万美元。然而,买主只有50万美元,还差20万美元。于是,外贸公司就说服买主扣除国内能配套的部分设备,使价格降到60万美元。此时对于外国公司来说已经不能再退了,还差10万美元怎么办?外贸公司与买主反复研究后,决定取消5万美元可以以后再订的备件,使双方的距离缩小到只有5万美元。这时外贸公司再次恳切表态,说外国公司只要同意再降5万美元,将免费向对方介绍一家外地的买主,并言明对此价格严守秘密,不向任何人泄露。汤姆先生经过反复考虑,终于下决心按50万美元成交。外贸公司在此后同时介绍这家西欧公司与外地的企业成交了两台同类设备。在不到一年的时间里,这家公司连续在中国成交了10多台设备,使该公司进入中国市场的愿望得以实现,保证了它的基本利益。

问题:

请根据商务谈判的原理,对外贸公司使谈判获得成功的原因进行分析说明。

【1-2】 有一家百货公司,计划在市郊建立一个购物中心,而选中的土地使用权归张桥村所有。百货公司愿意出价100万元买下使用权,而张桥村却坚持要200万元。经过几轮谈判,百货公司的出价上升到120万元,张桥村的还价降到180万元,双方再也不肯让步了,谈判陷入了僵局。张桥村坚持的立场是维护村民利益,因为农民以土地为本,失去了这片耕地的使用权,他们就没有很多选择,只是想多要一些钱来办一家机械厂,另谋出路。而百货公司站在维护国家利益的立场上,因为百货公司是国有企业,让步到120万元已是多次请示上级后才定下的,他们想在购买土地使用权上省下一些钱,用于扩大商场规模。然而冷静地审视双方的利益,则可发现双方对立的立场背后存在着共同利益,失去土地的农民要办一家机械厂谈何容易,而百货公司要扩大商场规模,就要招募一大批售货员,这也是迫在眉睫的事。早些将项目谈成,让购物中心快点建起来,依靠购物中心吸纳大量农村劳动力,既可解决农民谋生问题,又可解决补充售货员的困难,成为双方共同的利益所在。双方有了共同的目标,于是很快就找到了突破僵局的方案。方案之一,按120万元成交,但商场建成后必须为张桥村每户提供一个就业的名额。方案之二,张桥村以地皮价120万元入股,待购物中心建成后,划出一部分由农民自己管理,以解决生活出路问题。双方的需要都得到了满足,谈

判顺利地突破了僵局,接着进行两个方案的比较与选择,不久协议就顺利地达成了。

问题:

1.本案例中商务谈判的双方为什么一开始陷入了僵局?为什么很快就找到了突破僵局的方案?请用商务谈判的原理分析之。

2.本案例中商务谈判的双方采用了什么商务谈判方法?请说明其特点?

【1-3】 沃尔·斯特里特公司的男鞋推销员去拜访他的一个经销商。在推销过程中,这位商人抱怨说:"知道吗?最近两个月,我们货物的发货情况简直糟透了。"

这一抱怨对于公司的推销员来说无疑是一个巨大的威胁,谈判有陷入僵局的危险。

推销员的回答很镇定:"是的,我知道是这样,不过我可以向您保证,这个问题很快就能解决。您知道,我们只是个小型鞋厂,所以,当几个月前生意萧条并有9万双鞋的存货时,老板就关闭了工厂。如果您订的货不够多,在工厂重新开工和有新鞋出厂之前,您就可能缺货。最糟糕的是,老板发现由于关闭工厂他损失了不少生产能手,这些人都去别处干活了。所以,在生意好转之后,他一直难以让工厂重新运转。他现在知道了,他过早惊慌地停工是错误的,但我相信我们老板是不会把现在赚到的钱盘存起来而不投入生产的。"

经销商笑了,说:"我得感谢您,您让我在一个星期之内头一次听到了如此坦率的回答。我的伙计们会告诉您,我们本周一直在与一个购物中心谈判租赁柜台的事,但他们满嘴瞎话,使我们厌烦透了。谢谢您给我们带来了新鲜空气。"

不用说,这个推销员用他的诚恳态度赢得了客户的极大信任,他不但做成了这笔生意,还为以后的生意打下了良好的基础。

问题:

1.推销员为何能成功?

2.你如何理解商务谈判中的以诚待人?

【1-4】 中方某公司向韩国某公司出口丁苯橡胶已一年,第二年中方又向韩方报价,以继续供货。中方公司根据国际市场行情,将价格从前一年的成交价每吨下调了120美元(前一年1 200美元/吨),韩方感到可以接受,提议中方到韩国签约。中方人员一行两人到了首尔该公司总部,双方谈了不到20分钟,韩方说:"贵方价格仍太高,请贵方看看韩国市场的价格,三天以后再谈。"中方人员回到饭店感到被戏弄,很生气,但人已来首尔,谈判必须进行。

中方人员通过有关协会收集到韩国海关丁苯橡胶进口的统计,发现从哥伦比亚、比利时、南非等国进口量较大,中国进口也不少,并且中方某公司是占份额较大的一家。价格水平南非最低但高于中国产品价,哥伦比亚、比利时价格均高于南非。在韩国市场的调查中,批发和零售价均高出中方公司的现报价30%~40%,市场价虽呈降势,但中方公司的报价是目前世界市场最低的价。为什么韩国人员还这么说?中方人员分析,韩方以为中方人员既然来了首尔,肯定急于拿合同回国,因此想借此机会再压中方一手。那么韩方会不会不急于订货而找理由呢?中方人员分析,若不急于订货,为什么邀请中方人员来首尔?再说韩方人员过去与中方人员打过交道,有过合同,且执行顺利,对中方工作很满意,这些人会突然变得不信任中方人员了吗?从态度看不像,他们来机场接中方人员,且晚上一起喝酒,保持了良好的气氛。从上述情况分析,中方人员一致认为:韩方意在利用中方人员的出国被动心理在压价。根据这个分析,经过商量,中方人员在请示上级后决定在价格条件上做文章。总的来讲,态度应强硬(因为来前韩方已表示同意中方报价),不怕空手而归。其次,价格条件还要涨回市场水平(即1 200美元/吨左右)。再者不必用三天时间给韩方报价,仅一天半就能将新的价格条件通知韩方。

在一天半后的中午前,中方人员电话告诉韩方人员:"调查已结束,得出的结论是,我方来首尔前的报价低了,应涨回去年成交的价位,但为了老朋友的交情,可以下调20美元,而不再是120美元。请贵方研究,有结果请通知我们。若我们不在饭店,则请留言。"韩方人员接到电话后一个小时,即回电话约中方人员到其公司会谈。韩方认为:中方不应把过去的价再往上调。中方认为:这是韩方给的权利。我们按韩方的要求进行了市场调查,结果应该涨价。韩方希望中方多少降些价,中方认为原报价已降到底。经过几回合的讨论,双方同意按中方来首尔前的报价成交。这样,中方成功地使韩方放弃了压价的要求,按计划拿回合同。

问题:

1.中方的决策是否正确?为什么?

2.中方运用了何程序、何方式作出决策?其决策属于什么类型?

3.中方是如何实施决策的?

4.韩方的商务谈判中,反映了什么决策?

5.韩方的决策过程和实施情况如何?

第2章
商务谈判人员的素质

【本章导读】

　　本章主要介绍了商务谈判人员应该具备的伦理道德素质的内容、心理素质的内容以及业务素质的内容。目的是使读者明确需具备哪些良好的职业道德、心理素质、思维方式、业务知识及谈判的能力才能成为一名优秀的商务谈判人员。

【关键词汇】

　　伦理道德素质　　心理素质　　业务素质

【案例2-1】 世界零售业巨头沃尔玛之所以能够兑现其"天天平价"的低价承诺,很重要的原因之一就是它拥有一支精明强干的采购谈判团队。沃尔玛的采购谈判人员必须熟知各供应商提供的商品价格、服务水平以及成本情况。除了具有丰富的商品知识以外,沃尔玛的谈判人员也具备极强的心理素质。在谈判时,沃尔玛的谈判人员甚至一分钱一分钱地与供应商讨价还价。在他们看来,多争取一分钱的价格折让就多为顾客多让渡了一分钱的价值,对此,他们从不疲惫。沃尔玛采购谈判团队的工作热情、谈判能力和心理素质给零售业界树立了鲜明的标杆形象。

2.1 伦理道德素质

谈判的本质是交际,是处理人与人之间关系的方式之一。有了关系就有了伦理,伦理是处理关系的规范,也是规则、模式、礼仪、礼法,伦理属于风俗和道德规范。从理性上说,谈判的基础是伦理。商务谈判中,谈判人员应该具备以下伦理道德素质。

2.1.1 良好的职业道德

职业道德是指在特定职业或行业范围内存在的规范,也是调整人们工作或劳动及其相互关系的道德准则。职业道德是一种职业或行业的自我约束,也是社会交往中的"利他主义"因素。对于谈判领域的职业道德,比较通行的提法是:礼、诚、信。

【小贴士2-1】 在商务谈判中,切记三点:第一,要善于和乐于认识、理解自己和对方的情感。

第二,当谈判对方处于非常窘困和尴尬的境地时,我们应给对方一个台阶下,这就是"为人置梯"技巧。

第三,注意同谈判对手多沟通。

1)礼

"礼"分礼貌、礼仪。礼貌表现在言谈举止上;礼仪则用于接待仪式;两者并重,不可偏废。但对于谈判人员来说,更重要的恐怕还是礼貌方面。礼貌不是演戏,更不是虚伪,礼貌是修养,是修身,是人品,是教育程度,是谈判人员必备的素质。而礼貌的灵魂是"度",是待人接物的恰到好处,有礼无度如若无礼。在赞美、拥抱、礼让、客气、热情、好客之中,度是灵魂。

2)诚

"诚"主要是指谈判动机要诚。因此,"诚"包含有两点互相关联的内容:一是"光明正大";二是"诚心诚意"。光明正大即不能怀着不可告人的目的,不能心怀鬼胎。这一点在各国及国际组织的有关商业的法律及守则中均有明确的条文予以强调,并且从两方面对非光明正大行为加以限制,即动机与事实,包括动机的真诚可信和诚实地叙述事实。

3) 信

"信"是指谈判人员言而有信、出口有据,言必信、行必果,这是信的突出特点。信口开河,说了不算,算了不说;下午推翻上午的,明天改变今天的态度;老李推翻老王的话;上级否定主谈人的主张,凡此种种都是十分不可取的。在谈判对手看来,除非你不表态,只要表态的事即为可信,他的谈判立场就会随你而进行调整——这可作为思考自己是否诚信的依据。对于失言,最好的挽救办法是"承认错误"。这种"承认错误"也是谈判技巧之一,要会运用,但不可多用。倘若一场谈判出现了两次以上的"承认错误",同样也会让对手对你失去信心,从而影响自己的谈判效力。

2.1.2　忠于职守

谈判人员是作为特定组织的代表出现在谈判桌前的。商务谈判人员不仅代表组织个体的经济利益,而且还肩负着维护国家利益的义务和责任。因此,廉洁奉公、忠于职守,是谈判人员必须具备的首要条件。作为谈判人员,必须自觉维护国家、组织利益,绝不能见利忘义、收受贿赂;必须严守组织机密,绝不能毫无防范、多嘴饶舌。

2.1.3　具有团队精神

商务谈判多为集体谈判,每一方都是由几个人组成的小组或团队,其中,有一人为总代表或主持人,主持领导整个团队完成实际的谈判工作。参加谈判的人员,无论是作为团队总代表的主持人还是其他的团队成员,都必须具有集体主义和团队精神,各自除负责好分内工作以外,还应注意协调配合,以争取本方在谈判交易中获得更多的利益。坚持这种集体主义和团队作战的意识,可收到以下效果:

1) 减少暴露本方弱点的机会

在商务谈判过程中,虽然每位谈判者就自己的专业、特长方面对谈判的某些事项有深入的认识,但就谈判事项的各种细节而言,需要各类高深、广博的专业知识的综合。通常,要求参加谈判的团队整体提供这些必要的知识和见解。在这种情况下,无论是由谈判团队的各个队员表达自己的见解,或是由主持人综合陈述团队整体的主张,还是由其他成员对前一代表发言的补充、说明,都必须坚持集体主义和团队意识,相互呼应,密切配合,力求天衣无缝。

2) 增强本方谈判的整体力量

在商务谈判中,如果团队成员都各执己见,坚持自己的观点,就会出现"各吹各的号"的局面,使团队力量削弱甚至丧失谈判的力量,就容易被对方控制。因此,参加谈判的人员若能发挥集体主义精神和团队意识,取长补短,密切配合,就容易产生倍增的谈判力量。

3) 一致对外,积极主动

如果参加商务谈判的团队成员缺乏集体主义和团队意识,那么在谈判过程中即使不出

现内部摩擦,也很容易造成主谈人孤军作战,而其他成员害怕与主谈人意见不一致被对方抓住把柄而沉默不语。因此,在谈判前应增强集体主义、团队意识,在团队内充分发表不同意见和见解,经统一协调,形成本方一致对外、积极主动的局面。各个成员在谈判场上应做到进攻有目标(本方达成一致的最高谈判目标及其所规定的各项细节)、防守有底线(本方达成一致的最低谈判目标及其所规定的各项细节),从而积极主动、灵活机动地参与谈判场上的交锋。

2.1.4　遵纪守法

树立正确的法制及政策观念,是顺利进行商务谈判、达到相应谈判目标的前提。商务谈判的过程及内容往往要涉及许多法规和政策,商务谈判必须在一个国家法律、法规、政策所允许的范围内进行。否则,双方达成的谈判协议,签订的谈判合同将没有法律效力,因而得不到国家政府的应有保护。所以,作为谈判人员必须遵纪守法,这样谈判才能获得成功。

【小贴士2-2】　在国际贸易中通行的主要惯例均由国际商会制定,主要有:
①《国际贸易术语解释通则》(2010年)。
②《跟单信用证统一惯例》(2007年)。
③《托收统一规则》(1995年)。
④《国际保付代理惯例规则》(1994年,国际保理商联合会颁布)。
⑤《见索即付保函统一规则》(URDG 758)(2010年修订)。

国际惯例是国际法的一个重要渊源。上述惯例在国际贸易中均得到普遍遵守,是从事国际贸易的人员所必须熟知的重要内容。有关贸易术语的国际贸易惯例主要有三种:《1932年华沙—牛津规则》《1941年美国对外贸易定义修订本》《国际贸易术语解释通则》(2010年)。

2.2　心理素质

2.2.1　良好心理素质的作用

商务谈判人员良好的心理素质是谈判取得成功的重要基础条件。良好的心理素质,是谈判者抗御谈判心理挫折的条件和铺设谈判成功之路的基石。谈判人员加强自身心理素质的培养,可以把握谈判的心理。谈判人员对商务谈判心理有正确的认识,就可以有意识地培养和提高自身优良的心理素质,摒弃不良的心理行为习惯,从而把自己塑造成从事商务谈判方面的人才。商务谈判人员应具备的基本心理素质是:

1) 自信心

所谓自信心,就是相信自己的实力和能力。它是谈判者充分施展自身潜能的前提条件。缺乏自信心往往是商务谈判遭受失败的原因。没有自信心,就难以勇敢地面对压力和挫折、面对艰辛曲折的谈判,只有具备必胜的信心才能促使谈判者在艰难的条件下通过坚持不懈的努力走向胜利的彼岸。自信心不是盲目的自信和唯我独尊,自信是在充分准备、充分占有信息和对谈判双方实力科学分析的基础上对自己有信心,相信自己要求的合理性、所持立场的正确性及说服对手的可能性。有自信才有惊人的胆识,才能做到大方、潇洒、不畏艰难、百折不挠。

【小贴士 2-3】 商务谈判是一场心理战。在谈判桌上,一个人的心理素质往往是决定成败的关键性因素。心理素质是一个人各种心理特征的综合指标。它影响着人的精神风貌,同时也影响着一个人的思维能力。

在心理素质较好的情况下,谈判者便可以保持冷静的情绪与理性的思维,在商务谈判这种需要高智能、高智商的活动中,冷静的情绪与理性的思维显得尤其重要,对于谈判的成功起着举足轻重的作用。

如果心理素质较弱,心理承受力较差,便很容易被对方利用。对方可能会使用一些心理战术,比如利用假情绪、假行为,隐藏真正意愿,以此来故意施压,从而让你方寸大乱,失去原本的坚持与理性,作出不必要的让步。

2) 耐心

耐心是商务谈判抗御压力的必备品质和谈判争取机遇的前提。在一场旷日持久的商务谈判较量中,谁缺乏耐心和耐力,谁就将失去在商务谈判中的主动权。有了耐心可以控制自身的情绪,不被对手的情绪牵制和影响,使自己能始终理智地把握正确的谈判方向。有了耐心可以使自己能有效地倾听对方的诉说,观察了解对方的举止行为和各种表现,获取更多的信息。有了耐心可以有利于提高自身参加艰辛谈判的韧性和毅力。耐心也是对付意气用事的谈判对手的策略武器,它能取得以柔克刚的良好效果。此外,在僵局面前,也一定要有充分的耐心以等待转机。谁有耐心、沉得住气,谁就可能在打破僵局后获得更多的利益。

3) 诚意

具有诚意,不但是商务谈判应有的出发点,也是谈判人员应具备的心理素质。诚意,是一种负责的精神、合作的意向,是诚恳的态度,是谈判双方合作的基础,也是影响、打动对手心理的策略武器。有了诚意,双方的谈判才有坚实的基础;才能真心实意地理解和谅解对方,并取得对方的信赖;才能求大同存小异取得和解和让步,促成上佳的合作。要做到有诚意,就要在具体的活动中,对对方提出的问题及时答复;发现对方的做法有问题,要适时恰当地指出;自己的做法不妥,要勇于承认和纠正;不轻易许诺,承诺后要认真实践诺言。诚意能使谈判双方达到良好的心理沟通,保证谈判气氛的融洽稳定,能排除一些细枝末节小事的干扰,能使双方谈判人员的心理活动保持在较佳状态,建立良好的互信关系,提高谈判效率,使谈判向顺利的方向发展。

【案例 2-2】   **耐心的力量**

美国总统吉米·卡特是一个富有伦理道德的正派人,他最大的特点就是惊人的耐心。谈判家荷伯·科恩评论道,不论什么人,同卡特在一起待上 10 分钟,就像服用了镇静剂一样。正是他的耐心、坚忍和毫不动摇,使他成功地斡旋了埃及与以色列的两国争端,促使两

国签订了历史上著名的《戴维营协议》。

埃及和以色列两国争端由来已久,积怨颇深,谁也不想妥协。卡特邀请两国谈判代表坐下来进行谈判,精心考虑之后,地点确定在戴维营。尽管那里设施齐备、安全可靠,但是没有游览之处,散步成了人们主要的消遣方式。此外,还有两台供锻炼身体用的自行车和三部可看的电影。两国谈判代表团在住了几天之后,都感到十分厌烦。但是每天早上8点钟,萨达特和贝京都会听到敲门声,接着就是那句熟悉的话语:"你好,我是卡特,再把那个乏味的题目讨论上一天吧。"结果等到第13天,他们谁都忍耐不住了,再也不想为谈判中的一些问题争论不休。这就有了著名的《戴维营协议》,它的成功,有一半应归功于卡特总统的耐心与坚持。

2.2.2　商务谈判的思维

1) 思维的概念和类型

【小贴士 2-4】　谈判中常见的辩证关系有:
①要求和妥协
②一口价
③丑话
④舌头和耳朵
⑤啰唆与重复
⑥让步中的互相与对等
⑦说理与挖理
⑧谎言

(1)思维的概念

思维是人对客观事物本质特征和内在规律性联系的间接的、概括的反映。间接性和概括性是思维的两个最基本的特征。

所谓间接性,是指思维凭借知识经验这一媒介来反映客观事物。由于这一特性,人的思维能对没有直接作用于感觉器官的事物及其属性或联系加以反映。例如,虽然没有直接看到昨晚下雨,但清早起来看到地面与房顶湿了,人们便可通过思维的间接性知道昨晚下过雨。同样,当夏天天气闷热、蜻蜓低飞时,虽未直接看到,但人们却能通过思维的间接性预料将会下雨。

所谓概括性,是指思维通过抽取同一类事物的共同特征作为该事物的本质特征,事物间的必然联系也就是事物间的规律性联系。由于这一特性,人的思维能通过表面现象而认识事物的本质和规律。例如,通过感知觉我们只能看到具体的一只鸟的外形和活动情况,而通过思维的概括性我们才能认识鸟类的基本特征:有羽毛、卵生等。这样,也只有通过思维的概括性才能把不会飞的鸡列入鸟类。思维的间接性和概括性是相互联系的。人之所以能够间接地反映事物,是因为人有概括性的知识经验,而人的知识经验越概括,就越能扩大间接反映事物的能力。

（2）思维的类型

①动作思维、形象思维和抽象思维：

a.动作思维。动作思维就是在思维过程中依赖实际动作作为支柱的思维，动作思维也称实践思维。其特点是以实际操作来解决直观的、具体的问题。工程师、修理工人经常运用动作思维来解决实践中遇到的问题。

b.形象思维。以已有的直观形象来解决问题的思维，称为形象思维。文学家、艺术家经常用形象思考，通过形象来表达自己的思想和情感。例如，要考虑走哪条路能更快到达目的地，便需在头脑中出现若干条通往目的地的路的具体形象，并运用这些形象进行分析、比较作出选择。这便是常见的形象思维。

c.抽象思维。用抽象的概念和理论知识来解决问题的思维，称为抽象思维。例如，当我们思考："什么是心理的实质""什么是生物反馈""什么是意识流"等理论问题时，用的是抽象思维。抽象思维也称逻辑思维，哲学家、数学家经常运用它来解决实际问题。

上述3种思维是相互联系、相互渗透的。从个体发育的角度来看，儿童的动作思维、形象思维先发展起来，抽象思维出现较晚。但是无论成年人哪一种思维占优势都不表明思维发展水平上的差异。

②聚合思维和发散思维：

a.聚合思维。这种思维是把问题所提供的各种信息聚合起来得出一个正确的答案或一个最好的解决方案。只有当问题存在着一个正确的答案或一个最好的解决方案时，才会有聚合思维。在开始进行这种思维时，思维者并不知道这个答案，但通常，人们是知道这个答案或赞同这个答案的。因此，聚合思维不过是把提供的各种信息重新加以组织，找出人们已知的一个答案。

b.发散思维。这是一种沿着各种不同的方式去思考、去探索新远景、去追求多样性的思维。只有存在着几种解决方案，或即使有一个正确的答案但没有人知道，或不是人们都同意这是最好的答案，在这种情况下才会有发散思维。在发散思维活动中，根据问题提供的信息，探索着好几个可能的答案，同时又很难肯定哪一个答案是"最正确的"。

发散思维和聚合思维紧密地结合在一起。如人们分析一个案件发生的原因时，会产生许多联想，作出种种假设，这是发散思维。通过调查、检验，最后找到了唯一正确的答案，这是聚合思维。

③再造性思维和创造性思维：

a.再造性思维。再造性思维又称常规性思维或习惯性思维，是指人们运用已获得的知识经验，按常规方式来解决问题的思维。例如，学生利用学过的公式解决同一类型的问题。这种思维缺乏主动性和独创性。聚合思维就属于习惯性思维。因为在习惯上人们总以为问题只有一个正确答案，而这个答案就好像摆在面前似的。

b.创造性思维。创造性思维是指以新异、独创的方式解决问题的思维。这是人类思维的高级过程，会产生新的思维成果，是现代学校教学中应努力培养的思维。发散思维属于创造性思维。在解决问题中，创造性思维具有主动性、独创性。文学家的创作、科学家的发明创造、理论家的创见都是通过创造性思维来实现的。

④上升性思维、求解性思维和决策性思维：

a.上升性思维。上升性思维是从个别的事物和经验中,通过分析、综合、比较、归纳等方法,概括出具有一般特征和普遍规律性的思维。例如,对某些现象的概括,对某些经验的理论上的提炼,都运用这种思维。这种思维为理论工作者所常用。

b.求解性思维。求解性思维是寻找解决某个具体问题的思维。学习活动中学生的大多数思维属求解性思维。

c.决策性思维。决策性思维是对未来事件发生的可能性予以估计并从中选择最理想解决方案的思维。多为管理工作者在决策时采用的思维。

2)商务谈判人员应该具有的思维方式

(1)联想思维

联想思维是指人们在思考问题时,从多个角度和多个方向不断地对事物进行全方位的扫描透视。要从事物之间的直接联系和间接联系、内部联系和外部联系、必然联系和偶然联系及因果联系等普遍联系中,寻找解决问题的新路子、新方法。在商务谈判中,把与交易内容有关的所有的议题都联系起来,列入谈判,而不是孤立地就某个议题而谈某个议题。比如在货物买卖谈判中商谈价格时,就要考虑到订货数量、产品质量、交货时间等问题。

(2)动态思维

动态思维是一种依据客观外界的变动情况而不断地调整和优化思维的程序、方向和内容,以达到思维目标的一种思维活动。动态思维强调在思维过程中与客观外部环境的信息交流与协调,通过信息的交流与协调来不断地调整和修正思维的方向和目标,提高思维的正确性和有效性。

(3)超前思维

超前思维是一种在充分认识和把握事物发展规律的基础上,对事物未来发展的各种可能性进行预测,并以此对事物现状进行有预测性地分析和判断的思维形式。因此,超前思维也称预测性思维。它能使人们增加对事物未来发展的预见性,更加自觉地注视影响事物发展的各种主客观环境因素的变化,但该种思维方式是一种预测性的思维,因而也不可避免地带有一定程度的不确定性和主观意向性。因此,商务谈判者在运用超前思维方式时,一定要结合动态思维方式和联想思维方式,通过密切注视事物发展的前后联系和主客观环境的变化及时调整思维方向和目标,才能真正揭示事物的本质。

(4)逆向思维

逆向思维是一种以反问或否定的角度来论述问题、驳斥对方论点的思维方法。在发散思维和聚合思维的夹击下,人们如果顺其应答会发现自己十分被动,受制于人,且因为对方穷追不舍,许多隐秘不讲不好;讲了也不好,因为正中对方下怀。此时,逆向思维是进攻和防卫的有效论战武器。

如:某公司在签订货物买卖合同的谈判中,商品验收只有原则没有具体的办法,而卖方要求签合同,当事者另一方以逆向思维方式讨论:"×先生,贵方在合同中无具体检验的方法,将来如何验货呢? 按严格的方法,你能同意吗? 按条件松的方法,我不同意,你看怎么办呢?"一连串的反问,对其所提方案进行否定。此例反映在否定情况下,检验后果并促进新的妥协措施。犹如过河,顺向思维自然要有桥。逆向思维是一种强迫思考、加压性的思维方式,其目的就是要绝处逢生,黑暗中求光明。不过在强迫与加压中要注意节奏与说理,否则,会把问题搞得更僵。卖方固执己见时,买方运用逆向思维技巧则势在必行。

逆向思维的另一表现形式是反证,即设定对方的立论成立,再推论其成立的条件及依据是否存在。如果这样的条件及依据是合乎情理的存在,则立论被肯定;反之,则立论是虚假的,不成立的,从而被否定。反证思维的公式:立论—推理依存的条件—评价依存条件的客观性与虚假性—肯定或否定立论。例如:卖方4套设备的总报价是450万美元,按逆向思维对买方报价进行确认:设定利润率为20%的正常水准,则其总成本为360万美元。而根据卖方在报价中各部分价格所占的百分比,4套设备成本分别为120万美元、100万美元、80万美元和60万美元,第4套设备的成本显然不可能有那么高,卖方价格的计算基础不真实,应调整报价。

逆向思维是一种违反常规思维的思维方式,是一种强迫性的思维方式。因而,商务谈判中运用逆向思维方式容易发现一些在正常思维条件下不易发现的问题,利用这些问题可以作为与对方讨价还价的条件或筹码。

2.2.3 个性心理特征要求

个性也称人格,是表现在人身上的经常的、稳定的心理特征的总和。个性心理特征包括人的气质、性格和能力三大组成部分。

1) 气质

气质是人的个性心理特征中典型而又稳定的心理品质,是指人的心理动力方面特征的总和。它决定着人的心理活动进行的速度、强度、灵活性和指向性等方面。人有许多不同的气质特征,这些特征并不是有规则地相互联系的,从而会构成代表一定组织结构的气质类型。根据研究,心理学家认为人有4种较为典型的气质类型:多血质、胆汁质、黏液质和抑郁质。现实生活中,纯粹属于这4种典型气质类型的人很少,绝大多数是以某种气质为主同时伴有其他气质特征。气质类型无好坏之分,事实上,任何一种气质类型都"有优有劣"。因此,我们应该有意识地弱化不良的气质特点,培养强化良好的气质风格。商务谈判中,要求谈判者具有良好的气质特征。其主要表现在:

①热情开朗,平易近人。如此才能与谈判对方形成良好的谈判氛围,避免不必要的心理障碍。

②反应敏捷,灵活机动。既定方案只能作为谈判的参照,只有反应敏捷,灵活机动才能出奇制胜,赢得谈判的成功。

③情绪稳定,精力集中。稳定的情绪是维持谈判的基本前提,精力集中是谈判取胜的重要保证。

④思维缜密,富于言表。谈判涉及的因素甚多,只有缜密思维,才能保证表达准确,谈判无误。

⑤坚毅果断,自主性强。坚毅自主是良好的气质品性,具有这种品性才能克服挫折,坚定达到目标的信心。

⑥感受性高,耐受性强。谈判是双方信息不断交流,智慧不断较量的过程。感受性高、耐受性强,才能保证信息沟通的畅通与谈判过程的维持。

【小贴士2-5】 商务谈判中的气质利用

气质是指人典型的、稳定的心理特点。根据研究,心理学家认为人有4种较为典型的气质类型:胆汁质、抑郁质、多血质及黏液质。虽然纯粹属于这4种典型气质类型的人很少,大多是混合型。但掌握及研究这4种典型谈判气质,了解己方、彼方谈判人员的气质特征,可以提高对商务谈判的适应性,有利于开创性地开展谈判和争取上佳的谈判成果。本部分将引用盖温·肯尼迪在《谈判的真理》一书中推广的一套行之有效的谈判能力测试题,用驴、羊、狐和枭4种人们熟悉的动物来形象比喻谈判者的不同行为特征,为分析己方及彼方的谈判人员气质提供理论基础。

(1)驴:这种人对何者为可能懵然无知。其特点是:不动脑筋,轻率反应,明知不对顽固坚持,或是死抱着不切实际的所谓"原则"不放。

(2)羊:这种人对任何东西都能接受,总是听人摆布。这像不像羊入屠宰场时的模样?他们行事无主见,任人左右,缺乏为自身利益而斗争的意识。往往事事屈从,唯恐得罪了对方,甚至对方不高兴他们也要怕。

(3)狐:这种人能洞察谈判的发展,不择手段地攫取想要的东西。狐狸的成功纯粹靠耍阴谋诡计。他们诱使旁人钻入圈套,为达目的不择手段。

(4)枭:这种人在谈判中具有长远眼光,重在建立真诚的关系,以求取得想要得到的东西。他们面对威胁与机遇都能处变不惊,从容应付,以自己的言行赢得对方的尊重。

2)性格

性格是人在对现实的稳定的态度和习惯化的行为方式中所表现出的个性心理特征。诸如勤劳或懒惰、诚实或狡猾、勇敢或懦弱、谦虚或骄傲等,都是对一个人的性格特征的描述。性格在个体的整个个性特征中处于重要地位,具有核心意义,这是因为一个人对现实的稳定态度和习惯化的行为方式,总是与他的价值观、人生观、世界观相联系的,体现了一个人的本质属性,具有明显的社会评价意义。

人的习惯化的行为方式,取决于人的认识、情绪和意志这些心理过程的不同特点。在认识方面,有的人易接受抽象的事物,有的人易接受形象的事物;有的人注重事物的个别部分,有的人注重事物的整体关系。在情绪方面,有的易冲动,有的控制力强,有的较平稳,有的较波动。在意志方面,有的勇敢、果断,有的胆怯、优柔寡断,有的独立性强,有的依赖性强。商务谈判人员往往各有其性格特点。有的人精明,反应灵敏;有的人固执呆板;有的人沉稳冷静,而有的人易兴奋冲动;有的人喜欢直言,有的人则幽默而善于旁敲侧击。此外,商务谈判人员按其性格类型可以分为进取型、关系型和权力型等。

在商务谈判中,每一种的性格倾向都可能有其长处和不足。急性子的人,在谈判中反应慢,但把性格的弱点藏在自己的个性特征中,可显得像老练的谈判者一样。性格温和的人,待人以善意,但用在谈判桌上,就显得幼稚、单纯,易轻信于人,缺乏识别人的本领,往往经不起对方的谎言或做戏的攻击。性格泼辣的人,情绪外露、勇于争辩,但他们往往语言尖刻,不给人面子,也不给自己留退路。谈判成功不仅取决于谈判方所处的谈判地位,而且取决于谈判人员的个性和魅力。谈判过程中,善于发挥每个人性格的优势作用,掩盖其弱点,是争取谈判成功的一个关键因素。商务谈判者应该具备良好的性格品性,主要表现在以下几个方面:

①具有利他性的基本品格。正直、无私、事业心强、责任感强,能着眼于组织的大局,不思小恩小惠,不过分计较个人名利得失,工作认真扎实,富有敬业精神。

②自尊、自爱,不狂妄自大。能客观地分析评价自己,正确地对待别人;能看到自己的不足,吸取他人的长处;谦虚谨慎,不骄不躁。

③处事理智,意志坚强。能理智地对待自己生活及工作环境中的人与事,遇事冷静,三思而后行。不浮躁、不感情用事,为达到一定的工作目标,锲而不舍、孜孜追求。不为干扰所屈服,不为困难所吓倒,有排除干扰的可贵毅力,有克服困难的坚强意志。

④集思广益,决策自主。在工作及生活中善于听取他人的建议与意见,善于分析问题,把握事物的因果关系,不被复杂的表面假象所迷惑,遇事喜欢调查研究,集思广益得到第一手资料。拍板决策果断自主,敢于挑剔,不推卸责任。

3) 能力

能力是指人顺利完成各种活动必须具备的个性心理特征。能力可以分为一般能力和特殊能力两大类。一般能力又称智力,是指多种活动所必需的能力。记忆能力、观察能力、想象能力、思维能力等都属于一般能力,通常用智力商数来测量。这些能力的形成主要依赖于人的先天遗传和后天的挖掘、提高。特殊能力是指人们在一般能力的基础上,通过专业领域的培训、造就所形成的能力,如政治家的演讲能力,企业家的管理能力,艺术家的歌唱能力、演奏能力、书法能力等。特殊能力以一般能力为基础条件,反过来特殊能力的形成又有助于一般能力的提高。

人的能力与人的成就密切相关,但人的能力不是决定人在事业上是否取得成就的唯一因素,人的成就的取得是多种因素(包括环境条件、主观努力)综合作用形成的产物。

2.2.4 个性心理倾向要求

1) 个性心理倾向包含的内容

人的个性心理倾向是不同的。现实生活中,人们会因先天的遗传因素和后天的环境影响而在兴趣、爱好、需要、动机、价值观等方面表现出不同的心理倾向。

①兴趣。兴趣是指人对客观事物的选择性态度。它是由于客观事物在情趣上吸引人所形成的,既有先天因素,又有后天实践影响。如一个人先天好动、聪慧,加之后天良好的口头表达训练,便形成交际的兴趣;而一个人先天好静、沉默寡言,加之不善表达,可能会形成爱好琴、棋、书、画,看书阅读方面的兴趣。

②需要。需要是人在生理上或心理上因缺乏某种东西时而表现出的一种心理状态。人若缺乏某种东西而较长时期得不到满足,或追求满足某种需要而长期性的努力于此就会形成在需要方面的个性心理倾向。如企业家对经营管理及投入产出过程中的财富追求,科学

家对知识和创造发明的追求等,就是他们在需要方面表现出的心理状态。长此以往,这些需要的存在,就会形成他们在这方面的个性心理倾向。

③价值观。价值观是人对事物重要性的态度特征。同一事物,有些人认为很重要,而另一些人认为不重要。价值观分为对事物的个人价值观和社会价值观。个人价值观是指事物对认识者本人重要性的看法;社会价值观是指事物对社会重要性的看法。人与人之间对事物的价值观的态度特征是有差异的,一部分人重视个人价值观的培养,而一部分人则能在个人价值观和社会价值观中进行选择和平衡,甚至注重对社会价值观的培养和追求。通过长期的社会生活和工作实践,人们会形成带有倾向性的价值观。如在经济活动中,一些人过分强调个人价值观,唯利是图,见利忘义,有时甚至不惜牺牲组织利益、国家利益,不择手段,不顾法纪,图谋私利等,表现出一种不良的价值观倾向;另一方面,在社会上也有更多的人能在个人利益和组织利益之间作出很好的选择,注重集体利益和国家利益,大公无私、守法奉公,表现出良好的社会价值观倾向。

④人生观、世界观和信仰、信念。人生观是人对自己和人类的生存和生活乐趣等方面的态度和看法。世界观则是人对客观事物的看法和综合性评价。同时,在一定的人生观、世界观、价值观的指导下,人还会形成一定的信仰和信念。这些观念、态度、信仰、信念在不断的社会生活实践中得到印证、强化,久而久之,就形成相应的个性心理倾向。

【小贴士2-6】 如果你正准备和一个私人企业的主管人员进行谈判,要学会直截了当地问他们的配偶或其他家庭成员是否有其他需求是我们必须留意的。通常这个答案会是"是的",然后可以要求和他的配偶、兄弟或股东随意聊聊,以便了解他们的想法。影响谈判者决策意愿的人也是我们必须要考虑到的。

2) 商务谈判人员应该具有的个性心理倾向

商务谈判,作为经济组织为达到特定的商务活动目的而进行的一种集体性人际协商行为,要求商务谈判者具有相应的个性心理倾向:

①兴趣广泛。谈判者需要多种知识,只有兴趣广泛的人,平时才能积累多方面的知识。谈判时只有知识丰富,才能游刃有余。

②需要正常,不贪婪。人有多种需要,不同时期有不同的优势需要。需要的存在是客观的,不容否定。但要区分人对需要追求的不同方式,有些人为满足需要采取正当方式,而另一些人则不择手段贪婪成性。被选的谈判人员应是那些具有正常需要而不贪婪的个性倾向者。

③价值观、世界观和人生观正确。只有那些形成了正确的价值观、人生观、世界观的人,才能正确把握好自己,理清个人利益、企业组织利益和国家利益之间的关系,对谈判负起真正的责任。

【案例2-3】　　　　　　　**善于观察和得体的称赞**

美国菲德尔费电气公司的推销员韦普先生去宾夕法尼亚州推销用电。他看到一间整洁农舍,便前去叩门。敲门声过后,门打开了一条小缝,户主布朗·布拉德老太太从门内向外探出头来,问来客有什么事情。当得知韦普先生是电气公司的代表后,老太太砰的一声把门关上了。

韦普先生只好再次敲门。敲了很久,布拉德老太太才将门又打开了,仅仅是勉强开了一条小缝,而且还没等韦普先生说话,就毫不客气地破口大骂。怎么办呢?

韦普先生并不气馁。他决心换个法子,碰碰运气。他改变口气说:"很对不起,打扰您了。我访问您并非为了电气公司的事,只是向您买一点鸡蛋。"听到这句话,老太太的态度稍微温和了一些,门也开大了一点,韦普先生接着说:"您家的鸡长得真好,看它们的羽毛长得多漂亮,这些鸡大概是多明尼克种吧?能不能卖给我一些鸡蛋?"这时,门开得更大了,老太太问韦普:"你怎么知道这些鸡是多明尼克种呢?"

韦普先生知道自己的话打动了老太太,便接着说:"我家也养一些鸡。可是,像您养得那么好的鸡,我还没见过呢。而且,我养的来亨鸡只会生白蛋。夫人,您知道吧,做蛋糕时,用黄褐色的蛋比白色的蛋好。我太太今天要做蛋糕,所以特意跑您这里来了……"老太太一听这话,顿时高兴起来,由屋里跑到门廊来。韦普则利用这短暂的时间,瞄一下四周的环境,发现他们拥有整套的养鸡设备,便接着说:"夫人,我敢打赌,您养鸡赚的钱一定比您先生养乳牛赚的钱还要多。"这句话说得老太太心花怒放,因为长期以来,她丈夫虽不承认这件事,而她总想把自己得意的事告诉别人。

于是,她把韦普先生当作知己,带他参观鸡舍。在参观时,韦普先生不时对所见之物发出由衷的赞美。他们还交流养鸡方面的知识和经验。就这样,他们彼此变得很亲切,几乎无话不谈。最后,布拉德太太在韦普的赞美声中,向他请教用电有何好处。韦普先生实事求是地向她介绍了用电的优越性。两个星期后,韦普收到了老太太交来的用电申请书。

后来,他便源源不断地收到这个村子的用电订单。

【案例2-4】 多年前,北京服装检测中心的同志曾经公开说过,北京市场上的服装,往往高出进价的三倍到十倍。如果一套衣服进价100元,标价900元,请问,购买者还价会还到多少呢?一般还到七八百就不得了了;还到600元的,算是很有勇气了;买主很少敢还到四五百元,他们怕被卖主骂,怕被人瞧不起。所以,宁可不还价而转身一走了之,免得招惹是非。而卖主往往在四五百的价位上就愿意成交了;何况买主愿意出六七百,甚至800元呢?所以说,卖主只要一天中有一个人愿意在900元的价格上与他讨价还价,他就大大地成功了。

2.3 业务素质

现代商务谈判是一种思维要求较高、专业性极强的社会活动,是谈判人员知识、智慧、能力的较量。谈判者不仅要非常熟悉谈判理论、谈判的技巧和有关的专业知识,还要具有认识与思考的能力,而且要赋予这种独特的能力以机智、敏感、沉着、忍耐、坚强、审慎、幽默、风趣的风格。只有这样,才能恰到好处地立足于合作与竞争、索取与给予、冒险与固守的谈判生存空间之中。

2.3.1 业务知识

1)谈判业务知识

谈判是一门艺术。它需要谈判者绞尽脑汁,策划方案,进行你来我往的智慧较量。谈判

同时也是一门科学知识,它需要谈判者掌握谈判的原理、原则,谈判的理念、谈判的开局、磋商、签约及谈判的策略与技巧等知识。

2) 谈判业务相关的法律和贸易惯例知识

参与商务谈判的工作人员充分了解有关谈判事项的法律和贸易惯例知识就可以在商务谈判中加强自己的地位,及时识破对方的诡计,以法律为武器保护自己的利益。主要包括以下内容:

①关于买卖,有民法、商法、合同法、国际货物买卖公约、国际贸易方面的法规等。

②关于付款方式,有票据法、有价证券法、信用证统一惯例、托收统一规则、契约保证统一规则等。

③关于运输,有海商法、国际货物运输法、国际货物运输公约、联运单据统一规则等。

④关于保险,有海商法、海上保险法、伦敦保险协会货物条款等。

⑤关于检验,有商品检疫法、动植物检验法等。

⑥关于报关,有关税法、反倾销法等。

⑦关于知识产权,有专利法、商标法、工业产权法、知识产权公约等。

⑧关于经济合作,有技术合作条例、投资合作条例、各种税法、公司法等。

⑨关于消费者保护,有消费者权益保护法、各种包装标志条例、产品责任法、公平交易法等。

⑩关于外汇及贸易管理,有外汇管理条例、贸易法等。

⑪关于纠纷的处理,有民事诉讼法、仲裁法等。

3) 商品、服务、技术本身的业务知识

商务谈判总是以一定的商品、服务、技术为谈判对象的,因而谈判者必须对商品的原理、结构、材料、功能、用途及相关技术和服务有充分了解,并掌握与之有关的知识。

4) 市场行情知识

商务谈判业务往往与产品的市场行情密切相关,因而谈判者对同类产品市场的竞争行情的把握是很有必要的。而要准确分析和把握市场行情,首先必须具备相应的基础知识。

5) 商务活动业务知识

商务活动包括商品流通过程中的批发、零售、仓储、运输、商检、保险、财务、金融往来结算等一系列活动。谈判者要熟悉商务活动的各个环节及相关知识,并对各环节涉及的问题及可能产生的后果都要清楚明白,以便"对症下药",策划解决问题的可行性谈判方案。

6) 各国的风俗习惯知识

当前,我们所处的世界是一个全新的信息时代,世界各国各地区的商人之间的竞争将随着高科技的发展日趋激烈。由于传统的关系和人性使然,不同的人种、不同的语言和不同的风俗习惯之间的差异,并不会因为我们现在所处的环境产生很大的变化。在现代商务活动中,尊重和迎合对方的风俗习惯与特点,仍将有助于商务活动的顺利进行。在商务活动中灵活运用谈判技巧,做到因人而异,有的放矢,往往会收到意想不到的效果。所以,作为一个谈判者应尽可能了解对方的风俗习惯。诚然,要全部了解和掌握世界各地的风俗习惯并非容易之事,即使同一民族乃至同一血缘的人们之间在性格与习惯上也往往存在差异。这就要求商务谈判人员尽可能熟悉和了解你的工作对象,多了解和熟悉他们的风俗习惯与特点,尽量能够做到"宾至如归"或"入乡随俗"。

7) 外事纪律知识

要求谈判人员在涉外谈判中,要严守国家的外事、财经纪律,不泄露国家财经、科技、商务机密;要求保护企业专利性生产及工艺流程、新兴科技及企业营销战略等秘密,不随意泄露企业的商务情报及经营部署;谈判人员不能随意迟到、缺席,应遵守双方约定的谈判时间和纪律,不能随心所欲,各行其是。

2.3.2 商务谈判能力

1) 谈判的洞察能力

敏锐的洞察力是其他能力诸如分析力、判断力、想象力和预见力的基础。具有洞察力,才能准确、详细地观察谈判形势的细微变化,捕捉到大量有价值的谈判信息;才能迅速掌握谈判对方的真实意图,根据掌握的信息和对方当场的言谈举止加以分析综合,作出合理判断;才能根据谈判的内外环境和主客观条件正确判断谈判的发展趋势。

2) 谈判的决策能力

决策能力是谈判活动中比较重要的一种能力。谈判人员必须十分熟悉谈判项目的有关情况,能根据谈判形势的变化,抓住时机,果断地作出正确决策。当谈判人员就交易的具体内容协商讨论之后,进入拍板决策阶段,是签合同,还是不签合同,需要谈判人员作出决断。

谈判者的决策能力的高低与其自信心等有直接的关系。自信心强,处理问题迅速、果断,敢于冒风险的人,决策能力相对较强;反之,则较弱。决策过程持续的时间长短也能反映人的决策能力的差别。一般来讲,行为谨慎的人决策可能费时较长,甚至反复考虑斟酌,但一旦拍板定案,则义无反顾、坚决执行。决策能力较差的人,决策时间也较长,老是犹豫反复,拿不准主意。决策能力的强弱,还要根据决策结果和决策所考虑的内容去分析。当一个人决定做某件事或不做某件事,如果事实证明他经常是对的,那么他的决策能力就相对较强。

决策能力不单单是人的某一方面能力的表现,从某种程度上说,它是人的各种能力的综合体现。它是建立在人们观察、注意、分析的基础上,运用判断思考、逻辑推理作出决断的能力。因此,培养和锻炼谈判人员的决策能力,就必须注意各种能力的平衡发展。注意力、观察力强的人,不一定思维能力、判断能力也好。记忆力好的人可能创造力、适应能力比较差。但是,要想提高决策能力,作出正确、果断的决定,就需要运用各方面的能力。所以,谈判人员应有意识、有目的地培养和锻炼较差的能力,使各种能力的发展趋于平衡。

3) 谈判的应变能力

应变能力是指人对突然发生的情况或尚未料到的情况的适应、应对能力。商务谈判的情势总是处于不断变化之中,在谈判活动中,常常会出现各种意外的突发情况,如果谈判人员不能很好地应付和处理,就会陷入被动,甚至功亏一篑,导致谈判的失败。这就要求谈判者具有快速应变能力。

当眼前出现的情况同原先预想的有较大出入时,应变能力强的人能够调动自己的想象力,对突变的情况快速分析出形势变化的原因,作出新的判断,调整谈判的战略战术,提出各种变通的方案,尽量妥善解决。同时,对对方提出的方案也能冷静地思考,权衡利弊关系,采取灵活多变的谈判策略,作出正确的选择。应变能力差的人却做不到这一点。

【案例 2-5】　美国一家较大的贸易公司看中了中国某厂家生产的砂轮机,在观看样品后便派三人组成的谈判小组与中方洽谈商务合同。可令美方费解的是,中方一定要开具不可撤销的即期信用证,理由是初次与美方做生意。美方解释了他们公司的习惯做法均为 D/A 60 天,并出示了他们的银行信用及中方客户名单,可中方厂长毫不变通,最后谈判不欢而散。一条"大鱼"就这样眼睁睁地溜走了。

4) 谈判的表达能力

谈判的表达能力是指运用口头语言和策略性表情、手势、姿态等来传递信息影响对方的心理的能力。良好的表达能力应对对方具有感染力、吸引力、说服力和感召力。良好的表达能力表现在:一方面,当我方陈述谈判条件时,要准确、系统、程序适当、主次分明,我方已经考虑成熟的重要条件要表述得清楚、明白,使对方不含糊,不被忽视。另一方面,当对方提出不合理要求,抛出不准确的依据时,要义正词严、据理力争,甚至直言不讳、反戈相击。对有争议或暂时没有确切资料做依据的问题,说话中要留有余地,不可使用"绝对是""完全不是"等带极端性陈述的话语来表达。

良好的表达能力不是一成不变的模式。谈判中慷慨激昂、振振有词,不一定是良好表达能力的表现。良好的表达能力应反映在:表达时,气氛适当、言词适度;说话时,柔中带刚、刚中有柔,具有较强影响对方心理的能力。因此,谈判中良好的表达能力有时会出现疾言厉色、滔滔不绝;有时会出现轻言细语、心平气和;有时甚至言表诙谐幽默、耐人寻思;有时也可能是一个姿势、一种表情,让对方心领神会、心照不宣。

5) 谈判的协调能力

谈判的协调能力是指谈判者在谈判中协调本方谈判代表与对方代表,共同解决谈判中出现各种矛盾和问题的能力。谈判的协调表现在两个方面:一是在谈判中协调本方谈判代表在有分歧的问题上统一思想,化解矛盾,一致对外;二是通过一定的策略、方法协调本方与对方在谈判中的分歧,克服障碍,达成一致。协调能力是指人际关系能力、表达能力、分析和综合问题能力的综合体现,它需要多种知识和才能。

【案例 2-6】　有一个推销员当着一大群客户的面推销一种钢化玻璃酒杯。在他进行商品说明之后,就向客户做商品示范,也就是把一只钢化玻璃杯扔在地上而不会摔碎,可是他碰巧拿了一只质量没有过关的杯子,猛地一扔,酒杯碎了。

　　这样的事情在他推销酒杯的经历中还未发生过,大大出乎他的意料,他十分吃惊,客户更是目瞪口呆。因为他们原先已十分相信这个推销员的推销说明,只不过想亲眼看看以得到一个证明罢了,结果却出现了如此尴尬的局面。

　　此时,如果推销员也不知所措,没了主意,让这种沉默继续下去,不到3分钟,准会有客户拂袖而去,推销会因此而遭到惨败。但是这位推销员灵机一动,说了一句话,不仅引得哄堂大笑,化解了尴尬的局面,而且进一步获得了客户的信任,从而大获全胜。

　　那么,这位推销员是怎么说的呢?

　　原来,当酒杯砸碎之后,他没有流露出惊慌的神情,反而对客户们笑了笑,然后沉着幽默地说:“你们看,像这样的杯子,我就不会卖给你们。”大家禁不住一起笑起来,气氛一下子变得活跃了。紧接着,这个推销员又接连扔了5只杯子都没有摔碎,他成功获得了客户的信任,很快就推销出几十打酒杯。

　　资料来源:茶城商网.

本章小结

　　本章对商务谈判人员应具备的素质进行了介绍。阐述了商务谈判人员伦理道德素质的内容;介绍了对商务谈判人员心理素质方面的要求;详细论述了商务谈判人员的业务素质方面的要求。只有满足了这些素质要求,才能成为合格的商务谈判人员。

复习思考题

1.如何理解“思维”的概念?

2.如何理解商务谈判领域的职业道德?

3.商务谈判中要求谈判人员具有哪些良好的气质特征?

4.商务谈判者应该具有哪些良好的性格品性?

5.人的个性心理倾向包含哪些内容?

6.商务谈判人员应该具有哪些思维方式?

7.如何理解“聚合思维”和“发散思维”?

8.商务谈判者应该具备哪些业务知识?

实 训 题

一、判断题

1.人的能力与人的成就密切相关,所以人的能力是决定人在事业上取得成就的唯一因素。

　　　　　　　　　　　　　　　　　　　　　　　　　　　　　　　　　　(　　)

2.当问题存在着一个正确的答案或一个最好的解决方案时,才会有聚合思维。（　　）

3.谈判者的决策能力的高低与其自信心没有任何关系。（　　）

二、单项选择题

1.人们不断地依据客观外界的变化情况而调整和优化思维的程序、方向和内容,以达到思维目标的一种思维活动称为(　　)。

A.联想思维　　　　B.动态思维　　　　C.超前思维　　　　D.逆向思维

2.人们对突然发生的情况或尚未预料到的情况的适应与应对能力称为(　　)。

A.决策能力　　　　B.洞察能力　　　　C.应变能力　　　　D.协调能力

3.人对事物重要性的态度特征称为(　　)。

A.人生观　　　　B.世界观　　　　C.价值观　　　　D.信仰和信念

三、多项选择题

1.个性心理特征由(　　)组成。

A.兴趣　　　　　　B.能力　　　　　　C.气质

D.性格　　　　　　E.需要

2.商务谈判人员应具有的个性心理倾向表现在(　　)。

A.兴趣广泛　　　　B.需要正常　　　　C.价值观正确

D.世界观正确　　　E.人生观正确

3.商务谈判人员应具备以下伦理道德素质(　　)。

A.良好的职业道德　　B.忠于职守　　　　C.具有团队精神

D.遵纪守法　　　　E.有诚意

四、问答题

1.你是否进行过逆向思维？请举一个逆向思维的例子。

2.对照商务谈判人员应具备的素质,你存在哪些差距？

案　例

【2-1】　究竟选用什么样的谈判人员？

某年,上海某从事文物进出口贸易的单位,与一位日本文物商谈判一批中国文物的出口贸易。这位日本商人带来一位中文翻译,是上海去日本打工的男青年,而上海的这家文物外贸单位使用的日文翻译是一位上海籍的女青年。谈判进行得很艰苦,因为日本人开价很低,几个回合下来,双方的差距仍然很大。

谈判过程中,这位日商观察到,中方女翻译的言谈举止,表明她对到日本打工而当日商翻译的男青年非常羡慕。于是日商心生奸计,要自己的男翻译在谈判休息时,主动接近这位女翻译,表示他愿意将来为这位女翻译到日本学习提供担保,承担包括路费、学费、生活费在内的所有费用,条件是这位女翻译必须把中方出口文物的底价全部透露给他。这位女翻译经不起日方的诱惑,出卖了全部机密。

在接下来的谈判中,这位日商完全掌握了谈判的主动权,用中方内部开的底价买下了这一批文物,狠狠地赚了一大笔,而上海的这家文物外贸单位则亏得很惨。当然,这位做着出国梦的女翻译好景不长,当她刚拿到护照,就因事情败露而锒铛入狱,断送了自己的前程。

问题:

试分析中方谈判受损的原因。

【2-2】　星期天,一对年轻的夫妇带着他们可爱的小宝宝逛商场。小宝宝看着琳琅满目的商品,用小手指指点点,显出兴致勃勃的神态。当来到儿童玩具专柜前,售货员笑脸相迎,热情地向孩子的父母打招呼:"您二位想买点什么,想给孩子买个玩具吗?"夫妻俩看看商品的标价,歉意地摇摇头,抱着孩子就想离开。突然,小宝宝哭闹起来:"我要玩具! 我要玩具!"夫妻俩只好赔着笑脸又劝又哄,却无济于事。售货员好像悟出了什么,立即挑出了几件高级电动玩具,打开开关让玩具动起来给孩子看,并亲切地问道:"小宝宝,你想要哪件玩具呀? 阿姨给你拿。"孩子立即停止了哭闹,语气干脆地说:"机器狗!"这时售货员看了一眼年轻夫妇,见他们犹豫了一下,交换着眼神,终于拿了钱买了机器狗。

请回答:

1.售货员运用了什么样的谈判策略? 为什么会成功?

2.这种策略的特点是什么? 在商务谈判中适用于什么情形?

第3章
商务谈判的准备

【本章导读】

本章主要介绍了商务谈判准备对谈判进程和谈判结果的重要影响；谈判信息的概念、作用和谈判信息收集的内容；谈判信息收集的途径和方法；商务谈判的组织准备、时间和地点的选择以及商务谈判方案的制订。目的是使读者具有收集谈判信息、选择谈判时间和地点、制订商务谈判计划和方案的能力。

【关键词汇】

商务谈判准备　谈判信息　商务谈判方案

【案例 3-1】   **F 公司与三菱钢铁公司的谈判**

一次,我国的 F 公司与日本的三菱钢铁公司谈判,三菱钢铁公司要买 F 公司生产的毛坯钢。在 F 公司报出了一个"146 美元/吨 FOB·M 港"的价格后,三菱钢铁公司的一名职员拿起资料开始了发言:"根据我们的调查,贵省是不产铁砂的,你们公司生产毛坯钢所用的铁砂来自美国的东部巴尔迪摩附近,其原产地出厂价格是每吨××美元;接下来,你们走的是美国太平洋铁路,从巴尔迪摩送到旧金山,每吨的运费是××美元;根据我们的调查,贵公司用的是韩国的'韩进海运',所以每吨运费、保险费加上起吊费是××美元;贵公司手上有 500 部自己的卡车,所以按照成本计算,从 M 港拉到工厂的运输成本是××美元;贵公司的人工、制造费用和水电费用我们都查过了,所以你们的成本是××美元,你们做钢铁的毛利率是 20%,所以乘上 1.2,是××美元;这次又用你们自己的卡车送回 M 港,所以再加××美元,总计 123 美元/吨。"发言完毕,这名职员坐下了。

此时,F 公司的谈判人员已经惊得说不出话来,没有想到日方人员在谈判前做了如此详细的调查,对实际价格掌握得如此确切,这让 F 公司的谈判人员想要 146 美元/吨的愿望彻底落空了,还有什么对策可想? 还有哪些地方可以提价,是日方所不了解的? 正在中方人员苦苦思索对策时,日方的谈判代表又说了一句致命的话:"Y 先生,如果这个价格你不想卖给我们,也没关系的,贵省还有六家公司,愿意以这个价格卖给我们的。"这让中方备感压力,最终,不得不以 123 美元/吨的最低目标价格达成了交易。只能说,三菱钢铁公司在谈判之前的准备太充分了,一刀砍价,让中方毫无还价余地,却又不至于谈判破裂,争取了最大的利益。

(资料来源:余世维.领导商数[M].北京:北京大学出版社,2006.)

3.1 商务谈判的信息准备

商务谈判是人们运用信息获取所需利益的一种活动。谁掌握了信息,谁就掌握了谈判的主动权,拥有了谈判成功的基本保证。所以,了解信息、掌握情报、积累资料是谈判准备工作的重要内容。

当今社会是信息的社会。信息是商务活动的先导,也是影响商务谈判成败的决定性变数。而信息的获取必须依赖于科学的手段和方法,即通过调查来收集相关的信息。因此,作为商务谈判人员,掌握一定的信息原理及信息收集的途径和方法,并在此基础上进行周密的策划,是做好商务谈判工作的最基本的要求。

3.1.1 谈判信息的概念和作用

商务谈判是谈判双方协调、合作的一种经济活动。谈判信息是指那些与谈判活动有密切联系的各种情况及其属性的一种客观描述。谈判前的信息准备是了解对方意图、确定谈判目标、谈判战略与策略以及制订谈判计划与方案、选择谈判方式的基本前提。不同的谈判信息对谈判活动的影响与作用是不同的,有的起着直接作用,有的起着间接作用。谈判信息在商务谈判中的作用主要表现在以下几个方面:

1) 谈判信息是制订谈判计划与战略的依据

谈判计划与谈判战略的正确与否,在很大程度上决定着谈判的得失成败。而要使所制订的谈判计划、谈判战略比较切合实际,在一定意义上依赖于大量的可靠的谈判信息,否则,制订的谈判计划不切合实际,谈判战略就成了无本之木。在商务谈判中,谁占有足够可靠的信息,能够了解对方的真正需要和他们的相关环境因素,谁就有可能在谈判中占据优势,并在谈判中掌握主动权,在更大程度上满足自己的某种欲望和要求。因此,只有收集大量可靠的信息,才能制订出正确的谈判战略和计划。

2) 谈判信息是谈判双方相互沟通的纽带

在商务谈判中,尽管每次谈判涉及的标的物可能不同、具体的谈判内容和细节不同,但谈判双方都是借用谈判信息来互相沟通的。没有谈判信息作为双方之间沟通的中介,谈判就无法排除许多不确定因素和相互猜疑,也就无法进一步协商、调整和平衡双方的利益。掌握了一定量的谈判信息就能从扑朔迷离、风云万变的局面中,发现机会和风险,捕捉住达成协议的契机,使谈判活动从无序到有序,消除双方不利的因素,促成协议的达成。

3) 谈判信息是控制谈判过程的手段

为了使谈判过程始终指向谈判目标,使谈判在合理规定的限度内正常进行,必须有谈判信息作为准则和尺度,否则,任何谈判过程都无法有效地加以控制和协调。谈判过程千变万化,技术、经济、内部、外部之间的联系非常复杂。如果谈判信息不真实,或传递迟缓,就可能会发生谈判过程的导向错误,贻误时机。如果缺乏必要的信息反馈,就可能会失去控制谈判过程的能力。因此,在实际谈判中通过对方的言行获取信息,及时反馈,使谈判活动能够得到及时调节、控制,按照规定的谈判目标顺利进行。

4) 谈判信息是商务谈判成败的决定性因素

会打桥牌的人都知道,成功并不属于拥有一手好牌的人。成功者是能够在叫牌、打牌的整个过程中,判断得知对方、己方所拥有的牌,并能控制整个牌局发展的人。推而广之,无论是从事政治活动,还是商务谈判都像打桥牌一样,都必须实际分析双方的立场,以把握对自己有利的形势。

对于每一场商务谈判,其主体、标的、议题可能都不一样,受影响和制约的因素也不一样,但也都包含着 3 个影响谈判的决定性变数:权力、时间、信息。什么是权力?权力是一种把事情做好的才干或能力,能控制人、事、情况及自己的力量。就一项商务谈判而言,不仅仅是价格的高低和结算方式问题,还可能涉及利益的变化、汇率的变动、资金供求情况等,对这些信息的了解和掌握与否直接影响到谈判的结果。信息是步入谈判的巨大的筹码,是商务谈判成败的因素之一。

【案例 3-2】 有一家大公司要在某地建立一个分支机构。找到当地某一电力公司,要求以低价优惠供应电力。但对方自恃是当地唯一一家电力公司,态度很强硬,谈判陷入了僵局。这家大公司的主谈私下了解到:电力公司对这次谈判非常重视,一旦双方签订了合同,便会使这家电力公司起死回生,逃脱破产的厄运,说明这次谈判的成败对它来说关系重大。这家大公司主谈便充分利用了这一信息,在谈判桌上表现出绝不让步的姿态,声称:"既然贵方无意与我方达成一致,我看这次谈判是没有多大希望了。与其花那么多钱购电,还不如自己建个电厂划得来。过后,我会把这个想法报告给董事会的。"说完,便离席不再谈了。电力公司谈判人员叫苦不迭,立刻改变了态度,主动表示愿意给予大公司最优惠价格,从而使主动权掌握在了大公司一方。至此,双方达成了协议,大公司取得了谈判的成功。

3.1.2   谈判信息收集的内容

谈判信息涉及的内容很多,难以一一具体列举,一般应包括:

1) 政治状况信息

①国家对企业的管理制度。这涉及参加谈判的企业自主权的大小问题。如果国家对企业管理程度较高,那么政府就会干预或限定谈判内容及谈判过程,关键性的问题可能要由政府部门人员作出决定,企业人员没有太多的决定权;相反,如果国家对企业的管理程度较低,企业有较大的自主权,那么企业人员就可以自主决定谈判的内容、目标,以及关键性的敲定。

②经济运行机制。即国家对企业的领导形式。如果是中央集权制,那么中央政府权力较集中;如果是地方自治,那么地方政府和企业权力较大。在计划管理体制下,企业只有争取到了计划指标,才可能在计划范围里实施谈判,谈判的灵活性较小;在市场经济条件下,企业建立起独立的管理机制,有较大的经营自主权,谈判的灵活性较强。

③政治背景。即对方对谈判项目是否有政治上的关注? 如果有,程度如何? 哪些领导人对此比较关注? 这些领导人各自的权力如何? 商务谈判通常是纯商业目的的,但有时可能会受到政治因素的影响,如果政府或政党的政治目的参与到商务谈判中,政治因素将影响甚至决定谈判的结果,而商业因素或技术因素往往要让步于政治因素。涉及关系国家大局的重要贸易项目,涉及影响两国外交的敏感性很强的贸易往来,都会受到政治因素的影响。尤其是集权程度较高的国家,领导人的权力将会制约谈判结果。

④政局的稳定性。即谈判对手所在国政府的稳定性如何? 在谈判项目进行期间,政局是否会发生变动? 总统大选的日子是否在谈判期间? 总统大选是否与所选项目有关? 谈判对手国家与邻国关系如何? 是否处于敌对状态? 有无战争风险? 国家政局的稳定性对谈判有重要的影响,一般情况下如果政局发生动乱,或爆发战争,都将使谈判被迫中止,或者已达成的协议变成一张废纸,不能履行合同,造成多方面的极大的损失。这是必须事先搞清楚的问题。

⑤政府间的关系。买卖双方的政府之间的政治关系如何。如果两国政府关系友好,那么买卖双方的贸易是受欢迎的,谈判将会是顺利的;如果两国政府之间存在敌对矛盾,那么买卖双方的贸易会受到政府的干预甚至被禁止,谈判中的障碍会很多。

⑥该国有没有将一些间谍手段运用到商务谈判中的情况。在国内外市场竞争较为激烈的今天,有些国家和公司在商务谈判中采取一些间谍手段,如在客人房间安装窃听器,偷听电话,暗中录音谈话内容,或者用男女关系来诬陷某人等。谈判人员应该提高警惕,防止对方采用各种手段窃取信息,设置陷阱,造成己方谈判的被动局面。

【案例 3-3】 　　　　　　　　　　措手不及的政治影响

美国曾有家公司,经过几个月艰苦的谈判,终于击败了众多的竞争对手,拿到了在苏联进行的一项重大工程项目的订单。但里根政府突然宣布对苏联实施"冷战政策",切断与苏联的经济往来,使得这家美国公司不得不忍痛割爱,把到手的订单又拱手让给了它的竞争对手。

日本曾跟伊朗就石化项目进行合作,日本给伊朗贷款900亿日元,有好几万人参与这个合作项目。在这个过程中日本人没有考虑当时的国际政治环境。当两伊战争爆发,伊拉克第一个轰炸目标就是伊朗石化项目,伊拉克一点没犹豫,就把伊日石化合作项目炸为平地,而日本人认为这是一种偶然的冲突,仍继续投资。第二次又被夷为平地。这时日本人才醒悟过来,将资金、人员都撤了回去。

2) 宗教信仰信息

①该国家占主导地位的宗教信仰是什么? 世界上有多种宗教信仰,例如佛教、伊斯兰教、基督教等。宗教信仰对人的道德观、价值观、行为方式都有直接影响。首先要搞清楚该国家或地区占主导地位的宗教信仰是什么,其次要研究这种占主导地位的宗教信仰对谈判对手的思想行为会产生哪些影响。

②该宗教信仰是否对下列事物产生重大影响:

a.政治事务。例如该国政府的施政方针、政治形势、民主权利是否受该国宗教信仰的影响。

b.法律制度。某种宗教色彩浓厚的国家或地区,其法律制度的制定不能违背宗教教义,甚至某些宗教教规就是至高无上的法律。

c.国别政策。由于宗教信仰不同,一些国家在对外贸易上制定国别政策:对于宗教信仰相同的国家实施优惠政策,对于宗教信仰不同的国家,尤其是有宗教歧视和冲突的国家及企业施加种种限制和刁难。

d.社会交往与个人行为。宗教信仰对社会交往的规范、方式、范围都有一定的影响,对个人的社会工作、社交活动、言行举止都有这样或那样的鼓励或限制。这些都会形成谈判者在思维模式、价值取向、行为选择上的宗教痕迹。

e.节假日与工作时间。不同宗教信仰的国家都有自己的宗教节日和活动,谈判日期不应与该国的宗教节日、祷告日、礼拜日相冲突,应该尊重对方的宗教习惯。

3) 市场信息

①国内外市场分布的信息。主要是指市场的分布情况、地理位置、运输条件、政治经济条件、市场潜力和容量、某一市场与其他市场的经济联系等。

随着科学技术的进步和生产力的发展,国内、国际分工都将不断扩大和深化,同时,交通运输工具和通信手段的日趋现代化以及资本在国内和国际贸易中交换的商品品种增多、数量不断增加,在一定程度上扩大了国内和国际市场。因此,应通过调查摸清本企业产品可以在什么市场(国内、国际)上销售,确定长期、中期及短期的销售发展计划,才有助于谈判目标的确立。

②市场需求方面的信息。如产品(资金或劳务)的需求量、潜在需求量、本企业产品的市

场覆盖率和市场占有率及市场竞争形势对本企业销售量的影响等。

③产品销售方面的信息。如果是卖方,要调查本企业产品及其他企业同类产品的销售情况。如果是买方,则要调查所购产品的销售情况,包括:该类产品过去几年的销售量、销售总值及价格变动;该类产品的长远发展趋势、拥有该类产品的家庭所占比率;消费者对该类产品的需求状况;购买该类产品的决定者、购买频率;季节性因素;消费者对这一企业新老产品的评价及要求。通过对产品的销售方面的调查,可以使谈判者大体掌握市场容量、销售量,有助于确定未来的谈判对手及产品销售(或购买)数量。

④产品竞争方面的信息。这类信息主要包括生产或购进同类产品的竞争者数目、规模及该类产品的种类,各主要生产厂家生产该类商品的市场占有率及未来变动趋势;各品牌商品所推出的形式与售价幅度;消费者偏爱的品牌、价格水平、竞争产品的性能与设计;各主要竞争对手所能提供的售后服务的方式,顾客及中间商对此类服务的满意程度;当地经销该类产品的批发商和零售商的毛利率与各种津贴行情;当地制造商与中间商的关系,各主要竞争者所使用的销售组织的形态,是生产者的机构推销,还是中间商负责推销;各主要竞争者所使用的销售组织的规模与力量;各主要竞争对手所使用的广告类型与广告支出额。

对产品竞争情况的调查,能使谈判者能够掌握己方同类产品竞争者的情况,寻找他们的弱点,更好地争取己方产品的广阔销路,有利于在谈判桌上击败竞争对手,也能使谈判者预测己方的竞争力,保持清醒的头脑,在谈判桌上灵活掌握价格弹性。

【案例3-4】 有一家公司在和对方谈生意。当双方在砍价时,一方报出48元,对方马上叫起来:"你怎么能指望我们在45元以上买你们的商品呢?"这一句话传递了两个信息:一是他们的价位是45元;二是他已准备成交了。再如,一家油漆公司与他的经销代理商谈判经销价格问题。油漆公司认为经销商要价太高,派财务经理压经销代理商的价,但财务经理在与对方沟通时,却同时问对方,这项计划什么时候开始执行? 这立刻暴露出油漆公司已准备与经销商成交了,这种情况下再指望对方降价已是不可能了。

【案例分析】:成交是谈判的根本目标。成交阶段是整个销售谈判过程的完成阶段,是谈判一方对另一方的成交提示和建议,作出积极肯定的反应并正式接受成交条件的过程 。而成交信号就是指谈判双方在谈判过程中表现出来的各种成交意向。有效促成交易,辨认对方的成交信号是先决条件。从一定意义上说,采取成交行动是一种暗示 。而成交信号就是这种暗示。成交信号是暗示成交的行为和提示,是谈判人员有成交意向时从其神态、表情、言谈、行为中折射出来的信号。

【案例思考】:请归纳出各种成交信号。

4) 谈判对手的信息资料

对谈判对手信息资料的收集,是谈判准备工作最为关键的一环,如果同一个事先对之毫无任何了解的对手谈判,会有极大的困难,甚至会冒很大的风险。谈判对手的情况是复杂多变的,主要收集审查对方的客商身份、资信情况、资本、信用及履约能力、参加谈判人员的权限和时限及对手谈判人员的其他情况。

（1）客商身份的审查

首先应该对谈判对手属于哪一类客商了解清楚,避免错误估计对方,使自己失误,甚至

受骗上当。目前,贸易界的客商,基本上可以归纳为以下几种类型:

①世界上享有声望和信誉的跨国公司。这类公司资本雄厚,往往有财团作为自己的后台,机构健全,聘请法律顾问,专门研究市场行情以及技术论证,很讲信誉,办事情讲原则、工作效率高、对商情掌握得比较准确。对待这类公司,要求我方提供准确、完整的各种数据、令人信服的信誉证明,谈判前要做好充分准备,谈判中要求有较高超的谈判技巧,要有充足的自信心,不能一味地为迎合对方条件而损害自己的根本利益。这类公司是很好的贸易伙伴。

②享有一定知名度的客商。这类客商资本比较雄厚,产品在国内外有一定的销售量,靠引进技术、创新发展,在国际上有一定的竞争能力。这类客商比较讲信誉,技术服务和培训工作比较好,占领我国市场的心情比较迫切,对我方在技术方面和合作生产的条件比较易于接受,是较好的贸易伙伴。

③没有任何知名度的客商。这类客商没有任何知名度但却可提供完备的法人证明,具备竞争条件。对待这类客商,要确认其身份地位,深入了解其资产、技术、产品、服务等方面的情况。这类客商也是我们很好的合作伙伴。因为其知名度不高,谈判条件不会太苛刻,他们也希望多与中方合作打出其知名度。

④专门从事交易中介的中间商。这类客商无法人资格,因而无权签订合同,他们只是为了收取佣金而为交易双方牵线搭桥。例如,没有注册资本的贸易行、商行和洋行等,他们仅有营业证明,不能提供法人资格、注册资本及法人地址等的公证书,而只能提供标有公司名称、职务及通信地址的个人名片。这类客商在东南亚和香港地区较为多见,美国、日本等地也有一些。对待这类客商,要搞清他们所介绍的客商的资信情况,防止他们打着中介的旗号行欺骗的手段。

⑤“借树乘凉”的客商。这类客商实属知名的母公司下属的子公司,其母公司往往具有较高的知名度,而且资本雄厚,但其子公司可能刚刚起步,资本比较薄弱,但这种客商常常打着其母公司的招牌做大生意。因而我们对待这类客商应当持谨慎的态度。母公司与子公司完全是两个自负盈亏的经济实体,根本无任何连带责任关系,要警惕子公司打着母公司招牌虚报资产的现象。如果是分公司,它不具备独立的法人资格,分公司资产属于总公司,它无权独自签约。

⑥利用本人身份干“私活”的客商。这类客商往往在某公司任职,但他往往是以个人身份进行活动,关键时刻打出其所在公司的招牌,干着纯属自己额外的买卖,以谋求暴利或巨额佣金。这类专门干“私活”的客商国内外皆有,对待这类客商,我们应当严加提防,否则,一旦上当,恐怕追悔莫及。

⑦“骗子”客商。这类客商无固定职业,专门靠欺骗从事交易,以拉关系、行贿赂等手段实施欺骗活动。对待这类客商,我们一定要调查清楚其真实面目,谨防上当,尤其不要被对方虚假的招牌、优惠的条件、给个人的好处所迷惑,使自己误入圈套。

【案例 3-5】　南美国家智利有一家大型铜矿企业,因为遭遇重大事故而导致资金链断裂,不得不将事故发生前从美国、德国购买的大批“道奇”“奔驰”等重型卡车折价拍卖。一家中国企业得知这一消息后,在第一时间派出了一个精干的谈判小组前往智利。中方谈判小组到达智利后,首先到车库逐辆仔细检查了这批卡车,经过详尽细致的检查后,得出了这批卡车的质量完全合格的结论。接着,中方小组开始搜集这家智利铜矿企业的经营信息,分析其企业的资金缺口和急需的资金数量,最终确定其拍卖卡车的心理价位应该在卡车出厂价的 35%~45%。依据这些准确的信息,中方小组和智利企业进行了几轮激烈的谈判,最终以卡车出厂价格的 38% 购入了 1 500 辆重型卡车。仅此一项,就为国家节省了数千万美元的开销。

(2)谈判对手资信情况的审查

对谈判对手资信情况的审查是谈判前准备工作的重要环节,是我们决定谈判的前提条件。所谓资信审查就是指对谈判对手资信状况进行审核,确认其资信是否符合我方要求。对洽谈对手资信情况的审查包括两个方面的内容:一是客商的合法资格;二是客商的资本信用和履约能力。

①对客商合法资格的审查。对客商合法资格的审查应从两个方面进行:一是对客商的资格进行审查;二是对前来谈判的客商代表的资格及其签约资格进行审查。

a.对客商资格的审查。作为参加商务谈判的企业组织既可能是不具有法人资格的独资企业、合伙企业(日本、法国、荷兰、苏格兰的合伙企业除外),也可能是具有法人资格的公司。法人应具备 3 个条件:一是法人必须有自己的组织机构、名称与固定的营业场所,组织机构是决定和执行法人各项事务的主体。二是法人必须有自己的财产,这是法人参加经济活动的物质基础与保证。三是法人必须具有权利能力和行为能力。所谓权利能力是指法人可以享受权利和承担义务的资格。而行为能力则是指法人可以通过自己的行为享有权利和承担义务的能力。满足了这 3 个方面的条件后,在某个国家进行注册登记,即成为该国的法人。

对客商资格的审查可以通过要求对方提供有关的文件,如法人成立地注册登记证明、法人所属资格证明、查看营业执照,详细掌握对方企业名称、法定地址、成立时间、注册资本、经营范围等。还要弄清对方的组织性质,是独资企业、合伙企业还是公司。作为公司,是有限公司还是无限责任公司,是母公司还是子公司或分公司。因为商事组织性质不同,其承担的责任是不一样的。此外,还要确定其国籍,即其应该受到哪一国家法律的管辖。对于对方提供的证明文件首先要通过一定的手段和途径进行验证。

b.对前来谈判的客商的代表资格或签约资格进行审查。一般来讲,前来洽谈的客商可能是公司的董事长、总经理,但更多的情况下则是公司内部的某一部门的负责人。如果来者是该公司内部的某一部门的负责人,那么就存在一个代表资格或签约资格的问题。事实上,并非一家公司或企业中的任何人都可以代表该公司或企业对外签约。从法律的角度来讲,只有董事长和总经理才能代表其公司或企业对外进行谈判和签约。而公司或企业对其工作人员超越授权范围或根本没有授权而对外签约的行为是根本不负责任的,这就全靠我们严把审查关,防患于未然。在对方当事人提供保证人时,还应对保证人进行调查,了解其是否具有担保资格和能力;在对方委托第三者谈判或签约时,应对代理人的情况加以了解,了解其是否有足够的权利和资格代表委托人参加谈判。

②对客商资本、信用及履约能力的审查。对客商资本、信用及履约能力的审查是资信审查的重要环节。对客商资本状况的审查主要是审查客商的注册资本、资产负债表、收支状况、销售状况、资金状况等有关文件。这些文件既可以是从公共会计组织审计的年度报告得到,如会计师事务所出示的审计报告等,也可以是从银行、资信咨询机构出具的证明材料等中得到。

通过对谈判对手商业信誉及履约能力的审查,主要调查该公司的经营历史、经营作风、产品的市场声誉与金融机构的财务状况,以及在以往的商务谈判中是否具有良好的商业信誉。

(3)了解对方谈判人员的权限

谈判的一个重要法则是不与没有决策权的人谈判。要弄清对方谈判人员的权限有多大,对谈判获得多少实质性的结果有重要影响。不了解谈判对手的权力范围,将没有足够决策权的人作为谈判对象,不仅是浪费时间,甚至可能会错过更好的交易机会。一般来说,对方参加谈判人员的规格越高,权限也就越大;如果对方参加谈判的人员规格较低,我们就应该了解对方参加谈判人员是否得到授权? 对方参加谈判人员在多大程度上能独立作出决定?

(4)了解对方的谈判时限

谈判时限与谈判任务量、谈判策略、谈判结果都有重要关系。谈判者需要在一定的时间内完成特定的谈判任务,可供谈判的时间长短与谈判者的技能发挥状况成正比。时间越短,对谈判者而言,用以完成谈判任务的选择机会就越少,哪一方可供谈判的时间越长,他就拥有越大的主动权。了解对方谈判的时限,就可以了解对方在谈判中会采取何种态度、何种策略,我方就可以制订相应的策略。因此,要注意收集对手的谈判时限信息,辨别表面现象和真实意图,做到心中有数,针对对方谈判时限制订谈判策略。

(5)了解对方谈判人员其他情况

要从多方面收集对方信息,以便全面掌握谈判对手的情况。比如,谈判对手谈判团队的组成情况:主谈人背景,谈判团队内部的互相关系,谈判团队成员的个人情况,包括谈判成员的资历、能力、信念、性格、心理类型、个人作风、爱好与禁忌等;谈判对手的谈判目标、所追求的中心利益和特殊利益;谈判对手对己方的信任程度:包括对己方经营与财务状况、付款能力、谈判能力等多种因素的评价和信任程度等。

5)科技信息

在技术方面,主要应收集以下各方面的资料:
①要全面收集该产品与其他产品相比在性能、质地、标准、规格等方面的资料;
②收集同类产品在专利转让或应用方面的资料;
③收集该产品生产单位的技术力量和工人素质及其设备状态等方面的资料;
④收集该产品的配套设备和零部件的生产与供给状况以及售后服务方面的资料;
⑤收集该产品开发前景和开发费用方面的资料;
⑥尽可能多收集有关对该产品的品质或性能进行鉴定的重要数据或指标及其各种鉴定方法和鉴定机构,同时也要详尽地收集可能导致该产品发生技术问题的各种潜在因素的资料。

6)法律、法规信息

一个国家和地区,其与商务谈判有关的法律、法规主要包括以下几个方面:
①该国家的法律制度是什么? 是依据何种法律体系制定的? 是英美法还是大陆法?

②在现实生活中,法律的执行程度如何? 法律执行情况不同将直接影响到谈判成果能否受到保护。有法可依、执法严格、违法必究,将有利于谈判按照法律原则和程序进行,也将保证谈判签订的协议不会受到任意的侵犯。

③该国法院受理案件的时间长短如何? 法院受理案件的时间长短直接影响谈判双方的经济利益。当谈判双方在交易过程中以及合同履行过程中,一旦发生争议,经调解无效,起诉至法院,就要由法院来审理。如果法院受理案件的速度很快,那么,对交易双方的经营影响不大;如果时间拖得很长,有时甚至是几年的官司,那么从双方的经济、精力等方面来讲,这无疑都是难以承担和忍受的。

④该国执行国外的仲裁裁决时需要什么程序? 因为对于跨国商务洽谈活动而言,一旦发生纠纷,并诉诸法律,就自然会涉及国家之间的法律适用问题。因此必须清楚,在某一国家裁决的纠纷,拿到对方国家是否具有同等的法律效力。如果不具有同等法律效力,或者干脆无效,那么需要什么样的条件和程序才能生效且具有同等法律效力。

⑤该国是否有完全脱离于谈判对手的可靠的律师。如果必须要在当地聘请律师,一定要考虑能否聘请到公正可靠的律师,因为律师在商务谈判过程中始终起着重要的法律参谋作用。

【小贴士 3-1】 关于国际商务活动中合同、法律与国际惯例三者之间的关系,可以扼要概括为以下几条:

①凡在依法成立的合同中明确规定的事项,应当按照合同规定办理。

②如果合同中没有明确规定的事项,应当按照有关的法律或国际条约的规定来处理。

③如果合同和法律中都没有明确规定的事项,则应当按照有关的国际惯例的规定来处理。

7) 金融信息

商务谈判的结果是使得洽谈双方的资产形成流动,对于涉外业务活动,则要形成资产可跨国流动,这种流动是与洽谈双方财政金融状况密切相关的。一个国家或地区,与业务洽谈有关的财政金融状况主要有以下几个方面:

①该国的外债情况如何? 如果该国家的外债过高,虽然双方有可能很快达成协议,但在协议履行过程中,有可能因为对方外债紧张而无力支付本次交易的款项,这便会直接造成双方人际关系的紧张。因而对该国外债情况的了解应该是很重要的一个环节。

②该国的外汇储备情况如何? 该国主要是依靠哪些产品赚取外汇? 如果该国外汇储备较多,则说明该国有较强的对外支付能力;如果外汇储备较少,则说明该国对外支付会出现困难。该国如果是以具有较高附加价值的机械、电子产品、高科技产品为主赚取外汇的,说明该国的创汇能力比较强,支付外汇能力也必然较强。该国如果是以具有较低附加价值的农副产品及矿产品、原材料为主赚取外汇的,说明该国的创汇能力比较差,支付外汇能力必然较差。通过这些分析,可以很好地把握与该国所谈项目的大小,防止由于对方支付能力局限,而造成大项目不能顺利完成的经济损失。

③该国货币是否可以自由兑换? 如果不能自由兑换,有什么条件限制? 汇率变动情况及其趋势如何? 这些问题都是交易双方的敏感问题。很显然,如果交易双方国家之间的货

币不能自由兑换,那么就要涉及如何完成兑换的问题,同时还要涉及选择什么样的币种来实现支付。汇率变化对交易双方都存在一定的风险,如何将汇率风险降为最低,需经双方协商而定。

④在国际大市场中,该国家支付方面的信誉如何?是否有延期的情况?原因如何? 了解这些问题,可以帮助我们掌握对方的信誉情况,便于在谈判中采取适当的对策。

⑤要想取得该国家的外汇付款,需要经过哪些手续环节,同样也是必须弄清楚的问题,因为这会涉及交易中支付能否顺利进行,以及最终能否实现支付的问题。

⑥该国适用的税法是什么?是依据什么法规进行征税的?征税的种类和方式如何? 是否签订过避免双重征税的协议?如果签订过是哪些国家?这些问题会直接影响双方最终实际获利的大小。

⑦公司在当地赚取的利润是否可汇出境外?有什么规定?搞清楚上面的问题可使交易双方的资产进行跨国间顺利流动,保证双方经济利益不受损失或少受损失。

3.1.3　谈判信息的收集途径

1) 各种出版物

主要通过报纸、杂志、内部刊物和专业书籍等各种出版物中登载的消息、图表、数字、照片来获取信息。这些途径可提供比较丰富的各种环境信息、竞争对手信息和市场行情信息。谈判者可以通过这些途径获得比较详细而准确的综合信息。

2) 互联网

目前互联网技术飞速发展,给全球经济带来新的革命,也正在改变整个商业社会的竞争格局,所有企业都面临前所未有的机遇和挑战。所以,现代企业要充分利用互联网技术进行市场调查,掌握国内外众多的公司信息、产品信息、市场信息等,以直接、快捷地获取更多的商务谈判信息。

3) 广播、电视

通过广播、电视播发的有关新闻资料,如政治新闻、经济动态、市场行情、广告等,来收集信息资料。其优点是迅速、准确、现场感染力强;缺点是信息转瞬即逝,不易保存。

4) 各种会议资料

通过参加各种商品交易会、展览会、订货会、企业界联谊会、各种经济组织专题研讨会来获取资料。例如我国的广交会、一年一次的昆交会、一年一次在广西南宁举行的东盟贸易博览会。这种资料的特点是信息非常新鲜,从中可以捕捉到有价值的东西。

5) 政府部门

政府部门对国家的宏观政策和微观政策非常了解,我们可以通过加强同政府部门的联系,从政府有关部门收集到许多有用的谈判信息资料。

6) 其他企业

其他企业也许对谈判对手的情况非常了解,我们可以通过加强与其他企业的密切联系,从中了解到重要的谈判信息资料。

7) 信息咨询公司

通过信息咨询公司取得所需要的谈判信息。这是一种借助外部力量,达到了解谈判对手目的的重要手段。目前,银行和市场调查公司、咨询企业都在开展调查研究和咨询业务,这些机构拥有专职的市场调研员、熟悉业务的专家,同当地企业有广泛的联系,在我们本身力量不足,尤其是谈判对手对我方有所防范戒备的情况下,可以充分利用这些机构为我方谈判服务。可以通过付费获得较多的谈判信息资料。

8) 知情人员

通过知情人员来获取所需要的谈判信息。例如,亲朋好友、同学、老师、老客户、记者、公司的商务代理人、当地华人、华侨、驻外使馆人员、留学生等,这些人比较了解情况,可以通过他们了解到谈判所需要的重要信息资料。

3.1.4 谈判信息的收集方法

1) 观察法

观察法是指调查者亲临调查现场,对被调查者进行观察和计量以取得资料的一种方法。它的特点在于被调查者感觉不到正在被调查。如观察商店,看哪些商品最畅销,观察流行何种商品款式、顾客数量等,研究各商店吸引顾客的最佳方式,研究某一街道的商业价值等。这种方法可以补充以下几种方法的不足。通过亲自观察得到最为真实可靠的信息。但是这种方法也有局限性,例如,受交通条件限制有些现场不能亲自去观察,受观察者自身条件限制,观察难免不全面,也难免受主观意识的影响而带有偏见。

2) 询问法

询问法即根据所拟订的调查提纲,以当面、电话或书面等方式向谈判对手提出询问,以取得所需谈判信息资料的方法。这种方法具有直接性和灵活性的特点,能够根据谈判对手的具体情况进行深入的询问,从而获得较多的第一手资料。并可与观察法结合实施。缺点是时间长、费用高,对调查者的素质要求较高。

3) 实验法

实验法即对调研内容进行现场实验的方法。如利用谈判模拟、试销、试购买等方式来收集谈判信息。这种方法比观察法又进一步,可以发现一些在静态时不易发觉的新信息。实验法能直接提供经验,应用范围广,但时间长、费用高,可变因素难以掌握。

4) 统计分析法

调查所得的各种资料,反映着客观事物的外部联系。为了透过现象看本质,要用科学的方法,对大量资料进行分析和综合,弄清调查对象的情况和问题,找出客观事物的内在联系,从中得出合乎实际的结论。对于调查所得的数据,运用多种统计方法加以分析,并制成统计表。对于调查中发现的问题,可以通过集体讨论,加以论证。

5) 问卷法

调查者事先印刷好问卷,发放给相关人士,填好以后收集上来进行分析。问卷的设计要讲究科学性和针对性,既有封闭式问题又有开放式问题。这种方法的特点是可以广泛收集相关信息,利于实现调查者的主导意向,易于整理分析,难点在于如何调动被调查者填写问卷的积极性以及保证填写内容的真实性。

【小贴士 3-2】

表 3-1　价格情报收集的几种方法和途径

收集的方法	方法说明
熟人介绍法	你可以调动一切力量,通过关系网,向政府其他部门的知情人士了解情况。如:政府对此地块的规划;政府征地补偿的常规做法;对方谈判的最后期限;对方参加谈判的权限;对方的谈判作风和个人情况
地毯搜寻法	你通过走访周边已被征地或即将被征地的工厂,逐个交谈、试探获得一定的情报
资料寻找法	你可以通过报纸杂志、专业书籍等对曾经发生过的同类征地补偿谈判资料进行调查、分类、比较及研究
学习寻找法	你可以通过对近几年政府机关对征地补偿事项出台的政策、法律法规、报告书及公开声明的仔细研究,获得一定的补偿价格信息
活动寻找法	你可以安排非正式的聚会、活动,通过各种预备性的接触,创造机会,当面了解对方的态度,观察对方的意图

3.1.5　谈判信息的整理和评价

对收集来的谈判信息资料进行整理和评价,其主要目的:一是为了鉴别资料的真实性与可靠性,即去伪存真。因为在实际情况下,由于各种各样的原因,在收集的资料中客观地存在着某些资料具有片面性、不完全性的情况,有的甚至是虚假的、伪造的,因而必须进行整理、分析和评价。比如,某些人可能自己别有所图,于是提供了大量的利于谈判的信息,而将不利于谈判的信息或是掩盖,或是扭曲,以达到吸引对方的目的;有些人可能自己没有识别真伪的能力,而将道听途说的信息十分"真实"地提供出来;有些人可能自己根本不知道这些情况,却为了顾全自己的身份而提供了不真实的信息;甚至还有些可恶的人物,为了从中渔利,为谈判双方提供假信息。因而必须经过信息资料的整理与分析,才能做到去粗取精、去伪存真,为我方谈判所用。二是在资料具备真实性与可靠性的基础上,结合谈判项目的具体内容,分析各种因素与谈判项目的关系,并根据它们对谈判的重要性和影响程度进行排队。通过分析,制订出具体的谈判方案与对策。对谈判信息的整理一般分为以下几个阶段:

1) 信息的评价

对信息的评价是对信息整理的第一步。现实中,收集起来的各种信息,其重要程度不同,有些可以马上使用,有些到后来才派上用场,而有些信息可能自始至终都用不上。如果把收集起来的信息不加区别地积存起来,便会使信息的使用十分困难。因此,必须首先对收集到的信息进行评价,没有用的信息应毫不犹豫地加以舍弃。对认为有用的需要保存的信息,也要根据其重要性不同,将其分为三等,即可立即利用的信息、将来肯定可用上的信息和将来可能派上用场的信息。只有如此,才能为信息的筛选打好基础。

2) 信息的筛选

对于好不容易收集到的信息,人们往往总是不愿意将其舍弃,这是可以理解的。但是,如果不把无用的或用处微小的信息逐渐舍弃,那么信息的整理工作将变得越来越费时费力。特别是对于过时的信息如果不及时地彻底抛弃,既不便于查找有用的信息,又因其占用空间而耗费大量的费用。因此,应不断地对收集起来的信息进行整理。信息的筛选大体有以下几种方法:

①查重法。这是筛选信息资料最简便的方法。目的是剔除重复信息资料,选出有用的信息资料。当然,不完全排除重复,只要不是完全相同的重要信息资料,可以保存一部分。

②时序法。即逐一分析按时间顺序排列的信息资料,在同一时期内,较新的保留,较旧的舍弃,这样可能使信息资料在时效上更有价值。

③类比法。将信息资料按市场营销业务或按空间、地区、产品层次,分类对比,接近实质的保留,否则舍弃。

④评估法。这种方法需要信息资料收集人员有比较扎实的市场学专业知识。即对自己所熟悉的业务范围,仅凭市场信息资料的题目就可以决定取舍。

3) 信息的分类

在信息整理阶段,对筛选以后的信息资料认真地分类,是最耗费时间的一项工作,但也是极其重要的环节,可以说,不做好分类,就不可能充分利用信息资料。分类的方法大致有两种:

①项目分类法。这种分类法,既可以和工作相联系,按不同的使用目的来分类,如可以分为商务开发信息、销售计划信息、市场预测信息、价格信息等;或按"谈判必备信息"分为市场信息、技术信息、金融信息、交易对象的情况信息、有关政策法规信息等。也可以根据信息的内容,按不同性质来分,如可以根据产业不同或经营项目进行分类。产业中可以分为粮油产品、纺织产品、机械设备等。

②从大到小分类法。即设定大的分类项目开始,大项目最好不要超过 10 项,经过一段时间的使用后,如觉得有必要再细分时,可以把大项目再进行细分,但不要分得太细,以免出现重复。

以上两种分类法,也可以根据工作的需要将两者结合起来使用。在这种情况下,一般是以前者作为基本分类法,再将后者作为补充添加进去。

4) 信息的保存

把分类好的信息资料妥善地保存起来,即使是经常使用的信息资料,也不能随便摆放,要与分类相适应,放到专门的资料架或卡片箱中,以便随时查找该资料或加放同类资料。

【案例 3-6】　　　　　　　　　　藤野先生与泰恒公司的谈判

一架豪华客机缓缓降落在东南亚某国首都的机场,从飞机上走下来的乘客中,有一位是来自经济发达国家日本的商人,他是日本富士办公用品公司的业务经理——藤野先生。他此次前来,肩负着一个重大的历史使命,即与该国的泰恒公司签订一份进口大型复印机的合同。因为复印机在这个经济刚刚起步的国家还是一个新生事物,有着广阔的发展前景,所以占领这一市场,对公司具有重要的意义。藤野先生此次来,是带着"只许成功,不许失败"的口令来的。但是下了飞机之后,泰恒公司的人并没有如约来机场接他。他凭借在商场上多年摸爬滚打的经验,立刻就有一种不祥的感觉,他觉得事情一定是有变动,于是马上打车到泰恒公司,打算弄清楚发生了什么情况。结果,真如其所料,泰恒公司的老板只是冷冷地抛过来一句话:"对不起,藤野先生,我们公司已经有了新的打算,不准备和你签订这项合同了。"面对这个突如其来的打击,藤野黯然神伤。想到临走之前领导的嘱托,藤野决定,不能沮丧,一定要理智一点,弄清原因,查清事情的真相。

根据他的分析,泰恒公司绝不会放弃这单生意,无缘无故地松开财神的手,那他们为什么要拒绝签合同呢? 想必是有了新的主顾,这个是很有可能的,但是是哪来的呢? 是其他国家的,又不太可能,因为就目前国际市场上这种型号的复印机,只有日本的产品是一流的,而且泰恒公司不是那种贪图便宜、不重视质量的公司。所以,别国产品的可能性很小,那么与泰恒公司做生意的肯定也是一家日本企业。那是什么样的优惠条件让泰恒公司放弃了自己的公司呢? 这些问题都需要搞清楚,藤野马上打电话回公司,要求公司把这些事情调查清楚。经过公司的调查,的确有另一家日本公司暗中与泰恒公司联系,为他们提供某种型号的复印机,而且价格更优惠,致使泰恒公司不愿意签订合同。要战胜对手,有两个办法:一是尽量提供比竞争者更优的价格;二是在竞争对手之前与泰恒公司签约。当藤野第二次去泰恒公司的时候,还没等人家开口,他就说:"总裁先生,别来无恙? 我未约而至。您不介意吧? 我想和您谈一下某型号复印机的问题。而且我很高兴地告诉您,我提供给您的价格,比您前几天联系的那家企业要便宜三成。"总裁一听,很惊讶,怎么短短的三天时间,这个日本人什么都知道了,但是也无所谓了,有钱赚管那么多干吗,就非常爽快地签约了。这个例子说明了调查收集资料的重要性。情况掌握得越充分,越容易成功。

3.2 商务谈判的组织准备

在现代社会中,一场商务谈判往往比较复杂,涉及的范围较广。就涉及的知识而言,包括产品、技术、市场、金融、运输、保险和法律等许多方面。若是国际商务谈判,还涉及海关条例、外语等知识。这些知识绝非个人的精力、知识、能力所能胜任的。所以,商务谈判除了一对一的单人谈判外,更多情况下是在谈判团体、谈判小组之间进行。这个谈判团体或小组就是商务谈判组织,它是指为实现一定的谈判目标,依照某种方式结合的集体。商务谈判组织放大了个人力量,并且形成一种新的力量,这种新的力量同个体的力量有着本质的差别。它是组织的总体效应,仅仅依附于组织的存在。组织力量的来源:一方面是组织成员的个人素质和能力,另一方面是组织成员之间的协调能力。

商务谈判组织准备工作主要包括两个方面:组织成员的结构和规模。它贯穿于商务谈判活动的全过程,目的是资源成本最小化,组织功能最大化。

3.2.1 谈判小组的结构和规模

1)谈判小组的结构

(1)谈判小组人员构成的原则

①知识具有互补性。知识互补包含两层意思:一是谈判人员各自具备自己专长的知识,都是处理不同问题的专家,在知识方面互相补充,形成整体的优势。二是谈判人员书本知识与工作经验的知识互补。谈判队伍中既有高学历的专家学者,也有身经百战具有丰富实践经验的谈判老手。高学历专家学者可以发挥理论知识和专业技术特长,有实践经验的老手可以发挥见多识广、成熟老练的优势,这样知识与经验互补,才能提高谈判队伍的整体战斗力。

②性格具有互补性。谈判队伍中的谈判人员性格要互补协调,将不同性格的优势发挥出来,互相弥补其不足,才能发挥出整体队伍的最大优势。性格活泼开朗的人,善于表达、反应敏捷、处事果断,但是性情可能比较急躁,看待问题也可能不够全面,甚至会疏忽大意;性格稳重沉静的人,办事认真细致,说话比较谨慎,原则性强,看问题比较全面,善于观察和思考,理性思维比较强,但是他们不够热情,不善于表达,反应相对比较迟钝,处理问题不够果断,灵活性较差。如果这两类性格的人组合在一起,分别担任不同的角色,就可以发挥出各自的性格特长,优势互补,协调合作。

③分工明确。谈判小组每一个人都要有明确的分工,担任不同的角色。每个人都有自己特殊的任务,不能工作越位,角色混淆。遇到争论不能七嘴八舌争先恐后发言,该到谁讲就谁讲,要有主角和配角之分、中心和外围之分、台上和台下之分。谈判小组要分工明确、纪律严明。当然,分工明确的同时要注意大家都要为一个共同的目标而通力合作,协同作战。

(2)谈判小组的人员构成

这是一个如何搭建谈判小组的问题。要使谈判小组高效率的工作,一方面,参加谈判的

人员都应具有良好的专业基础知识,并且能够迅速有效解决随时可能出现的各种问题;另一方面,参加谈判的人员必须关系融洽,能求同存异。谈判小组的人员应专家齐备,否则将影响谈判的质量。谈判小组应由以下人员构成:

①商务人员。由熟悉商业贸易、市场行情、价格形势的贸易专家担任,商务人员要负责合同价格条件的谈判,帮助谈判方整理出合同文本,负责经济贸易的对外联络工作。

②技术人员。由熟悉生产技术、产品标准和科学发展动态的工程师担任,在谈判中负责对有关生产技术、产品性能、质量标准、产品验收、技术服务等问题的谈判,也可为商务谈判中价格决策作技术顾问。

③财务人员。由熟悉财务会计业务和金融知识,具有较强的财务核算能力的财务人员担任。主要职责是对谈判中的价格核算、支付条件、支付方式、结算货币等与财务相关的问题把关。

④法律人员。由精通经济贸易各种法律条款,以及法律执行事宜的专职律师、法律顾问或本企业熟悉法律的人员担任。职责是做好合同条款的合法性、完整性、严谨性的把关工作,也负责涉及法律方面的谈判。

⑤翻译人员。由精通外语、熟悉业务的专职或兼职翻译担任,主要负责口头与文字翻译工作,沟通双方意图,配合谈判运用语言策略,在涉外商务谈判中翻译的水平将直接影响到谈判双方的有效沟通和磋商。

除了以上几类人员之外,还可配备其他一些辅助人员,但是人员数量要适当,要与谈判规模、谈判内容相适应,尽量避免不必要的人员设置。

2) 谈判小组的规模

从实践经验来看,由于商务谈判涉及内容较多,所以大多数较为重要的商务谈判均由多人组成。那么谈判小组应有多少人组成较为合适呢?国内外谈判专家普遍认为,一个谈判小组的理想规模以4人左右为宜。这是因为:

①4人左右谈判小组的工作效率最高。一个集体能够高效率工作的前提是内部必须进行严密的分工和协作,而且要保持信息交流的畅通。如果人数过多,成员之间的交流和沟通就会发生障碍,需耗费更多的精力统一意见,从而降低工作效率。从大多数谈判情况看,4人左右时工作效率是较高的。

②4人左右是最佳的管理幅度或跨度。管理学研究表明,一个领导能够有效地管理其下属的人数是有限的,即存在有效管理幅度。管理幅度的宽窄与管理工作的性质和内容有关。在一般性的管理工作中,管理幅度以4~7人为宜,但在商务谈判这种紧张、复杂、多变的工作中,既需要充分发挥个人独创性和独立应付事变的能力,又需要内部协调统一、一致对外的活动,故其领导者的有效管理幅度在4人左右才是最佳的。超越这个幅度,内部的协调和控制就会产生困难。

③4人左右能满足一般谈判所需的知识范围。多数商务谈判涉及的业务知识领域大致是下列4个方面:第一,商务方面,如确定价格、交货风险等;第二,技术方面,如确定质量、规格、程序和工艺等;第三,法律方面,如起草合同文本,合同中各项条款的法律解释等;第四,金融方面,如确定支付方式、信用保证、证券与资金担保等。参加谈判的人员主要是这4个方面的人员,如果每个人是某一方面的专家,恰恰是4人左右。

④4 人左右便于小组成员调换。参加谈判的人员不是一成不变的,随着谈判的不断深入,所需专业人员也有所不同。如在洽谈的摸底阶段,生产和技术方面的专家作用大些;而在谈判的签约阶段,法律方面的专家则起关键性作用。这样,随着谈判的进行,小组成员可以随时调换。因此,谈判小组保持 4 人的规模是比较合理的。

上述谈判小组 4 人的规模,只是就一般情况而言,并且只是一种经验之谈。有些大型的谈判,领导和各部门的负责人都可能参与,再加上工作人员如秘书等,队伍可能达 20 人左右。在这种情况下,可以进行合理的分工,可由 4 人左右作为正式谈判代表,与对方展开磋商,其余人只在谈判桌外向其提供建议和服务。

【案例 3-7】   **范蠡的选择**

战国时期,范蠡(陶朱公)的次子在楚国杀了人,收在监牢里。范蠡得知消息后说:"杀人者死,这是本分。不过我听说千金之子不会在大庭广众之下被处死。"准备派自己的小儿子带着千金去楚国解救。就要出发时,范蠡的长子拼死拼活地不同意,说:"家里出了事应该由长子出面解决。父亲不派我去,这是对我的不信任,说明我不孝顺,我不如死了算了。"

范蠡被搅得没有办法,只好派长子去。范蠡写了一封信给楚国的故交庄生,让长子带着信直接去找庄生,又再三叮嘱长子,到了楚国后不论任何事情都要由庄生安排,千万不要与之争执。长子答允出发了。

长子到了楚国找到庄生,按照范蠡的交代,把千金交给庄生。庄生听明来意,便说:"你现在赶快离开,千万不要逗留,即使弟弟放出来了,也不要问之所以然!"然而长子并没有离开楚国,而是偷偷留在了朋友家。

庄生虽然贫穷,但以廉洁正直闻名天下,连楚王都把他当老师一样尊崇。至于范蠡送来的黄金,他并不想接受,但怕范家人以为他不想办事,就暂时收下了,而且想等事成以后归还,表明信誉。

庄生找了一个适当的时机见楚王,说:"某星宿移动到某个位置,对楚国有危害。"楚王向来相信庄生,问庄生如何是好。庄生说只有做好事才能消除,楚王表示明白了。之后,楚王下令大赦天下。

躲在别人家的长子得知楚王要大赦天下的消息,但并不知道是庄生的功劳。只想,既然楚王要大赦天下,自己的弟弟自然会被释放,那么自家的千金岂不是白花了? 于是,他又回到庄生家。

庄生见到长子,大惊说:"你怎么还没有离开呀?"长子说:"我听到楚王要大赦天下的消息,特地来向先生辞行。"庄生明白了他的意思,让他拿回千金走了。

事后庄生非常生气,也非常委屈,认为自己被一个小孩子给骗了。庄生又去见楚王,说:"我上次说星宿的事情,王说要用修德的方法来回报,这当然很好。但现在我在街市上听很多人说,陶朱公的儿子杀了人被囚在楚国,他的家人拿了许多金钱贿赂了王的左右,所以王并不是为了体恤国民而实行大赦,而是因为陶朱公儿子的缘故!"楚王一听,大怒说:"胡扯! 我虽然没什么德行,但怎么会因为陶朱公儿子的缘故而特别施恩大赦呢?"就命令先杀掉了范蠡的儿子,第二天才下达赦免的命令。

范蠡的长子最终带着他弟弟的尸体回来。到家以后,全家人都很悲伤,只有范蠡说:"我早就知道他一去必然会害死他弟弟的! 不是他不爱他的弟弟,只是舍不得钱财呀! 他年少

时和我一起创业,知道钱财来之不易,所以不轻易花钱。至于小儿子,出来就看见我很富有,坐着好车,骑着良马,去追逐狡兔,哪里懂得钱财是怎样积累的,所以不会吝惜。我原想派小儿子去,就是因为他能舍弃财物呀!而大儿子是做不到的,所以最后必然导致他的弟弟被杀死,这是合乎常理的,没什么好悲伤!我原本就日日夜夜在等着丧车的到来!"

范蠡的大儿子固然在谈判中存在着很多不足之处,但对大儿子非常了解的范蠡却成全了他,不能不说这是严重的失误。正应了古话"智者千虑,必有一失。"前车之辙,当为后人明鉴。

英国哲学家培根说过:"如果你为某人工作,你必须知道他的个性习惯,以便顺着他,引导他;知道他的需求,从而说服他;知道他的弱点,从而使他有所畏惧;知道他的喜好,从而支配他。"所以,如果你是谈判小组的负责人,就必须对每一位小组成员进行全方面的了解。一般来说,考察他们的性格特征、能力特征,选择情绪稳定、沉着冷静、责任心强的人员进入谈判小组,会推动谈判的进程,达到最佳的效果。

3.2.2　确定谈判小组负责人和谈判小组成员

1) 谈判小组负责人应具备的条件

谈判小组负责人应当根据谈判的具体内容、参与谈判人员的数量和级别,从企业内部有关部门中挑选,可以是某一部门的主管,也可以是企业最高领导。谈判小组负责人并不一定是己方主谈人员,但他是直接领导和管理谈判队伍的人。选择谈判小组负责人应具备以下条件:

①具备较全面的知识。谈判小组负责人本身除应具有较高的思想政治素质和业务素质之外,还必须掌握整个谈判涉及的多方面知识。只有这样才能针对谈判中出现的问题提出正确的见解,制订正确的策略,使谈判队伍朝着正确的方向发展。

②具备果断的决策能力。当谈判遇到机遇或是遇到障碍时,能够敏锐地利用机遇,解决问题,作出果断的判断和正确的决策。

③具备较强的管理能力。谈判小组负责人必须具备授权能力、用人能力、协调能力、激励能力、总结能力,使谈判小组成为拥有高度凝聚力和战斗力的集体。

④具备一定的权威地位。谈判小组负责人要具备权威性,有较大的权力,如决策权、用人权、否定权、签字权等;要有丰富的管理经验和领导威信,能胜任对谈判小组的管理。谈判小组负责人一般由高层管理人员或某方面的专家担任,最好与对方谈判小组负责人具有相对应的地位。

2) 谈判小组负责人的职责

①负责挑选谈判人员,组建谈判小组,并就谈判过程中的人员变动与上层领导取得协调。

②负责管理谈判小组,协调谈判队伍各成员的心理状态和精神状态,处理好成员间的人际关系,增强队伍凝聚力,团结一致,共同努力,实现谈判目标。

③负责组织制订谈判执行计划,确定谈判各阶段目标和战略策略,并根据谈判过程中的实际情况灵活调整。

④负责己方谈判策略的实施,对具体的让步时间、幅度,谈判节奏的掌握,决策的时机和方案作出决策安排。

⑤负责落实交易磋商的记录工作。

⑥负责向上级或有关的利益各方汇报谈判进展情况,获得上级的指示,贯彻执行上级的决策方案,圆满完成谈判使命。

3) 确定谈判小组成员

由于人的素质的差别,决定了不同的人组成的谈判小组其工作效率和谈判结果大不相同。为此,就必须精心挑选谈判小组成员,保证其是高质量的,完全能够符合谈判的要求。

①谈判小组成员选择应根据谈判内容和重要性而定。每一项谈判都有其特定的内容;其重要程度也各异。因此,在选择谈判小组成员时,一方面要充分考虑谈判内容涉及的业务知识面,使得谈判小组的知识结构满足谈判内容的需要;另一方面,如果谈判对企业至关重要,谈判小组的负责人应由企业决策层的有经验的谈判高手担任。

②谈判成员的选择还应考虑谈判的连续性。如果某些成员已与对方打过交道,并且双方关系相处良好,则这项谈判优先选派这些人员参加。由此,可以增加对方对我方的了解和赢得对方的信任,从而大大缩短双方的距离和谈判的时间。

③谈判成员在素质上要形成群体优势。谈判小组成员的组合,在性格、气质、能力以及知识方面应优势互补,形成群体优势。

④谈判成员之间应形成一体化气氛。要想赢得谈判的成功,在组成高质量的谈判小组的基础上,最重要的工作就是保证小组内通力合作,关系融洽,形成合力。否则,内耗必将导致谈判的失败。因此,选择谈判小组成员应避免曾经或现在正闹矛盾或冲突的人选。

【案例 3-8】 据报道,辽宁省政府组织驻该省的外资金融机构的 20 多名代表考察该省的投资环境,整个考察活动是成功的。然而,给这些外资金融机构代表们留下深刻印象的除了各市对引进外资的迫切心情及良好环境外,也出现了一些令国人汗颜的小片段。在某开发区,在向考察者介绍开发区的投资环境时,不知是疏忽,还是有意安排,由开发区的一个副主任做英语翻译。活动组织者和随行记者都认为一个精通英语的当地领导一定会增强考察者们的投资信心。不料想,那位副主任翻译起来结结巴巴、漏洞百出,几分钟后,不得不换另外一个翻译,但水平同样糟糕。下午在某市内考察,市里另外安排了翻译,几个考察人员都对记者说:这个翻译的水平还行。言外之意不言而喻。

3.3 商务谈判方案的制订

在正式谈判前,必须制订具体的谈判方案。制订周密、细致的谈判方案,可使谈判人员各司其职,协调工作,有计划、有步骤地展开谈判。它是保证谈判顺利进行的必要条件,也是取得谈判成功的基础。所以任何一方都不应忽视谈判方案的制订,而必须认真对待,做到严谨、周密、明确、具体。

3.3.1 商务谈判方案制订的要求

1) 商务谈判方案的概念

商务谈判方案是指在谈判开始前对谈判目标、谈判议程、谈判策略预先所做的安排。谈判方案是指导谈判人员行动的纲领,在整个谈判过程中起着非常重要的作用。

2) 商务谈判方案制订的要求

由于商务谈判的规模、重要程度不同,商务谈判方案的内容有所差别。内容可多可少,要视具体情况而定。尽管内容不同,但其要求都是一样的。一个好的谈判方案要求做到以下几点:

①简明扼要。所谓简明就是要尽量使谈判人员很容易记住其主要内容与基本原则,使他们能根据方案的要求与对方周旋。

②明确、具体。谈判方案要求简明扼要,也必须与谈判的具体内容相结合,以谈判具体内容为基础,否则,会使谈判方案显得空洞和含糊。因此,谈判方案的制订也要求明确、具体。

③富有弹性。谈判过程中各种情况都可能发生突然变化,要使谈判人员在复杂多变的形势中取得比较理想的结果,就必须使谈判方案具有一定的弹性。谈判人员在不违背根本原则的情况下,应根据情况的变化,在权限允许的范围内灵活处理有关问题,取得较为有利的谈判结果。谈判方案的弹性表现在谈判目标有几个可供选择的目标;策略方案根据实际情况可供选择某一种方案;指标有上下浮动的余地,还要把可能发生的情况考虑在计划中,如果情况变动较大,原计划不适合,可以实施第二套备用方案。

3.3.2 商务谈判方案的内容

商务谈判方案主要包括谈判目标、谈判策略、谈判议程以及谈判人员的分工职责、谈判地点等内容。其中,比较重要的是谈判目标的确定、谈判策略的制订和谈判议程的安排等内容。

【案例 3-9】 买二手车时,如果卖方愿意减价 500 元,你便不再坚持 4 个轮胎必须换上新胎。评估优先顺序,可以使你为不同的谈判结果建立配套组合。例如,汽车激光音响以及自动排挡,对你而言比空调和自动车锁重要。或者是抽象目标,像是"我真正喜欢的是跑车的外形"也可以是你思考时的优先目标。

1) 确定谈判目标

谈判目标是指谈判要达到的具体目标,它指明谈判的方向和要求达到的目的、企业对本次谈判的期望水平。商务谈判的目标主要是以满意的条件达成一笔交易,确定正确的谈判目标是保证谈判成功的基础。谈判的目标可以分为 3 个层次:

（1）最低目标

最低目标是谈判必须实现的最基本的目标。是谈判的最低要求,若不能实现,宁愿谈判破裂,放弃商贸合作项目,也不愿接受比最低目标更低的条件。因此,也可以说最低目标是谈判者必须坚守的最后一道防线。

（2）可以接受的目标

可以接受的目标是谈判人员根据各种主、客观因素,经过对谈判对手的全面估价,对企业利益的全面考虑、科学论证后所确定的目标。这个目标是一个区间或范围,是己方可努力争取或作出让步的范围,谈判中的讨价还价就是在争取实现可接受目标,所以可接受目标的实现,往往意味着谈判取得成功。

（3）最高目标

最高目标,也叫期望目标。它是本方在商务谈判中所要追求的最高目标,也往往是对方所能忍受的最高程度,它也是一个界限。如果超过这个目标,往往要冒谈判破裂的危险。因此,谈判人员应充分发挥个人的才智,在最低目标和最高目标之间争取尽可能多的利益,但在这个目标难以实现时是可以放弃的。

假如在公司的某次谈判中以出售价格为谈判目标,则以上3种目标可以在下例加以表述:

①最高目标是每台售价 1 400 元;

②最低目标是每台售价 800 元;

③可以接受并争取的目标价格是每台为 800～1 400 元。

值得注意的是,谈判中只有价格这样一个单一目标的情况是很少见的,一般的情况是存在着多个目标,这时就需考虑谈判目标的优先顺序。在谈判中存在着多重目标时,应根据其重要性加以排序,确定是否所有的目标都要达到,哪些目标可舍弃,哪些目标可以争取达到,哪些目标又是万万不能降低要求的。

2) 制订商务谈判策略

制订商务谈判的策略,就是要选择能够达到和实现本方谈判目标的基本途径和方法。谈判不是一场讨价还价的简单的过程。实际上是双方在实力、能力、技巧等方面的较量。因此,制订商务谈判策略前应考虑如下影响因素:

①对方的谈判目的和主谈人的性格特点;

②对方和我方的优势所在;

③交易本身的重要性;

④谈判时间的长短;

⑤是否有建立持久、友好关系的必要性。

通过对谈判双方实力及其以上影响因素的细致而认真的研究分析,谈判者可以确定己方的谈判地位,即处于优势、劣势或者均势,由此确定谈判的策略,如报价策略、还价策略、让步与迫使对方让步的策略、打破僵局的策略等。

3) 安排谈判议程

谈判议程的安排对谈判双方非常重要,议程本身就是一种谈判策略,必须高度重视这项

工作。谈判议程一般要说明谈判时间的安排和谈判议题的确定。谈判议程可由一方准备,也可由双方协商确定。议程包括通则议程和细则议程,通则议程由谈判双方共同使用,细则议程供己方使用。

(1)时间安排

时间的安排即确定谈判在什么时间举行、多长时间、各个阶段时间如何分配、议题出现的时间顺序等。谈判时间的安排是议程中的重要环节。如果时间安排得很仓促,准备不充分,匆忙上阵,心浮气躁,就很难沉着冷静地在谈判中实施各种策略;如果时间安排得很拖延,不仅会耗费大量的时间和精力,而且随着时间的推延,各种环境因素都会发生变化,还可能会错过一些重要的机遇。

(2)确定谈判议题

所谓谈判议题就是谈判双方提出和讨论的各种问题。确定谈判议题首先要明确己方要提出哪些问题,要讨论哪些问题。要把所有问题全盘进行比较和分析:哪些问题是主要议题,列入重点讨论范围;哪些问题是非重点问题;哪些问题可以忽略。这些问题之间是什么关系,在逻辑上有什么联系;还要预测对方会提出哪些问题,哪些问题是需要己方必须认真对待、全力以赴去解决的;哪些问题是可以根据情况作出让步;哪些问题是可以不予以讨论的。

(3)拟订通则议程和细则议程

①通则议程。通则议程是谈判双方共同遵守使用的日程安排,一般要经过双方协商同意后方能正式生效。在通则议程中,通常应确定以下一些内容:

a.谈判总体时间及分段时间的安排;

b.双方谈判讨论的中心议题,尤其是第一阶段谈判的安排;

c.列入谈判范围的各种问题,问题讨论的顺序;

d.谈判中各种人员的安排;

e.谈判地点及招待事宜。

②细则议程。细则议程是己方参加谈判的策略的具体安排,只供己方人员使用,具有保密性。其内容一般包括以下几个方面:

a.谈判中的统一口径:例如发言的观点、文件资料的说明等。

b.对谈判过程中可能出现的各种情况的对策安排。

c.己方发言的策略:何时提出问题? 提什么问题? 向何人提问? 谁来提出问题? 谁来补充? 谁来回答对方问题? 谁来反驳对方提问? 什么情况下要求暂时停止谈判等。

d.谈判人员更换的预先安排。

e.己方谈判时间的策略安排、谈判时间期限。

【案例3-10】   关于引进美国 A 公司矿用汽车的谈判方案

一、2011 年我公司曾购买过 A 公司的矿用汽车,经使用性能良好。为适应我矿山技术改造的需要,准备通过谈判再次引进 A 公司矿用汽车及有关部件的生产技术。A 公司代表于 3 月 23 日应邀来我公司洽谈。

二、具体内容

(一)谈判主题

以适当价格谈成 30 台矿用汽车及有关部件生产的技术引进。

(二)目标设定

1.技术要求

(1)矿用汽车车架运行 15 000 h 不准开裂。

(2)在气温为 40 ℃ 条件下,矿用汽车发动机停止运转 8 h 以上,在接入 220 V 电源后,发动机能在 30 min 内启动。

(3)矿用汽车的出动率在 85% 以上。

2.试用期考核指标

(1)一台矿用汽车试用 10 个月(包括一个严寒的冬天)。

(2)出动率达 85% 以上。

(3)车辆运行 3 750 h,行程 31 250 km。

(4)车辆运输达 312 500 m³。

3.技术转让内容和技术转让深度

(1)利用购买 30 台车为筹码,A 公司无偿地转让车架、厢斗、举升缸、转向缸、总装调试等技术。

(2)技术文件包括:图纸、工艺卡片、技术标准、零件目录手册、专用工具、专用工装、维修手册等。

4.价格

(1)2011 年购买 A 公司矿用汽车,每台 FOB 单价为 23 万美元;现在争取仍能以每台 23 万美元成交,此价格为下限。

(2)2012—2016 年,按国际市场价格浮动 10% 计算,今年成交的可能性价格为 25 万美元,此价格为上限。

小组成员在心理上要做好充分准备,争取价格下限成交,不急于求成;与此同时,在非常困难的情况下,也要坚持不能超过上限达成协议。

(三)谈判程序

第一阶段:就车架、厢斗、举升缸、转向缸、总装调试等技术附件展开洽谈。

第二阶段:价格洽谈。

第三阶段:商定合同条文、合同签字。

(四)日程安排(进度)

3 月 24 日上午 9:00~12:00,下午 2:00~6:00 为第一阶段;

3 月 25 日—3 月 26 日上午 9:00~12:00,下午 2:00~8:00 为第二阶段;

3 月 27 日上午 9:00~12:00,下午 2:00~6:00 为第三阶段。

(五)谈判地点

第一阶段、第二阶段的谈判安排在公司第一洽谈室。

第三阶段的谈判安排在华富官大饭店二楼会议厅。

(六)谈判小组分工

主谈:王钢——为我方谈判小组总代表,负责主要的谈判任务。

副主谈：张继——为主谈提供建议，或见机而谈。

成员：徐冰——负责谈判中技术方面条款的记录及技术支持。

成员：李文——负责分析对方动向、意图，提供信息支持及财务方面条款的记录。

成员：赵钢——负责分析对方动向、意图，提供信息支持及法律方面条款的记录，完成合同条款的起草和定稿工作。

翻译：韩芳芳——为谈判主谈、副主谈担任翻译，并留心对方的反应情况，协助完成合同条款的翻译工作。

矿用汽车引进谈判小组

2012 年 3 月 13 日

3.4　谈判时间和谈判地点的选择

【案例 3-11】　　　　　　　　　　选择一天中适当时刻

我国南方一家集团公司与北欧的一家著名的跨国公司谈判时，因为谈判文本数据问题，资金比例、换算问题，资金到位时间问题，出现了严重的分歧，谈了好几次都闹得不可开交的场面。为了避免谈判破裂，南方这家集团公司请来了谈判分析专家。谈判分析专家认真分析了谈判的场地、人员安排、时间，发现了一个被人忽视的问题，谈判时间不合理，违反了人体生物钟，导致北欧公司的谈判对手情绪不好，心情急躁，所以不容易达成谈判协议。谈判开始时，南方这家集团公司把谈判时间设定在上午 8 点开始，11 点半结束，午宴；下午 2 点开始，5 点半结束，晚宴。而北欧人喜欢上午 9 点工作，10 点喝咖啡；下午 3 点工作，4 点喝咖啡；晚上 8 点工作，9 点听音乐。南方这家集团公司把谈判时间提前了 1 个小时，谈判中间也没有喝咖啡的时间。让还没有睡醒的北欧公司谈判人员感到很吃不消，由于精神状态不好，情绪受到了影响，所以谈判不顺利。南方这家集团公司的谈判分析专家建议将时间修改一下，上午 9 点开始谈判，10 点喝咖啡，结束谈判；下午 3 点开始谈判，4 点喝咖啡，结束谈判；晚上 8 点开始谈判，9 点听音乐，结束谈判，自由活动。根据这个谈判时间，双方很快就有亲近感了，情绪也很平稳，顺利签订了合作协议。

3.4.1　选择谈判时间

从"时间就是金钱，效益就是生命"的观点来看，精心选择好谈判时间是很有必要的。选择谈判时间可以从以下两个方面考虑：

1) 选择谈判时间的长短要考虑的因素

①谈判准备的程度。如果已经做好参加谈判的充分准备，谈判时间安排得越早越好，而且也不怕马拉松式的谈判；如果没有做好充分准备，不宜匆匆忙忙开始谈判，俗话说不打无准备之仗。

②谈判人员的身体和情绪状况。如果参加谈判的人员多为中年以上的人，要考虑他们

身体状况能否适应较长时间的谈判。如果身体状况不太好,可以将一项长时间谈判分割成几个较短时间的阶段谈判。

③市场形势的紧迫程度。如果所谈项目与市场形势密切相关,瞬息万变的市场形势不允许稳坐钓鱼台式的长时间谈判,谈判就要及早及时,不要拖太长的时间。

④谈判议题的需要。对于多项议题的大型谈判,不可能在短时间内解决问题,所需时间相对长一些;对于单项议题的小型谈判,没有必要耗费很长时间,力争在较短时间内达成一致。

2)选择谈判时间要讲究策略

【案例 3-12】　安辰公司是一家家居装饰公司,在业界有着非常好的口碑。安辰公司与另外一家装修公司合作了一个项目。但是,双方对一些问题争执不下,约定另择时间谈判。安辰公司的经理在周五的时候宣布:周六放假一天,原本为休息日的周日则继续上班。很多员工不理解经理的做法,但也不敢有什么异议。

周日,公司的工作异常紧张,经理召集所有谈判人员整理资料,准备周一——早杀对方个措手不及。果然,在周一的谈判桌上,安辰公司的谈判人员大获全胜。而对方公司的谈判代表则被逼得言语混乱,谈判甚至一度中断。

①对于主要的议题或争执较大的焦点问题,最好安排在总谈判时间的 3/5 时提出来,这样既经过一定程度的交换意见,有一定基础,又不会拖得太晚而显得仓促。

②合理安排好己方各谈判人员发言的顺序和时间,尤其是关键人物关键问题的提出应该选择最成熟的时机,当然也要给对方人员足够的时间表达意向和提出问题。

③对于不太重要的议题、容易达成一致的议题可以放在谈判的开始阶段或即将结束阶段,而应把大部分时间用在关键性问题的磋商上。

④己方的具体谈判期限要在谈判开始前保密,如果对方摸清己方谈判期限,就会在时间上用各种方法拖延,待到谈判期限快要临近时才开始谈正题,迫使己方为急于结束谈判而匆忙接受不理想的结果。

⑤在枯燥的谈判过程中适当安排一些文娱活动,既可活跃双方气氛,增进友谊,又可松弛神经,消除疲劳。但是文娱活动的安排也不能过多,如果谈判进行一周的话,安排一至两次文娱活动就可以了,且最好安排在谈判的第二天以及商谈焦点性问题的当天。此外,安排的活动内容不要重复,要尽量丰富一些;要注意不能使文娱活动成为谈判对方借此疲劳己方、实现其谈判目标或达到其他目的的手段。

【小贴士 3-3】　如去外地谈判,或去国外谈判,则应避免长途跋涉后立即开始谈判,要在充分地休整之后再进行谈判,有时还要注意倒时差。

3.4.2　选择谈判地点

1)谈判场所的选择

谈判场所的选择包括两个方面:一是国家、地区的选择;二是具体谈判场所的选择。一

般说来,前者应以通信方便、交通便利为首要条件;后者的选择要根据谈判的性质而定,正式谈判应选择安静和方便的场所,非正式谈判则不受限制。可供选择的谈判地点有 3 种,即主场谈判、客场谈判、中立地谈判。对谈判人员来说,选择不同的场所会产生不同的影响。谈判专家认为,谈判地点不论设在哪一方都各有利弊。

【案例 3-13】 在美国的加利福尼亚州有一家歌兰蒂泵业公司。对他们来说,主场谈判是非常重要的,于是他们就在工厂里建了一系列的客房,并且有专人为来厂参观者服务。在这里,你可以参观工厂、洽谈生意,而且完全不必为在厂期间住宿吃饭之类的事情操心。歌兰蒂创立了一个理想的谈判环境。来厂参观者完全摆脱了差旅的烦恼和总部的干扰。

美国专家泰勒尔的实验也表明:多数人在自己家的客厅与人谈话,比在别人的客厅里更能说服对方。这是因为人们一种常见的心理状态,即自己的"所属领地"里能更好地释放能量与本领,所以成功的概率就高 。

2) 谈判场所的布置

较为正规的谈判场所可以有 3 类房间:一是主谈判室,二是密谈室,三是休息室。

①主谈判室的布置。主谈判室应当宽大舒适,光线充足,色调柔和,空气流通,温度适宜,使双方能心情愉快、精神饱满地参加谈判。谈判桌居于房间中间。主谈判室一般不宜装设电话,以免干扰谈判进程,泄露有关的秘密。主谈判室也不要安装录音设备,录音设备对谈判双方都会产生心理压力,难以畅所欲言,影响谈判的正常进行。如果双方协商好也可配备。

②密谈室布置。密谈室是供谈判双方内部协调机密问题单独使用的房间。它最好靠近主谈判室,有较好的隔音性能,室内配备黑板、桌子、笔记本等物品,窗户上要有窗帘,光线不宜太亮。作为东道主,绝不允许在密谈室安装微型录音设施偷录对方密谈信息。作为客户在外地对方场所谈判,使用密谈室时一定要提高警惕。

③休息室布置。休息室是供谈判双方在紧张的谈判间隙休息用的,休息室应该布置得轻松、舒适,以便能使双方放松一下紧张的神经。室内最好布置一些鲜花,播放一些轻柔的音乐,准备一些茶点,以便调节心情,舒缓气氛。

【小贴士 3-4】 有人说:在对方的办公室谈判对你更为有利。让我们思考一下,在对方的办公室我们能够获得多少与对方有关的信息呢?

——此人的兴趣爱好是什么?

——此人爱干净还是比较邋遢?

——此人在家具饰品方面的品位?

——此人在公司的地位?

——此人的办公室是靠近公司中掌权者的办公室呢?还是离得较远?

——人人都想靠窗,他占有多少靠窗的空间呢?

综合来看,谈判地点的选择顺序应该是:首先选择主场,但在实际操作中,对方往往会极力反对。双方都有主场的愿望时,为公平起见,可以选择中场(中立方、第三方)。相对来说,客场是最为不利的,客场应该在中场之后,作为最后的选择。谈判专家认为,谈判地点不论设在哪一方都各有利弊。选择的主要谈判场所都应当整洁、宽敞、光线充足,应该配备一些相关的辅助设备,如调制解调器插座、幻灯机、投影仪等。

3) 谈判桌摆放及座次安排

谈判双方座位的安排对谈判气氛、内部人员之间的交流、谈判双方的工作都有重要的影响。谈判座位的安排也要遵循国际惯例,讲究礼节。通常可以安排3种方式就座:

【小贴士3-5】 没有规矩,不成方圆。反过来,方圆又象征着规矩。在谈判中,桌子的形状体现着谈判各方的地位。谈判桌有圆形、椭圆形、方形、多边形、T字形等不同形状。椭圆形或圆形的谈判桌能够消除彼此间的顺序差异,没有首席,也没有末席,比较适合多边谈判。长方形谈判桌适合双方谈判。如觉得桌子方方正正,给人压抑的感觉,不妨换成圆桌,也许会有全新的感觉。

在国际商务谈判中,参与谈判的总数不能是13,注意避免这个数字;在座位安排时,按照以右为上的原则,主座右手边的位置仅次于主座,主座左手边的位置排在第三位,其他依次类推。座次安排妥当后,在每个位置前放置一个标牌,避免出错;如果条件允许,可以对入座的人员进行引导。

①长方形或椭圆形。双边谈判一般采用长方形或椭圆形谈判桌。通常主方、客方各坐一边,若谈判桌横放(见图3.1),则正面对门为上座,应属于客方;背面对门为下座,应属于主方。这种座位安排方法适用于比较正规、比较严肃的谈判。它的好处是双方相对而坐,中间有桌子相隔,有利于己方信息的保密,各方谈判人员相互接近,便于商谈和交流意见,也可形成心理上的安全感。它的不利之处在于人为地造成双方对立感,容易形成紧张、呆滞的谈判气氛,对调解双方关系有不利的影响,需要运用语言、表情等手段缓和这种紧张对立气氛。

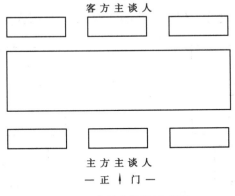

图 3.1 谈判桌横放示意图

谈判桌竖放的情况见图3.2所示。

②圆形。多边谈判一般采用圆形谈判桌(见图3.3)国际惯例上称为"圆桌会议"。采用圆桌谈判时,谈判各方围桌交叉而坐,尊卑界限被淡化了,彼此间气氛较为和谐、融洽,容易达成共识。不利之处是双方人员被分开,每个成员有一种被分割被孤立的感觉。同时也不利于己方谈判人员之间协商问题和资料保密。

③马蹄形。小型的谈判,也可不设谈判桌,直接在会客室沙发上进行,双方主谈人在中间长沙发就座,"主左客右",译员在主谈人后面,双方其余人员分坐两边(见图3.4),呈马蹄

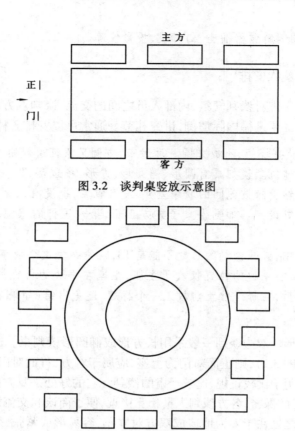

图 3.2 谈判桌竖放示意图

图 3.3 谈判桌圆形摆放示意图

形,这样双方交谈比较随和友好。但较正式的谈判,不宜采用这种方式。

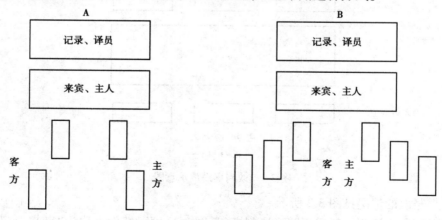

图 3.4 谈判桌马蹄形摆放示意图

【**案例** 3-14】 张先生是一家公司的总经理,最近和客户的合作有了很大的进展。为此,双方都希望在下次的谈判中尽可能地胜出,让自己拥有较大的优势。

张总经理认真地收集了对方的详细材料。经过整理,张总经理了解到谈判对方的首席代表是一个追求完美,对工作精益求精、一丝不苟,对自己要求严格的人,而且这个人对数字类的东西很敏感,做起事情来认真仔细,要求极高,下属员工都很佩服他。

看到了对方的这个特点,张总经理像是看到了黑夜中的一缕曙光,一切瞬间被照亮了。他原以为自己在这次谈判中会败下阵来,却通过对方追求完美的性格找到了他的致命弱点。

张总经理作为主场方,在安排座位的时候,故意把对方的首席代表有可能坐的位子固定下来,然后在他对面的墙上挂了一幅画,稍微把画斜了点儿,营造好了谈判前的客观环境氛围。随后,对方的首席代表坐到了事先安排好的位置,他面对着墙上那幅倾斜的画,心里有说不出的别扭。这个追求完美的人很难容忍这个疏忽,很想立刻冲上去把这幅画扶正,但是碍于自己不是主场方,上去扶正了显得很不礼貌,只有一直忍耐着,强迫自己不去看这幅画,避免因此受到影响。

在这场谈判中,对方的心情受到了影响,变得格外烦躁、焦虑,最后这个谈判被张总经理所在的主场方掌握了主动权。

3.5　模拟谈判

模拟谈判,也就是正式谈判前的"彩排",是商务谈判准备工作中的最后一项内容。在正式谈判开始前,虽然我们尽力搜集了与谈判有关的各方面信息资料,在此基础上拟订了详细的谈判方案,并进行了人员的准备,选择了相关的谈判策略,但这还不够;要保证谈判的成功,常常需要采取模拟谈判的方法来改进和完善谈判的准备工作,检查方案可能存在的漏洞。尤其对一些重要的谈判、难度较大的谈判,彩排更显得必要。所以,模拟谈判是商务谈判,尤其是大型商务谈判、国际商务谈判准备工作的不可缺少的重要组成部分。

所谓模拟谈判,就是将谈判小组成员一分为二,或在谈判小组外,再建一个实力相当的谈判小组;由一方实施本方的谈判方案,另一方以对手的立场、观点和谈判的作风为依据,进行实战操练、预演或彩排。谈判者预先搞"扮演角色"不是一两次,而是多次。从利用不同的人扮演对手这个角度,提出各种他所能想象得出的问题,让这些问题来难为自己,在为难之中,做好一切准备工作。

德国商人非常重视谈判前的彩排,不论德国的大企业,还是小企业,也不论是大型复杂的谈判,还是小型简单的谈判,德国商人总是以一种不可辩驳的权威面目出现,常常能牢牢地控制着谈判桌上的主动权,其中的关键在很大程度上归功于他们对模拟谈判的重视。对于德国商人而言,事先演练是谈判的一个必经程序,他们对谈判可能出现的任何细节都要做周密的准备,对对方可能提出的任何难题,都要事先作出安排,拟订应对方案。这样才能不打无准备之仗。自然,以后的谈判就很容易被纳入德国商人事先设计好的轨道,以此为谈判的胜利奠定基础。

3.5.1　模拟谈判的作用

在谈判准备工作的最后阶段,本企业有必要为即将开始的谈判举行一次模拟谈判,以检验自己的谈判方案,而且也能使谈判人员提早进入实战状态。模拟谈判的必要性表现在以

下几个方面：

1）模拟谈判可以使谈判者获得实际性的经验，提高应对各种困难的能力

很多成功谈判的实例和心理学研究成果都表明，正确的想象练习不仅能够提高谈判者的独立分析能力，而且在心理准备、心理承受、临场发挥等方面都是很有益处的。在模拟谈判中，谈判者可以一次又一次地扮演自己，甚至扮演对手，从而熟悉实际谈判中的各个环节。这对初次参加谈判的人来说尤为重要。

2）检验谈判方案是否周密可行

谈判方案是在谈判小组负责人的主持下，由谈判小组成员具体制订的。它是对未来将要发生的正式谈判的预计，这本身就不可能完全反映出正式谈判中出现的一些意外事情。同时，谈判人员受到知识、经验、思维方式、考虑问题的立场、角度等因素的局限，谈判方案的制订难免有不足之处和漏洞。事实上，谈判方案是否完善，只有在正式谈判中方能得到真正检验，但这毕竟是一种事后检验，发现问题往往为时已晚。模拟谈判是对实际正式谈判的模拟，与正式谈判比较接近。因此，能够较为全面严格地检验谈判方案是否切实可行，检查谈判方案存在的问题和不足，及时修正和调整谈判方案。

3）模拟谈判可以训练和提高谈判者的能力

模拟谈判的对手是自己的人员，对自己的情况十分了解，这时站在对手的立场上提问题，有利于发现谈判方案中的错误，并且能预测对方可能从哪些方面提出问题，以便事先拟订出相应的对策。对于谈判人员来说，能有机会站在对方的立场上进行换位思考，是大有好处的。正如美国著名企业家维克多·金姆说的那样："任何成功的谈判，从一开始就必须站在对方的立场来看问题。"这种角色扮演的技术不但能使谈判人员了解对方，也能使谈判人员了解自己，因为它给谈判人员提供了客观分析自我的机会，使谈判人员注意到一些容易忽视的失误。例如在与外国人谈判时使用过多的本国俚语、缺乏涵养的面部表情、争辩的观点含糊不清等。

【案例 3-15】 1954 年，我国派出代表参加了日内瓦会议。因为是中华人民共和国成立以来第一次与西方打交道，没有任何经验。代表团在出发前，进行了反复的模拟练习。由代表团的同志为一方，其他人分别扮演西方各国的新闻记者和谈判人员，提出各种问题"刁难"代表团的同志。在这场对抗中，及时发现问题，及时给予解决。经过充分的准备，我国代表团在日内瓦会议期间的表现获得了国际社会的一致好评。

3.5.2 模拟谈判的内容

模拟谈判的内容就是实际谈判中的内容。但为了更多地发现问题，往往模拟谈判的内容更具针对性。对模拟谈判的内容的选择与确定，不同类型的谈判有所不同。如果这项谈判对企业很重要，谈判人员面对的又是一些新的问题，以前从未接触过对方谈判人员的风格特点，并且时间又允许，那么，模拟谈判的内容应尽量全面一些。反之，模拟谈判的内容也可少一些。

【小贴士3-6】　　　　　模拟商务谈判策划书格式要求

封面:模拟商务谈判策划书

目录:见样本

内容:

一、谈判双方背景

我方:×××××××××××××××

对方:××××××××××

二、谈判主题

×××××××××××

三、谈判团队人员组成(根据自己公司的需求自行确定)

主谈:某某,负责什么?

决策人:某某,负责什么?

技术顾问:某某,负责什么?

法律顾问:某某,负责什么?

四、谈判地点、时间、议程

1.谈判地点:

2.谈判时间:

3.谈判议程:开始阶段(了解对方公司相关情况):5分钟

中期谈判阶段:15分钟

休局:10分钟

最后谈判阶段:10分钟

五、双方利益及优劣势分析

1.我方核心利益:

2.对方核心利益:

3.我方优势:

4.我方劣势:

5.对方优势:

6.对方劣势:

六、谈判目标

1.最高目标:

2.期望目标:

3.底线:

七、程序及具体策略

1.开局:(策略)

要有不同方案,防备意外情况

2.中期阶段:(策略)

针对谈判目标分别进行谈判

3.休局阶段:(策略)

如有必要,根据实际情况对原有方案进行调整

4.最后谈判阶段:(策略)

最后交锋,达成交易,争取长期利益,符合商务礼节的道别。

八、准备谈判资料

相关法律资料:

备注:

九、制订应急预案

尤其重要!

十、签订合同(附合同)

3.5.3　模拟谈判的方法

1)全景模拟法

这是指在想象谈判全过程的前提下,企业有关人员扮成不同的角色所进行的实战性的排练。这是最复杂、耗资最大但往往也是最有成效的模拟谈判方法。这种方法一般适用于大型的、复杂的、关系到企业重大利益的谈判。

在采用全景模拟法时,应注意以下两点:

①合理地想象谈判的全过程。有效的想象要求谈判人员按照假设的谈判顺序展开充分的想象,不只是想象事情的发生和结果,更重要的是事情发展的全过程。想象在谈判中双方可能发生的一切情形,并依照想象的情况和条件,演练双方交锋时可能出现的一切局面,如谈判的气氛、对方可能提出的问题、我方的答复、双方的策略、技巧等问题。合理的想象有助于谈判准备得更充分、更准确。所以,这是全景模拟法的基础。

②尽可能地扮演谈判中所有会出现的人物。这有两层含义:一方面是指对谈判中可能会出现的人物都有所考虑,要指派合适的人员对这些人物的行为和作用加以模仿;另一方面是指主谈人(或其他在谈判中准备起重要作用的人员)应扮演一下谈判中的每一个角色,包括自己、己方的顾问、对手和他的顾问。这种对人物行为、决策、思考方法的模仿,能使我方对谈判中可能会遇到的问题、人物有所预见;同时,处在别人的地位上进行换位思考,有助于我方制订更加完善的策略。任何成功的谈判,从一开始就必须站在对方的立场和角度上来看问题。而且,通过对不同人物的角色扮演,可以帮助谈判者选择自己所充当的谈判角色,一旦发现自己不合适扮演某人在谈判方案中规定的角色时,可及时加以更换,以避免因角色的不适应而引起的谈判风险。

2)讨论会模拟法

这种方法类似于"头脑风暴法"。它可分为两步:第一,企业组织参加谈判的人员和一些其他相关人员召开讨论会,请他们根据自己的经验,对企业在本次谈判中谋求的利益、对方的基本目标、对方可能采取的策略、我方的对策等问题畅所欲言。不管这些观点、见解如何标新立异,都不会有人指责,有关人员只是如实地记录,再把会议情况上报领导,作为决策的参考。第二步,则是请人针对谈判中种种可能发生的情况、对方可能提出的问题等提出疑问,由谈判小组成员一一加以解答。

讨论会模拟法特别欢迎反对意见。这些意见有助于己方重新审核拟订的谈判方案,从多个角度和多种标准来评价方案的科学性和可行性,不断完善准备的内容,提高成功的概率。国外的模拟谈判对反对意见者倍加重视。然而,这个问题在我国企业中长期没有得到应有的重视。讨论会往往变成了"一言堂",领导往往难以接受反对意见。这种讨论会不是为了使谈判更加完善,而是成了表示赞成的一种仪式,这就大大地违背了讨论会模拟法的初衷。

3) 列表模拟法

这是一种最简单的模拟方法。一般适用于小型的、常规性的谈判。具体操作过程是这样的:通过对应表格的形式,在表格的一方列出我方经济、科技、人员、策略等方面的所有缺点和对方的目标及策略。另一方则相应地罗列出我方针对这些问题在谈判中所应采取的措施。这种模拟方法最大的缺陷在于它实际上还是谈判人员的一种主观产物,它只是尽可能搜寻问题并列出对策,至于这些问题是否真的会在谈判中发生,这一对策是否起到预期的作用,由于没有通过实践的检验,因此,不能百分之百地讲,这一对策是完全可行的,对于一般的商务谈判,只要能达到八九成的胜算就可以了。

3.5.4 模拟谈判时应注意的问题

模拟谈判的效果如何,直接关系到企业在谈判中的实际表现。而要想使模拟谈判真正发挥作用,就必须注意以下问题:

1) 科学地作出假设

模拟谈判实际就是提出各种假设情况,然后针对这些假设,制订出一系列对策,采取一定措施的过程。因而,假设是模拟谈判的前提,又是模拟谈判的基础,它的作用是根本性的。

按照假设在谈判中包含的内容,可以分为 3 类:一是对客观环境的假设;二是对自身的假设;三是对对方的假设。

对客观环境的假设,所包含的内容最多,范围最大,它涉及人们日常生活中的环境、空间和时间。主要目的是估计主客观环境与本次谈判的联系和影响的程度。

对自身的假设,包括对自身心理素质状况的评估、对自身谈判能力的预测、对企业经济实力的考评和对谈判策略的评价等多项内容。对自身的假设,可以使我方人员正确认识自己在谈判中的地位和作用,发现差距,弥补不足,在实战中就可以扬长避短,发挥优势。

对对手的假设,主要是预计对方的谈判水平、对手可能会采用的策略,以及面对我方的策略对手如何反应等关键性问题。

为了确保假设的科学性,首先,应该让具有丰富谈判经验的人提出假设,相对而言,这些人的假设准确度较高,在实际谈判中发生的概率较大;其次,假设的情况必须以事实为基础,所依据的事实越多、越全面,假设的精确度也越高,假设切忌的就是凭纯粹想象进行主观臆造;最后,我们应该认识到,再高明的谈判也不是全部假设在谈判中都会出现的,而且这种假设归根结底只是一种推测,带有偶然性。若是把偶然奉为必然去指导行动,那就是冒险。有的谈判老手就能抓住对手的"假设的必然性",出其不意地变换套路,实现己方的预期目标。

2) 对参加模拟谈判的人员应有所选择

参加模拟谈判的人员,应该是具有专门知识、经验和独到看法的人而不是只有职务、地位或只会随声附和、举手赞成的老好人。一般而言,模拟谈判需要下列 3 种人员:

①知识型人员。这种知识是指理论与实践相对完美结合的知识。这种人员能够运用所掌握的知识触类旁通、举一反三,把握模拟谈判的方方面面,使其具有理论依据的现实基础。同时,他们能从科学性的角度去研究谈判中的问题。

②预见性人员。这种人员对于模拟谈判是很重要的。他们能够根据事物的变化发展规律,加上自己的业务经验,准确地推断出事物发展的方向,对谈判中出现的问题相当敏感,往往能对谈判的进程提出独到的见解。

③求实型人员。这种人员有着强烈的脚踏实地的工作作风,考虑问题客观、周密,不凭主观印象代替客观事实,一切以事实为出发点。对模拟谈判中的各种假设条件都小心求证,力求准确。

3) 参加模拟谈判的人员应有较强的角色扮演能力

模拟谈判要求我方人员根据不同的情况扮演场上不同的人物,并从所扮演的人物心理出发,尽可能地模仿出他在某一特定场合下的所思所想、所作所为。

心理学家研究表明,谈判者作为生活在特定的社会与文化环境中的人,由于周围环境对他的复杂影响和其自身从历史上的经验和过去的认知感受中获得的教训,导致了他必然对周围环境作出独特的反应,并形成自己的个性。而一旦要扮演另一个社会角色时,往往会发生内心的冲突。根据这一情况,一方面企业在安排模拟谈判角色时,要根据我方人员的性格特征有针对性地让其扮演类似的对方人员;另一方面,则要求我方人员具有善于克服在扮演特定谈判角色(特别是这一角色与自己差距很大)时所产生的心理障碍,要善于揣摩对方的行为模式,尽量地从对方的角色来思考问题,作出决定。

4) 模拟谈判结束后要及时进行总结

模拟谈判的目的是总结经验,发现问题,弥补不足,完善方案。所以,在模拟谈判告一段落后,必须及时、认真地回顾在谈判中我方人员的表现,如对对手策略的反应机敏程度、自身班子协调配合程度等一系列问题,以便为真正的谈判奠定良好的基础。

【案例 3-16】　　　　　　　　　　　模拟谈判案例

一、谈判主题

解决汽轮机转子毛坯延迟交货索赔问题,维护双方长期合作关系。

二、谈判团队人员组成

主谈:胡达,公司谈判全权代表;

决策人:贺宇翔,负责重大问题的决策;

技术顾问:陶佳,负责技术问题;

法律顾问:张伟燕,负责法律问题。

三、双方利益及优劣势分析

我方核心利益:1.要求对方尽早交货;

2.维护双方长期合作关系;

3.要求对方赔偿,弥补我方损失。

对方利益:解决赔偿问题,维持双方长期合作关系。

我方优势:我公司占有国内电力设备市场1/3的份额,对方与我方无法达成合作将对其造成巨大损失。

我方劣势:1.在法律上有关罢工属于不可抗力范围这点上对对方极为有利,对方将据此拒绝赔偿;

2.对方延迟交货对我公司已带来利润、名誉上的损失;

3.我公司毛坯供应短缺,影响恶劣,迫切希望与对方合作,否则将可能造成更大损失。

对方优势:1.法律优势:有关罢工属于不可抗力的规定;

2.对方根据合同,由不可抗力产生的延迟交货不适用处罚条例。

对方劣势:属于违约方,面临与众多签约公司的相关谈判,达不成协议将可能陷入困境。

四、谈判目标

1.战略目标:体面、务实地解决此次索赔问题,重在减小损失,并维护双方长期合作关系。

原因分析:让对方尽快交货远比要求对方赔款重要,迫切要求维护与对方的长期合作关系。

2.索赔目标:

报价:①赔款:450万美元。

②交货期:11月。

③技术支持:要求对方派一技术顾问小组到我公司提供技术指导。

④优惠待遇:在同等条件下优先供货。

⑤价格目标:为弥补我方损失,向对方提出单价降5%的要求。

底线:①获得对方象征性赔款,使对方承认错误,挽回我公司的名誉损失。

②尽快交货以减少我方损失。

③对方与我方长期合作。

五、程序及具体策略

1.开局

方案一:采取感情交流式开局策略:通过谈及双方合作情况形成感情上的共鸣,把对方引入较融洽的谈判气氛中。

方案二:采取进攻式开局策略:营造低调谈判气氛,强硬地指出因对方延迟交货给我方带来的巨大损失,开出450万美元的罚款,以制造心理优势,使我方处于主动地位。

对方提出有关罢工属于不可抗力的规定拒绝赔偿的对策:

①借题发挥的策略:认真听取对方陈述,抓住对方问题点,进行攻击、突破。

②法律与事实相结合原则:提出我方法律依据,并对罢工事件进行剖析,对其进行反驳。

2.中期阶段:

① 红脸白脸策略:由两名谈判成员其中一名充当红脸,一名充当白脸辅助协议的谈成。适时将谈判话题从罢工事件的定位上转移到交货期及长远利益上来,把握住谈判的节奏和

进程,从而占据主动。

②层层推进、步步为营的策略:有技巧地提出我方预期利益,先易后难,步步为营地争取利益。

③把握让步原则:明确我方核心利益所在,实行以退为进策略,退一步进两步,做到迂回补偿,充分利用手中筹码,适当时可以退让赔款金额来换取其他更大利益。

④突出优势:以资料作支撑,以理服人,强调与我方协议成功给对方带来的利益,同时软硬兼施,暗示对方若与我方协议失败将会有巨大损失。

⑤打破僵局:合理利用暂停,首先冷静分析僵局原因,其次可运用肯定对方形式、否定对方实质的方法解除僵局,适时用声东击西策略,打破僵局。

3.休局阶段:如有必要,根据实际情况对原有方案进行调整。

4.最后谈判阶段:

①把握底线:适时运用折中调和策略,严格把握最后让步的幅度,在适当的时机提出最终报价,使用最后通牒策略。

②埋下契机:在谈判中形成一体化谈判,以期建立长期合作关系。

③达成协议:明确最终谈判结果,出示会议记录和合同范本,请对方确认,并确定正式签订合同时间。

六、准备谈判资料

相关法律资料:

《中华人民共和国合同法》《国际合同法》《国际货物买卖合同公约》

备注:

《中华人民共和国合同法》违约责任

第一百零七条 当事人一方不履行合同义务或者履行合同义务不符合约定的,应当承担继续履行、采取补救措施或者赔偿损失等违约责任。

联合国《国际货物买卖合同公约》规定:不可抗力是指不能预见、不能避免并不能克服的客观情况。

合同范本、背景资料、对方信息资料、技术资料、财务资料。(见附录和幻灯片资料)

七、制订应急预案

双方是第一次进行商务谈判,彼此不太了解。为了使谈判顺利进行,有必要制订应急预案。

1.对方承认违约,愿意支付赔偿金,但对450万美元表示异议。

应对方案:就赔款金额进行价格谈判,运用妥协策略,换取在交货期、技术支持、优惠待遇等方面的利益。

2.对方使用权力有限策略,声称金额有限制,拒绝我方的提议。

应对:了解对方权限情况,"白脸"据理力争,适当运用制造僵局策略。"红脸"再以暗示的方式揭露对方的权限策略,并运用迂回补偿的技巧,来突破僵局;或用声东击西策略。

3.对方使用借题发挥策略,对我方某一次要问题抓住不放。

应对:避免没必要的解释,可转移话题,必要时可指出对方的策略本质,并声明,对方的策略影响谈判进程。

4.对方依据法律上有关罢工属于不可抗力从而按照《中华人民共和国合同法》坚决拒绝

赔偿。

应对：应考虑到我方战略目标是减小损失，并维护双方长期合作关系，采取放弃赔偿要求，换取其他长远利益。

5.若对方坚持在"按照《中华人民共和国合同法》坚决拒绝赔偿"一点上不作出任何让步，且在交货期上也不作出积极回应，则我方先突出对方与我方长期合作的重要性及暗示与我方未达成协议对其造成恶劣影响，然后作出最后通牒。

2016 年 5 月 28 日

本章小结

本章对商务谈判开始之前的谈判准备工作的内容进行了介绍。阐述了商务谈判准备对谈判进程和谈判结果的重要影响；详细介绍了谈判信息的概念、作用，谈判信息的收集的内容，谈判信息收集的途径和方法；论述了商务谈判的组织准备，时间和地点的选择及商务谈判方案的制订，模拟谈判的组织。从某种意义上来讲，谈判准备工作的充分与否将直接影响谈判能否成功。为了成功地进行商务谈判，必须充分作好谈判前的各项准备工作。

复习思考题

1.谈判信息在商务谈判中的作用有哪些？
2.一个国家或地区与商务谈判有关的法律、法规信息和财政金融信息有哪些？
3.如何了解对方的商业信誉情况？
4.谈判者面对各类客商应注意哪些问题？
5.在商务谈判中如何收集、整理和评价谈判信息？
6.谈判小组的人员构成应遵循哪些原则？谈判小组负责人应具备哪些条件？
7.如何确定谈判的目标？选择谈判时间的长短应考虑哪些因素？

实 训 题

一、判断题

1.最好的谈判方案应该是充分体现企业最高利益，制订出最理想的谈判目标，最能激励谈判人员坚定不移地实现寸步不让的全盘计划。　　　　　　　　　　（　　）
2.谈判信息是商务谈判成败的决定性因素。　　　　　　　　　　　　　　（　　）
3.不管公司性质如何其承担的责任都是一样的。　　　　　　　　　　　　（　　）
4.在商务谈判中双方讨价还价就是在争取实现最高目标。　　　　　　　　（　　）

二、单项选择题

1.商务谈判对己方来讲最为有利的谈判地点是(　　)。

A.主场谈判　　　　B.客场谈判　　　　C.中立地谈判　　　　D.场外谈判

2.(　　)是商务谈判必须实现的目标,是谈判的最低要求。

A.最低目标　　　　　　　　　B.可接受目标

C.最高目标　　　　　　　　　D.实际需求目标

3.在商务谈判中,(　　)的谈判桌通常使双方谈判人员感到有一种和谐一致的气氛,且交谈起来比较方便和容易。

A.长方形或椭圆形　　　　　　B.圆形

C.马蹄形　　　　　　　　　　D.三角形

4.如果国家对企业管理程度较低,这时谈判成功主要取决于(　　)。

A.政府部门　　　　　　　　　B.企业自身

C.政府与企业共同决定　　　　D.己方和对方中实力较强的一方

三、多项选择题

1.一个国家或地区与谈判有关的政治状况因素主要有(　　)。

A.国家对企业的管理制度　　　B.经济运行机制

C.政治背景　　　D.政局的稳定性　　　E.政府间的关系

2.市场信息的主要内容有(　　)。

A.国内外市场分布的信息　　　B.市场需求方面的信息

C.产品销售方面的信息　　　　D.产品竞争方面的信息

E.产品分销渠道

3.谈判信息收集的方法主要有(　　)。

A.观察法　　　　B.询问法　　　　C.实验法

D.统计分析法　　　E.问卷法

4.谈判小组由以下人员构成(　　)。

A.商务人员　　　B.技术人员　　　C.财务人员

D.法律人员　　　E.翻译人员

四、问答题

1.若你是某公司的谈判人员,领导要求你布置谈判场地,你需要做哪些工作?

2.若你是某公司的谈判人员,国外 A 公司是第一次与你公司做交易,准备购买你公司的产品。领导要求你收集有关的谈判信息,你需要收集哪些信息?通过什么渠道进行收集?对这些信息怎么进行分析、整理?

五、实际操作题

1.完成模拟谈判"二手汽车销售"

要求:分卖方和买方两种立场完成模拟谈判"二手汽车销售",以体会如何尽可能使自己利益最大化。

二手汽车销售

用于卖方：

你登广告推销一部已经使用了 5 年的雪佛兰牌轿车,卖价为 4 200 美元。这是一辆灰色的 4 门轿车,带有空调设备、动力刹车和自动换挡装置。它有 V-6 缸(6 缸排列成 V 字形状)发动机。

①车况介绍。你是这部车的车主,驾驶这部车已经行驶了 42 000 km。车的内部比较清洁,车的外部有一些刮痕和锈斑,车轮胎在行驶 10 000 km 后需要更换,刹车在行驶 5 000 km 后也将不得不更换。一副车轮胎的价格在 45~110 美元,取决于所购轮胎的质量和行驶的寿命。更换新的刹车的价格在 120~190 美元。车垫子已经磨损,在车的右前门上有一个凹痕。司机驾驶座的弹簧弹性较差,汽车的自动换挡处漏油,你的机械师说需要换一个新的垫圈,这要花 152 美元。

据书店出售的《拉尔夫旧车价格手册》介绍,一辆旧雪佛兰的基本零售价格是 3 400 美元。所谓"基本"条件指的是有动力方向盘、动力刹车和自动换挡;一般状况为一年行驶 10 000 km,带有一般的磕碰、生锈或其他的机械问题。在市场上实际售出价格可能低于书中所提及的基本零售价格的 50% 以下或高于它的 90% 以上。你见过同样条件的小轿车广告售价为 6 000 美元,但车主声称已行驶的里程数很低并且车的状况非常好。偶尔也有广告售价为 2 500 美元的情况,说车的行驶状况良好。但最常见的广告售价是在 3 000~4 400 美元。雪佛兰牌小轿车在你们那个地区是比较受欢迎的品牌。

②谈判背景。你在 6 周前预订了一辆新的庞蒂克(Pontiac)牌轿车,已接到商家通知必须在 7 天内取货。汽车经销商最初提出按照以旧换新的形式以 2 200 美元购进你的雪佛兰牌轿车。你拒绝了经销商的以旧换新的提议,因为你认为自己销售能够卖出更好的价钱。

有 3 个人对你的售车广告作出了反应。头两个人在看了车以后没有出价,但表示假如他们有兴趣的话,他们将会和你电话联系。5 天过去了,你仍然没有得到他们的消息。还有一个人驾驶了这辆车,也检查了车况,并有望出价。这是目前唯一有希望的买主。

你希望尽可能把自己的车卖个好价钱。你认为你不能接受对方低于 3 600 美元的出价。你希望对方以现金支付或者以担保支票来支付,并且在 3 日内交款取车。

用于买方：

你正想购买一辆二手车,并且看到一则广告推销一辆已使用了 5 年的雪佛兰牌轿车,售价为 4 200 美元。这是一辆灰色的 4 门轿车,带有空调设备、动力刹车和自动换挡装置,它有 V-6 缸(6 缸排列成 V 字形状)发动机。

①车况介绍。基本上同卖方的车况一致。

②谈判背景。你所在的公司派你到该城市工作几年,因此你需要购买一辆小轿车作暂时之用。在这种情况下买一辆二手车是最合适的。你必须在 3 天之内开始工作,时间是有限的。

你已经与这辆车的车主进行了接触。在驾驶了这辆车并做了必要的检查后,你决定商谈价格问题。你估计车主的出价将在 2 500~4 200 美元。而你打算接受的价格最高不能超过 3 500 美元。

2.完成模拟谈判丝绸销售

要求:学生每4人分为一组,其中2人作为卖方(范厂长及助手),另外2人是买方(尼古拉及助手)。从谈判的第二阶段继续谈判,达成最终协议。谈判尽可能在40分钟内完成。

丝绸销售

背景介绍:

20世纪80年代中期,中国香港的丝绸市场主要是日本、韩国、中国台湾和中国香港制造商的天下。中国内地生产的丝绸产品由于花色品种和质量等问题在香港的市场份额大幅度地下降,从90%已经下降到10%左右,企业的生存面临着挑战。为改变这一不利状况,绍兴丝绸厂决定以新的产品开辟新的市场,向欧美市场进军。在经过一番周密的市场调研,获取了对市场价格和消费者需求方面的信息之后,绍兴丝绸厂开始小批量地生产各种不同花色和图案的丝绸产品。产品的图案根据不同文化、习惯和品位设计,力求满足不同层次人群的需要。

谈判:

在一个凉爽的秋天,一个名为爱德华·尼古拉的美国商人来到了绍兴丝绸厂。该厂的范厂长在厂里的样品展览室接待了他。尼古拉仔细研究完展览室的样品后脸上露出了满意的神色,这时他突然转向范厂长并提出他打算预订其中7种款式,他的报价是每码3.5美元。听到尼古拉的报价后范厂长并没有对他的报价作出正面回答,而是报出了同类产品在意大利、法国和欧洲其他国家以及美国的价格之后,范厂长才报出了5.36美元的价格。

听到这个价格后尼古拉大叫起来,他说,5.36美元是香港的零售价,如果他以此价格成交,他的老板一定会骂他笨蛋。范厂长信心十足地回答说,这个价格是香港的零售价,但是目前香港市场上没有这样的货品。事实上,这个价格是产品的成本价,因为工厂所进的坯绸价格是5美元一码,印染加工费是每码0.36美元。而同类产品在欧洲市场上可以卖到每码30美元。范厂长进一步强调说,因为这是第一次与尼古拉做生意,建立友谊和关系是第一位的,因此他的报价是不赚钱的。

尼古拉不断提高自己的报价,从4美元到4.2美元,再到4.3美元,最后提到4.6美元。范厂长只是微笑不语,最后他让尼古拉再回去考虑考虑,并说中国有一句俗话:"买卖不成仁义在。"尼古拉没有多说什么就离开了。3天后,尼古拉发来电传,希望与范厂长再作进一步交谈。

3.若你校准备建设5个80人的多媒体教室,由你负责该项目的谈判工作,请你在调查研究的基础上,编写一个谈判方案。

4.背景资料:你是天津万通机械制造有限公司的销售经理,你公司作为卖方于2007年4月15日向德国ABC公司发出虚盘,得到对方的回应。双方商订于2007年4月22日在天津举行谈判。ABC公司的主谈人是施密特,属于权力型的谈判对手,其随员有4人。

你作为公司的谈判负责人和主谈人,挑选了你的谈判班子成员,并与谈判班子成员共同研究了如下的内容:

①公司CDZa型气体纯化设备,原先对ABC公司的报价为每台2.5万欧元CIF不来梅。

②报价中的预期利润幅度为销售额的20%。这个幅度的大致内容是:利润12.5%,风险5%,谈判机动幅度2.5%。

③各项最低接受的限度

价格标准——利润最大减让为5%。

支付方式——如果不增加我方商业费用的话,买方的任何支付方式均可接受。

保证期——尽可能把保证期减至1年,如果能保证在保证期内没有多大风险的话,可以答应买方延长保证期的要求。

④谈判的期限:8天,自2017年4月22日—4月29日。

⑤谈判班子的组成与分工:你,谈判负责人、主谈人:为谈判小组总代表,负责主要的谈判任务。

马美君,经济师,副主谈:为主谈提供建议,或见机而谈。负责联系出口信贷担保机构,并负责从出口信贷担保经理手中取得必要的文件。

王刚,工程师:负责所有工程和生产方面的谈判,还负责向生产经理索取各种有关的数据与资料。负责谈判中技术方面条款的记录。

张铁林,法律顾问:负责分析对方动向、意图,提供信息支持及法律方面条款的记录,完成合同条款的起草和定稿工作。

韩婷,会计师:负责分析对方动向、意图,提供信息支持及财务方面条款的记录。

郭丽,翻译:为谈判主谈、副主谈担任翻译,并留心对方的反应情况,协助完成合同条款的翻译工作。

请你根据上述内容制订一个谈判方案。

案 例

【3-1】 荷兰某精密仪器生产厂与中国某企业拟签订×型精密仪器的购销合同。但双方在仪器的价格条款上还未达成一致,因此,双方就此问题专门进行了谈判。谈判一开始,荷方代表就将其产品的性能、优势以及目前在国际上的知名度做了一番细致的介绍,同时,说明还有许多国家的有关企业欲购买他们的产品。最后,荷方代表带着自信的微笑与口气对中方代表人员说:"根据我方产品所具有的以上优势,我们认为一台仪器的售价应该是4 000美元。"

中方代表听后十分生气,因为据中方人员掌握的有关资料,目前在国际上此种产品的最高售价仅为3 000美元。于是,中方代表立刻毫不客气地将其掌握的目前国际上生产这种产品的十几家厂商的生产情况、技术水平及产品售价详细地向荷方代表全盘托出。

荷方代表十分震惊,因为据他们所掌握的情况,中方是第一次进口这种具有世界一流水平的仪器,想必对有关情况还缺乏细致入微的了解,没想到中方人员准备如此充分,荷方人员无话可说,立刻降低标准,将价格调低到3 000美元。并且坚持说,他们的产品完全是世界一流水平,是物有所值。

事实上,中方人员在谈判前就了解到,荷兰这家厂商目前经营遇到了一定的困难,陷入了一场巨额债务中,回收资金是当务之急,正四处寻找其产品的买主,而目前也只有中国对其发出了购买信号。于是,中方代表从容的回答荷方:"我们绝不怀疑贵方产品的优质性,只是由于我国政府对本企业的用汇额度有一定的限制,因此,我方只能认可2 500美元的价

格。"荷方代表听了后,十分不悦,他们说:"我方已经说过了我们的产品是物有所值的,而且需求者也不仅仅是中方一家企业,如果中方这样没有诚意的话,我们宁可终止谈判。"

中方代表依然神色从容:"既然如此,我们很遗憾。"

中方人员根据已经掌握的资料,相信荷方不会真的终止谈判,一定会再来找中方的。果然,荷方的忍耐达到了极限,没过多久,他们就主动找到中方,表示价格可以再谈,在新的谈判中,双方又都做了一定的让步,最终以2 700美元成交。

问题:

1.为什么荷方的谈判人员能够将价格立刻从4 000美元降到3 000美元?

2.请用所学的知识简要分析4 000美元、3 000美元、2 500美元等价格之间的联系。

3.当荷方提出终止谈判时,为什么中方谈判人员依旧从容? 在此次谈判中,中方人员运用了何种策略?

4.中方谈判人员在谈判前做了哪些准备工作? 荷方谈判人员在这次谈判中为什么如此被动?

【3-2】 中国某旅游公司,属地方级的旅游公司(以下称甲方),日本某旅游公司,类似中国国旅级,业务量较大(以下称乙方)。甲方在一个中国著名旅游城市,本身具有一定的优势。乙方优势在名声大,客源多。甲方认为如与乙方合作将有利于拓展业务。甲方第一次与乙方会谈是在中国香港的一次旅游推介会上,当时甲方主动接触了乙方的代表并提出了合作意向,乙方以甲方公司本身没有宾馆,对甲方人员水平不了解,与中国的某旅游公司已有合作并已形成习惯,不想再找新的伙伴等理由拒绝了甲方的建议。

第二次,甲方利用乙方带团到甲方所在地旅游的时机,通过其合作伙伴的地陪安排,再次与乙方会面谈合作事宜,原则上,甲方承诺其合作条件与乙方现有的中国合作伙伴一样。同时,又请地陪一路上向乙方做宣传,为甲方说好话,乙方看到原合作伙伴的工作人员替甲方说好话,且多一个伙伴还可以压原合作伙伴的条件,于是同意先试一试。双方达成了试合作协议,但长期合作协议以后再谈。

不久,试验团交给了甲方接待。甲方对该旅游团极为重视。对乙方要求的各项条件反复研究、准备、检查,接、住、行、吃、游、送各个环节一丝不苟,周密安排,使该团对甲方的接待工作非常满意,赞不绝口。同时甲方对乙方领队也很尊重,配合其做工作,在生活上照顾好领队,还送些地方特色礼品,使领队省心,又有实惠,因此领队对甲方的工作也很称赞。最后甲方对牵线搭桥的人也以适当方式给了报酬。这样,参与试合作各方人士皆大欢喜。甲方的服务水平自然也得到乙方认同。随后,甲方双方按乙方与原合作者的条件签下了长期旅游合作协议。

问题:甲方在此次谈判中获得成功的原因是什么?

【3-3】 中国某公司与本田某公司谈判某项交易。在谈判开始后,双方人员彼此作了介绍,并马上投入了技术性的谈判之中。中方商务人员利用谈判休息时间,对日方技术人员表示赞赏:"您技术熟悉、表述清楚,水平不一般,我们就欢迎这样的专家。"该技术人员很高兴,表示他在公司的地位很重要,知道的事也多。中方商务人员顺势问道:"贵方主谈人是你的朋友吗?""那还用问,我们常在一起喝酒,这次与他一起来中国,就是为了帮助他。"他回答得很干脆。中方又挑逗了一句:"为什么非要你来帮助他,没你就不行吗?"日方技术员迟疑

了一下:"那倒不是,但这次希望他能成功,这样他回去就可以晋升部长职务了。"中方随口跟上:"这么讲我也得帮助他了,否则,我将不够朋友。"

通过这番谈话,中方断定日方主谈为了晋升,一定会全力以赴力求谈判取得结果。于是,在谈判中巧妙地加大压力,谨慎地向前推进,成功地实现了目标,也给了日方某种满足。

请回答:

1.中方使用什么方法搜集到了谈判信息? 是如何利用这些谈判信息的?

2.日方在谈判信息的管理上存在什么问题? 应该如何预防?

【3-4】 一家日本公司驻美国分公司经理,能讲一口流利的英语,但他在商务谈判时始终用日语通过翻译与对方进行交流。他在谈判开始时向对方用日语这样介绍自己的同事:"这位是山本太郎。他具有 15 年财务工作的丰富经验,有权审核 1 000 万美元的贷款项目。"但在商务谈判结束后的庆祝会上,他却用英语和对方谈笑风生,令对方大吃一惊而又迷惑不解。

问题:

1.为什么这位日本经理在谈判时始终使用翻译?

2.结合案例说明谈判队伍的人员层次及其分工。

3.结合案例说明谈判人员应如何进行配合。

第4章
商务谈判开局阶段策略

【本章导读】

　　本章主要介绍了创造良好的谈判气氛的意义和开局阶段的
影响因素、交换意见的内容、开场陈述的内容和方法、商务谈判
开局策略。目的是使读者掌握商务谈判的开局阶段策略,并能
在实际谈判中加以运用。

【关键词汇】

　　开局阶段　谈判气氛　开场陈述　交换意见

【案例4-1】 东南亚某国的一家华人企业想成为日本一著名电子公司在当地的代理商。双方经过几次严肃的磋商均未达成协议。在最后一次谈判中,开局阶段华人企业的谈判代表发现对方代表喝茶及拿放茶杯的姿势十分特别,于是他就说:"从A君(日方谈判代表)喝茶的姿势来看,您十分精通茶道,能否给我们介绍一下?"这句话正好点中了日方谈判代表的兴趣所在,于是他滔滔不绝地讲述起来。结果,谈判在积极、和谐和融洽的气氛中顺利进行,那家华人企业终于拿到了地区代理权。

4.1 创造良好的谈判气氛

4.1.1 创造良好的谈判气氛的意义

创造良好的谈判气氛是开局阶段的第一项工作。每一个项目谈判都会有其独特的气氛。一般情况下会有一种谈判气氛处于主导地位并且贯穿于谈判过程的始终。

中国有句俗话:"良好的开端是成功的一半。"开局阶段是为整个谈判奠定基调的阶段。经验证明,这个阶段所创造的气氛会对谈判的全过程产生影响。因此,谈判人员在这个阶段的首要任务就是为谈判营造一个合适的气氛,为后续的谈判打下良好的基础。谈判双方一经见面接触,谈判气氛即已形成,并且将会延续下去,一般不会改变。就像两人初次见面,第一印象往往是根深蒂固的一样。谈判初期所建立的气氛是非常关键的,这种气氛会影响整个谈判进程。

1) 如何获得对方的好感

谈判人员要做的第一件事,就是要获得对方的好感,彼此之间建立一种相互尊重和信任的关系。一般说来,双方初次接触,不要急于进入实质性洽谈。相反,倒是可以花一定的时间,选择一些与谈判无关的、令双方感兴趣的话题随便聊一聊。诸如以前各自的经历、共同交往过的人、一场精彩的足球比赛,甚至天气、当天新闻等都可以是促使谈判双方之间形成轻松、和谐气氛的话题,这将使双方感到彼此有共同语言。在这种闲聊和其他无声信息的传递中,一种诚挚和轻松的洽谈气氛就能够形成,并为双方的心理沟通做好准备。

【案例4-2】 我国某进出口公司与泰国一家公司谈判钢板网和瓦楞钉生意,中方公司的李经理了解到泰国公司总经理徐先生喜欢下象棋。于是,一天黄昏,李经理带着一副精工制作的象棋来到徐先生下榻的宾馆。"下一盘棋怎么样?"年过半百的徐先生居然像孩子一样兴高采烈。原来,徐先生出身于象棋世家,他的儿子又酷爱收集各种各样的象棋。一场酣战下来,双方意犹未尽,李经理醉翁之意不在酒,又和徐先生畅谈事业、成就、亲情、家世,徐先生对李经理大为赞赏,当即表示:"能和你这样的人交上朋友,这笔生意我少赚一点都值得。"两天后,李经理在徐先生下榻的宾馆达成了协议。

2) 良好气氛的特点

一般来说,良好的气氛应该有以下几个特点:

①礼貌尊重。谈判双方在接触摸底阶段要营造出一种尊重对方、彬彬有礼的气氛。出席谈判可以有高层领导参加,以示对对方的尊重。谈判人员服饰仪表要整洁大方,无论是表情动作,还是说话语气都应该表现出尊重、礼貌。不能流露出轻视对方、以势压人的态度,不能以武断、蔑视、指责的语气讲话。使双方能够在文明礼貌、互相尊重的气氛中开始谈判。

②自然轻松。接触摸底阶段的气氛如果非常紧张、僵硬,可能会过早地造成情绪激动与对立,使谈判陷入僵局。过分的紧张和僵硬还会使谈判者的思维偏激、固执和僵化,不利于细心分析对方的观点,不利于灵活地运用谈判策略。所以谈判人员在摸底接触阶段首先要营造一种平和、自然、轻松的气氛。

③友好合作。接触摸底阶段要使对方有一种"有缘相识"的感觉,愿意在合作中共同受益。基于这一点,营造友好合作的气氛不仅仅是谈判策略的需要,更重要的是双方长期合作的需要。因此,要求谈判人员真诚地表达对对方的友好愿望和对合作成功的期望。此外,热情的握手、热烈的掌声、信任的目光、自然的微笑都是营造友好合作气氛的手段。

④积极进取。谈判毕竟不是社交沙龙,谈判人员都肩负着重要的使命,要付出巨大的努力去完成各项重要任务,双方都应该在积极进取的气氛中认真工作。谈判人员要准时到达谈判场所,仪表端庄整洁,精力要充沛,充满自信,坐姿要端正,发言要响亮有力,要表现出追求进取、追求效率、追求成功的决心。

有时,这样一种美好的、融洽的气氛不太容易形成,特别是遇到实力较强、优势明显的谈判对手更是如此。对方的举手投足可能会处处显示其力量所在。然而,即使对于这样的谈判对手,只要有合作前景,我们也要争取营造良好的谈判气氛。应该采取一种有助于谈判的积极态度,反对持消极态度。

【小贴士4-1】 谈判气氛的类型可以分为四种:可能是尊重、积极、和谐、融洽的;也可能是轻松、友好、合作的;还有松弛、缓慢、旷日持久的;更有冷淡、对立、紧张的。

4.1.2 为创造良好的谈判气氛,谈判人员应注意的问题

1) 注意个人形象

一个人的形象主要包括服装、仪表、语言、行为等方面。作为一名谈判人员应该特别注意个人形象的树立,不但要注意服装的整洁,还须重视仪表美和行为端庄,才能为创造良好的谈判气氛打下基础。

2) 沟通思想

只有沟通思想才能加深了解、建立友谊。要建立一种相互合作的洽谈气氛需要有一定的时间。因此,洽谈开始时的话题最好是轻松的、非业务性的中性话题。要避免在洽谈开始不久就进入实质性洽谈,应花一定的时间去沟通思想,加深彼此之间的了解,只有在相互信赖的基础上才会出现和谐的气氛。

商务谈判人员通常选用的中性话题有:

①各自的经历；

②体育新闻、文娱消息；

③家庭状况；

④气候、季节及适应性；

⑤旅途中的经历；

⑥名人逸事；

⑦较轻松的玩笑；

⑧过去成功的合作。

【小贴士4-2】 如会谈的内容比较重要，谨记谈判气氛要紧张、热烈、和谐。双方就主要问题达成协议后，可以调节一下气氛，如开开玩笑，吃点儿点心，喝些饮料等。

如会谈内容是比较次要的细节问题时，谈判气氛可以是轻松、愉快、活泼的，应尽量鼓动大家畅所欲言。

过分或不足通常是营造和谐气氛不足之处的表现形式。和谐气氛的形成不会也不应该使谈判一方获得对另一方的最大优势。假如说你察觉到对手因为营造友好气氛的初步成功而试图收回让步承诺，这时你应该警惕，自己可能正在由谈判者变成被控制者。

3）做好周密细致的准备

谈判人员必须做好周密细致的准备工作。事前的准备工作做得越周密就越有利于良好气氛的建立。作为洽谈人员，在事前应充分考虑如何利用开始阶段的各项活动使良好的气氛建立起来，最好是对此拟出一个详细的计划方案，以免忙中出错。

4）分析对方的行为

分析对方的行为，尽量引导对方与己方协调合作。开始阶段进行的一切活动，一方面能够为双方建立良好关系创造条件；另一方面又能够了解对方的特点、态度和意图，从而为引导对方与己方协调合作提供依据。因此，作为谈判人员应认真分析对方在开始阶段的言行，从中正确把握对方的性格、特点以及谈判作风，尽量因势利导地引导对方与我方合作，这也是创造良好气氛不可或缺的方法之一。

【案例4-3】 三年前，某公司把一位非常重要的员工的工资提高了大约7%。第二年，这种增幅保持不变。去年，这个人的工资也出现了同样幅度的增长。可是，自那以后，这家公司的经营状况每况愈下，同时遇到了现金流的问题。在未来的经营活动中，公司很难增加各项开支，但员工们对这些情况一无所知。当公司的经营者与这位非常重要的员工聚在一起讨论薪酬问题时，经营者诚恳地与这位员工交流了公司经营状况不佳的信息，并提出会从自己的口袋中拿出5%加薪给他。结果，这位员工愿意支持公司，欣然接受5%的加薪。

案例中的员工本可能指望7%或更多的薪金来支付自己已经花费的开支，但通过开场陈述，从对方获得的必要信息，他及时地调整了为了适应现实而产生的期望值，最后有了理想的结果。

4.2　交换意见

在建立良好的谈判气氛之后，谈判人员相继入座，谈判正式开始。在开局阶段，谈判人员切忌过分闲聊，离题太远，应尽量将话题集中于谈判的目标、计划、进度和人员4个方面。就这4个方面充分交换意见，达成一致。

1) 谈判目标

首先应说明双方坐在一起谈判的原因和理由。谈判目标因各方出发点不同而有不同类型：比如，探测型，意在了解对方的动机；创造型，旨在发掘互惠互利的合作机会；论证型，旨在说明某些问题；达成原则协定型，达成具体协定型，批准草签的协定型；回顾与展望型；处理纷争型等。目标既可以是上述的其中一个，也可以是其中的几个。

2) 谈判计划

谈判计划是指议程安排，其内容包括议题和双方人员必须遵循的规矩。谈判议题的安排一般有以下3种情况：
① 先易后难。即先讨论和解决容易解决的问题，后讨论和解决难度大的问题。
② 先难后易。即先讨论和解决难度大的问题，以推动其他问题的解决。
③ 混合型。即不分主次先后，将所有问题都提出来讨论，对已经解决的问题给予明确，对尚未解决的问题加以讨论，最后取得一致意见。

3) 谈判进度

这里的进度是指会谈的速度，或是会谈前预计的洽谈速度。

4) 谈判人员

谈判人员是指每个谈判小组的成员情况，包括姓名、职务以及谈判中的地位与作用。

上述问题也许在谈判前就已经讨论了，但在谈判开始前，仍有必要再就这些问题协商一次。最为理想的方式是以轻松、愉快的语气先讨论双方容易达成一致意见的话题。比如，"咱们先确定一下今天的议题，如何？""先商量一下今天的大致安排，怎么样？"这些话从表面上看，好像无足轻重，分量不大，但这些要求往往最容易引起对方肯定的答复，因此比较容易创造一种"一致"的感觉。如果对方急于求成，一开局就喋喋不休地大谈实质性问题，我方应巧妙地避开对方肯定的答复，把对方引到谈判目的、议程上来。例如，对方一开始就说："来，咱们雷厉风行，先谈价格条款。"我方可以接口应道："好，马上谈，不过咱们先把会谈的程序和进度先统一一下来，这样谈起来效率会更高。"这也是防止谈判因彼此追求的目标相去甚远而在开局之初就陷入僵局的有效策略。

4.3 开场陈述

4.3.1 开场陈述的内容

1) 开场陈述的含义

开场陈述是指在开始阶段双方就本次洽谈的内容,陈述各自的观点、立场及建议。它的任务是让双方能把本次谈判所要涉及的内容全部提示出来;同时,使双方了解彼此对本次谈判内容所持有的立场与观点,并在此基础上,就一些原则性分歧分别发表建设性意见或倡议。有许多谈判者将开场陈述放在预备会议之上,或者免去预备会议,将预备会议的有关任务并入开场陈述之中。

【小贴士 4-3】 开场陈述时必须提供实用信息,以此调整对方的期望值。开场陈述应言简意赅,但不要过早亮出自己的底牌。

2) 开场陈述的内容

开场陈述的内容是指洽谈双方在开始阶段理应表明的观点、立场、计划和建议。主要包括:

①己方的立场。即己方希望通过洽谈应取得的利益,准备采取何种方式为双方共同获得利益作出贡献;今后双方合作中可能会出现的成效或障碍、己方洽谈的方针等。

②己方对问题的理解。即己方认为本次会谈应涉及的主要问题以及对这些问题的看法、建议等。

③对对方各项建议的回答。如果对方开始陈述或者提出某些建议,我们必须对其建议或陈述作出应有的反应。

4.3.2 开场陈述的方法

【小贴士 4-4】 "这是我们双方的第一次合作,希望它是一个建立长期友好合作关系的良好开端。我想,只要我们彼此互谅互让、共同协作,一定会实现双赢。"这种谈判开场白主要适合那些第一次合作的企业。

开场陈述的方法虽然会随着谈判的地点、时间、内容和各种其他主客观因素的不同而有所区别,但主要有以下两种方法:

①由一方提出书面方案并作口头补充,另一方则围绕对方的书面方案发表意见。书面方案可以在双方会晤前提供,也可以在会晤之初提供或者在陈述之时提供。

②在会晤时双方口头陈述。不提交任何书面形式的方案,仅仅在开场陈述阶段,由双方口头陈述各自的立场、观点和意向,这种陈述方式在谈判中也比较多见。

上述两种陈述方式各有优缺点,如果运用得当,不管哪种方式均行。不过如果在陈述前双方都没有交换过任何形式的文件,那么在陈述之际,准备一份书面陈述的要点,对于陈述时能围绕问题的中心是有好处的。

4.3.3 开场陈述应注意的问题

在开场陈述中,必须把己方对本次谈判涉及的内容所持有的观点、立场和建议向对方作出一个基本的陈述。因此,所采用的陈述方法往往是"横向铺开",而不是"纵向深入"地就某个问题深谈下去。在陈述中要给对方充分搞清我方意图的机会,然后听取对方的全面陈述并搞清对方的意图。此外,还应注意:

①不要让会谈漫无边际地东拉西扯,而应明确所有要谈的内容,把握要点。

②不要把精力只集中在一个问题上,而应把每一个问题都谈深、谈透,使双方都能明确各自的立场。

③不要忙于自己承担义务,而应为谈判留有充分的余地。

④不要只注意眼前利益,要注意到目前的合同与其他合同的内容联系。

⑤无论心里如何考虑,都要表现得镇定自若。

⑥要随时注意纠正对方的某些概念性错误,不要只对本方不利时才去纠正。

在双方分别做了开场陈述之后,各自对于对方的立场、观点和方针均有了一个大致的了解。为了取得建设性的成果,就需要提出倡议,即作出一种能把双方引向寻求共同利益的现实方向的陈述,简单地说就是互提建设性的意见,使谈判能顺利进行下去。为此,应注意以下几点:

①建议要采取直截了当的方式。这是因为当一个建议提出后,双方往往会集中于该建议之上,且总摆脱不了该建议的思路。因此,提建议时切忌拐弯抹角、含含糊糊。

②建议要简单明了,具有可行性。建议的目的是使对方从中有所启发,为下一阶段的谈判(即实质性谈判)搭起一座桥梁,故此建议必须是简单明了的,使人一听就明白,同时必须具有可行性,否则就失去了建议的意义。

③双方互提意见。如果不是双方互提意见,而是一方对对方的某个建议纠缠不休,则可能导致谈判的失败或中断。假如对方不但未提出自己的建议,而且对于我方的建议一味纠缠不休的话,我方应设法引导对方提出他们的设想。只有通过双方的通力合作,充分发挥各自的创造潜力提出各种设想,然后再在各种设想的基础上寻求最佳的方案,才有可能使谈判顺利地进行下去,否则不可能出现好的结果。

④不要过多为自己的建议辩护,也不要直接地抨击对方提出的建议。这是因为建议的提出和下一步最佳方案的确定需要双方的合作和共同努力。如果过多地辩护己方的建议或强烈地抨击对方的建议,则会引起对方的反感或增加对方的敌意,这样会人为地给共同确定

的最佳方案制造障碍。

【案例 4-4】

表 4.1

开场第一种对话	开场第二种对话
甲方:你好,我是贝蒂·琼斯。	甲方:你好,我是贝蒂·琼斯。
乙方:你好,琼斯女士。	乙方:你好,琼斯。

看看上面的两组开场白。貌似甲方的开场较有气势,你如是第一种回答,说明你没有看清对方的谈判风格,你的回答将让琼斯女士占上风,接下来你就会很被动。第二种回答,却让双方都有个平等的开始。

4.4 开局阶段的影响因素

4.4.1 谈判双方的关系

谈判双方如果曾有过交往,且关系良好,那么开局的基调就应该突出热烈友好与轻松;如关系一般,开局应轻松、随和、有节制;如果以往曾有印象不佳的交往,开局时则应采取严肃、凝重的气氛,语言在讲礼貌的同时宜突出严谨甚至冷峻,姿态上注意与对方保持距离;如果双方过去没有任何往来,是第一次接触,那么在开局时就应力争营造友好、真诚的气氛,淡化和消除双方的陌生感以及防备心理。在礼貌友好的同时又不失身份,不卑不亢,自信不傲。

4.4.2 谈判双方的实力对比

【小贴士 4-5】 当我方谈判实力弱于谈判对手时,在开局阶段的语言和姿态上,我方一方面要表示出友好、积极的合作;另一方面也要充满自信、举止沉稳、谈吐大方,使对方不至于轻视我们,同时不让对方在谈判一开始就在气势上占据上风,从而影响后面的实质性谈判。

1) 正确估计自己的实力

谈判人员常犯的错误之一就是不能正确地估计自己的实力。这些错误常常会一再地发生,并首先危及合理开局的建立。下述 8 点经验教训有助于纠正这一错误:

①不要低估自己的能力。大多数人实际拥有的能力要比他们所想象的大。只有经过系统分析,才能了解自己的能力。能力源于坚定的个性、激烈的竞争、奖励或惩罚、冒险精神、知识以及勤奋的工作。

②不要以为对方了解你的弱点。要假设对方不知道你的弱点,再试探这种假设的对错,因为你的处境往往比自己想象的要好些。

③不要被身份地位吓倒。人们常常习惯于划分等级,并把这种习惯带到谈判桌上。要记住:有的权威是假的,行政等级并不与知识和能力成正比。一个专家可能过于专精,而不知道本行以外的事情。有学识的人能举一反三,而某些具有很高地位和权力的人,却缺少或根本就没有勇气证实自己的信念。对于这些小人物和大人物的复杂情况,不认识清楚是很危险的。

④不要被数字、先例、原则或规定吓住。有的决定是根据先例或陈旧的原则做出的,因此,要保持怀疑的态度,敢于向它们挑战。

⑤不要被无理或粗野的态度吓住。如果允许对方把你当作没有价值的人来辱骂,那他是会这样做的。要把对方所表现的无理视为一种狐性的狡猾。或许对方的人员中也有人一样被他的无理所困扰,所以不妨大声地当面斥责对方。

⑥不要过早泄露你的全部实力。慢慢显示自己的力量,比马上暴露出全部力量更有效。因为慢慢显示会加强对对方的了解,增加改变意见的可能性,使对方有适当的时间来适应和接受你的观念。

⑦不要过分计较可能遭到的损失和过分强调自己的困难。要重视对方存在的问题,这才是你可以利用的机会。

⑧不要认为你已经了解对方的要求。要审慎地假设你不了解对方的要求,然后耐心地试探和发现事情的真相。如果你根据自己未经证实的估计进行深入洽谈,就犯了严重的错误。

2) 对方的实力

它包括公司的历史,社会影响,资本积累与投资状况,技术装备水平,产品的品种、质量、数量等。我们要警惕的是有些商人利用我们商务合作的经验不足,急于寻求合作伙伴,进行欺诈和浑水摸鱼的情况。这种例子时有所闻,在商务谈判中尤其需要警惕。有一句警句可以告诫所有的商务谈判人员:"天下没有免费的午餐(There is no free lunch)。"贪图小便宜终究是要上大当的。

【小贴士 4-6】   **本方谈判实力强于谈判对手**

在开局阶段的语言和姿态上,既要表现得礼貌友好,又要充分显示出本方的自信和气势,这样的话能够使对方清醒地意识到谈判双方的实力对比,从而在谈判中不抱过高的期望。既能产生震慑作用,又不至于将对方吓跑。

4.5 商务谈判开局策略

商务谈判开局策略是谈判者谋求谈判开局中有利地位和实现对谈判开局的控制而采取的行动方式或手段。

商务谈判全过程,无时无刻不体现着策略的运用。当谈判双方刚刚发生正式接触,此时,从其相互寒暄的表情和言谈话语当中,便展开了策略的较量。由于谈判开局关系到整个谈判的方向和进程,因此,商务谈判开局的策略,在商务谈判中显得尤为重要。

任何商务谈判都是在特定的气氛中开始的,因而,商务谈判开局策略的实施都要在特定的谈判开局气氛中进行,谈判开局的气氛会影响谈判开局策略。与此同时,商务谈判的开局策略也会反作用于谈判气氛,成为影响或改变谈判气氛的手段。所以,对方营造了一个不利于己方的谈判开局气氛时,谈判者可以采用适当的开局策略来改变这种气氛。

在商务谈判策略体系中,涉及谈判开局的具体策略是很多的。本节将采用结合谈判实例的分析方法,介绍几种典型的、基本的商务谈判开局策略。

4.5.1 协商式开局策略

【小贴士4-7】 协商式开局谈判策略较适合于谈判双方实力比较接近,双方过去没有商务往来的情况。

协商式开局谈判策略通常会使用一些问询句子,这种句子可以自然地引导你的对手走入你的既定安排。例如:

"我想先和您商量一下这次会谈的总的安排,您觉得怎样?"

"我们先交流一下彼此的情况,您看好吗?"

"我们先确定会议的议程,您是否觉得合适?"

"您觉得是我先谈,还是贵方先谈好?"

"您看我们把价格和付款方式问题放到后面讨论怎么样?"

所谓协商式开局策略,是指在谈判开始时,以"协商"的方式,使对方对自己产生好感,营造或建立起对谈判的"一致"的感觉,从而使谈判双方在愉快友好的气氛中不断将谈判引向深入。

现代心理学研究表明,人通常会对那些与其想法一致的人产生好感,并愿意将自己的想法按照那些人的观点进行调整。这一研究结论正是协商式开局策略的心理学基础。

运用协商式开局策略的具体方式很多,比如,在谈判开始时,以一种协商的口吻来征求谈判对手的意见,然后,对其意见表示赞同或认可,并按照其意见进行工作。运用这种方式应该注意的是,拿来征求对手意见的问题应是无关紧要的问题,即对该问题的意见不会影响到本方的具体利益。另外,在赞成对方意见时,态度不要过于献媚,要让对方感觉到自己是出于尊重,而不是奉承。

协商式开局策略的运用还有一种重要途径,就是在谈判开始时以问询方式或补充方式诱使谈判对手进入你的既定安排,从而在双方间达成一种一致和共识。

所谓问询方式,是指将答案设计成问题来询问对方,例如,"你看我们把价格及付款方式问题放到后面讨论怎么样?"所谓补充方式,是指借以对对方意见的补充,使自己的意见变成对方的意见。采用问询方式或补充方式使谈判步入开局,是在尊重对方要求的前提下,形成一种建立在本方意愿基础上的谈判双方的共识,这种共识容易为对手接受和认可。

协商式开局策略可以在高调气氛和自然气氛中运用,但尽量不要在低调气氛中运用。因为,在低调气氛中使用这种策略易使自己陷入被动。协商式开局策略如果运用得好,可以将自然气氛转变为高调气氛。

【案例4-5】 周峰是一家外贸公司的业务经理,为了扩展业务,他需要和一位外商谈判。在谈判开始时,周峰便问对方:"我想请您谈谈对于'合作'的理解。"

对方回答说:"合作就是在双方共同努力的基础之上,实现利益的共赢。"

周峰说:"是的,我完全认同你的看法,这也是我们的谈判要达到的目的,希望接下来的谈判中,我们能顺利实现这个目的。"

听了周峰认同的话,对方非常满意,接下来的谈判过程也进行得非常顺利。

在这个事例中,周峰就使用了认同对方的策略。他先就"合作"的定义问题向对方提问,然后对对方的看法表示认同,这样就轻松获得了对方的好感,为接下来的谈判打下了良好的基础。

4.5.2　保留式开局策略

保留式开局策略是指在谈判开局时,对谈判对手提出的关键性问题不作彻底、确切的回答,而是有所保留,从而给对手造成神秘感,以吸引对手步入谈判。

这里可以举一个具体的谈判实例来说明该策略的运用途径。

【案例4-6】　有一家日本公司想要在中国投资加工乌龙茶,然后返销日本。该日本公司与我国福建省一家公司进行了接触,双方互派代表就投资问题进行了谈判。谈判一开始,日方代表就问到:"贵公司的实力到底如何我们还不十分了解,能否请您向我们介绍一下,以增加我方进行合作的信心。"中方代表回答道:"不知贵方所指的实力包括哪几方面,但有一点我可以明确地告诉您,造飞机我们肯定不行,但是制茶我们是内行,我们的制茶技术是世界一流的。福建有着丰富的茶叶资源,我公司可以说是'近水楼台'。贵公司如果与我们合作的话,肯定会比与其他公司合作更满意。"

注意采用保留式开局策略时不要违反商务谈判的道德原则,即以诚信为本,向对方传递的信息可以是模糊信息,但不能是虚假信息。否则,会将自己陷入非常难堪的局面之中。

保留式开局策略适用于低调气氛和自然气氛,而不适用于高调气氛。保留式开局策略还可以将其他的谈判气氛转为低调气氛。

【小贴士4-8】　保留式开局策略适用于对谈判对手不十分了解,或情况不熟悉,信息传递不及时等情况。

4.5.3　坦诚式开局策略

坦诚式开局策略是指以开诚布公的方式向谈判对手陈述自己的观点或想法,从而为谈判打开局面。采用这种开局策略时,要综合考虑多种因素,例如,自己的身份、与对方的关系、当时的谈判形势等。

坦诚式开局策略可以在各种谈判气氛中应用。通常可以把低调气氛和自然气氛引向高调气氛。

【案例4-7】　一个经济实力较弱的小厂与一个经济实力强的大厂在谈判。小厂的主谈人为了消除对方的疑虑,向对方表示道:"我们摊子小,实力不够强,但人实在、信誉好,产品质量符合贵方的要求,而且成本较其他厂家低。我们愿意真诚平等地与贵方合作。我们谈得成也好,谈不成也好,我们这个'小弟弟'起码可以与你们这个'大兄长'交个朋友,向贵方学习生产、经营及谈判的经验。"肺腑之言,不仅可以表明自己的开局意图,而且可以消除对方的戒心,赢得对方的好感和信赖,这无疑会有助于谈判的深入进行。

【小贴士4-9】　坦诚式开局策略比较适用于谈判双方过去有过商务往来,而且关系很好,互相比较了解。其次,坦诚式开局策略有时也可以用于实力弱于对方的谈判。实力的强弱双方都了解,因此没有必要掩盖。

4.5.4　进攻式开局策略

进攻式开局策略是指通过语言或行为来表达己方强硬的姿态,从而获得谈判对手必要的尊重,并借以制造心理优势,使得谈判顺利地进行下去。采用进攻式开局策略一定要谨慎,因为,在谈判开局阶段就设法显示自己的实力,使谈判开局就处于剑拔弩张的气氛中,对谈判进一步发展极为不利。

进攻式开局策略通常只在这种情况下使用,即:发现谈判对手在刻意制造低调气氛,这种气氛对本方的讨价还价十分不利,如果不把这种气氛扭转过来,将损害本方的切实利益。

【小贴士4-10】　进攻式开局策略只适用于某些特殊场合。如谈判双方刚一接触,对方非常傲慢,以居高临下之势口出狂言,自命不凡;或者对方在谈判一开始就对我方讽刺挖苦,百般刁难,伤害感情。这些情况虽然不常见,但有时确实会出现。

进攻式开局策略可以扭转不利于己方的低调气氛,使之走向自然气氛或高调气氛。但是,进攻式开局策略也可能使谈判陷入僵局。

谈判开局策略的选择要受到谈判双方实力对比、谈判形势、谈判气氛营造等一系列因素的制约和影响。选择谈判开局策略,必须全面考虑这些因素,并且在实施时还要依据谈判经验对其进行调整。

【案例4-8】　粗饲料贸易谈判。

(此次谈判在中方主场进行)

中方:我们等候多时了。老是希望你们早来,今天终于盼到了,热烈欢迎啊!

外方:真对不起,由于事情太多,总是难抽身,让你们久等了。

中方:路上辛苦了,休息得怎么样? 疲劳恢复了吗?

外方:没什么,由于这里很安静,睡得很好。

中方:那就太好了,我们可以一起完成这次任务了。

外方:说哪里话,用一句中国话说——"就看你的了"。

中方:不能只看我的,要看你我双方的。而且更主要的还是看你的。我想,你一定带来了具体方案。

外方:是的,我们是客人,不能喧宾夺主,还是先听你们的方案吧。

中方:也好,我就先介绍一下我们的设想。按照你们的要求,我们迅速了解货源,到目前为止,尚未得到落实。为此,我们准备了几个品种,供你们选择。一种是你们事先提出的葵花籽粕,另一种是我们能供应的棉籽粕,还有花生饼粉,也可能还有黄豆粕,这些都是粗饲

料,基本性能一样。至于价格、交货期,都没定。等你们确定了品种之后再商量。

外方:我们主要是考虑葵花籽粕。对其他品种没有准备。

中方:没关系,只要你们了解了这些品种的性能,你们就会发现这些品种是可以考虑的。

外方:但是,我们公司只要葵花籽粕,没提出其他品种。

中方:我知道,这是因为你们公司只了解葵花籽粕含有丰富的粗纤维,而不了解其他品种同样也含有粗纤维。

外方:这些,我说不好,我只是按公司的要求来同你们商量葵花籽粕。

中方:好,我们先谈葵花籽粕。然后,我们顺便让你看看其他品种的样品。你看怎么样?

外方:可以。不过,我们想先看葵花籽粕的样品,落实一下数量、交货期。

中方:先看看样品吧,至于数量、交货期,看完样品后再说。你看,这是你们所要的葵花籽粕,这一种是葵花籽饼粉,这一种是葵花仁粕,这一种是葵花籽壳粉。属于同一类品种。

外方:这些品种,哪一种更好一点呢?

中方:这就看你所需要的规格了。

中方:规格虽略有不同,但所含粗纤维量都很高,都符合你们的要求。

外方:这几种产品有什么本质上的区别?

中方:没有本质上的区别。葵花籽饼粉是葵花籽不脱壳机械榨油留饼,再将饼粉碎而成;葵花籽粕是葵花籽带壳轧扁用乙醚浸出油后留下的渣滓;葵花仁粕是葵花籽脱壳后加工剩留物,因为无壳,含粗纤维最少,但是蛋白质含量最高;葵花籽壳粉就是把葵花籽壳粉碎,含粗纤维最高。总的用途都是一样的。

外方:能供应多少数量呢?

中方:这首先要由你提出。因为这个品种是你们要求的。

外方:对对,不过我们原来只要葵花籽粕。

中方,那么,只葵花籽粕,你们需要多少?

外方:5万吨。

中方:(吃惊)5万吨! 没有搞错吧? 是5千吨吧?

外方:(自己也疑惑,忙翻看笔记本)是5万吨。怎么?

中方:我全年可供出口的数量也要比这少得多,我只能是心有余而力不足了,不用说仅要葵花籽粕,就是我前面说的所有品种也不够,远远不够。

外方:你的意思是说,不能满足我们的要求?

中方:是的,我作为卖方应该对你们的大需求量感到高兴,但是我的确拿不出这么多。

外方:能供多少?

中方:这要看具体品种,还有具体价格。因为这类产品是分散成交的,我们只能向榨油厂收购,价格起着很重要的作用。

外方:什么价格? 是我们的买价吗?

中方:当然,首先是你们的买价。如果你认为合适,请给我们一个参考价格。以便我计算收购价格。

外方:最好还是你给我报个实盘吧。你是卖方。

中方:不,这次不是我要卖,而是你要买,还是请你给我们一个价格吧。

外方:(沉思片刻)好,我向国内联系后再提出来。不过,我想,价格不是主要的,你最好还是把你们能够供应的大体数量告诉我。除葵花籽粕以外,其他你们提出的品种都包括在内,要每个品种的具体数量。

中方:大体数量可以提供,但具体品种分不出来,也不能定死。我们说的这些品种,都包括在内,都是能有多少算多少,不受品种制约。如果先把这个大原则定下来,我们可以大约供应 2 万~3 万吨。有什么品种交什么品种。

外方:好吧,我向国内汇报。我个人对你们是信任的,对你们所说的话,我深信不疑。你们这些品种的规格是否符合我们国内的要求,我就不能判断。只能由他们去决定。

中方:是这样。不过,你是全权代表,又是专家,我们认为你也有一定的发言权。

外方:请放心,我本人对此无不同意见。我相信,我们达成协议的可能性极大。

……

本章小结

本章对商务谈判的开局阶段策略进行了介绍。阐述了创造良好的谈判气氛的意义和为创造良好的谈判气氛,谈判人员应注意的问题;详细分析了交换意见的内容——谈判目标、谈判计划、谈判进度、谈判人员;论述了开场陈述的内容、开场陈述的方法和开场陈述应注意的问题及开局阶段的影响因素;介绍了几种常用的开局策略及其应用方法。一个良好的开局将为谈判成功奠定坚实的基础,谈判人员应给予高度的重视。

复习思考题

1.创造良好的谈判气氛有何意义?

2.良好的商务谈判气氛有哪些特点?

3.开场陈述的内容和方法有哪些?

4.开场陈述应注意什么问题?

5.如何正确评估谈判双方的实力?

6.如何保持谈判人员良好的个人印象?

实 训 题

一、判断题

1.严肃的谈判气氛有利于迅速达成协议。　　　　　　　　　　　　　　　　(　　)

2.与谈判话题无关的杂事不要提到桌面上来,如开个玩笑或非业务性的问题。(　　)

3.谈判涉及经济利益,谈判气氛不可避免会是紧张、严肃、充满火药味的。　(　　)

4.正式谈判前,与您的对手私下接触是有利而无害的。注意您那时可要保持冷静,不可

以太激动而讲多了话。　　　　　　　　　　　　　　　　　　　　　　　　（　　　）

5.开局中倾听对方的谈话的艺术在于准备好如何反驳他,因为倾听时,你的任务就是找对方的说话漏洞。　　　　　　　　　　　　　　　　　　　　　　　　　　　　　（　　　）

6.当你处于极为有利的地位的时候,谈判一开始,你便可以掌握主动权谋取更多利益,然后稍作退让,达成对己方较有利的协议。　　　　　　　　　　　　　　　　　（　　　）

7.当您处于不利的地位时,谈判开局时应先提出适度的要求,然后坚持这个要求,不再轻易向对方作出任何让步。　　　　　　　　　　　　　　　　　　　　　　　（　　　）

二、单项选择题

1.一般情况下,谈判实力对企业实力的影响是（　　　）。

　　A.强　　　　　　　B.弱　　　　　　　C.成反比　　　　　　　D.无明显影响

2.在谈判中,幽默方法的运用是为了（　　　）。

　　A.显示自己的风度　　　　　　B.缓解紧张气氛

　　C.在笑中暗示有关谈判内容　　D.逗人发笑

3.在西方,谈判人员谈判时拉下领带,解开衬衫纽扣,卷起衣袖会使对方产生（　　　）。

　　A.你同对方很亲近　　　　　　B.你已厌烦谈判的感觉

　　C.你怀有敌意　　　　　　　　D.你不修边幅

4.谈判策略制订的起点是（　　　）。

　　A.对影响谈判的各因素的了解　　B.组织谈判班子

　　C.确定谈判目标　　　　　　　　D.制订谈判计划

三、多项选择题

1.谈判人员应具备的基本观念有（　　　）。

　　A.遵纪守法　　　　　　　　B.平等互惠

　　C.以经济利益为目标　　　　D.团队精神　　　　　E.忠于职守

2.在谈判的开局阶段,谈判人员切忌过分闲聊,离题太远,应尽量将话题集中于谈判的（　　　）几个方面。

　　A.结果　　　　　B.目标　　　　　C.计划

　　D.进度　　　　　E.人员

3.在商务谈判中,要想说服对方,必须做到（　　　）。

　　A.必要时采取强硬手段

　　B.寻找双方利益的一致性

　　C.使对方明白己方从谈判中获利是很小的

　　D.首先同对方建立良好的信任关系

　　E.避免确认结果的烦琐

四、问答题

1.假如你准备用6 600元购买一台电脑,在谈判开局时发现可以不必付这么高的价钱,你将怎样进行谈判?

2.若你被任命为你公司的谈判小组负责人,需要选择2人协助你谈判,你将如何选择?

3.你在开局时总希望对方先讲话,可对方却是"徐庶进曹营"——一言不发,你会怎样做?

五、实际操作题

1.美国 B 公司是来参加天津出口商品交易会的。在交易会上,公司经理约翰·威尔逊 (John Wilson) 与你(寰宇国际贸易有限公司经理)相识,你公司的经营品种主要有农副产品。约翰·威尔逊想与你建立业务关系,购买中国红小豆。你公司报价每吨 840 美元 CIF 纽约,你公司可以接受的最低价格是每吨 780 美元 CIF 纽约,订购数量每增加 1 000 吨,可以降低价格 0.5%;约翰·威尔逊的报价是每吨 750 美元 CIF 纽约。请你与同学分别扮演谈判的双方,完成此次谈判。

要求:

①尽可能模仿谈判氛围(美方的扮演者应尽量模仿美国商人的语气说话和办事);

②注意谈判的开局阶段策略运用。

2.日本山本株式会社经理山本到你所在的城市进行商务活动,到你公司进行首次业务洽谈。你公司的业务范围是经营煤炭进出口。你是主谈人,你公司的报价是大路货每吨 1 500 美元 CIF 神户,你公司的谈判价格底线是每吨 1 450 美元 CIF 神户,日方的报价是每吨 1 350 美元 CIF 神户。请你与同学分别扮演谈判的双方,完成此次谈判。

要求:

①尽可能模仿谈判氛围(日方的扮演者应尽量模仿日本商人的语气说话和办事);

②注意谈判的开局阶段策略运用。

案 例

【4-1】 美国加州一家机械厂的老板哈罗德准备出售他的 3 台更新下来的机床,有一家公司闻讯前来洽购。哈罗德先生十分高兴,细细一盘算,准备开价 360 万美元,即每台 120 万美元。当谈判进入实质阶段时,哈罗德先生正欲报价,却突然打住,暗想:"可否先听听对方的想法?"结果对方在对这几台机器的磨损与故障做了一系列分析和评价后说:"看来,我公司最多只能以每台 140 万美元买下这 3 台机床。多一分钱也不行。"哈罗德先生大为惊喜,竭力掩饰住内心的欢喜,装着不满意,讨价还价了一番,最后自然是顺利成交。

问题:

哈罗德先生为什么要掩饰内心的欢喜,装着不满意地讨价还价,然后成交?

【4-2】 巴西一家公司到美国去采购成套设备。巴西谈判小组成员因为上街购物耽误了时间。当他们到达谈判地点时,比预定时间晚了 45 分钟。美方代表对此极为不满,花了很长时间来指责巴西代表不遵守时间,没有信用。如果老是这样下去的话,以后很多工作很难合作,浪费时间就是浪费资源、浪费金钱。对此巴西代表感到理亏,只好不停地向美方代表道歉。谈判开始以后,美方似乎还对巴西代表来迟一事耿耿于怀。一时间弄得巴西代表手足无措,说话处处被动。无心与美方代表讨价还价,对美方提出的许多要求也没有静下心来认真考虑,匆匆忙忙就签订了合同。等到合同签订以后,巴西代表平静下来,头脑不再发热时才发现自己吃了大亏,上了美方的当,但已经晚了。

问题：

1.本案例中美方运用了哪些策略迫使对方让步？

2.我们从中得到了什么启迪？

【4-3】 天津某半导体工厂欲改造其生产线,需要采购设备、备件和技术。

适合该厂的供应商在美国、日本,两国均可找到两家以上的供应商。正在此时,香港某半导体公司的推销人员去天津访问,找到该厂采购人员表示可以协助该厂购买所需设备和技术。

由于香港客商讲中文,又是华人,很快关系就熟了,工厂同意他代为采购。由于工厂没有外贸权,又必须委托有外贸权的公司做代理。A公司接到委托后,即向美国和日本的厂商咨询。结果,美国和日本的厂家有的不报价却回函问:A公司与香港某半导体公司的关系是什么? 有的报价却很高。

A公司拿的探询结果未达到预期目标,具体人员进行了讨论,最后得出了一致的结论。

问题：

1.A公司的探询是否成功? 为什么?

2.天津工厂应做何种调整? 为什么?

3.A公司的探询要做何调整? 为什么?

【4-4】 2005年4月20日,德国某大公司的总裁带领包括技术、财务等部门的副总裁及其夫人组成了一个高级商务代表团去日本进行一次为期8天的谈判。刚下飞机便受到了日方公司的热情接待。在盛情款待中,总裁夫人告诉了对方接待室人员回程机票的日期。日本人便安排了大量的时间让德国人到处参观、游览,让其领略东方文化并赠送了大量的礼品。直到最后两天,才把一大堆问题摆在谈判桌上去讨论。由于时间仓促,德国人不知不觉地作出了许多不必要的让步。

问题：

1.日本人在此次谈判中使用了哪些策略和战术?

2.如果此次与日本人谈判的主角是你,你将采取什么对策?

第5章
商务谈判磋商阶段策略

【本章导读】

　　本章主要介绍了商务谈判中僵局的出现原因和打破谈判僵局的处理原则及策略；介绍报价与还价的方法、原则、策略；以及让步的原则、步骤、方式和策略；阐述了迫使对方让步的策略、阻止对方进攻的策略。目的是使读者掌握商务谈判磋商阶段的策略，并能够在实际操作中加以运用。

【关键词汇】

　　谈判僵局　　报价　　还价　　让步

5.1 报价策略

报价是指谈判的一方首先提出自己所有要求的行为。在所有这些要求中,价格是其核心。报价是价格磋商的基础。价格磋商是指谈判双方针对对方的报价和策略而使用的反提议和相应对策。价格磋商的核心是价格问题,但却不仅仅是价格的升降。谈判双方的实力、谈判者的态度和行为,所做准备工作以及所运用的策略等对价格磋商都至关重要。

5.1.1 报价的方法

【小贴士5-1】 在什么条件下我们应该先报价呢?

状况一:如果我们已准备充分,熟悉议价范围,而且充分了解我方的谈判实力比对方强,在谈判中处于有利地位。那么我们先报价就是有利的,先报价就能在谈判开始时获得重要优势。

状况二:如果我方已从某种渠道获得,对方对本次交易的行情不太熟悉,我们应先报价,先报价的优势更大。

状况三:如果通过调查研究,双方谈判实力相当,估计到谈判过程一定会竞争得十分激烈。那么,同样应该先报价,以争取最大的影响。

报价的方法有主动报价法和被动报价法两种。

1) 主动报价法

主动报价亦即先报价。就一般情况而言,先报价有利也有弊。

主动报价的优点:

①可以主动地扩大己方价格的影响,为谈判划定了一个框架或基准线,最终使谈判协议在这个范围内达成。

②如果报出的价格出乎对方的预料和期望值,会对对方的心理防线产生重大影响。

总之,先报价在整个谈判中都会持续地发挥作用,因此先报价比后报价的影响要大得多。

主动报价的缺点:

①当本方对市场行情和对方的意图没有充分了解时,对方可以根据本方提供的数据、材料和自己掌握的各种信息,调整自己的想法和报价,从而获得本方不曾想、不敢想或估计很难得到的种种好处。

②先报价的一方由于过早地暴露了自己手中的牌,使自己处于明处,为对方从暗处组织进攻、逼迫先报价的一方沿着他们的路走下去创造了条件。对方则试图集中力量对我方的报价发起进攻,逼使我方步步地降价,而不泄露他们究竟打算出多高的价。

【案例5-1】 假如你到服装批发市场去买衣服,通常服装商贩就会采用先报价的方法。针对你这个零买的客户,他们报出的价格一般要超出你拟付价格的好几倍。因为你必定要还价,他已留出了足够的空间来讨价还价。一件 T 恤如果卖到 30 元的话,商贩就心满意足了,而他们却报价 120 元,考虑到很少有人会还价到 30 元。所以,一天中只需要有一个人愿意在 120 元的基础上讨价还价,商贩就能赚到钱了。当然,先报价的一方也不能漫天要价。一斤青菜,你出价 100 元,你认为还会有人跟你讨价还价吗?

假如你是一名刚毕业的大学生,在北京或上海申请第一份工作,当雇主问你期望的薪水是多少时,这时你需要先开口,你不要企图一步登天。过分乐观的初始要求——高报价会使你显得不理智,把雇主吓跑。

2) 被动报价法

【小贴士 5-2】 后报价有优点,但也有缺点。后报价就失去了报价的主动地位,价格谈判的范围被对方基本限定,最后的成交价格往往往达不到己方的期望。

被动报价亦称后报价。后报价也是既有利又有弊。

被动报价的优点:

①听了对方的报价后,可以对己方的想法进行调整。由于对方先报价,己方已对其报价有所了解,然后可以据此修改自己的报价,获得本来得不到的好处。

②后报价还能集中力量对对方的报价发起进攻,迫使它一步步地降低。

被动报价的缺点:无法扩大己方价格的影响,为谈判划定一个框架或基准线。

【案例 5-2】 美国著名发明家爱迪生在某公司当电气技师时,他的一项发明获得了专利。公司经理向他表示愿意购买这项专利,并问他要多少钱。当时,爱迪生心想,只要能卖到 5 000 美元就很不错了,但他没有说出来,只是催促经理说:“您一定知道我的这项发明专利权对公司的价值了,所以,价钱还是请您自己说一说吧!”经理报价到:“40 万美元,怎么样?”还能怎么样呢? 谈判当然是没费周折就顺利结束了。爱迪生因此而获得了意想不到的巨款,从而为日后的发明创造提供了资金。

5.1.2 报价的先后

既然先报价有利也有弊,那么我方究竟应先于对方报价,还是让对方先报价呢? 这要视具体情况而定。

一般来说,根据谈判双方的谈判实力,可以采取以下对策:

①如果预期谈判将会出现你争我斗、各不相让的气氛,那就应该首先报价。以此规定谈判过程的起点,并以此来影响以后的谈判过程,使自己一开始就能占据主动,使谈判尽可能按自己的意图进行,为讨价还价树立一个界碑。

②我方在谈判中处于相对有利的地位,那么我方先报价是有利的。尤其是在对方对本次交易的市场行情不太熟悉的情况下,先报价的好处就更大。因为这样可以为谈判划定一个基准线,同时,由于我方了解行情,还会适当掌握成交的条件,对我方无疑利大于弊。

③如果谈判对方是老客户,双方有较长时期的业务往来,而且双方合作得不错,那么,谁先报价就无所谓了。由于谈判双方彼此比较信任,合作气氛较浓,报价和议价阶段也就不再是一个棘手的、需要反复较量的问题了。

④就一般惯例而言,发起谈判的人应带头先报价。

⑤我方对市场行情不太熟悉,感觉先行报价信息量不够的,宜后报价。

⑥如谈判对方是谈判行家,自己也是谈判行家,则谁先报价均可。

⑦如谈判对方是谈判行家,自己不是谈判行家,则让对方先报价可能较为有利。我方可以从对方的报价中扩大自己的视野,这样做的结果,也可能使对方对其期望有一个限制,而我方却可自由地跑到另一端。

⑧如对方不是谈判行家,不论自己是不是外行,自己先报价可能较为有利。因为先报价可以对"外行"的对手产生较大的影响,从而引导商务谈判按我方要求的方向发展。

需要注意的是,报价先后所带来的所谓主动或被动是相对的。应看到"先入为主"和"后发制人"都有胜负的可能。真正决定谈判成败或对谈判成败自始至终起决定作用的是各方的经济实力、谈判能力、知识水平、竞争的环境,以及对资讯、时间、权力三个谈判要素综合使用的技巧。

在被动报价时,一定要处理好对主动报价一方的报价听取和反映问题。在对方报价时应注意:

①切莫干扰对方的报价,而应认真听取并尽力完整、准确、清楚地把握对方的报价内容。因为干扰将迫使对方在报价的中途突然停顿。这样,至少将得不到其报价的全部内容。许多人在报价时通常先提出价格,而把让步条件或优待条件留到最后再说。而干扰可能使对方省略让步条件或优待条件。此外,作为普通的社交原则,干扰对方讲话是不礼貌的行为,会令对方不满,对谈判气氛造成不良影响。

②听完对方报价之后,应将我方对对方报价的理解进行归纳总结,并加以复述,以确认自己的理解准确无误。对某些不清楚的地方可以要求对方予以解答。

③在对方报价完毕之后,比较策略的做法是,不急于还价,即使对方的报价极不合理,也不要马上予以全面回绝。对于谈判人员来说,在商务谈判中,不管你的理解有多充分,立即回绝对方的提议将被视为鲁莽草率,而且将被解释为对对方及其提议缺乏诚意,欠缺考虑。

一般可行的做法是:要求对方对其价格的构成、报价依据、计算的基础以及方式方法等作出详细的解释。通过对方的价格解释,可以了解对方报价的实质、态势、意图及其诚意,以便从中寻找破绽,从而动摇对方报价的基础,为我方争取重要的便利。

在对方完成价格解释之后,针对对方的报价,有两种行动选择:一是要求对方降低价格,另一种是提出自己的报价。一般来讲,第一种选择比较有利。因为这是对报价一方的反击,如果成功,可以争取到对方的让步,而我方既没有暴露自己的报价内容,更没有任何让步。

5.1.3 报价的原则

【小贴士5-3】 西欧式报价,一般的模式是:首先提出留有较大余地的价格,然后根据买卖双方的实力对比和该笔交易的外部竞争状况,通过给予各种优惠,如数量折扣、价格折扣、佣金和支付条件上的优惠(如延长支付期限、提供优惠信贷)等来逐步软化和接近买方的要求和条件,最终达到成交的目的。采用这种报价方法只要能够稳住买方,往往会有一个不错的结果。西欧式报价是先提出有较大余地的价格,然后给予优惠打折,直到成交。

日本式报价,则是将最低价列在价格表上。一个如此低廉的价格自然会引起买方的兴趣,并淘汰掉竞争对手。但价格极低的同时,把其他条件如交货期、包装等条件制定得极为苛刻,让人难以接受。如买方想改变除价格外的其他条件,则要相应加价。西欧式报价与日本式报价的区别是:西欧式报价的价格是由高到低,一点点降低;日本式报价的价格则是由低到高,一点点增加。因此,在谈判中,不光要关注价格条件,也要关注其他条件,才不会陷入日本式报价的陷阱中。一般而言,日本式报价有利于竞争,西欧式报价则比较符合人们的价格心理。多数人习惯于价格由高到低,逐步下降,而不是相反的变动趋势。

报价应遵循的基本原则是:通过反复比较和权衡,设法找出报价者期望利益与该报价能被接受的成功率之间的最佳组合点。

报价前,必须反复核实、验证,确定己方商品价格所依据的信息资料的可靠性,以及所定价格金额及可调幅度的合理性。这是因为,如果定价依据不真实,所报的期望价过高或可调幅度不切实际,那么,在以后的磋商阶段中,一旦对方提出异议,己方又无法回答,就会使己方丧失信誉。轻则影响谈判的顺利进行,重则导致整个谈判向不利于己方的方向变化发展。

卖方希望卖出的商品价格越高越好,而买方则希望买进的商品价格越低越好。但另一方面,一方的报价只有在被对方接受的情况下才会产生预期的结果,才可能使买卖成交。这就是说,价格水平的高低,并不是由任何一方随心所欲地决定的,它要受到供求、竞争以及谈判对手状况等多方面因素的制约。因此,报价前要尽可能地摸准对方的要求,并设法找到己方报价的期望利益与对方接受的可能性之间的最佳接合点,制订出一个报价的最佳方案。这是由于,成功的谈判需要依赖最佳的报价方案;而最佳报价方案的形成,不仅取决于对方对某种商品单价的讨论,另外还取决于双方对商品支付手段、交易条件、质量要求及其他一系列内容的磋商。己方报价的期望利益和对方接受的可能性既然是受到多种因素的影响,那么,就需要从这些因素出发,在综合性的考虑中谋求报价的成功。也就是说,在对己方和对方诸多要求都了解清楚的情况下,找到对方的诸多要求与己方诸多要求一一对应的最佳结合点,并且把握其发展趋向。这样才能产生一个完整的报价设想,进而对己方报价的成功与否作出正确的估计。

然而,这仅仅是就报价的一般性原则进行的分析。在实际的商务谈判过程中,由于谈判双方的状况以及谈判环境条件的复杂性,很难找到这样一个最佳的、理想的报价。但谈判者应把握这一原则的精神实质,尽可能精确地估计对方可接受的报价范围,根据不同的形势采用不同的报价策略,力争在实际谈判过程中的报价接近理想的报价。

【案例 5-3】   **日本式报价的陷阱**

美国某公司发布广告,说有一台机器设备出售,价格是 10 万美元。互相竞争的几位买主中,一位愿出 9 万美元的高价,并当场付了 10% 的订金,卖主没想到这台旧设备竟能卖出这么好的价钱,就同意不再考虑其他买主。三天后买方来了,说当时的价格太高,不同意马上成交,还说这台机器仅值 5 万美元,于是卖方又被迫与买方讨价还价,最后以 6 万美元成交。而当初曾有人愿出 7 万美元,卖主却没有卖给他。

这是买主使用日本式报价方法取得的胜利。即买主利用高价的手段排除交易中的其他竞争对手,优先取得交易的权利。可是一到最后成交的关键时刻,买主便大幅度压价;或把其他条件制定得极为苛刻,变更条件就得变动价格。这时,讨价还价才真正开始。

5.1.4 报价的解释

通常一方报价完毕之后,另一方会要求报价方进行价格解释。在解释时,必须遵守下列原则:

【小贴士5-4】 当对方抱怨己方报价太高时,己方的应对办法

①转移视焦,推销价值

将顾客从价格的执着转移到对产品整体价值的认知上。如"张小姐,您认为在价格方面贵了些,我也认同您的看法。但这是有道理的,就像奔驰汽车就比一般品牌的汽车要贵得多……我们厂家的实力和品牌,对顾客的服务保障和信心能让您买得放心,买得满意,这就是价值所在。眼前虽然您多花了一点钱,但买回的是您家人、朋友的赞美和保障,您说这是不是比起表面省一点点钱更值得?"

②探明虚实,掌握重点

以中肯的态度问顾客:"张小姐,买卖双方其实都有共同的利益点,讨价还价也是正常的,很多问题我们都可以公开探讨一下,沟通越深入越有利于我们达成共识……张小姐,我想请教一下,您认为我们的价格贵,您主要是从哪些方面去理解和进行比较的?""您是认为产品的款式不好还是售后服务有问题?""您是认为产品的功能有问题还是操作起来比较困难?"提出一些相关的问题,来引导对方讲出自己真实的看法,从而掌握重点所在,再加以说服。

③放出去收回来

当顾客不断要求再降折扣时:"张小姐,对您提出的折扣要求我完全表示理解,如果我是顾客我也会有同样的要求。""当然厂家都希望以最高的价格出售,但是,毕竟市场不是由厂家单方面说了算的,厂家也必须考虑市场因素和消费者的承受能力。因此,厂家的报价已充分考虑到这些因素,如果厂家不顾顾客利益,不顾质量来降低成本,降低价格,我相信这是顾客所不愿看到的。所以我相信您能理解这一点。"

④有理有据,耐心说服

以大量的资料来说明。将产品的技术、功能、手艺、企业的实力、信誉等一切有利的条件和顾客将获得的有关利益同价格作比较来说明,价格贵正反映了它的价值所在,这是明智的选择。

⑤说明价格就是一种投资

从投资增值的角度阐述。如"张小姐,您希望这个产品能便宜一点,这正表明您是喜欢这个产品的,是吗?既然是自己喜欢的,虽然价格降不下来,为何您不能就将这当成是一项投资呢?如果有条件,就不应该为了节省一点而放弃自己的所爱……"

⑥同行比较、利弊分清

当顾客将本公司的产品同别家公司的产品作比较时,谈判人员就可以顺势了解顾客究竟欣赏别的产品什么方面,这样一举两得,既可以了解竞争产品情况,又可以了解顾客真实需求和购买动机。如"张小姐,您刚才说我们的产品比起某产品的价格高了,除价格以外,您是否能谈谈对方产品还有哪些方面的优点是您比较喜欢的?另外有哪些方面还未能满足您的需求呢?"

1）不问不答

不问不答是指对方不主动问及的不要回答。对方未问到的一切问题，都不要进行解释或答复，如果在对方提问之前，我方主动地加以说明，会使对方意识到这是我方最关心的问题，这种问题有可能对方过去尚未考虑过。有时过多地说明和辩解，会使对方从中找出破绽或突破口。

2）有问必答

有问必答是指对对方提出的所有问题，都要一一作出回答，并且要很流畅地予以回答。否则，在回答问题时吞吞吐吐、欲言又止，极易引起对方的怀疑，甚至会吸引对方注意，从而穷追不舍。

3）避虚就实

避虚就实是指对我方报价中比较实质的部分应多讲一些，对于比较虚的部分，或者说水分含量较大的部分，应该少讲一些，甚至不讲。

4）能言不书

能言不书是指能用口头表达和解释的，就不要用文字来书写，因为当自己表达中有误时，口述和笔写的东西对自己的影响是截然不同的。有些国家的商人，只承认纸上的信息，而不重视口头信息，因此要格外慎重。

5.1.5 报价的策略

报价是商务谈判的不可逾越的阶段，只有在报价的基础上，双方才能进行讨价还价。报价对讨价还价乃至整个谈判结果都会产生实质性影响。因此，我们必须认真研究报价策略问题。报价策略主要包括以下内容。

1）报价时机策略

在价格谈判中，报价时机是一个策略性很强的问题。有时，卖方的报价比较合理，但并没有使买方产生交易欲望，原因往往是此时买方正在关注商品的使用价值。所以，价格谈判中，应当首先让对方充分了解商品的使用价值和为对方带来的实际利益，待对方对此产生兴趣后再谈价格问题。实践证明，提出报价的最佳时机，一般是对方询问价格时，因为这说明对方已对商品产生了交易欲望，此时报价往往水到渠成。

有时，在谈判开始的时候对方就询问价格，这时最好的策略应当是听而不答。因为此时对方对商品或项目尚缺乏真正的兴趣，过早报价会增加谈判的阻力。这时应当首先谈该商品或项目能为交易者带来的好处和利益，待对方的交易欲望已被调动起来再报价为宜。当然，对方坚持即时报价，也不能故意拖延；否则，就会使对方感到不受尊重甚至反感，此时应善于采取建设性的态度，把价格同对方可能获得的好处和利益联系起来。

总之,报价时机策略,往往体现在价格谈判中对价格原理的运用。

【小贴士 5-5】　　日本人往往善于利用这种手段来击退竞争对手:他先报个低得出奇的价格诱使对方上钩,使对方很高兴和他达成交易。但东西到手之后,对方便常常会发现少了点什么配套部件,于是被迫又向他们购买,由于排除了其他竞争对手,日本人便会漫天要价,逼买主就范。

"兵不厌诈"是《孙子兵法》中的一条重要原则,也是我们预防日本式报价的法宝。为了防止陷入日本式报价的陷阱,可以要求对方先付大笔订金,使他不敢轻易反悔;或仔细阅读除价格外的其他条款,再与其他人的条件相比较;或同时与几个合作伙伴接洽;最后的协议要反复推敲,如果万一发现了上了对方的当,不必忍气吞声,而应该因地制宜采取必要的措施,给对方以坚决的还击,使己方在买卖过程中的基本利益得到保障。

2) 报价起点策略

价格谈判的报价起点策略,通常是:卖方报价起点要高,即以卖方确定的最高期望价格报出价格;买方报价起点要低,即"出最低的价"。这种做法已成为商务谈判中的惯例。实践证明,若卖方开价高则可能以较高的价格成交,卖方开价低则往往以较低的价格成交,甚至开价高得出人意料的卖主,只要谈判不致破裂,买主不被吓跑,往往会有理想的结果。例如,一块手表卖主开价 100 元,买主还价 60 元,那么最后买卖可能在 80 元或接近 80 元的价格上成交。所以,高明的卖方谈判者,在不导致谈判破裂的前提下,尽可能地报高价,从而争取更大的利益。

对于卖方来讲,高报价的优势是:

①卖方的报价事实上对谈判的最后结果确立了一个不可突破的上限。价格一经报出,一般来讲,己方就不能再提出更高的要价,更不要期望对方会接受更高的报价。除非有足以说服对方的理由,如时间的延长,或某种环境因素的变动等;否则,会使谈判破裂。

②高报价为卖方让步留有较大的余地。在商务谈判过程中高报价是很有用的交易筹码,有利于卖方在必要的情况下作出让步,打破僵局。

③高报价为对方提供衡量和评价己方条件的尺度。报价越高,对方对报价的潜力评价越高;反之,则低。

④一般情况下高报价会获得较多的回报。

⑤采用这个策略,谈判人员一开始就能削弱对方的信心,同时还能乘机摸清双方的实力和立场。

买方采取低报价策略是因为:

①买方的报价是向对方表明要求的标准,尽管双方都知道这个标准将有所调整,但报价低会给对方很大的心理压力。

②买方报价的高低也反映了他的期望水平、自信与实力。

③报价低为谈判中的价格调整与让步留出了较大的余地。

需要指出的是无论是卖方还是买方,在报价时不能信口开河,漫天要价,盲目杀价。任何一个报价都要能讲出道理,否则会阻碍谈判的顺利进行。

【案例5-4】　　　　　　　要怎么报价才能抓住顾客?

有位深谙谈判哲学的顾客王先生,看到一条漂亮的领带,一问价格,2 000 元。王先生会怎么说? 对,太贵了! 到了县城,在一家商场,王先生又见到这条同一花色同一品牌的领带,一问价格,580 元。王先生当时怎么说? 对,还是太贵了! 陪同的生意伙伴说:"老王,我带你去批发市场,有与这条一模一样的,最少能便宜一半。"两人打车过去,一问,人家报价多少钱? 80 元。深谙谈判哲学的王先生会怎么说? 对,太贵了! 讨价还价的结果是120 元两条。

通过这个案例,可以得出这样的结论:顾客进门直接问价格,无论店方回答多少钱,顾客都会随口答:太贵了! 如果跟着顾客的引导走下去,就只能与顾客在价格上纠缠不休,从而错过介绍产品优点的机会。

3) 报价表达策略

报价无论采取口头或书面方式,表达都必须十分肯定、干脆,似乎不能再做任何变动和没有任何可以商量的余地。而"大概""大约""估计"一类含糊的词语都不适宜在报价时使用,因为这会使对方感到报价不实。另外,如果买方以第三方的出价低为由胁迫时,你应明确告诉他"一分钱,一分货",并对第三方的低价毫不介意。只有在对方表现出真实的交易意图,为表明至诚相待,才可以在价格上开始让步。

4) 报价差别策略

同一商品由于它的流向、交货期限、购买数量、购买时间、付款方式、交货地点、客户性质等方面的不同,会形成不同的购销价格。这种价格差别,体现了商品交易中的市场需求导向,在报价策略中应重视运用。一般地说,对于老客户或大批量需求的客户,为巩固良好的客户关系或建立起稳定的交易联系,可适当实行价格折扣;对新客户有时为开拓新市场,也可适当给予折让;对某些需求弹性较小的商品,可适当实行高价策略。

5) 引诱报价策略

谈判者如果想要顺利地获得谈判的成功,而且还想维系和发展同谈判对手之间的良好关系,就必须在尽可能维护自己利益的基础上,照顾和满足谈判对手的需求。使用引诱报价策略必须注意掌握分寸,引诱的价格如果太低,那么吸引力就太小;而诱饵太多、付出的代价太大,则得不偿失。在使用引诱报价策略时,必须清醒地认识到:投下诱饵以满足对方的需要是手段,最终满足自己的需要才是目的,不可本末倒置,要进行成本和收益的核算。

【案例5-5】　美国大富翁詹姆斯经营旅馆、戏院、自动洗衣店等颇有章法,他决定再投资一本杂志。詹姆斯看中了杂志出版界的大红人鲁宾逊。鲁宾逊本人恃才傲物,瞧不起其他同行,更不要说外行人了,以致很多出版商争相出一大笔钱,也无法把他和杂志弄到手。

精于谈判之道的詹姆斯,在谈判之前对鲁宾逊进行了全面而细致的调查,除了了解到鲁宾逊恃才傲物的一面外,还了解到鲁宾逊有一个幸福的家庭,他非常珍惜家庭的幸福,非常爱自己的妻子和孩子。并且,还了解到鲁宾逊对于独立承担竞争性非常强的这类杂志,已经没有当初的兴趣了;他为了节省开支,不得不整日泡在办公室里,处理繁杂的事务,对此他早已感到乏味。针对鲁宾逊的这一性格和心理,詹姆斯决定在谈判中实施引诱报价法。经过两次会面和共进午餐之后,双方有了初步的了解,并同意坐下来谈判。谈判一开始,詹姆斯开门见山地承认自己对出版杂志一窍不通,因此,需要借助鲁宾逊这样有才干的专家。满足了鲁宾逊恃才傲物的心理,使鲁宾逊对詹姆斯产生了好感。接着,他把一大笔数目的现金支票和他公司的股票放在鲁宾逊面前,告诉鲁宾逊他公司的股票在过去几年中如何涨价,利益如何可观等等。这等于告诉鲁宾逊,如果合作的话,他的家庭生活就有了保障;他的杂志有了足够的财政支持,不仅没有破产的危险,而且还有扩展业务的可能;他还能从繁杂的公务中解脱出来,因为詹姆斯已经物色了一批人。詹姆斯把这些人一一介绍给鲁宾逊,其中还有未来的经理。并且说,这些人将来都归他使用,帮助他处理办公室的烦琐事务,好让他全力以赴只管杂志的编辑工作。詹姆斯的"鱼饵"一下子就打动了鲁宾逊。詹姆斯仅仅花了其他出版商1/10的钱,就将鲁宾逊和他的杂志弄到了手。理由很简单,詹姆斯把这笔钱的大部分作为"鱼饵",钓到了鲁宾逊,而不是出10倍的钱去买整个杂志社。

6) 中途变价策略

中途变价策略指在报价的中途,改变原来的报价趋势,从而争取谈判成功的报价方法。所谓改变原来的报价趋势是说,买方在一路上涨的报价过程中,突然报出一个下降的价格;或者卖方在一路下降的报价过程中,突然报出一个上升的价格来,从而改变了原来的报价趋势,促使对方考虑接受你的价格。

【案例5-6】 美国商人山姆去圣多明哥旅游。在街上一家皮件商店的橱窗里,看到了一只皮箱和自己家里的一模一样,忍不住停下来看。皮箱店的老板正在门口拉生意,看见山姆,马上上前推销,好话说尽,山姆就是不买。因为山姆为了看看店主到底有些什么推销的手段,所以站着没走。店主看山姆不动心,把价格一再下降,从20美元、18美元、16美元……12美元、11美元,可是山姆还是不买他的皮箱,而老板又不想再跌价了,在报出了"11美元"以后,突然改变下降的趋势,报出了一个上升的价格"12美元"来。当感到奇怪的山姆揪住"11美元"不放时,老板顺水推舟地以11美元的价格把皮箱卖给了山姆。

5.2　还价策略

还价指谈判中的一方首先报价之后,另一方认为离自己的期望目标太远,而要求报价方改善报价的行为。

5.2.1 还价前的准备

谈判的一方报价以后,一般情况下,另一方不会无条件地全部接受所报价格,而是根据对方的报价,在经过一次或几次讨价之后,估计其期望值和策略性虚报部分,推测对方可妥协的范围,然后根据己方的既定策略,提出自己可接受的价格,反馈给对方。如果说报价划定了讨价还价范围的一个边界的话,那么,还价将划定与其对立的另一条边界;双方将在这两条边界所规定的协议区内展开激烈的讨价还价。

还价策略的精髓在于"后发制人"。要想发挥"后发制人"的威力,就必须针对对方的报价作出周密的筹划。

①应根据对方对己方讨价所做出的反应和自己所掌握的市场行情及商品比价资料,对报价内容进行全面的分析,从中找出突破口和报价中相对薄弱的环节,作为己方还价的筹码。

②根据所掌握的信息对整个交易作出通盘考虑,估量对方及己方的期望值和保留价格,制订出己方还价方案中的最高目标。

③根据己方的目标设计出几种不同的备选方案,以保持己方谈判立场的灵活性。

【小贴士 5-6】 还价前的准备工作:

①计算

检查准备的信息,推算虚价,确定主要攻击点。

②看阵

了解对方的谈判动向,判断分歧的性质,作出回应准备。

③列表

将问题分类,确定轻重缓急,制订相应的还价策略。

5.2.2 还价的原则

【小贴士 5-7】 在讨价还价阶段,应注意以下问题:

①避免错误的妥协。

②对条款中你同意的任何可能变化的影响进行调查,寻找附加值。

③在谈判中留有足够的余地。

④只和有决定权的人谈判。

⑤在报价前,了解对方的要求。

⑥避免单方面让步,自己让步的同时要求对方也让步。

⑦充分计算。

⑧学会明确拒绝。

⑨记住作出妥协并不意味着各自承担一半。

⑩在签订最后协议前花时间仔细考虑清楚。

在商务谈判中,要进行有效的还价就必须遵循一定的原则。

①在还价之前必须充分了解对方报价的全部内容,准确了解对方提出条件的真实意图。要做到这一点,还价之前设法摸清一下对方报价中的条件中哪些是关键的,主要的;哪些是附加的,次要的;哪些是虚设的或诱惑性的,甚至有的条件的提出,仅仅是交换性的筹码。只有把这一切搞清楚,才能提出科学的报价。

②为了摸清对方报价的真实意图,可以逐项核对对方报价中所提的各项交易条件,探询其报价依据或弹性幅度,注意倾听对方的解释和说明。但勿加评论,更不可主观地猜度对方的动机和意图,以免给对方反击提供机会。还价应掌握在双方谈判的协议区内,即谈判双方互为临界点和争取点之间的范围,超过此界线,谈判难以获得成功。

③如果对方的报价超出谈判协议区的范围,与己方准备要提出的还价条件相差甚大时,不必草率地提出自己的还价,而应先拒绝对方的还价。必要时可以中断谈判,给对方一个价格,让对方在重新谈判时另行报价。

5.2.3　还价的方法

【小贴士5-8】　对买家的出价要故作惊讶,他们也许没指望得到他们所要求的,如果你不表示惊讶的话,你就是在说那有可能。故作惊讶之后经常伴随着让步。如果你不故作惊讶,买主就会强硬起来。要假设买主是个视觉型的人,除非你有别的办法打动他们。即使你和买主不是面对面谈判,你也应该停顿一下,表示震惊,因为电话中的惊讶也是很起作用的。

一般而言,还价是建立在科学的计算,精确的观察、判断、分析基础上,当然,忍耐力、经验、能力和信心也是十分重要的。我们可以采用下列方法还价:

1) 暂缓还价法

暂缓还价法是针对对方报价与我方看法过于悬殊的一种做法。在分析的基础上,找出对方报价条款中的不合理之处,逐条与对方磋商,目的在于使对方撤回原报价,重新考虑比较实际的报价。有时也可采用先拟订提问顺序表,把握好提问顺序,在逐渐取得一致看法后,才抛出还价的价格条款。

2) 低还价法

低还价法是与高报价法完全针锋相对的一种策略。只要有充分理由,还价尽可能低,这可起着限制对方期望值、纠正讨价还价起点的作用。有时也可不考虑对方的报价,而由我方采用口头或书面方式重新报价,探测对方的反应。

3) 列表还价法

列表还价法是指就还价问题列成两张表:一张是我方不能让步的问题和交易条件,常可写成合同条款形式;一张是我方可以考虑让步或给予优惠的具体项目,附上数字,表明让步的幅度和范围。列表还价法多运用于双方已有长期的合作关系的谈判,由于彼此信任度较高,采用列表还价法可加快谈判进程。

4)条件还价法

条件还价法是指以让步换取让步的还价方法。在大型商务谈判中,讨价还价阶段往往需要许多回合的会谈。如果双方想法和要求差距很大,并都坚持不让步妥协时,谈判就会陷入僵局。这种局面是双方都不愿看到的。为打破僵局,争取谈判成功,常采用此法。

5.2.4　还价起点的确定

还价起点是指第一次还价的价位。还价起点的确定对谈判的进程有重要影响。从买方来说,还价的高低直接关系到自己的利益。还价太高有损于买方的利益,还价太低则显得缺乏诚意,均不利于商务谈判的正常进行。

还价的目的不仅仅是提供与对方报价的差异,而是应着眼于如何使对方承认这些差异,并愿意向双方互利性的协议靠拢。所以,还价起点的确定,从原则上讲,既要能够保持价格磋商过程得以进行,同时还价起点还要低,力求使自己的还价给对方造成压力,影响或改变对方的判断。此外,还价起点又不能太低,还价起点的高度必须接近对方的目标,使对方有接受的可能性。由于先前的报价实际为谈判划定了一定的范围和框框,并形成对该价格的深刻印象,还价一方很难对此范围和框框有大的突破。

还价起点受以下3个因素的制约:预定成交价、交易物的实际成本和还价次数。预定成交价是买方根据自己的预算所确定的可以接受的成交价格。事实上,买方的第一次还价很少立即被卖方接受。因此,买方在确定还价起点时即应考虑对方的再次进攻及自己的防守余地。若能一次还价成功,还价起点可适当提高一些。

【案例5-7】　　　　　　　　　　使用老虎钳策略

这个策略可用这样一句简单的话来表达:"你得再加点。"

假如买家已经听了你的报价和你的价格结构,他坚持说他跟以前的供应商合作很愉快。你充耳不闻,因为你知道你已成功地激起了他对你的产品的兴趣。最后,买家对你说:"我们同目前的卖方合作很愉快,但是我想多一家供应商的支持跟他们竞争也没有什么坏处。如果你们把价格降到1.22元,我们就要1 000件。"你可以用老虎钳策略进行回应。如果你平静地回答:"对不起,你们还是出个更合适的价格吧。"老练的买家自然会进行反驳:"我到底得高多少呢?"这样他就迫使你说出具体的数字。然而让你搞不明白的是,不老练的买家有多大的可能会作出让步?你说完"你们还是出个更合适的价格吧"之后,下一步该干什么呢?就这么办,闭嘴! 一言不发。买家可能会对你作出让步。所以在你弄清他会不会接受你的建议之前就表态是很愚蠢的。

5.2.5　还价策略

还价策略有许多,现主要介绍以下几种:

1)投石问路策略

要想在谈判中掌握主动权,就要尽可能地了解对方的情况,尽可能地了解和掌握当我方采取某一步骤时,对方的反应、意图或打算。投石问路就是了解对方情况的一种策略。运用此策略的一方主要是在价格条款中试探对方的虚实。

投石问路策略用在还价中,常常是借助"假如……那么……"或者"如果……那么……"的问话来实现的。这样的问话在谈判中往往很有效。

选择投石问路时提问的形式主要有:

①如果我方和你方签订长期合同,你方的价格优惠是多少?

②如果我方让你方在淡季或产品的衰退期接下订单,那么你会怎样?

③如果我方给你方提供生产产品所需的原材料,那么,成品价又是多少呢?

④我方有意购买你方其他系列的产品,能否在价格上再优惠些呢?

⑤如果货物运输由我方解决,你方的价格是多少呢?

⑥如果我方要求你方培训技术人员,你方可否按现价出售这套设备?

⑦如果我方要求对原产品有所改动,价格上是否有变化?

⑧假设我方买下你方的全部存货,报价又是多少?

⑨如果我方以现金支付或采取分期付款的形式,你方的产品价格有什么差别?

⑩假如我方向你方提供技术咨询,那么你方会给我方什么优惠?

一般地讲,对上述这些问题的回答,都能使买方更进一步了解卖方的商业习惯和动机,而且对方难以拒绝。

如何对付"投石问路"策略呢?有经验的谈判者在接到对方"假如……那么……"的问话时,总是仔细考虑后再给予答复。通常的做法是:不对"假如……那么……"的要求马上回答;要求对方以承诺一些提议作为条件,才给予回答;反问对方是否马上签订合同;转移对方的注意力;用"我们都可以考虑一下"的回答拖延时间,以便充分考虑再做回答。谈判的实践表明,有效地运用"假如……那么……"问话和破解,可以使谈判双方达成公平协议。

2) 吹毛求疵策略

【案例 5-8】 **东升公司的吹毛求疵**

2012 年,中国东升公司与外商洽谈购买一批钢管,双方在钢管的采购数量和价格上发生了分歧,由此中国东升公司邀请外商来本公司进行商讨。

谈判一开始,双方就直奔主题,就钢管的价格进行协商。在这之前中方已向对方购买过这种商品,中方希望扩大进口,并降低商品价格。但中方知道,在国际市场行情还没有发生变化的条件下,要对方降价很困难。于是在谈判之初,中方就拿对方上次 200 吨钢管延期交货的事大做文章。中方说:"由于贵方上次没有及时交货,我方错过了好几次销售良机,失去了几个大客户,从而导致我方损失惨重。"接着,中方向对方列举了一些事实和有关数据。对方听后非常抱歉,并对延期交货做了解释。于是中方提出希望这次能减价 10%来弥补中方上次的损失,外商自知理亏,最终答应。在对方答应后,中方进一步提出订购 500 吨钢管的要求。

在该谈判中,为了促使对方让步,中方代表使用的就是吹毛求疵的策略。首先选准了"疵",即对方的延期交货。接着在该问题上大肆渲染,使对方深感理亏,从而不得不作出大的让步。买方运用这种技巧讨价还价,能促成卖方重视买方,认识到买方的专业性和精明之处。

吹毛求疵策略的内容是,在谈判的还价中,谈判一方为了实现自己的利益,专门对对方的提议或产品再三挑剔,提出一堆问题和要求,迫使对方在他身上先做一笔时间和精力的投资,最终争取到讨价还价的机会。如何对付"吹毛求疵"的策略? 通常的做法是:必须沉住气,因为对方的挑剔和要求,有的是真的,有的是虚的;遇到了真实的问题,要开门见山地和对方私下商谈;要学会运用大事化小,小事化了的技巧;对于无谓的挑剔或无理的要求要给予理智的回击;己方也可以提出某些问题来加强自己的议价力量。

3) 不开先例策略

当需方所提的要求使供方感到为难,供方可以运用这一策略来对付。不开先例策略的内容是,供方主谈人向需方解释,如果答应了你的要求,对我来说就等于开了一个先例,这样就会迫使我今后对其他客户也提供同样的优惠,这是我方所负担不起的。谈判的实践表明,这种不开先例的策略,对于供方来说,是一个可用来搪塞和应付需方所提的不可接受要求的简便办法。

【案例 5-9】 一家商店在搞促销,你看中了一个打六折的商品,还想要卖方再降低一个折扣点。卖方通常说:"促销商品已经是最低价销售了,没有什么利润空间,如果再给你降价,就赔本了。况且如果给你降价,其他客户也会让我们作出同样的让步。"你听后觉得言之有理,最终按六折价购买。

4) 最后通牒策略

当一方在谈判中处于有利地位,而双方的谈判又因某些问题纠缠不休时,一方可运用最后通牒策略。运用最后通牒策略必须慎重,因为它容易引起对方的敌意。人们运用最后通牒策略,总希望能够成功,那么具备什么条件才会使最后通牒策略成功呢? 第一,送给对方的最后通牒的方式、时间要恰当。第二,送给对方的最后通牒的言辞不要太锋利。立场太"硬"的最后通牒容易伤害对方的自尊。第三,送给对方最后通牒的根据要强硬。第四,如果你能替自己的立场提出什么文件或道理来支持,那就是最聪明的最后通牒了。第五,送给对方的最后通牒的内容要有弹性。第六,最后通牒不要将对方逼至没有退路,应该设法让对方在你的最后通牒中选择出路。

5) 积少成多策略

这种策略是指在向对方索取东西时一次取一点,最后聚沙成塔。这一策略抓住了人们对"一点"不在乎的心理,所以在还价中很奏效。利用这一策略时,不要引起对方的注意。此外,运用这一策略的主谈人应具有"小利也是利"的思想。纵使是对方小的让步,也值得去争取。

【案例 5-10】 有一个年轻人从乡下到城里找工作,一个厂商觉得这个年轻人蛮老实的,所以就雇用了他。第一天上完班之后,老板问他:"今天做了几笔生意啊?"这个年轻人说:"只做了一笔生意。"老板很生气地说:"才一笔生意,你怎么搞的,就这么笨啊! 这一笔生意赚了多少钱?"年轻人被训得灰头土脸地答道:"200 万。"老板吃惊地问道:"什么,200 万? 你卖的是什么?"年轻人回答:"这个客户进来,首先看鱼钩。我就告诉他这个鱼钩怎么好,他就买小鱼钩,我说小鱼钩不能钓大鱼,大鱼钩才能钓大鱼。后来我告诉他,现在我们有小鱼钩、大鱼钩,但是中间的不大不小的鱼怎么办呢?后来客户又买了一个中号的鱼钩。当然仅买了鱼钩是不行的,还要有鱼线,后来他又买了大、中、小号鱼线。然后又买了鱼缸,也买了大、中、小号鱼缸。接着我问他在什么地方钓鱼,他说在海边钓鱼。我就说要有游艇,在海的中间把鱼钩慢慢放下去,这样鱼才会顺钩上来,这个客户又买了一艘游艇。买完游艇之后,我问他如何将游艇拖到海边,总不能自己扛着去吧!我又带他到汽车销售部买了辆卡车。"年轻人停顿了一会儿说,"其实他不是来买鱼钩的。"老板好奇地问:"那他是来买什么的?"年轻人说:"客户是来帮他太太买针线的,我跟他说反正这个周末你也没什么事做,干吗不去钓鱼呢?"案例中,不难看出,推销员一点一点地推销,最终,做成了一笔200万元的大生意。

5.3 让步与迫使对方让步的策略

5.3.1 让步的策略

【小贴士5-9】 你若不想顺从对方的要求,要清楚地表明"不",而不要作出如下的反应:
"我认为我们不能那样安排。"
"我没有被授权同意这些。"
"我们不得不仔细考虑。"
"我们在价格上已经不能再做什么了。"
"我们已经尽我们所能作出让步了。"
假如你这样回答,对方将继续他们的要求,他会利用你的不确定步步紧逼。学会说"不"并坚持下去。

1) 让步的原则

谈判中的让步不仅仅取决于让步的绝对值的大小,还取决于彼此让步的策略,即怎样作出这个让步,以及对方是怎样争取到这个让步的。在具体的讨价还价过程中,要注意以下几个方面的让步基本原则:

①不要作无谓的让步,应体现出对我方有利的宗旨。每次让步或是以牺牲眼前利益,换取长远利益;或是以我方让步,换取对方更大的让步和优惠。

②让步要谨慎有序。作出让步之前应三思而行,在未完全了解让步的后果之前,不要轻易使用这一战术策略,盲目让步会影响双方的实力对比,让对方占有某种优势。让步要选择适当的时机,力争做到恰到好处,使我方较小的让步能给对方以较大的满足,同时要谨防对方摸清我方的虚实和策略组合。

③双方共同作出让步。在商务谈判中让步应该是双方共同的行为,一般应由双方共同努力,才会达到理想的效果。任何一方先行让步,在对方未做相应的让步之前,一般不应再继续让步。

④每作出一项让步,即使作出的让步对我方损失不大,也要使对方觉得让步来之不易,

从而珍惜得到的让步。

⑤对对方的让步,要期望得高些。只有保持较高的期望,在让步中才有耐心和勇气。

⑥不要承诺做同等幅度的让步。

⑦在我方认为重要的问题上要力求使对方先让步,而在较为次要的问题上,根据需要,我方可以考虑先做让步。

⑧一次让步的幅度不要过大,节奏不宜太快,应做到步步为营。因为一次让步太大,会使人觉得我方这一举动是处于软弱地位的表现,会建立起自信心,让对方在以后的谈判中掌握了主动权。

⑨如果作了让步后又觉得考虑欠周,想要收回,也不要不好意思,因为这不是决定,完全可以推倒重来。

⑩在准备让步时,尽量让对方开口提出条件,表明其要求,先隐藏自己的观点、想法。

⑪让步的目标,必须反复明确。让步不是目的,而是实现目的的手段。

⑫在接受对方让步时要心安理得,不要有负疚感。马上考虑是否作出什么让步给予回报,如果这样,你争取到的让步就没有什么意义了。

【案例 5-11】 王伟是一家机床生产企业的业务员,他与一位老客户的私人关系不错,这位客户在业务上也经常帮助他。一次,王伟向这位客户推荐了一个正在规划的新项目,客户欣然答应。可谈判时对方提出价格降低 2 个百分点,王伟看在老客户的情分上,作出了让步。可没想到的是,在接下来的两天,客户再次要求降低价格。

王伟犹豫了,他估算了一下,两次让步将近 6 万元。此时,他的压力越来越大,这笔钱一旦被公司发现,自己的处境将会很难。但是他又不想失去这笔生意,这笔生意如果做成,自己至少能获得 3 万元的奖金。经过激烈的思想斗争,王伟终于决定答应客户的要求。最后公司以王伟违反规定为由将其开除。

2)让步的步骤和方式

商务谈判中的让步应该是有计划的,即在谈判的准备阶段让步应成为谈判方案的组成部分。让步应该是可控的,即在谈判中的让步必须为谋取或把握谈判主动权服务。

(1)让步的实施步骤

明智的让步是一种非常有力的谈判工具。让步的基本哲理是"以小换大"。谈判人员必须以局部利益换取整体利益作为让步的出发点,所以,把握让步的实施步骤是必不可少的。

第一步,确定谈判的整体利益。该步骤在准备阶段就应完成,谈判人员可从两方面确定整体利益:一是确定此次谈判对谈判各方的重要程度,可以说,谈判对哪一方的重要程度越高,那么,这一方在谈判中的实力就越弱。二是确定己方可接受的最低条件,也就是己方能作出的最大限度的让步。

第二步,确定让步的方式。不同的让步方式可传递不同的信息,产生不同效果。在现实的商务谈判中,由于交易的性质不同,让步没有固定的模式,通常表现为多种让步方式的组合,并且这种组合还要在谈判过程中依具体情况不断进行调整。

第三步,选择让步的时机。让步的时机与谈判的顺利进行有着密切的关系,根据当时的需要,既可我方先于对方让步,也可后于对方让步,甚至双方同时作出让步。让步时机选择

的关键在于应使己方的小让步给对方造成大满足的感受。

第四步,衡量让步的结果。它可以通过衡量己方在让步后具体的利益得失与己方在作出让步后所取得的谈判地位,以及讨价还价力量的变化来进行。

(2)让步前的选择

在作出让步之前,要先考虑我方的让步究竟是要满足对方哪一方面的需要。

①时间的选择。根据对方当时的心理需求,让步的时间应掌握在当我方一作出让步,对方立即就能够接受的,没有犹豫猜测的余地的时候。

②利益对象的选择。让步可以给予对方的公司、公司中的某个部门、某个第三者或谈判者本人某些利益。最好的是将利益让给最容易引起积极反应或回报的一方。

③成本的选择。由公司、公司中的某个部门、某个第三者或由谈判者本人负担成本上的亏损。

④人的选择。让步的内容可以使对方满足或者增加对方的满足感,人们可以从讨论中的问题以及与问题有关的事情或与问题不相关的其他人那里得到满足或增加满足感。

⑤环境的选择。应当在对方可以感受到让步的价值的场合作出让步,如进行现场比较、媒介宣传的比较等。

让步的实质要比表面看来微妙得多,它牵涉到谁是受益人、用什么方法让步、什么时候让步,以及让步的来源等问题,唯有通盘考虑,才能更有效地运用。

(3)让步的方式

怎样进行让步才是明智的? 这是一个很复杂的问题,不但与买卖的物品有关,而且还涉及市场行情、谈判当事人的性格与心理等因素。但一般说来,应该根据买卖双方的不同的情况,把让步巧妙地组织成幅度大小不一的一连串的行动。

在商务谈判实践中,人们总结出常见的 8 种理想的让步方式。每一种方式对对方传递的信息不同,对不同的对象也就有不同的结果。选择、采取哪种让步方式,取决于以下几个因素:谈判对手的经验、准备采取什么样的谈判方针和策略、期望让步后对方给予我方何种反应。

现以下例对这 8 种理想的让步方式进行分析。

假定有一位卖主,在讨价还价中,他决定让价 60 元。他怎样去做呢? 他可以采取以下的几种方法来达到目的。(见表 5.1)

表 5.1　8 种理想的让步方式

让步方式	第一步	第二步	第三步	第四步
1	0	0	0	60
2	15	15	15	15
3	8	13	17	22
4	22	17	12	9
5	26	20	12	2
6	59	0	0	1
7	50	10	−1	+1
8	60	0	0	0

①方式一。这是一种较坚定的让步方式,一直让买方感觉不妥协的希望极小,买主要冒形成僵局的危险,才迫使卖主做最后的让步。它的特点是在价格谈判的前期和中期,无论买方做何表示,卖方始终坚持初始报价,不愿作出丝毫的退让。而到了谈判后期才迫不得已作出大的退让。

优点:在起初阶段寸利不让,坚持几次说"不"之后,一次让出己方的全部可让利益。如果谈判对手缺乏毅力和耐性,就有可能被征服,使我方在谈判中获得较大的利益,对方也会有险胜感。因此会特别珍惜这种让步,不失时机地握手言和。另外,会给对方形成既强硬又出手大方的强烈印象。

缺点:谈判让步的开始阶段一再坚持寸步不让的策略,则可能失去谈判伙伴,具有较大的风险性。同时,易给对方传递己方缺乏谈判诚意的信息,进而影响谈判的结局。

这种让步方式适用于对谈判的投资少、依赖性差,因而在谈判中占优势的一方。但在实际谈判中这种让步方式基本上不采用。

②方式二。这是一种以相等的幅度逐轮让步的方式。这种方式的特点是使买方每次的要求和努力都能得到满意的结果,但也会因此刺激买方坚持不懈地努力,以取得卖方的继续让步。而一旦停止让步,就很难说服买方,并有可能造成谈判的中止或破裂。

优点:首先,由于这种让步平稳、持久,本着步步为营的原则,不会让买主轻易占了便宜。其次,对于双方充分讨价还价比较有利,容易在利益均沾的情况下达成协议。再次,遇到性情急躁或无时间长谈的买主时,往往会占上风,削弱对方的议价能力。

缺点:首先,每次让利的数量相等、速度平稳,给人的感觉平淡无奇,容易使人产生疲劳厌倦之感。其次,该种谈判效率极低,通常要浪费大量的精力和时间。因此,谈判成本较高。再次,买方每讨价还价一次,都有等额利润让出,这样会给对方传递一种信息,即只要耐心等待,总会有希望获得更大的利益。

这种让步方式适用于在缺乏谈判知识或经验的情况下以及进行一些较为陌生的谈判,但这种让步方式在实际谈判中采用得较少。

③方式三。这是一种让步幅度逐轮增大的方式。这种方式会导致买主期望越来越大,不利于守住底线。

优点:具有很大吸引力,给买方产生一种诱惑力,使对方沿着我方思路往前走。其次,使谈判富有变化性,如果谈判不能在减缓中完成,则可采取大举让利的方法,使谈判易于成功。再次,在两期让步中减缓一步,可以给对方造成一种接近尾声的感觉,易促使对方尽快拍板,最终能够保住我方的较大利益。

缺点:首先,这种让步方式是一种由少到多、不稳定的让步方式,容易导致对方的期望增大,在心理上强化对手的议价能力。其次,由于两期让步就已向买方传递了接近尾声的信息,而后来又做了大步让利,会给人不诚实的感觉。因此,对于友好合作关系的谈判来说往往不利。

这种让步方式适用于商务谈判陷入僵局或危难性的谈判。在实际谈判中应尽量避免使用此种让步方式。

④方式四。这是一种让步幅度逐轮递减的让步方式。即先让出较大的利益,然后再逐期减让,到最后一期让出较小的利益。其特点是,一方面表现出卖方的立场越来越强硬;另一方面又会使买方感到卖方仍留有余地,从而始终抱有继续讨价还价的希望。

优点:首先,给人顺乎自然,无须格外劳神之感,易为人们所接受。其次,由于让利的过程中是采取先大后小的方式,这往往有利于促进谈判。再次,由于采取了一次比一次更为谨慎的让步策略,一般不会产生让步上的失误。最后,有利于谈判各方在等价交换、利益均沾的条件下达成协议。

缺点:首先,这种让步由大到小,对于买主来讲,越争取利益越小。因而往往会使买主感觉不良好,故终局情绪不会太高。其次,这是谈判让步中的惯用方法,缺乏新鲜感。

此种让步方式一般适用于商务谈判的提议方。在实际谈判中,该种让步方式被较多地采用。

⑤方式五。这是一种开始先作出一次大的退让,然后让步幅度逐轮急剧减少的方式。这种让步方式的特点是,它既向买方显示出卖方的谈判诚意和妥协意愿,同时又巧妙地暗示出卖方已作出了巨大的牺牲和尽了最大的努力,进一步的退让已近乎不可能。

优点:首先,让步的起点比较高,具有较强的诱惑力,能够给对方传递可以合作,并有利可图的信息。其次,让步的幅度越来越小,可以给对方造成一种接近尾声的感觉,容易促使对方尽快拍板,最终能够保护住己方的较大利益。再次,如果3期所做微小让步仍不能达成协议的话,再让出最后稍大一点的利润,往往会使对方感到非常满意而达成协议。

缺点:一是让步策略的一开始让步很大,容易造成我方软弱可欺的不良印象,加强对方的进攻性。二是头两步的大让利和后两步小让利形成鲜明对比,容易给对方造成我方的诚意不足的印象。由于这种策略表现为由多到少,容易让买方失望。

⑥方式六。这是一种开始让步幅度极大,接下来则坚守立场、毫不退让,最后一轮又做了小小的让步的方式。

优点:首先,由于谈判的让步起点较高,具有较强的诱惑力,因此一般的买主都会较满意,因此谈判的成功率较高。其次,由于经过大幅度的让步以后,到3期仍不让步,给对方传递了已基本无利可让的信息,因此比较容易打消对方进一步要求我方再一次让利的期望而达成协议。再次,如果3期所做的拒不让步仍不能达成协议的话,再让出稍大一点的利润,往往会使对方很满意而达成协议。

缺点:首先,因为此种让步一开始让步很大,这样就容易给强硬的买主造成我方软弱可欺的印象,因而会刺激对手变本加厉,得寸进尺。其次,这种方式可能在3期让步遭到拒绝后,导致谈判僵局或破裂的出现。

这种让步方式一般适用于合作为主的谈判。这种让步方式在实际谈判中运用需要有较高的艺术技巧和冒险精神。

⑦方式七。这是一种开始作出大的让步,接下来又作出让步,之后安排小小的回升,最后又被迫做一点让步的方式。这是一种较为奇特和巧妙的让步技巧,往往能操纵买方心理。它既可表明卖方的交易诚意和让步已达到极限,又可通过"一升一降"使买方得到一种心理上的满足。

优点:首先,开始两步让出全部利益,具有很大的吸引力,往往会使陷入僵局的谈判起死回生。其次,若前两期的让利尚不能打动对方,再冒险让出不该让出的利益,这样就会产生一种诱惑力,使对方沿着我方思路往前走。再次,对方一旦上路,并为谈判付出代价,再借口某原因,从另一角度索回自己所需的利益,就容易促使谈判成功了。

缺点:首先,开始时表现软弱,大步让利,会导致对方期望增大,刺激对手变本加厉,得寸进尺。其次,3期的额外的让步,如4期中不能讨回,就会损害我方的利益。再次,在4期中讨回让利时,极易出现谈判僵局或谈判破裂的局面。

此种让步方式一般适用于在谈判中处于不利的境地,但又急于获得成功的谈判。此种让步方式是一种具有很高技巧的让步方式,在实际谈判中运用需要富有谈判经验、有较高的艺术技巧和冒险精神的谈判成员。

⑧方式八。这是一种开始便把自己所能作出的全部让步和盘托出的方式。

优点:首先,由于谈判者一开始就向对方亮出了底牌,即让出自己全部可让利益,比较容易打动对方采取回报行为,以促成谈判。其次,率先大幅度让步,具有强大的诱惑力,给对方以合作感、信任感。再次,此种率先的大幅度让步,具有强大的诱惑力,会在谈判桌上给对方留下美好印象,有利于获取长远利益。最后,谈判者的一步让利、坦诚相见,提高了谈判效率,有利于降低谈判成本。

缺点:首先,这种让步方式操之过急,对于买主会有极强的影响和刺激,可能给买方传递有利可图的信息,因而导致买主期望值过高,从而继续讨价还价。其次,由于一次性的大步让利,可能失掉本来能够力争到的利益。

此种让步方式一般适用于己方处于谈判的劣势或谈判各方之间的关系较为友好的情况。此种让步方式在实际谈判中较少采用。

3)让步的策略

【案例5-12】　中国南方一家大型广告公司要采购下一年的办公用品,采购招标单一发布,厂商纷纷投标。在众多投标厂商当中,一家名不见经传的小型办公用品生产厂商引起了广告公司的注意。它的报价虽然不是最低的,但服务项目非常丰富,准备充分,极富合作诚意,广告公司遂邀请这家厂商来面谈。为了探明该厂商的实力和合作诚意,谈判刚一开始,广告公司的采购经理就故意设置了障碍,以该生产厂商报价不够低、名气不大、产品质量恐难保证为由挑剔对方。生产厂商销售员略微思考了片刻,回答道:"贵公司所购买的产品数量虽然很大,但要求折扣幅度太大,说实话,这样的批发价我们很难有利润可言。诚然,我们厂的生产规模还不是很大,因此成本肯定不如大企业低,报价自然也就高了些。可是,我们的产品质量和服务水平十分过硬。正因为我们是刚刚起步的小厂,批发价无法与大厂抗衡,我们才更重视产品质量和售后服务,这也是我们厂工作的重中之重。贵公司在广告界极负盛名,信誉卓著,市场份额乃行业翘楚,一定十分重视合作伙伴的信誉和能力。您可以在合作中考验我们厂的实力和信誉。如果我厂能有幸中标,我们将免费为贵公司所采购的办公设备提供三年维修与保养,并承诺日后如有幸继续与贵公司合作,我厂所提供的所有产品报价维持不变。您看如何?"这一番有理、有据、有节的回答不仅申明了该厂的优势,也赞扬了对方。同时作出了一定让步,让对方看到了实实在在的利益,最终该生产厂商成功中标。

①理想的让步策略,是寻求步步为营,退一步而进两步的结果。

②互惠的让步策略。是指以我方在某一问题上的让步来换取对方在另一问题上的让步。

③丝毫无损的让步策略。这实质上是一种高姿态的让步方式。比如对方要求我方在某些方面让步,而且理由非常充分,但我方确实不想让步,这时可以采取的一种让步方式是:承

认对方的要求是合理的,从感情上我方愿意作出让步,但确有实际困难,请对方原谅,这样可以给对方一种心理上的满足,促使对方让步。

④长、短期利益相结合的让步策略。这种让步方式一般使用在具有长期合作要求的商务谈判者之间。由于谈判双方有的对远期利益感兴趣,有的对近期利益感兴趣,这样,谈判双方可以相互作出让步,有的取远期利益,放弃近期利益;有的取近期利益,放弃远期利益。

5.3.2 迫使对方让步的策略

【案例 5-13】 美国某工会要求公司加薪,公司先加了 5 美元,再加了 2 美元,工会还是不满意。为了达成妥协,公司决定再加 3 美元,结束谈判。但是,具体怎么让步,谈判人员出现了分歧。一种意见认为,公司应该先让 1 美元,不行再让 2 美元,这样可以实现公司利益最大化。另一种意见认为,这样的方式会让工会认为公司还可以继续让步,要结束谈判,就应坚持不让步,等工会失去耐心的时候,再一下让出 3 美元,欢欢喜喜地结束谈判。公司经过权衡,选择了第二种方案,果然收到了不错的效果。

谈判中的让步是必需的,没有适当的让步,谈判无法进行。而一味地让步,是根本不现实的,也有害于己方利益,所谓"最好的防守便是进攻"就是这个道理。在谈判磋商中,迫使对方让步也是达到最终谈判目的的手段之一。迫使对方让步的策略主要有:

1)制造竞争

制造竞争是谈判中迫使对方让步的最有效的武器和策略。当对方存在竞争对手时,其谈判的实力就大为减弱。因此,在谈判中,应注意制造和保持对方的竞争局面。

具体做法是:进行谈判前,多考察几家厂商,同时邀请他们前来谈判,并在谈判过程中适当透露一些有关竞争对手的情况,在与一家厂商达成协议前,不要过早结束与其他厂商的谈判,以保持其竞争局面。即使对方实际上没有竞争对手,我方也仍可巧妙地制造假象来迷惑对方。

2)软硬兼施

软硬兼施策略是指将组成谈判的班子分成两部分,其中一部分成员扮演强硬型角色即鹰派,鹰派在谈判某一议题的初期阶段起主导作用;另一部分成员扮演温和的角色即鸽派,鸽派在谈判某一议题的结尾阶段扮演主角。这种策略是商务谈判中常用的策略,而且在多数情况下能够生效。

在谈判过程中,对方在某一问题上应让步或可以让步又坚持不让步时,谈判便难以继续下去。在这种情况下,谈判人员就可利用"软硬兼施"的策略。

具体做法是,在洽谈某项议题时,我方主谈者或负责人找一个借口暂时回避,让"强硬派"挂帅出阵,采取强硬立场,果断地提出有利于己方的要求,并且坚持不放,必要时带一点疯狂,表现一点吓唬式的情绪行为。从气势上压倒对方,给对方在心理上造成错觉,迫使对方让步,或者索性将对方主谈者激怒,使其怒而失态。承担温和角色的谈判人员则保持沉默,观察对方的反应,寻找解决问题的办法。一旦己方主谈者估计已获得预期效果时,即回到谈判桌边,但不要马上发表意见,而是让我方"温和者"以缓和的口气、诚恳的态度,调和双方的矛盾,以便巩固我方已取得的优势。主谈者通过温和者的间接汇报和察言观色,判断对方确被激怒或确被我方的气势压倒而有让步的可能时,就应以诚恳的态度、亲切的言辞,提出"合情合理"的条件,使对方接受。如有必要,也可训斥我方"强硬派"扮演者的粗暴行为以顾全对方的面子。在这种情况下,被攻击的一方,很可能会接受我方主谈人所提出的条件或作出某些让步,当然,也可能不会马上让步,那么就应给对方以思考的时间。

需要指出的是,在谈判中,充当鹰派角色的人,在要威风时应有理,切忌无理搅三分。此外,鹰、鸽派角色的配合要默契。

3) 既成事实策略

既成事实策略亦称先斩后奏策略、"人质策略"。这在商务谈判活动中可以解释为"先成交,后谈判"。即实力较弱的一方往往通过一些巧妙的办法使交易已经成为事实,然后在举行的谈判中迫使对方让步。"先斩后奏"策略的实质是让对方先付出代价,并以这些代价为"人质"扭转自己实力弱的局面,让对方通过衡量所付出的代价和中止成交所受损失的程度,被动接受既成交易的事实。

先斩后奏策略做法主要有:
①卖方先取得买方的预付金,然后寻找理由提价或延期付货。
②买方先获得了卖方的预交商品,然后提出推迟付款。
③买方取得货物之后,突然又以堂而皇之的理由要求降价等。

严格地讲,既成事实策略是一种不讲道理的策略。但在特定的条件下,使用它也可以产生一定的效果。在运用该策略时应注意,必须有正当理由,否则将被视为缺乏商业道德,而不宜采用。

为了防止由于对方采用既成事实策略造成损失的情况出现,谈判人员在谈判中应做到:
①要尽量避免"人质"落入他人之手,让对方没有"先斩"的机会。如对对方谈判人员爽快地答应我方提出的要求时要有戒心。
②即使交易中必须先付定金或押金,也应做好资信调查,并注明何种情况下可以退款。
③采取"以其人之道,还治其人之身"的做法,尽可能相应掌握对方的"人质",一旦对方使用此计,则可针锋相对。如在没有获得对方押金或担保时,不要预付货物或款项。
④一旦情况发生,要敢于向对方领导抗议,若不能解决,可向当地的司法机关起诉。
⑤搞联合战线,揭穿他们的行为,使对方的信誉扫地。

4) 最后通牒

在谈判双方争执不下,对方不愿作出让步接受我方交易条件时,为了逼迫对方让步,我方可以向对方发出"最后通牒"。即如果对方在这个期限内不接受我方的交易条件达成协议,则我方就宣布谈判破裂而退出谈判。

在谈判过程中,谈判人员往往寄希望于未来能有更大利益而对现实的讨价还价不肯放弃。打破对方的奢望,就能击败犹豫中的对方。"最后通牒"在这方面就极为有效。

但运用"最后通牒"策略,必须注意以下几点:
①谈判者知道自己处于一个强有力的地位,特别是该笔交易对对方来讲,要比对本方更为重要。这一点是运用这一策略的基础和必备条件。

②在谈判的最后阶段或最后关键时刻才使用"最后通牒"。对方经过旷日持久的谈判，花费了大量人力、物力、财力和时间，一旦拒绝我方的要求，这些成本将付之东流。这样将迫使对方因无法担负失去这笔交易所造成的损失而非达成协议不可。

③"最后通牒"的提出必须是非常坚定、明确、毫不含糊的，不让对方存有任何幻想。同时，我方也要做好对方真的不让步而退出谈判的思想准备，以防到时惊慌失措。

5.3.3　阻止对方进攻的策略

谈判中，除了需要一定的进攻以外，还需要有效的防守策略。掌握一些能够有效地防止对方进攻的策略是很有必要的。

1) 权力有限策略

上司的授权，国家的法律和公司的规定以及交易的惯例限制了谈判者所拥有的权力。一个谈判人员的权力受到限制后，可以很坦然地对对方的要求说"不"。因为未经授权，对方无法强迫他超越其权限作出决策。对方若选择中止谈判，交易告吹，或寻找有此权限的上司重新开始谈判，都不得不遭受人力、物力、财力和时间上的损失。

因此，精于谈判之道的人都信奉这样一句名言：在谈判中，受到限制的权力才是真正的权力。

【**案例 5-14**】　美国谈判学会会长杰勒德·I.尼尔伦伯格参加过这样一场谈判：他受人委托参加由委托人安排的一次会谈。对方及其律师都到了，尼尔伦伯格作为代理人也到了场，可是委托人自己却失了约，等了好长时间，也没有见到委托人的人影。于是，这几位到场的人就先开始了谈判。随着谈判的进行，尼尔伦伯格发现自己正顺顺当当地迫使对方作出一个又一个的承诺，而每当对方要求他作出相应承诺时，他却以委托人未到、权力有限为理由，委婉地拒绝了。结果，他以一个代理人的身份，为他的委托人争取了对方的许多让步，而他却不用向对方作出相应的让步。

2) 示弱策略

在一般情况下，人们总是同情弱者，不愿落井下石，将之置于死地。有些国家或地区的商人，以日本和港澳地区商人多见，常常利用人性的这一特点，将之作为谈判中阻止对方进攻的一种策略。

示弱者在对方就某一问题提请让步，而其又无法以正当理由拒绝时，就装出一副可怜巴巴的样子，进行乞求。比如，若按对方要求去办，他以公司必将破产倒闭，或是他本人就会被公司解雇等为理由，要求对方高抬贵手，放弃要求。

与此类似，有的谈判人员"以坦白求得宽容"。当在谈判中被对方逼得招架不住时，干脆把本方对本次谈判的真实希望和要求和盘托出，以求得对方理解和宽容，从而阻止对方进攻。

这些策略，都取决于对方谈判人员的个性，以及对示弱者坦白内容的相信程度，因此具有较大的冒险性。

3) 软磨硬泡策略

软磨硬泡策略亦称疲惫策略,主要是通过"软磨硬泡",来干扰对方的注意力,瓦解其意志,从而寻找漏洞,抓住有利时机达成协议。

在商务谈判中,实力较强一方的谈判者常常咄咄逼人、锋芒毕露,表现出居高临下、先声夺人的姿态。对于这种谈判者,疲惫策略是一个十分有效的策略。这种策略的目的在于通过许多回合的"疲劳战",使这位趾高气扬的谈判者逐渐地消磨锐气,同时使我方的谈判地位从不利和被动的局面中扭转过来。到了对手精疲力竭、头昏脑涨之时,我方则可乘此良机,反守为攻,抱着以理服人的态度,摆出我方的观点,促使对方作出让步。

谈判是耗费精力的事,它需要思想高度集中、思维敏捷。马拉松式的谈判,本已存在着会场空气、精力等自然障碍,再加上"疲劳策略"的运用,又人为地拖延谈判时间,往往把对方的休息和娱乐的时间也安排得满满的,看起来似乎隆重礼遇,实际上也许只是一种圈套,甚至发展到使他不过午夜不能上床,不醉不得罢休的地步。影响谈判结局的决定性因素是谈判人员的精力,而不是高明的辩论技巧。这种策略从伦理观点看似乎不道德,但却是自古有之。重要的是需要知道这种策略,并提防别人使用。

实行疲劳策略,要求我方事先有足够的思想准备和人力准备。在谈判刚开始时,我方对于对方所提出的种种盛气凌人的要求采取回避、虚与周旋的对策,并暗中摸索对方的情况,寻找其弱点,取柔中有刚的态度,以柔克刚。运用该策略时,即使我方在驾驭谈判局面变得有利、占了上风时,也不能盛气凌人,运用疲惫策略最忌讳的就是以硬碰硬,以防激起对方的对立情绪,致使谈判破裂。

4) 以攻对攻策略

只靠防守无法有效地阻止对方的进攻,有时需要采取以攻对攻的策略。当对方就某一问题逼我方让步时,我方可以将这个问题与其他问题联系在一起加以考虑,在其他问题上要求对方作出让步。例如,如果买方要求卖方降低价格,卖方就可以要求买方增加订购数量,或延长交货期限等。结果,要么双双让步,要么都不作出让步,从而避免对方的进攻。

5.4 打破僵局的策略

谈判僵局是指在商务谈判过程中,双方对所谈问题的利益要求差距较大,各方又都不肯作出让步,导致双方因暂时不可调和的矛盾而形成的对峙,从而使谈判呈现出一种不进不退的僵持局面。由于商务谈判双方各自的利益和目的有差异,并且都想尽可能在谈判中取得尽可能大的利益和成果;加上谈判背景、条件、气氛的影响,所以商务谈判中出现的质疑、意见分歧、激烈争议,甚至陷入僵局都是常见的。应该说,僵局对谈判双方都是不利的,当僵局出现以后,必须迅速进行处理。如果处理不当,僵局就会成为"死局",会对谈判的顺利进行产生影响,最终导致整个谈判破裂。

因此,了解谈判僵局产生的原因以避免僵局出现,打破谈判僵局以取得有利的结果,便成为谈判者必须掌握的处理谈判僵局的基本技能。

5.4.1 谈判出现僵局的原因

谈判过程中出现僵局的情况是经常发生的,导致出现僵局的原因主要有:

1) 双方立场观点性争执导致僵局

谈判过程中,如果双方对某一问题各持自己的看法和主张,那么,越是坚持各自的立场,双方之间的分歧就会越大。这时,双方真正的利益会被这种表面的立场所掩盖,于是,谈判变成了一种意志力的较量,自然陷入僵局。在谈判过程中,谈判对手为了维护自己的正当利益,会提出自己的反对意见,当这些反对意见得不到解决时,便会利用制造僵局来迫使对方让步。如卖方认为要价不高,而买方则认为卖方的要价太高;卖方认为自己的产品质量没有问题,而买方则对产品质量不满意等。还有可能是客观市场环境的变化造成的不能让步,例如由于市场价格的变化,原定的谈判让步计划已无法实施,双方便会在谈判中坚持条件,使谈判陷入僵局。

经验证明,谈判双方在立场上关注越多,就越不能注意调和双方利益,也就越不可能达成协议。甚至谈判双方都不想作出让步,或以退出谈判相要挟,这就更增加了达成协议的困难。因为人们最容易在谈判中犯立场观点性争执的错误,这也是形成僵局的主要原因。

2) 谈判人员素质导致僵局

就导致谈判僵局的因素而言,不论是何种原因,在某种程度上都可归结为人员素质方面的原因所致。谈判人员素质的高低始终是判断谈判能否成功的重要因素,而且当双方合作的客观条件良好、共同利益较一致时,谈判人员素质的高低就成为决定性的因素。

①谈判人员的偏见或成见。偏见或成见是指由感情原因所产生的对对方及谈判议题的一些不正确的看法。产生偏见或成见是由于对问题认识的片面性,即用以偏概全的办法对待别人,因而很容易引起僵局。

②谈判人员的失误导致僵局。有些谈判者想通过表现自我来显示实力,从而使谈判偏离主题;或者争强好胜,提出独特的见解令人诧异;或者设置圈套,迷惑对方,使谈判的天平向着己方倾斜,以实现在平等条件下难以实现的谈判目标。但是在使用这些策略时,时机掌握不好或运用不当,也往往会导致谈判过程受阻及僵局的出现。

③谈判人员的故意反对导致僵局。故意反对是指谈判者有意给对方出难题,搅乱视听,甚至引起争吵,迫使对方放弃自己的谈判目标而向己方目标靠近。产生故意反对的原因可能是过去在谈判中上过当、吃过亏,现在要给对方报复;或者自己处在十分不利的地位,通过给对方制造麻烦或许能改变自己的谈判地位,并认为即使自己改变不了不利地位也不会有什么损失。这样就会导致商务谈判的僵局。

④谈判人员的强迫手段导致僵局。谈判中,人们常常有意或无意地采取强迫手段而使谈判陷入僵局。特别是涉外商务谈判,不仅存在经济利益上的相争,还有维护国家、企业及自身尊严的需要。因此,某一方越是受到逼迫,就越是不会退让,谈判的僵局也就越容易出现。

5.4.2　商务谈判僵局的利用和制造

1) 僵局的利用

【小贴士 5-10】　善用僵局是一种置之死地而后生的策略。一旦僵局打不开,就只好宣布谈判失败,这恐怕是任何谈判者都不愿看到的结果。所以,只有善于利用僵局,把僵局玩活的人,才能最后取胜!

谈判实践中,很多谈判人员害怕僵局的出现,竭力避免它,担心由于僵局而导致谈判暂停乃至最终破裂。其实,有效利用僵局策略,对谈判也会产生积极的影响。谈判者在谈判过程中利用谈判僵局,可以改变已有的谈判均势,提高己方在谈判中的地位,使谈判朝着对己方有利的方向发展。因此,如何在商务谈判中利用谈判僵局来促使对方接受己方的条件,达到己方的谈判目标,是谈判人员必须掌握的技巧。

【案例 5-15】　　　　　　　　　　中欧出口工程设备
欧洲一家公司到中国与一家企业谈判出口工程设备的交易。中方根据其报价对其提出批评,建议对方考虑中国市场的竞争性,认真考虑改变价格。欧洲公司谈判代表在作出一番解释后仍不降价,并说其价格是如何合理。双方几番争论,几个回合下来,一天时间过去了,谈判毫无进展。中方认为外方过于固执与傲慢,外方认为中方毫无购买诚意和足够的理解力,双方相互埋怨之后,谈判陷入僵局。
请思考:
1.谈判为什么会陷入僵局?
2.假如你是中方谈判代表,应如何打破这个僵局使谈判进行下去?

2) 僵局的制造

①制造僵局的条件。制造谈判僵局的条件是,如果不合作必然会产生双方都不愿见到的"麻烦",而且无法回避,否则就不可能成为僵局。运用"制造僵局"这一策略要十分慎重,一旦开始实施该策略,除非对方作出某种程度的让步,否则应顶着各种压力,维持僵局,才能取得预期的胜利。

②制造僵局的一般方法。制造僵局的一般方法是向对方提出较高的要求,要对方全面接受自己的条件。对方可能只接受己方的部分条件,即作出少量让步后便要求己方作出让步。己方此时如果坚持自己的条件,以等待更有利的时机的到来,而对方又不能再进一步作出更大让步时,谈判便陷入僵局。

③制造僵局的基本要求。谈判者制造僵局的基本做法是向对方提出较高的要求,但这一较高要求绝不能高不可攀,因为要求太高对方会认为是没有谈判诚意而退出谈判。因此,目标的高度应以略高于对方所能接受的最不利的条件为宜,以便最终通过自己的让步仍以较高的目标取得谈判成功。同时,对自己要求的条件,要提出充分的理由说明其合理性,以促使对方接受自己提出的要求。

5.4.3 打破谈判僵局的处理原则

【小贴士 5-11】 一位日本议员为了搞好与埃及当局的关系,前去拜见埃及前总统纳赛尔。尽管双方彼此的经历、脾气、兴趣等都极不相同,但日本议员事先做了充分的准备工作,在谈话中极力寻求认同感。以双方都曾做过上校为话题,拉近心理距离。在这样的谈判氛围下,双方打破僵局迅速转入正题,涉及两国的关系及贸易的谈判进行得十分顺畅,很快便达成了一系列的协议。

经验证明,打破僵局要注意以下基本原则:

1) 符合人之常情

僵局形成后,谈判气氛随之紧张,这时双方都不可失去理智,任意冲动。必须明确冲突的实质是双方利益的矛盾,而不是谈判者个人之间的矛盾,因此要把人与事严格区分开来,不可夹杂个人情绪的对立,以致影响谈判气氛。

2) 努力做到双方不丢面子

面子就是得到尊重,人皆重面子。在商务谈判中没有绝对的胜利者和失败者,商务谈判的结果都是在各有所得和各有所给的条件下共同努力取得的。因此任何一方,都必须尊重对方的人格,在调整双方利益取向的前提下,使双方的基本需求得到满足,不可让任何一方下不了台,而造成丢面子、伤感情的局面。

3) 尽可能实现双方的真正意图

僵局的解决,最终表现为双方各自利益的实现,实际上是实现了双方的真正意图。做不到这一点,对方利益完全得不到保证,僵持局面就不会结束。

因此,谈判双方必须遵循上述原则,主动积极地打破僵局,采取一定的策略,争取及时缓解。

5.4.4 打破僵局的策略

谈判出现僵局,就会影响谈判协议的达成。无疑,这是谈判人员都不愿看到的。因此,在双方都有诚意的谈判中,应尽量避免出现僵局。但是,谈判又是双方利益的分配,是双方的讨价还价,僵局的情况时有发生。因此,仅从主观愿望上不愿出现谈判僵局是不够的,也是不现实的。必须正确认识、慎重对待这一问题。掌握处理僵局的策略技巧,从而更好地争取主动,达成谈判协议。

1) 情境改变策略

情境改变策略是指用改变商务谈判环境以打破僵局的策略。正规的谈判场所,容易给人们带来一种严肃沉闷的气氛,尤其是在双方发生冲突、话不投机时,更容易使人产生压抑感。在这种情况下,作为东道主,可以首先提出暂时休会,组织双方人员参加一些放松的活动,如游览观光、运动、娱乐等。在游乐过程中,双方可以不拘形式地对某些僵持的问题继续交换意见,寓严肃的讨论于轻松活泼的气氛中。作为谈判的另一方也可邀请对方到自己公司所在地游览观光,以通过更换谈判环境和地点达到化解僵局的目的。

2) 休会策略

休会策略是指在谈判双方观点产生歧义、出现僵局时,干脆暂时休会,以期双方冷静下来,寻找打破僵局的策略。

休会策略是谈判人员为控制、调节谈判进程,缓和谈判气氛,打破谈判僵局而经常采用的一种基本策略。

休会的目的在于使双方冷静下来客观地分析形势,缓和紧张气氛,调整谈判谋略,以便在新的合作气氛中进入再谈判,提出双方都满意的新方案。

谈判出现僵局,双方情绪都比较激动、紧张,会谈一时也难以继续进行。这时,提出休会是一个较好的缓和办法。东道主可征得客人的同意,宣布休会。双方可借休会时机冷静下来,仔细考虑争议的问题;也可以召集各自谈判小组成员,集思广益,商量具体的解决办法。谈判呈现僵局而一时无法用其他双方都能接受的方法打破僵局时,可以采用冷处理的办法。即总结已取得的成果,然后决定休会,双方冷静下来认真考虑对方的要求;同时各方可进一步对市场形势进行研究,以证实自己原观点的正确性。当双方再按预定的时间、地点坐在一起时,会对原来的观点提出修正的看法。这时,僵局就会较容易打破。

谈判室是正式的工作场所,容易形成一种严肃而又紧张的气氛。当双方就某一问题发生争执,各持己见,互不相让,甚至话不投机、横眉冷对时,这种环境更容易使人产生一种压抑、沉闷的感觉。在这种情况下,双方人员可暂时停止会谈而去游览、观光、出席宴会、观看文艺节目,也可以到游艺室、俱乐部等地方消遣。这样,在轻松愉快的环境中,大家的心情自然也就放松了。更重要的是,通过游玩、休息、私下接触,双方可以进一步熟悉、了解,消除彼此间的隔阂;也可以不拘形式地就僵持的问题继续交换意见,寓严肃的讨论和谈判于轻松活泼、融洽愉快的气氛之中。这时彼此间心情愉快,人也变得慷慨大方,谈判桌上争论了几个小时无法解决的问题,在这儿也许会迎刃而解了。

休会的策略一般在下述情况下采用:

①当谈判出现低潮时。人们的精力往往呈周期性变化,经过较长时间的谈判后,谈判人员就会精神涣散、工作效率低下,这时最好提议休会,以便休息一下,养精蓄锐,以利再战。

②在会谈出现新情况时。谈判中难免出现新的或意外的情况和问题,使谈判局势无法控制。这时便可建议休息几分钟,以研究新情况,调整谈判对策。

③当谈判出现僵局时。在谈判双方进行激烈交锋时,往往会出现各持己见、互不相让的局面,使谈判陷于僵局。这时,比较明智的做法是休会,让双方冷静下来,客观地分析形势,及时地调整策略。等重开谈判时,会谈气氛就会焕然一新,谈判就可能顺利进行。谈判各方应借休会之机,抓紧时间研究一下,自己一方提出的交易方案对方承受程度如何?对方态度强硬的真实意图是什么?自己应在哪些方面继续坚持?哪些问题可以暂时放在一边不谈?我方准备提出哪些新的方案,等等。以便重开谈判后,提出对方可以接受的方案,从而打破僵局。

④当谈判出现一方不满时。有时,谈判进展缓慢、效率很低、拖拖拉拉,谈判一方对此不

满。这时,可提出休会,经过短暂休整后,重新谈判,可改善谈判气氛。

⑤当谈判进行到某一阶段的尾声时。这时双方可借休会之机,分析研究这一阶段所取得的成果,展望下一阶段谈判的发展趋势,谋划下一阶段进程,提出新的对策。

在提出休会建议时,一是要把握好时机,讲清休会时间;二是要委婉讲清需要,但也要让对方明白无误地知道;三是提出休会建议后,不要再提出其他新问题来谈,先把眼前的问题解决了再说。

【案例 5-16】　英国一家房地产公司收购了一块地皮,准备用来建造一座办公大楼,因此,这块地皮上原来居住的 200 多户居民都得搬迁。居民中有一位爱尔兰老妇人,在她的带动下,许多人都拒绝搬走,而且这些人决心与房地产公司周旋到底,谈判毫无进展。

于是公司经理宣布暂停与住户的谈判,派出精干人员与住户代表进行场下协商。由于那位爱尔兰老妇人态度最为强硬,公司便决定从她那里打开突破口。

公司职员弗兰克来到老妇人的家,对她说:"我知道您具有非凡的领导才干,完全可以成就一番大事。听说这里将建造一座新大楼,您何不劝劝您的老邻居们,让他们找一个更优美的环境永久居住下去,这样,大家都会记住您的好。"弗兰克这几句表面上轻描淡写的话,却深深地打动了老妇人的心。不久,她就变成了最忙碌的人,她到处寻觅住房,指挥邻居们搬迁,把一切办得有条有理。而公司在搬迁过程中,仅付出了原来预算赔偿金的一半数额。

3) 换题策略

【小贴士 5-12】　换题策略,这种战术适用于任何目标或战略。然而,必须注意运用新的谈判议题战术的合法性与正当性,尤其是当它涉及公司目标与解决问题的战略时。否则,这种战术将被认为是为了增加讨价还价的筹码而挑起不相关争端的欺诈行为。

【案例 5-17】　中国的某照明工具公司与瑞士的买家进行商务谈判。由于当前人民币升值对出口商利润空间造成了较大的挤压,中方希望在保证产品质量的基础上,报价上有一定的提高。结果商务谈判时中方的提价遭到了瑞士买家的抵制,买家对价格非常敏感,双方因为价格问题形成了僵局。在双方无法将谈判进行下去时,中方找到了新的竞争优势,即中方企业通过与保理公司、银行合作,采用"金融通"的金融产品,通过信用融资,为瑞士买家争取到了长达几个月的赊销账期。最后,双方不仅打破了价格僵局,而且由于中方对瑞士买家的支持,瑞士买家扩大了采购力度,中方也获得了长期的客源。

商务谈判双方在主要交易条件上没有原则分歧,只是在某些方面相持不下的时候,我们可以运用横向铺开的方式打破僵局。先把僵持不下的问题放下,转而就双方易于通融的其他问题交换意见。事情往往会这样发展:当另一些交易条件的谈判取得进展之后,再回到原来的内容上进行协商时,双方都已从态度上、方法上发生根本性的改变,谈判中谅解的气氛也随之浓厚起来。

换题策略可以从交易条件的部分甚至全部改变方式着手。主要有:

①改变付款方式。一次付款,时间不等的分期付款或其他不同的付款方式。只要所付的总金额一样,什么方式都没有关系。

②改变原来预定的目标。

③改变售后服务方式。

④改变交易形式。

⑤改变合约的形式。

⑥改变对产品的质量与配套要求。

⑦改变洽谈时间。

人们在遇到僵局时,往往会迟疑不决。这个时候,采取主动的一方会大有好处。如果僵持下去只会给双方带来更大的压力。一方主动这样做,另一方私下里是会欢迎的,因为许多僵局并不是交易条件差距太大,而是双方谈判人员性格的差异,害怕失去面子,包括己方自身内部的问题和上司的关系不佳或者因为个人没有权力作出决定等。这些问题需要我们考虑的不是做什么,而是如何去做。改变一下方式,不失为一种好的策略。

4) 换将策略

【案例 5-18】 **你到底想跟谁解决问题?**

美国富翁霍华·休斯亲自与欧洲某著名飞机制造厂的谈判代表进行飞机采购谈判。霍华·休斯是出了名的性情古怪、脾气暴躁、口不择言。谈判开局霍华·休斯就提出了采购飞机的 34 项条件。

飞机制造厂代表与霍华·休斯互不相让,谈判过程充满了火药味儿,谈判陷入僵局。后来,霍华·休斯委派他的私人代表继续与对方进行谈判。没想到私人代表很快就满载而归,竟然谈成了 34 项条件中的 30 项。霍华·休斯问私人代表是如何取得这么大的收获的?其私人代表马克先生说:"那很简单,每当我和制造厂代表谈不拢时,我就问他,到底希望跟我一起解决问题,还是等霍华·休斯来解决?结果制造厂代表无不接受我的要求。"

(资料来源:李品媛.商务谈判[M].大连:东北财经大学出版社,2005.)

换将策略是指在商务谈判出现僵局时,更换谈判主谈人员或负责人,以期打破僵局的策略。双方谈判人员如果互相产生成见,特别是主要谈判人员,那么,会谈就很难继续进行下去。即使是改变谈判场所,或采取其他缓和措施,也难以从根本上解决问题。形成这种局面的主要原因是在谈判中不能很好地区别对待人与问题,由对问题的分歧发展为双方个人之间的矛盾。也不能忽视不同文化背景下,人们不同的价值观念的影响。在这种情况下,可考虑更换主要谈判人员。

在有些情况下,如协议的大部分条款都已商定,却因一两个关键问题尚未解决而无法签订合同。这时,我方也可由地位较高的负责人直接出面谈判,表示对僵持问题的关心和重视。同时,这也是向对方施加一定的心理压力,迫使对方放弃原先较高的要求,作出一些妥协,以利协议的达成。

5) 升格策略

升格策略是指当商务谈判出现僵局时,谈判上升到一方或双方的上级再继续谈判,以打破僵局的策略。

由于某种原因,如一方谈判人员得不到对方的信任,或者由于双方的履约条件必须得到上级批准,谈判形成僵局而升格。这样,谈判双方原来是同等的,而升格之后,或一方为己

方上级或为对方上级,则另一方不变或者双方均为原各方上级。同为各方上级,等于整个谈判升格。

升格后的谈判小组会适当保留前谈判人员,但为了保持规格,一般主谈人将相应替换,谈判几乎等于重新调整,这自不待多言。只是在一方为上级,即如果是己方或对方的上级出面,会不会成为谈判的障碍?回答是不会。首先肯定一点,在谈判桌上,不论职位高低,其谈判地位是平等的;其次,上级并非一定是谈判高手,也不一定是难对付的对手;再次,领导出面往往为保持尊严,吃点亏、让点步,从而达成交易。

6)借题发挥策略

借题发挥策略是指在谈判中抓住对方的漏洞,小题大做,使对方措手不及,从而打破僵局的策略。

从对方的漏洞中借题发挥的做法有时被看作是一种无事生非、有伤感情的做法。然而,对于谈判对方某些人的不合作态度或试图恃强欺弱的做法,运用从对方的漏洞中借题发挥的策略作出反击,往往可以有效地使对方有所收敛。相反,不这样做反而会招致对方变本加厉地进攻,从而使我方在谈判中进一步陷入被动局面。事实上,当对方不是故意地在为难我方,而我方又不便直截了当地提出来时,采用这种旁敲侧击的做法,往往可以使对方知错就改、主动合作。

7)最后通牒策略

【案例5-19】 有一次,赵先生陪同一位朋友去买汽车。在宽敞的汽车展示厅内,赵先生的朋友看中了一辆黑色的奔驰。当时这辆车的标价是50万元,这个价位有点超出了朋友的预算。

这时,销售人员上前说道:"您好,我是这里的经理,先了解一下吧,这款车最近卖得非常好。"接着,赵先生和他的朋友了解了很多关于这辆车的数据,又亲自坐到车里去体验了一会儿。最后,赵先生的朋友对销售人员说:"我对这辆车非常满意,但是觉得在价格方面有点高了,你看45万元怎么样?"

这时,销售人员露出了为难的表情,他很诚恳地说:"实在抱歉,您给的价钱实在是太低了,我最低可以给您优惠到48万元。"

赵先生的朋友想了想,然后回答说:"这样吧,46万元。今天下午我有事要出国一周,下午两点的飞机,如果你觉得合适,我们现在就成交。"

经过之前的沟通,这位销售人员已经不愿意放弃这位顾客了,最终赵先生的朋友以46万元的价格买到了自己心爱的汽车。

最后通牒策略是指商务谈判在陷入僵局时,一方向另一方亮出最后的条件,如价格、交货期、付款方式,以及规定出谈判的最后期限等,表示行则行,不行则拉倒,迫使对方作出让步,以打破僵局的策略。在商务谈判中,人总是想象将来可能给己方带来更大的利益,陷入在对未来的希望和对现实不肯舍弃的矛盾之中,不肯做最后的判断和选择。此时若要打破僵局、击败犹豫的对手,最有效的手段便是采取最后通牒策略。

（1）运用最后通牒策略的条件

运用最后通牒策略，要在下列情况下进行：

①已方处于强有力的地位，对方只有我方这个交易对象；

②试用其他方式均无效；

③对方所持立场是我方最低要求或达不到最低要求；

④我方的建议和交易条件在对方的接受范围之内。

总之，使用最后通牒策略，要做到令对方无法拒绝，使对方无法还手；要替对方预留后路，给对方以选择余地。

（2）运用最后通牒策略的技巧

最后通牒作为一种策略，必须讲究技巧方能取得实效：

①最后通牒的态度要强硬，语言要明确，应表达清楚正、反两方面的厉害。

②最后通牒最好由谈判队伍中身份最高的人来表达，发出最后通牒的人的身份越高，其真实性也就越强。当然，我方要改变的难度也就越大。

③用谈判桌外的行动来配合我方的最后通牒，如酒店结账、预订回程车、船、机票等，以向对方表明最后通牒的决心。

④实施最后通牒前必须同我方的上级主管通气，使他明白为何实施最后通牒，究竟是出于迫不得已，还是作为一种谈判策略。

（3）识破对方最后通牒策略的对策

如果对方使用最后通牒策略，我方对策最重要的一点是要探究对方的真意，其立场并不一定如其表现的那样坚定。试探、探究的最好办法是改变交易的性质，如增加或减少订货；改变对品质的要求；要求更多或更少的服务；要求更慢或更快地送货；改变产品、种类的比例等，然后再和对方谈判新的底价。这实际上已改变了交易的内涵。

8）以硬碰硬策略

当对方通过制造僵局，给你施加太大压力时，妥协退让已无法满足对方的欲望，应采用以硬碰硬的办法向对方反击，让对方自动放弃过高要求。比如，揭露对方制造僵局的用心，让对方自己放弃所要求的条件。有些谈判对手便会自动降低自己的要求，使谈判得以进行下去。也可以离开谈判桌，以显示自己的强硬立场。如果对方想与你谈成这笔生意，他们会再来找你，这时，他们的要求就会改变，谈判的主动权就掌握在了你的手里。如果对方不来找你也不可惜，因为如果自己继续同对方谈判，只能使自己的利益降到最低点。这样，谈成了还不如谈不成。

【小贴士 5-13】 要使硬碰硬这一破解僵局的手段发挥作用，必须满足以下条件：

①应充分认识自己的实力。只有在己方具备较强的实力时，这一方法才能发挥威力。

②谈判者要注意硬中带软，不要一味强硬，应给对手留有退路。如果一味施加压力，很可能让谈判对手下不了台而导致谈判的彻底破裂。

③对强硬态度的风险应有足够的认识。以硬碰硬包含着极大的风险，可能导致前功尽弃，使谈判破裂。因此，谈判者只有在风险较小的情况下，才能使用这一策略。例如能够确

认谈判对手也很希望做成这笔交易,对这笔交易寄予很大的期望值。所以谈判一旦破裂,对双方都极为不利,是双方所不愿看到的。

谈判陷入僵局时,如果双方的利益差距在合理限度内,即可明确地表明自己已无退路,希望对方能让步,否则情愿接受谈判破裂的结局。前提是双方利益要求的差距不超过合理限度。只有在这种情况下,对方才有可能忍痛割舍部分期望利益,委曲求全,使谈判继续进行下去。相反,如果双方利益的差距太大,只靠对方单方面的努力与让步根本无法弥补差距时,就不能采用此策略,否则就只能使谈判破裂。当谈判陷入僵局而又实在无计可施时,以硬碰硬策略往往是最后一个可供选择的策略。在作出这一选择时,我们必须要做最坏的打算,否则就会显得茫然失措。切忌在毫无准备的条件下盲目滥用这一做法,因为这样只会吓跑对手,结果将是一无所获。另外,在整个谈判过程中,我们应该严格地遵守商业信用和商业道德,不能随意承诺;而一旦承诺就要严格兑现。因此,如果由于运用这一策略而使僵局得以突破,我们就要兑现承诺,与对方签订协议,并在日后的执行中,充分合作,保证谈判协议的顺利执行。

对于谈判的任何一方而言,坐到谈判桌前的目的是为成功达成协议,而绝没有抱着失败的目的前来谈判的。谈判中,达到谈判目的的途径往往是多种多样的,谈判结果所体现的利益也是多方面的。当谈判双方对某一方面的利益分配僵持不下时,往往容易轻易地使谈判破裂。其实,这实在是一种不明智的举动。之所以会出现这种结果,在于谈判双方没有掌握辩证地思考问题的方法。如果是一个成熟的谈判者,这时他应该明智地考虑在某些问题上稍做让步,而在另一些方面去争取更好的条件。在引进设备的谈判中,有些谈判人员常常会因为价格存在分歧而使谈判不欢而散。其实,像设备的功能、交货时间、运输条件、付款方式等问题尚未来得及涉及,就匆匆地退出了谈判。事实上,作为购货的一方,有时完全可以考虑接受稍高的价格,在其他条件方面,就有更充分的理由向对方提出更多的要求。如增加相关的功能、缩短交货期限;或在规定的年限内提供免费维修的同时,争取在更长的时间内免费提供易耗品;或分期付款等。这样做比起不欢而散要经济得多。

【案例5-20】　有人打过一个比方,假设两辆运载炸药的汽车在单行道上相向而行,必须有一辆车礼让靠边,否则就可能造成车祸。两辆车越驶越近,其中一位司机拔下方向盘往窗外一扔,另一位司机就只有两种选择:要么相撞爆炸,同归于尽;要么赶快让到路边。如果后一位司机稍稍还有点理智的话,毫无疑问,他作出的必然是第二种选择。第一个司机所使用的是一种破釜沉舟的策略,根本没法通融。虽然他暂时削弱了对局势的控制,但因为他态度强硬、不肯相让,反而加强了他的地位,迫使对方不得不退让。

9) 调解人调解策略

调解人调解策略是指当商务谈判陷入僵局,借助第三方的力量帮助解决谈判僵局的策略。有些谈判必须取得成果,而不能用中止或破裂来结束,如索赔谈判。当这类谈判陷入僵局,用其他方法均不奏效时,为了尽快结束谈判,可借助第三方的力量帮助解决。调解是请调解人拿出一个新的方案让双方接受。由于该方案照顾了双方的利益,顾全了双方的面子,并且以旁观者的立场对方案进行分析,因而很容易被双方接受。但调解只是一种说服双方接受的方法,其结果没有必须认同的法律效力。

当出现了比较严重的僵持局面时,彼此间的感情可能会受到伤害。因此,即使一方提出缓和建议,另一方在感情上也难以接受。在这种情况下,最好寻找一个双方都能够接受的中间人作为调解人。

在这里,调解人可以起到以下的作用:

①提出符合实际的解决办法;

②出面邀请对立的双方继续会谈;

③刺激启发双方提出有创造性的建议;

④不带偏见地倾听和采纳双方的意见;

⑤综合双方观点,提出妥协的方案,促使交易达成。

调解人最好是和谈判双方都没有直接关系的第三者,一般要具有丰富的社会经验、较高的社会地位、渊博的学识和公正的品格。总之,调解人的威望越高,越能获得双方的信任,越能缓和双方的矛盾,达成谅解。

【小贴士5-14】 借助中间人破除僵局的要点有:

①由中间人把双方的人与问题分开,把讨论由立场之争引向利益调整和妥协方案;

②中间人绝不能介入冲突各方的方案评价,而应独立地提出自己的方案,并征求各方的意见和建议;

③把方案的“提出”与“做决定”分开,以避免作出不必要或仓促的决定。

10) 仲裁策略

仲裁策略是指在商务谈判中出现双方争执不下的僵局时,自愿将有关争议提交给双方同意的仲裁机构进行裁决的策略。

用仲裁的方式解决争端,有利于保持双方的交易关系,并且程序和手续简便,节省费用,时间比较短。

采用仲裁策略必须注意两点:

①它必须是双方一致同意的,并通过订立仲裁协议来作出确定的表示。没有仲裁协议的争议是不能仲裁的。

②仲裁的结果是终局的。一旦双方当事人通过订立仲裁协议将争议递交仲裁机关,就排除了法院对该争议的管辖权,任何一方都不得再向法院起诉。裁决的结果对双方都有约束力,必须依照执行。

上述仅为处理僵局的几种主要策略,在现实商务谈判中,要比这复杂得多。方法策略也不限于这几种。在具体商务谈判中,最终采用何种策略应该由谈判人员根据当时当地的谈判背景与形势来决定。一种策略可以有效地运用于不同的谈判僵局之中,但一种策略在某次僵局突破中运用成功,并不一定就适用于其他同样起因、同种形式的谈判僵局。只要僵局构成因素稍有差异,包括谈判人员的组成不同,各种策略的使用效果都有可能是迥然不同的。关键是要从实际情况出发,具体问题具体分析,灵活地运用策略。

本章小结

　　本章对商务谈判磋商阶段的谈判策略进行了系统的介绍。详细论述了报价的方法、报价的先后、报价的原则、报价的解释及应该采取的报价策略;介绍了商务谈判中的还价策略,就还价前的准备、还价的原则、还价的方法、还价的起点确定、还价策略进行了详细的解释;介绍了商务谈判中的让步与迫使对方让步的策略,就让步的原则、让步的步骤和方式、让步的策略、迫使对方让步的策略、阻止对方进攻的策略进行了详细的论述;介绍了商务谈判中的打破僵局策略,就谈判出现僵局的原因、僵局的利用、打破谈判僵局的处理原则、打破僵局的策略进行了详细的说明。

复习思考题

　　1.报价的方法有哪几种? 各有什么优缺点?

　　2.报价的原则和策略是什么?

　　3.还价的原则是什么? 还价的方法和策略有哪些?

　　4.让步的原则是什么? 让步的理想方式有哪几种? 各有什么优缺点?

　　5.让步的策略有哪些?

　　6.迫使对方让步的策略有哪些?

　　7.阻止对方进攻的策略有哪些?

　　8.谈判出现僵局的原因有哪些?

　　9.打破谈判僵局的处理原则是什么?

　　10.打破谈判僵局的策略有哪些?

实 训 题

一、判断题

1.谈判僵局的出现是件坏事,我们应避免它的发生。　　　　　　　　　　(　　　)

2.对方的最初让步的效益高于己方的期望值,可以马上接受对方的让步。　(　　　)

3.商务谈判中的报价,是指产品在价格方面的要价。　　　　　　　　　　(　　　)

4.在对方报价的过程中,如果有不清楚的地方要马上向对方提出异议,要求对方予以解答。　　　　　　　　　　　　　　　　　　　　　　　　　　　　　　(　　　)

二、单项选择题

1.卖方有100元的让步权限,要求四次让完,合适的让步方式是(　　　)。

　　A.25/25/25/25　　　B.50/0/50/0　　　C.40/30/20/10　　　D.0/0/50/50

2.报价的基础是( )。

　　A.掌握行情　　　　B.头脑灵活　　　C.口才好　　　　　　D.工作作风

3.在实际谈判中基本不采用的让步方式是( )。

　　A.在让步的最后阶段一步让出全部可让利益

　　B.等额地让出可让利益

　　C.先高后低,然后又拔高的让步方式

　　D.小幅度递减的让步方式

三、多项选择题

1.报价影响谈判的实质性进展。卖方的报价水平应是( )。

　　A.最高　　　　　　　　　　　　　B.高到对方难以接受的地步

　　C.高到卖方难以找到理由的地步　　　D.对方对我方产生不诚实感觉

　　E.卖方期望的目标

2.打破谈判僵局的策略有( )。

　　A.调解人调解　　　　　　　　　　B.暂时休会

　　C.变换议题　　　　　　　　　　　D.专家单独会谈

　　E.借题发挥

3.打破谈判中僵局的具体做法主要有( )。

　　A.采取横向式的谈判　　　　　　　B.改期再谈

　　C.改变谈判环境与气氛　　　　　　D.叙旧情,强调双方共同点

　　E.更换谈判人员或由领导出面调解

四、问答题

1.你公司急需从国外进口某机械设备,卖方确定为日本某公司。你是公司的总经理,是谈判负责人。在与日方的谈判中,你发现日方由于事先摸清了你公司急需该设备,所以出价居高不下,谈判陷入了僵局。而英国和法国均有生产该机械设备的公司。你将怎样打破谈判僵局?

2.你准备买一套商品房,对地点、楼层均感到满意,但房地产公司报价75万元,你认为价格太高,你能接受的价位在60万元左右。同时,你还了解到,该房地产公司急需资金周转,在该房地产公司开发的商品房附近还有两处别的房地产公司的商品房在建,近期将开盘。你会怎么做?

五、实际操作题

1.假设你是宇通国际贸易有限公司的经理,你公司现有1 000吨2006年产的花生准备出口,于是你在网上搜索进口商,发现英国伦敦ABC公司有购买意向。于是,通过网络与该公司建立了联系。ABC公司经理约翰·司密斯决定带领3个人来你公司所在地与你进行谈判。

谈判背景资料:2006年产的花生的国际市场最高价格为每吨3 600元,你公司的出口价格下限为每吨3 500元。支付方式为不可撤销即期信用证,包装为双层麻袋装,保险为由卖方按发票金额的100%投保一切险和战争险,佣金率3%,规格为2006年大路货,目的港为伦敦,唛头由卖方选定,交货期根据英方要求。

　　ABC 公司准备的最高出价是每吨 3 550 元,最低出价为每吨 3 450 元,支付方式为见票后 30 天信用证付款。

　　请你制订谈判方案,并组织 8 人分别扮演宇通国际贸易有限公司的谈判人员和 ABC 公司经理约翰·司密斯及助手,完成此次谈判,谈判中注意运用所学习过的各种谈判策略。谈判最后以成交结束。

　　2.谈判背景资料:日本东京贸易公司(地址:7- 9,1-CHOME, KYOBASHI CHUO-KU TOKYO 104, JAPAN 电话:03-3567-1457 传真:03-3535-6802)与天津宇通国际贸易有限公司是长期客户。2006 年 9 月 10 日,日方经理佐佐木通过函电向宇通公司发出购买中国大米的实盘,实盘内容为:1 000 吨大米,每吨 540 美元 CIF 大阪;见票后 30 天信用证付款。你是天津宇通国际贸易有限公司的经理,不接受日方的报价,于是双方进行了反复的还盘函电往来,最后双方同意按以下内容成交:

　　①数量:1 000 吨;

　　②单价:每吨 560 美元 CIF 大阪;

　　③支付:买方应于 2006 年 10 月 15 日前通过卖方所接受的银行开出以卖方为受益人的不可撤销的全部发票金额的即期信用证,信用证有效期延至装运月份后第 15 天在中国到期;

　　④运输:海运,装运期 2006 年 11 月,允许转船,允许分批装运;

　　⑤唛头:由卖方设计;

　　⑥包装:用麻袋包装,每袋 50 公斤;

　　⑦保险:由卖方按中国人民保险公司保险条款按发票金额的 110%投保一切险;

　　⑧检验:由中国出入境检验检疫局出具检验证书;

　　⑨产品的具体情况为:中国大米,良好平均品质

　　　　　碎粒　　最高 20%

　　　　　杂质　　最高 0.2 %

　　　　　水分　　最高 10 %

　　⑩允许溢短装±5%,由卖方掌握。

　　⑪装运港:天津新港

　　要求:

　　①补充完成双方的信函往来的内容,即进行一次函电谈判。

　　②注意谈判策略的运用。

　　③根据双方达成一致的内容填制销售确认书(销售确认书见书后附录)。

案　例

　　【5-1】　金盾大厦设计方案谈判

　　7 月下旬,重庆某中外合资房地产开发有限公司总经理张先生获悉澳大利亚著名设计师尼克·博谢先生将在上海作短暂停留。张总经理认为,澳大利亚汇聚了世界建筑的经典

案例,何况尼克·博谢先生是当代著名的建筑设计师,为了把正在建设中的金盾大厦建设成豪华、气派,既方便商务办公,又适于家居生活的现代化综合商住楼,必须设计科学、合理,不落后于时代新潮。具有长远发展眼光的张总经理委派高级工程师丁静副总经理作为全权代表飞赴上海与尼克·博谢洽谈,请他设计金盾大厦的方案。

丁静一行肩负重担,于7月25日风尘仆仆地赶到上海。一下飞机,就马上与尼克·博谢先生的秘书联系,确定当天晚上在银星假日饭店的会议室见面会谈。

下午7点,双方代表按时赴约,并在银星假日饭店门口巧遇。双方互致问候,一同进入21楼的会议室。

根据张总经理的交代,丁静介绍了金盾大厦的现状。她说:"金盾大厦的建设方案是在七八年前设计的;其外形、外观、立面等方面在现在看来都有些不合时宜。我们慕名而来,恳请贵方合作。"丁静一边介绍,一边将事先准备的有关资料,如施工现场的照片、图纸、国内有关单位的原设计方案、修正资料等提供给尼克·博谢一方的代表。尼克·博谢在中国注册了"博谢联合建筑设计有限公司",该公司是多次获得大奖的国际甲级建筑设计公司。在上海注册后,尼克·博谢很快在上海建筑市场站稳脚跟。但是,除上海外大部分内地市场还没有深入发展。由于有这样一个良好机会,尼克·博谢对这一项目很感兴趣。他们同意接受委托,设计金盾大厦8楼以上的方案。

可以说,双方都愿意合作。然而,根据重庆某房地产开发有限公司的委托要求,博谢联合建筑设计有限公司的报价是人民币40万元,这一报价使重庆某房地产开发有限公司难以接受。博谢公司的理由是:本公司是一家讲求质量、注重信誉、在世界上有名气的公司,报价稍高是理所当然的。但是,鉴于重庆地区的工程造价,以及中国内地的实际情况,这一价格已经是最优惠的价格了。

据重庆方面的谈判代表丁静了解,博谢联合建筑设计有限公司在上海设计价格为每平方米6.5美元。若按此价格计算,重庆金盾大厦25 000平方米的设计费应为16.26万美元,根据当天的外汇牌价,折算成人民币为136.95万元。的确,40万元是最优惠的报价。

"40万元人民币是充分考虑了中国内地情况,按每平方米设计费为人民币16元计算的。"尼克·博谢说道。但是,考虑到公司的利益,丁静还价:"20万元。"对方感到吃惊。顺势,丁静解释道:"在来上海之前,总经理授权我们10万元左右的签约权限。我们出价20万元,已经超过了我们的权限范围。如果再增加,必须请示正在重庆的总经理。"双方僵持不下,尼克·博谢提议暂时休会。

第二天晚上,即7月26日晚上7点,双方又重新坐到谈判桌前谈判对建筑方案的设想和构思,之后接着又谈到价格。这次博谢联合建筑设计有限公司主动降价,由40万元降到35万元,并一再声称"这是最优惠的价格了。"

重庆方面的代表坚持说:"太高了,我们无法接受,通过请示,公司同意支付20万元,不能再高了。请贵公司再考虑考虑。"对方代表嘀咕了几句,说:"鉴于你们的实际情况和贵公司的条件,我们再降价5万元,即30万元。低于这个价格,我们就退出。"

重庆方面的代表分析,对方舍不得丢掉这次与本公司的合作机会,对方可能还会降价。所以,重庆方面仍坚持出价20万元。过了一会儿,博谢公司的代表收拾笔记本等用具,根本不说话,准备退场。

　　眼看谈判再次陷入僵局,这时,重庆方面的蒋工程师急忙说:"请贵公司的代表与我们的总经理通话,待张总经理决定并给我们指示后再谈如何?"由于这样的提议,紧张的气氛才缓和下来。

　　7月27日,博谢联合建筑设计有限公司的代小姐与张总经理取得了联系。其实在此之前,丁静已经与张总经理通过电话,详细汇报了谈判的情况及对谈判的分析与看法。张总经理要求丁静:"不卑不亢,心理平衡。"所以当代小姐与张总经理通话后,张总经理作出了具体的指示。

　　在双方报价与还价的基础上,重庆方面再次出价25万元,博谢联合建筑设计有限公司对此基本同意,但提出9月10日才能交图纸,比原计划延期两周左右。经过协商,双方在当晚签了协议。

　　问题:

　　1.围绕价格谈判两次陷入僵局,双方用了什么策略和办法使谈判恢复?

　　2.第二次重开谈判时,双方首先探讨的是建筑方案的设想、构思,为什么?

　　3.如何正确认识和对待僵局?

　　【5-2】　美国汽车界的传奇人物艾柯卡在接手管理濒临绝境的克莱斯勒公司后,感到必须压低工人的工资。他首先降低了高级职员的工资的10%,自己的年薪也从36万美元减到10万美元。随后他对工会领导人说:"17美元一个小时的活有的是,20美元一个小时的活一件也没有。现在好比我拿着手枪顶着你们的脑袋,你们还是聪明点。"

　　工会并未答应艾柯卡的条件。双方僵持了一年。最后,形势迫使艾柯卡发出了最后通牒。一天晚上10点钟,艾柯卡找到了工会谈判委员会,对他们说:"明天早晨以前,你们非作出决定不可。如果你们不帮我的忙,我也要让你们不好受。明天上午我就可以宣布公司破产。你们还可以考虑8小时,怎么办好,你们看着办吧!"

　　最后,工会答应了他的要求。

　　问题:

　　艾柯卡在谈判中采用了什么策略打破了僵局?采用这种策略应具备什么条件?

　　【5-3】　上海甲公司引进外墙防水涂料生产技术,日本乙公司与中国香港丙公司报价分别为22万美元和18万美元。经调查了解,两家公司技术与服务条件大致相当,甲公司有意与丙公司成交。在终局谈判中,甲公司安排总经理与总工程师同日本乙公司谈判,而全权委托技术科长与中国香港丙公司谈判。中国香港丙公司得知此消息后,主动大幅度降价至10万美元与上海甲公司签约。

　　问题:

　　1.如何评论上海甲公司安排谈判人员的做法?

　　2.如何评论香港丙公司大幅度降价的做法?

　　【5-4】　2002年8月6日,中国足球运动员曲波的经纪人高琪就曲波转会英国热刺队的问题如约来到了热刺队的办公室,与英方进行接触。英方婉转地提出让当时正在随热刺队预备队训练的曲波多试训两天,高琪据理力争道:"这不可能,我们认为曲波已经完全展示出了他的实力,没有必要再追加一场比赛啦。现在如果不马上谈转会问题,我们就打点行装回国。"不过为了不把事情闹僵,高琪便又表示此事还要和青岛方面联系。就这样,初次接触不

欢而散。

第二天上午,高琪与热刺队的足球总监普利特和俱乐部秘书长亚历山大进行了第一轮正式谈判。英方提出的第一个方案是:"曲波每出场一次我们就将付给青岛方面1万英镑的租借费或者我们总共一次性出100万英镑收购曲波。"高琪立即回应道:"这种条件青岛方面肯定不会答应,因为这是不可能的事儿。"普利特仍然不死心地进行解释:"如果曲波能够代表俱乐部出场40次,那么租借费40万英镑也是很可观的呀。"高琪仍然不动声色地拒绝了。看到实在不行,普利特又拿出第二个方案:"以150万英镑买断曲波,但是三年分期付款,每年50万英镑,而且有一个前提,那就是曲波每个赛季的出场率不得低于50%。"对于这一明显不公正的条件,高琪再次严词拒绝。看到高琪不为所动,普利特只好打圆场道:"今天先谈到这里,晚上俱乐部董事长利维想邀请你们去看热刺队与格拉斯哥流浪者队的比赛。票过会儿送到你们的酒店。"

在离开了普利特的办公室后,高琪立即和他的英方合伙人格拉斯取得了联系。格拉斯将高琪带到了其父的办公室,去见老格拉斯(英国有名的亿万富翁)。听完高琪的介绍后,老格拉斯用了一个小时的时间详细地为其分析了热刺队的心理,并且一起设计了几种方案。老格拉斯的第一个建议就是高琪和曲波绝对不能去观看热刺队当天的公开赛,以此来表明他们的强硬态度。当比赛开始的时候,高琪和曲波留在了酒店里休息。而当利维进入包房没有看到曲波的身影时,立即问普利特这是怎么一回事。于是,普利特马上给高琪打通了电话,高琪当即表示我们正在收拾东西准备明天回国。听到这个消息,对曲波十分中意的英方马上就慌了手脚。利维又让普利特和格拉斯联系,希望他能劝阻高琪和曲波先不要回国。在谈判中充当"红脸"角色的格拉斯则回答道:"你们上午拿出的引进方案让我的合伙人非常不满,他们认为这是对他们和中国足球的不敬,因此他们决定回国,我也没有办法。"此后,普利特在请示了利维之后马上告诉高琪。俱乐部会拿出一个新的方案。此时,高琪也按照既定步骤表示,要谈只能在自己、格拉斯和利维三人之间进行。不久,热刺队就通知高琪8日上午开始进行谈判,利维会代表热刺俱乐部出席的。

8日一大早,格拉斯就赶到了高琪他们所住的酒店,两个人在大堂里苦等着对方的消息。正当他们忍受不了漫长的等待而要打电话给热刺俱乐部时,老格拉斯打来电话指示道,一定要沉住气,谁先打这个电话谁将失去主动。从早晨一直到中午11:40,热刺俱乐部终于沉不住气了,利维让亚历山大通知高琪和格拉斯迅速到俱乐部,谈判将要马上开始。在挂断电话之后,高琪和格拉斯两人相视一笑,然后击掌相庆,因为他们知道热刺队上钩了,曲波转会已经基本接近成功。在高琪和格拉斯赶到俱乐部的时候,利维和亚历山大已经在会议室里等他们了。

谈判从中午开始,直到深夜才结束,在10个小时的谈判过程中,双方都没有吃饭,都在耐心等待着对方沉不住气。后来热刺队方面九次让高琪给青岛方面打电话,高琪都是随便拨个号码说两句中文来敷衍他们,然后告诉他们青岛不愿让步。当在曲波的二次转会费分配比例上僵持不下的时候,利维建议大家一起到俱乐部的另外一间办公室里去给青岛方面打一个三方电话。当电话确实接通后,青岛方面的负责人表示高琪的意见就是青岛的意见,随即挂断了电话,这使得利维最后在这一问题上不得不作出让步。次日,高琪继续和热刺队谈判,这次谈的是曲波的待遇问题,谈判过程同样很艰苦。但是高琪经过艰苦的谈判,终于迫使热刺队作出了让步,青岛方面和曲波的利益都得到了保证。

问题：

在本案例中，高琪采用了什么策略使谈判获得成功？为什么？

【5-5】 日本有一家著名的汽车公司在美国刚刚"登陆"时，急需找一家美国代理商来为其销售产品，以弥补他们不了解美国市场的不足。当日本汽车公司准备与美国的一家代理公司就此问题进行谈判时，日本公司的谈判代表路上塞车迟到了。美国代理公司的代表抓住这件事紧紧不放，想要以此为手段获取更多的优惠条件。日本公司的代表发现无路可退，于是站起来说："我们十分抱歉耽误了您的时间，但是这绝非我们的本意。我们对美国的交通状况了解不足，所以导致了这个不愉快的结果，我希望我们不要再为这个无所谓的问题耽误宝贵的时间了。如果因为这件事怀疑到我们合作的诚意，那么，我们只好结束这次谈判。我认为，我们所提出的优惠代理条件是不会在美国找不到合作伙伴的。"

日本代表的一席话说得美国代理商哑口无言，美国人也不想失去这次赚钱的机会，于是谈判顺利地进行下去了。

请问：

1.美国公司的谈判代表在谈判开始时试图营造何种开局气氛？

2.日本公司谈判代表采取了哪一种谈判开局策略？

3.如果你是美方谈判代表，应该如何扳回劣势？

第6章
商务谈判签约阶段策略

【本章导读】

本章主要介绍了合同文本的撰写和审核的重要性、合同文本的内容及撰写要求、审核要求、签约仪式的安排、签约阶段的策略。目的是使读者能够掌握商务谈判签约阶段的策略及操作要求,能够起草和审核简单的合同文本。

【关键词汇】

合同文本　签约　签约仪式

6.1 合同文本的撰写和审核

【案例6-1】 在某投标现场,一公司与客户即将达成协议。客户无意中又询问了一下产品质量,这时一个技术人员站起来说:"我觉得没有一家公司的产品是十全十美的。"这句话一出,对方的采购员立即问道:"你们产品的优点我们已经很清楚了,接下来你就说说你们产品的缺点吧。"结果谈判又重新回到产品质量问题上了。

问题:本案例中,谈判结束的最后时刻,公司的技术人员犯了什么错误? 在谈判结束的时刻,要注意哪些问题?

6.1.1 合同文本的撰写

1) 书面合同的意义

①书面合同是合同成立的证据。对以口头协商达成的交易,书面合同的作用和意义尤为明显。双方当事人一旦发生争议,一方向法院提起诉讼,法官在审理案件时首先要求当事人提供证据,以确认合同关系是否存在。如仅是口头协议,且无第三人证明,另一方当事人又矢口否认存在口头协议时,"空口无凭",是很难得到法律保护的。因此,尽管许多国家的民法、合同法及联合国国际货物买卖合同公约均承认口头合同的效力,但在国际贸易实践中,一般多要求签订书面合同,以"立字为据"。

②书面合同是履行合同的依据。无论是口头还是书面协议,如果没有一份包括各项条款的合同,则会给合同的履行带来诸多不便。因此,在实际业务中,双方一般都要求将各自享有的权利和应当承担的义务用文字规定下来,以作为履行合同的依据。

2) 书面合同的形式

在国际上,对书面合同的形式没有具体的限制,买卖双方既可采用正式的合同(contract)、确认书(confirmation)、协议(agreement),也可采用备忘录(memorandum)等多种形式。

在我国进出口业务中,书面合同主要采用两种形式。

①进口或出口合同。其内容比较全面、完整,除商品的名称、规格、包装、单价、装运港和目的港、交货期、付款方式、运输标志、商品检验等条件外,还有异议索赔、仲裁、不可抗力等条款。它的特点在于内容比较全面,对双方的权利和义务以及发生争议后如何处理,均有全面的规定。由于这种形式的合同有利于明确双方的责任和权利,因此,大宗商品或成交金额较大的交易,多采用此种形式的合同。

②销售或购买确认书。确认书属于一种简式合同,它所包括的条款较正式的合同在内容上更为简单。确认书适用于金额不大、批数较多的小土特产品和轻工产品,或者已订有代理、包销等长期协议的交易。

上述两种形式的合同,虽然在格式、条款项目和内容的繁简上有所不同,但在法律上具有同等效力,对买卖双方均有约束力。

在我国进出口业务中,各进口、出口企业都印有固定格式的进出口合同或成交确认书。当面成交的,由买卖双方共同签署;通过函电往来成交的,由我方签署后,一般将确认书正本一式两份送交国外对方签署并退回一份,以备存查,并作为履行合同的依据。

【小贴士 6-1】 要起草备忘录。备忘录是谈判工作的记录,它是双方暂时商定的结果,是达成正式协议的基础。一份完好的备忘录并不要求有严格的措辞,只要清楚地记录了双方的要求和主要的交易条件即可。备忘录经双方签字后,整个谈判过程基本完成。

3) 书面合同的构成

书面合同一般由下列 3 个部分组成:

①约首。约首是指合同的序言部分。包括合同的名称、订约双方当事人的名称和地址(要求写明全称);除此之外,在合同序言部分常常写明双方订立合同的意愿和执行合同的保证。该序言对双方具有约束力,因此,在规定该序言时,应慎重考虑。

②正文。正文是合同的主体部分,供需双方的权利、义务、责任等均在正文部分加以约定。因此,正文也是合同的核心部分,一定要全面、准确地加以表述,不能有丝毫差错。因为外贸进出口合同与国内贸易合同在原理上是一致的,所以,在此仅以我国的《工矿产品购销合同》为例介绍合同的填制要求。

按照《工矿产品购销合同》的内容要求,在书写时应注意以下一些问题:

a.产品名称、商标、型号、厂家、数量、金额、供货时间及数量条款的表述:

这一条款的内容较为简单、清楚,一般不易出错,但对于新业务员来讲,仍有一些问题需要注意:

第一,计量单位的选择要恰当。计量单位的选择不仅要符合法定标准,而且要符合未来交货时的实际计量要求。如洗衣粉,多为纸箱装,每箱若干袋,每袋若干克。从一般意义上讲,选择箱、袋、克作为计量单位均可,但在实际交货时,以袋、克作单位在点交时会有诸多不便,故不宜选作计量单位,选择"箱"作单位则较为恰当。

第二,规格型号、计量单位和单价要一致。仍以洗衣粉为例,如果选择以箱为计量单位,则规格型号就应按箱来规范,可以写作"20×400 g"而不应写作"400 g",若为后者,会误解为每箱装 400 g 洗衣粉。同样,单价也应是一箱的价格,而不是一袋的价格。

第三,交货时间要具体。对于一般商品而言,具体到月份即可,对于一些紧急或鲜活商品,交货期限可适当缩短,如旬或周,但也并非越具体越好。

第四,注意检查有无笔误。由于该条款内容简单,往往关注程度不够,检查时也不太注意,这就有可能产生疏漏,甚至还会带来较为严重的后果。例如有一家企业将 Y3180 滚齿机误写为 Y3130 滚齿机,致使产生纠纷,造成了一定的经济损失。

【小贴士 6-2】 **贸易术语与价格术语**

货物买卖谈判中,买卖双方所承担的风险、责任和费用都在货物价格中反映出来。一般地说,如卖方所承担的风险大、责任重、支付的费用多,则货物的售价也高;反之,如卖方所承担的风险小、责任轻、支付的费用少,其货物售价也相应较低。

同样的货物,在按"工厂交货"(EXW)术语销售时,其价格一般应低于按"装运港船上交货"(FOB)术语销售的价格,而按"装运港船上交货"术语销售的价格又应低于按"目的港船上交货"(DES)术语销售的价格。

从这个意义上看,不同的贸易术语也代表了货物的不同价格结构。所以,贸易实务界往往也把贸易术语称为价格术语(priceterm)。

b.质量要求、技术标准、供方对质量负责的条件和期限条款的表述:

第一,对于这一条款的表述,如果供需双方交易的物品有相关技术标准(包括国家标准、行业标准或企业标准),一般可直接引用。合同中可以不写标准的具体内容,但必须写明执行标准的代号、编号和标准名称,如"执行 QB/T1974—1994 洗发液标准",而不能笼统写为"执行国家有关标准"。如果交易的物品没有相关技术标准,或虽有标准,但需方有特殊要求的,则合同中需写明具体的要求或技术条件,有的可能还需辅以图样和说明文字,但无论内容多少,均需详尽予以表达。倘若内容较多,在合同中表述不方便,可以作为合同的附件,其效力是一样的。在本条款中只写"质量要求按附件×的规定执行"即可,详细内容可以在附件中加以说明。

第二,对于"供方对质量负责的条件和期限",如没有特别要求,可以简写,如"供方对所售商品质保一年"或"保质期一年",这样表述,可以理解为商品在正常储存或使用条件下保质期为一年。如果供方的质量保证是有特殊条件要求的,则一定要在合同中将条件明确加以表述,如"在恒温恒湿条件下保质期一年"。

c.交(提)货地点、方式条款的表述:

第一,交(提)货地点的选择可以是供方单位,也可以是需方单位,或是双方约定的其他地点。但无论何种选择,均需在合同中明确加以表述。现在不少生产厂家为了方便供货,在全国许多地方设立有分销机构或周转仓库,可就地就近供货,这样,供需双方就不一定非要到供方单位所在地去交接。如是这种情况,在合同中就需将具体的交(提)货地点写清楚,如"交货地点:山西省太原市×××路×××号,南风化工集团公司太原周转库"。

第二,交(提)货方式主要是指供需双方交接货物的方式,如果是双方当面交接,可以写"由供需双方当面交接"。如果是由供方代办托运,这样供需双方就不一定见面,供方也不一定要亲自将货物交给需方,而只需将代表货物所有权的凭证交给需方即可。表述如"凭铁路货物运单交货"等,供方只要将货物运单交给需方就等于完成了交货。

d.运输方式及到达站港和费用负担条款的表述:

第一,运输方式的表述较为简单,如"铁路集装箱运输""汽车运输""空运"等,但除了在合同中要将运输的方式表述清楚外,对于由谁来承办运输也要表示清楚,如"铁路集装箱运输,由供方代办托运",这样责任就很明确了,否则就可能产生纠纷。

第二,到达站港的填写要详细准确,对于汽车运输来说,一般可以做到门到门,可以写"到站×××市×××路×××号×××单位",对于其他运输方式而言难以做到门到门,如果规定"×××路×××号"事实上也不可能做到,但到达站港的名称一定要填写准确,如北京就有北京站、北京西站、北京南站等,要发往哪一个车站,务必准确清楚,不能仅写"到站:北京",这样容易引起错乱。如果还需要使用铁路专用线或专用码头,在合同中也需要具体写明,如"北京东郊×××厂铁路专用线""×××市石油公司专用码头"等。

第三,费用负担直接关系经济利益,双方在谈判中必然要对此进行磋商,表述中需要注意的就是要准确反映谈判的成果。例如:供需双方商定,采用铁路运输方式,铁路的运费由需方负担,而货物进火车站前的短途运输费用则由供方负担,对此合同中应表述为"铁路运费由需方负担",这样需方就只需承担铁路货物运单上载明的费用,进站前的短途运输费用自然不包括在内。但如果合同中仅写"运费由需方负担",是否也包括进站前的短途运费在内就说不清了。

e.合理损耗及计算方法条款的表述:

这一条款不是所有商品都涉及,只是针对那些易自然失重、磅差、运输中容易飘洒或易碎物品作出规定,如"破损率不超过3%,超过部分由供方负责补足"。如果没有,本条款可写"无"。

f.包装标准、包装物的供应与签收和费用负担条款的表述:

这一条款的文字表述,主要是对包装材料、包装形式、包装费用和责任方要表述清楚,如"纸箱装,塑料带捆扎,每箱10盒,每盒20支,包装物由供方负责提供,包装费由供方负担,包装物不回收"。这里有几点需要注意:

第一,包装材料的性质要写清,如纸箱、木箱、麻袋、纸袋,是双层还是单层,双层是外麻内塑料袋等。

第二,包装形式的描述一般为从外到内,即先写外包装,后写内包装,如上例所述。

第三,如果所采用的包装物为供方惯用的包装,条款可以写得简略一些,如上例所述,但也不可太过简略,如"习惯包装",这是不可以的。如果需方有特别要求,则条款中要将有关要求详细进行描述,甚至还需附有图样等。

g.验收标准、方法及提出异议期限条款的表述:

【小贴士6-3】   货物检验

谈判中关于检验的磋商主要有:

1.检验方法和内容

①检验内容:品质、数量、包装。②检验方法:是指物理检验还是生化检验,抽样检验还是总体检验。

2.检验时间和地点。通常有:以离岸品质和数量为准;以到岸品质和数量为准;以装运港的检验证明为依据,但货物到达目的港后,买方有权利复验并可依此索赔。

3.检验机构。检验机构应具有资格并与交易双方无利害关系。

这一条款极易出现纠纷,在填写时应特别注意:

第一,验收标准要同质量要求的技术标准相一致。不能质量要求是一个标准,验收又是另外一个标准,使合同本身出现矛盾。如"按本合同第二款规定之标准进行验收",就使二者之间较好地得到了统一。

第二,验收方法不单纯指方法,包括验收方法、验收地点、验收者等多项内容在内,如"由需方在交货码头进行抽样检验"。

第三,提出异议的期限应该说主要是针对需方而言的。如没有期限的限制,从理论上来讲,需方在任何时候都可提出异议,这对供方是极不公平的,因此必须在合同中加以明确,而且对时限的起点、界限的规定一定要清楚、合理。如规定"需方如有异议,应自货物到站之日起10日内提出有效";或"需方如有异议,应在货物验收后10日内提出有效"。二者有很大差异,前者的时间界限是从货物到站开始算起,不管需方是否检验,超过 10 天便不再受理,即便诉诸法律,也可有运输记录为证;后者的时间界限是从需方验货后开始算起,假如需方迟迟不验收,就不能算作开始。由此推论,提出异议的期限实际上等于无限期,对此,在表述时一定要特别注意。

第四,为了避免供需双方对检验结果产生争议,合同条款中可规定由权威检测部门来出具证明,或在产生争议后,由权威检测部门来执行仲裁等。同时为了体现公平的原则,合同中不仅对需方提出异议要有时间限制,而且对供方答复也应有时间限制。如"需方如有异议,应自货物到站之日起 10 日内提出有效,同时需提交由×××市质量技术监督局出具的检验报告(或双方对检验结果如有争议,可由×××市质量技术监督局执行仲裁),供方应自接到需方异议通知后 10 日内给予答复。"

h.随机备品、配件工具数量及供应办法条款的表述:

对于一些机电产品,除主机外,还有随主机一起供应的辅机、附件、配套产品,易损耗的备品、配件和安装修理工具等,这些都要在合同条款中一一列出,如果项目较多,合同中表述不便,可另附成套供应清单。对于一些专用性较强的产品,需要生产厂家在较长时间内提供维修用配件的,合同中对于保证供应的期限和供应的办法一定要明确约定,还要考虑到未来生产企业的变动情况,如兼并、重组、产品停产、企业倒闭等情况,如遇这种情况应采取何种补救措施,这些都应在合同中予以约定。

i.结算方式及期限条款的表述:

结算方式有现金结算、委托收款、托收承付、汇兑结算、支票结算、汇票结算、本票结算、信用卡结算等,依双方约定的方式在合同中予以表述,本条款着重在于对付款期限作出制约性的规定。是全部还是部分、一次性付清还是分期付款皆需在条款中予以明确表述,如"需方应在货物到站后 10 日内将全部货款以电汇方式一次付清"或"需方应在货物到站后 10 日内按发票金额的 40%以电汇方式支付首批货款,剩余货款以同样方式分两次付清,每次付30%,两次付款的间隔时间不超过 30 天。"

【小贴士6-4】 　　　　　　　　　　　不可抗力

指某些非可控的自然或社会力量引起的突发事件。为了防止交易中某一方任意扩大或缩小对不可抗力范围的解释和维护当事各方的权益,通过磋商并在合同中规定不可抗力条款是必要的。

一般涉及:

不可抗力事件范围;

出具不可抗力事件证明的机构;

事件发生后通知对方的期限;

不可抗力事件发生后合同的履行和处理等。

【案例6-2】 　　　　　　　　　　不可抗力举例

印度拟提高铁矿石出口关税后,澳大利亚力拓等铁矿石企业最近也开始向中国钢厂发出通知,称由于飓风和铁路等不可抗力,要推迟交货。分析人士认为,这将对铁矿石现货市场造成影响,也对目前仍在进行的 2008 年度铁矿石谈判造成一定压力。

《第一财经日报》2008 年 1 月 1 日

j.担保条款的表述：

担保条款不是合同的必要条款，只有在对对方资信情况不甚了解，交易中又存在较大风险时，才要求对方提供第三方担保，以降低交易的风险。可以说，在日常的商品交易中，要求提供担保的情况只占一小部分，多数情况下没有要求。担保合同属另类性质的合同，在此不再叙述。

k.违约责任条款的表述：

合同在履行过程中出现违约时有发生，而且情况多样，合同中当然可以对可能出现的各种违约情况进行责任的约定。但即使考虑得再周全，也难以将所有情况一一列举，总还有一些情况会在意料之外。对此应该如何表述呢？其实并不困难。《中华人民共和国合同法》（以下简称《合同法》）对违约责任已有明确的规定，供需双方只需依法行事即可。如在合同中规定："如有违约，按《合同法》之规定处理。"也有的在合同中约定一方向对方给付定金作为债权的担保，给付定金的一方如果违约（无论何种情况，除法律另有规定的除外），则无权要求返还定金；接受定金的一方如果违约，则应当向对方双倍返还定金。在应用这一条款时，要注意不要将定金误作订金。"定金"是合同的一种担保形式，具有惩罚的性质，而"订金"只是预付款，"订金"是无权要求双倍返还的。例如规定："需方应自合同生效之日起 10 日内向供方支付定金××万元，定金可抵作价款，需方如有违约，定金不再返还，并需支付因需方违约而给供方造成的实际损失。供方如有违约，应向需方双倍返还定金，同时需支付因供方违约给需方造成的实际损失。"

l.解决合同纠纷方式条款的表述：

合同一旦出现纠纷，一般先由双方协商解决，这样既有利于双方保持合作的关系，又可节省经济支出。如果协商不成，可通过仲裁裁决或诉讼进行解决。但如果采用仲裁方式，必须双方自愿，最好在合同中预先予以约定。如果通过诉讼解决，则无须征得对方同意，任何一方均有权提起诉讼。如"合同在履行中如果产生纠纷，双方应友好协商解决，如协商不能解决，可通过×××市仲裁委员会进行仲裁，仲裁裁决是终局的，对双方都有约束力。"或"合同在履行中如产生纠纷，双方应友好协商解决，如协商不能解决，可通过诉讼解决。"需要指出的是，有的在合同中只规定"协商解决"，而不写其他方式，这并不等于不可以通过其他方式解决，如果协商不成，仍可通过仲裁或诉讼解决，但仲裁需有双方自愿达成的仲裁协议。

m.其他约定事项的表述：

其他约定事项系指除前述 12 款内容之外的其他事项，双方可将认为有必要在合同中予以约定而前边 12 款内容中又不能包含的事项在这一款中进行约定，对此没有通用的格式，一切依实际需要而定。

③约尾。约尾一般列明合同的份数，使用的文字及其效力，订约的时间和地点及生效的时间，双方当事人的签字。如"本合同一式两份，供需双方各执一份。"合同的订约地点往往要涉及采用何种法律解决合同争议的问题，因此要慎重对待。我国的出口合同的订约地点一般都写在我国。有时，有的合同将"订约时间和地点"在约首订明。

【案例 6-3】　　　　　　　　　　　　　　**协商解决纠纷**

某年，中方一进出口公司与国外某公司签订了原料购买合同。在合同执行过程中，最初该国外公司未按照合同规定的交货期交货，并要求修改交货时间。之后，我方进出口公司由

于租船困难,装运延迟,致使合同执行完成时间比原合同规定交货装运期推迟了一年之久。国外公司根据合同规定,要求我方公司承担全部责任,并提出迟装费和利息损失,总金额高达数万美金。对此,我方根据合同条款规定和执行情况,进行了有理有据的阐述,致使对方不得不承认对延迟装运也负有责任。经过双方协议,对方自负损失50%,我方负担50%。至此,双方通过协商达成了和解,解决了合同纠纷。

【案例 6-4】　　　　　　　　　　　**仲裁解决纠纷**

我国一进出口公司与英国一家公司签订了一项合同,该合同货物共计5 000吨,规定分5批装运。其中第一批1 000吨货物由于中方公司未能按期装运,英国这家公司要求中方公司赔偿由此引起的损失。随后,该公司向中国国际经济贸易仲裁委员会正式提出仲裁申请,要求中方作出赔偿。中国国际经济贸易仲裁委员会对该案进行了审理,最后裁定由中方公司向英方公司赔偿2万元人民币结案。

6.1.2　合同文本的审核

对合同文本的审核应从两个方面考虑,如果文本使用两种文字撰写,则要严格审核两种不同文字的一致性;如果使用同种文字,则要严格审核合同文本与协议条件的一致性。

再就是核对各种批件,包括项目批文、许可证、用汇证明、订货卡等,是否完备以及合同内容与各种批件内容是否一致。这种签约前的审核工作相当重要,因为常常发生两种文本与所谈条件不一致的情况。审查文本务必对照原稿,不要只凭记忆阅读审核。

同时,要注意合同文本不能太简约。啰唆固然不好,过于简约弊处更大。散文的简约可以给读者形成想象的空间,合同的简约往往只会造成空子,前者是文学的美,后者则是经济的亏。

在审核中发现问题,应及时相互通告,并调整签约时间,使双方互相谅解,不致因此而造成误会。对于合同文本中的问题,一般指出即可解决,有的复杂问题需经过双方主持人再谈判。对此,思想上要有准备,同时要注意礼貌和态度。

6.2　签约仪式的安排

6.2.1　概　述

为了表示合同的不同的分量和影响,合同的签字仪式也不同。一般合同的签订,只需主谈人与对方签字即可,在谈判地点或举行宴会的饭店都行,仪式可从简。重大合同的签订,由领导出面签字时,仪式比较隆重。要安排好签字仪式,仪式繁简取决于双方的态度,有时需专设签字桌,安排高级领导,会见对方代表团成员,请新闻界人士参加等。国际商务谈判的签字活动,若有使、领馆的代表参加,联系工作最好由外事部门经办;如果自己与有关使、领馆人员熟悉,也可以直接联系,但亦应向外事部门汇报请求指导,这样做既不失礼,又便于顺利开展工作。

对于比较重要的谈判,尤其是国际商务谈判,当双方达成协议后,举行的合同缔约或签字仪式,要尽量争取在我方举行。因为,签约地点往往决定采取哪国法律解决合同中的纠纷问题。按照国际惯例,如果合同中未规定适用的法律,并且合同双方国家的法律允许选择适用法律的话,双方一旦发生争执,法院或仲裁机构可以根据合同缔结地所在国家的法律来作出判决或裁决。

6.2.2　安　排

对于一些重要的交易或重大经济合作项目在谈判达成协议后,往往要举行签字仪式,一方面表示对合作的重视,另一方面也是对谈判取得成果表示庆贺。签字仪式最主要的是形式,因此更多的是要注重礼仪。举行正式的签字仪式,应注意以下两个环节:

1) 签字仪式的准备

签字仪式的准备工作一般应包括 4 个方面的内容:

①确定参加签字仪式的人员。一般参加签字仪式的人员都是参加谈判的人员,如果一方要让未参加谈判的人员出席签字仪式,应事先征得对方同意。出席签字仪式的双方人数应大体相等,主签人员的级别也相同。有时为了表示对本次谈判的重视,双方更高一级的领导人也可出面参加签字仪式,级别和人数一般也是对等的。

②做好协议文本的准备。谈判结束后,双方应组织专业人员按谈判达成的协议做好文本的定稿、翻译、印刷、校对、装订等工作。东道主应为文本准备提供方便。

③签字场所的选择。场所的选择一般视参加签字仪式的人员规格、人数多少及协议内容的重要程度等因素来确定。一般可选择在客人所住宾馆或东道主的会客厅、洽谈室内,有时为了扩大影响,也可选择在某些新闻发布中心或著名会议、会客场所举行,并邀请新闻媒体进行采访。无论选择在什么地方,都应征得对方的同意。

④签字场所的布置。我国及多数国家举行的签字仪式,通常是在签字厅内设置一张长方形桌作为签字桌,桌面上覆盖深色台布,桌后放置两把座椅,供双方签字人就座,主左客右,座前桌上摆放由各方保存的文本,文本前分别放置签字用的文具,签字桌中间摆一旗架,悬挂双方的国旗(如图 6.1 所示)。如果双方同是国内企业,则分别摆放座签,并写上企业名称,旗架或座签的摆设方向与座位方向一致。签字场所的布置一般由东道主进行安排。

2) 签字仪式的程序

正式的签字仪式,一般按以下程序进行:

①双方参加签字仪式的人员步入签字厅。

②负责签字者入座,其他人员分主客各站一方,并按身份由高到低、自里向外依次站于各自的签字人员座位之后。

③双方助签人员分别站立在各自签字人的外侧,协助翻开文本,指明签字处,由签字人员在所要保存的文本上签字,然后由助签人员将文本递给对方助签人员,再由双方签字人员分别在对方所保存的文本上签字。

④双方签字人员互换文本,相互握手祝贺,有时还备有香槟酒,供双方全体人员举杯庆

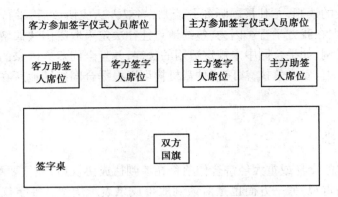

客方参加签字仪式人员席位		主方参加签字仪式人员席位	
客方助签人席位	客方签字人席位	主方签字人席位	主方助签人席位

签字桌 | 双方国旗

图 6.1　签字仪式席位示意图

贺,以增添欢庆气氛。

　　合同一经签署,即告生效,双方均应严格遵照执行。

6.3　签约阶段策略

1) 场外交易策略

　　当谈判进入成交阶段,双方已经在绝大多数的议题上取得一致意见,只在某一两个问题上存在分歧、相持不下而影响成交时,仍把问题摆到谈判桌上来商讨往往难以达成协议,即可考虑采取场外交易,比如酒宴、游玩场所等。其原因如下:一是经过长时间的谈判,已经令人很烦闷,影响谈判人员的情绪,还会影响谈判协商的结果;二是谈判桌上紧张、激烈、对立的气氛及情绪迫使谈判人员自然地去争取对方让步,而即使是正常的、应该的,但在最后的一个环节上的让步,让步方会认为丢了面子,可能会被对方视为投降或战败;三是即使某一方主谈人或领导人头脑很清醒、冷静,认为作出适当的让步以求尽快达成协议是符合本方利益的,也会因同伴态度坚决、情绪激昂而难以当场作出让步的决定。场外轻松、友好、融洽的气氛和情绪则很容易缓和双方剑拔弩张的紧张局面。轻松自在地谈论自己感兴趣的话题、交流私人感情,有助于化解谈判桌上激烈交锋带来的种种不快。这时,适时巧妙地将话题引回到谈判桌上遗留的问题上来,双方往往会很大度地相互作出让步而达成协议。

　　需要指出的是,场外交易的运用,一定要注意谈判对手的不同习惯。有的国家的商人忌讳在酒席上谈生意。为此必须事先弄清,以防弄巧成拙。

2) 期限策略

　　从多数的商务谈判实际情况来看,协议基本上都是双方到了谈判的最后期限或临近这个期限才达成的,但遗憾的是很多谈判者却忽略了这一做法。在最后期限到来时,对方往往并不十分在意,除非这个截止日期马上就要到来。但是,随着这个期限的逐渐逼近,对方内心的焦虑会与日俱增,特别是当他负有尽可能签约的使命时,他更会显得急躁不安,而到了截止日期那一天,这种不安和焦虑就会达到最高峰。针对这种心理状况,在谈判过程中,对于某些双方一时难以达成妥协的棘手问题,就不必操之过急地强求解决,要善于运用这种"最后期限"的策略,规定出谈判的截止日期。然后假以时日,对这些棘手的问题暂时按兵不动,到谈判的最后期限临近时,即可借助这一无形的压力,向对方展开心理攻势,必要时,还可以作一些小的让步作为配合,给对方造成机不可失、时不再来的感觉,以此来说服对方。

【案例6-5】 在海南三亚有一幢高档住宅小区,整个小区只有10套房子,而且房价贵得惊人,虽然有很多人对它感兴趣,但是都被居高不下的房价给吓退了。

有一天,一位老板听说这里房子不错,于是就想去打听一下。他来到售楼处时,对这个住宅区赞叹不已。聪明的推销员马上迎上前去说:"先生真是有眼光,这种海景房是我们公司所有小区中最豪华的一个。它们是世界上最优秀的设计师设计的,我敢肯定地说,在整个三亚,您再也找不到这样将风景和设计完美结合的海景房了,住在里面绝对是无与伦比的至尊享受。您自己看看,我们小区像这样的房子一共也只有10套而已,而且现在已经所剩不多了。我刚刚听到另一个工作人员在电话里跟别人约好了下午来看房子。我知道您也很想买,所以我建议您立刻作出决定,否则过了今天,很可能就没有机会了。

尽管这位老板觉得有些贵,但还是由于生怕失去最后的机会,当时就交下了10万元的定金。

3) 优惠策略

当对方对大部分交易条件不很满意,而价格又较高的情况下,谈判人员可以考虑对方压价的要求,让利给对方,如采用回扣、减价以及附赠品等方法。有的时候,为了使对方尽早付款或大批量订货,也可以通过让利而使谈判圆满结束。例如,"你们若能把履约的时间提前两个月,我们将优待你们或降低价款";"你们所订的数量实在太少,这个合同似乎都不值得一签,如果你能再多订出一倍的量,我们还可以减价10%,这可是难得的优惠条件呀!"

4) 最后让步策略

在最后签约之前,谈判双方都要做最后一次报价。最终报价一定要注意选择好报价的时机。千万要谨慎,不要过于匆忙地报价,否则会被对方认为是另一种让步,对方会希望再得到获取利益的机会;当然也不能报价过晚,因为报价过晚,对局面起不到作用或影响很小。为了选好时机,最好把最终报价分成两步:主要部分放在最后期限之前提出,刚好给对方留下一定的时间回顾和考虑;次要部分,应作为最后的好处,安排在最后时刻提出。

最后让步时,应注意以下两个问题。

(1)要严格把握最后让步的幅度

一般来讲,最后让步的幅度大小必须足以成为预示最后成交的标志。在决定最后让步幅度时,一个主要因素是看对方接受这一让步的这个人在对方组织中的地位,合适的让步幅度是:

①刚好满足较高职位的人维护其地位、尊严的需要。
②对较低职位的人来讲,以使对方的上司不至于指责他未能坚持为度。

（2）要做到让步与要求同时提

【案例 6-6】   **女孩买瓜**

一个小女孩拿着三角钱来到瓜园买瓜，瓜农见她钱太少，根本买不了成熟的瓜，于是指着一个未长大的小瓜说："三角钱只能买到那个小瓜。"小女孩答应了，兴高采烈地把钱递给瓜农。瓜农很惊讶："这个瓜还没熟，你要它怎么吃呢?"小女孩说："交上钱这瓜就属于我了，一个月后我再来取吧。"本案例中，价格是关键性问题。但小女孩在价格谈妥之后，又在收货期这个看似不起眼的问题上咬了一口，最终聪明地用较少的钱换取了较大的收益。

这也就是说，在我方作出最后让步的同时，最好要求对方作出相应的回报。谈判者可用下面的方式向对方发出信号。

①谈判者在提出让步时，可示意对方这是我本人的意思，这个让步很可能会受到上级的批评，所以，要求对方给予相应的回报。

②并不直接进行让步，而是指出我方愿意这样做，但要以对方的让步作为交换条件。

【案例 6-7】   我国某钢铁公司在引进某一套设备时，由于粗心大意，把填料也列入引进之列，合同签完之后，才发现引进的填料就是黄沙。黄沙，我国到处都有，何必用外汇去购买，我方想退掉，对方不同意。好说歹说总算不装运了，但钱得照付，这真是花钱买教训。

【小贴士 6-5】   **结束谈判：能做的与不能做的**

能做的：

- 谋划你的谈判策略时，预计最后时刻的需求。
- 同意反映你目标的议事日程并设立现实的截止日期。
- 听取对方的反对意见，并询问其不接受的理由。
- 强调对方接受你的建议能得到的好处。
- 寻求对方让步方式、规模及让步次数的变化。
- 通过给出明了的解释，以战胜拒绝。
- 对讨论全程作记录，包括你方作出的让步和对方作出的让步。
- 让你的"最终"报价可信且确实无疑。
- 正式签署前，检查合同草稿，弄清楚任何一个你不明白的地方。

不能做的：

- 将"结束"视作谈判的独立阶段。
- 急于结束。
- 在最后一分钟作出大的让步。
- 由于截止日期而仓促作出牺牲性的大让步。
- 过于突出你的优势，以至于逼迫对方离开谈判。
- 在小问题受阻时，忽略了你的长期目标。
- 在结束谈判时，过于情绪化。（在结束谈判期间，你需要尽可能清晰地思考）
- 合同达成后，马上与对方讨论该项交易。（你有重新启动谈判的危险）

切记:

● 灵活是结束一项交易的核心。

● 有经验的谈判者在谈判的准备阶段就已经设计好了结束策略。

● 成功的谈判者遵循他们的预定目标,并且将精力集中在实质问题上。

● 成功的谈判者在时间合适时会激励对方结束,因为很多谈判者对结束很恐惧或者不知道如何结束以及应该在何时结束。

● 最佳结束时间是双方达成各自期望目标的时候。

● 成功的谈判者只在交易很好的情况下结束谈判,不仅要为他们自己着想,也要为对方着想。

● 对于结束的观点,在世界的不同地方各不相同,因为不同的文化因素要求有不同的结束方式。

● 没有必要急于结束。

● 战胜拒绝是提议获得承认的一部分。

● 成功的结束者寻求一致的意见。

● 买家在说"是"之前经常要说几次"不"。

● 直至所有方面都达成一致意见,交易才算得到了一致认可。

● 并非所有的谈判都会达成交易,有时不交易好于不利的交易。

资料来源:克劳德·塞利奇,苏比哈什·C.贾殷.全球商务谈判实务操作指南[M].曹宇,孔琳,项娟,译.谷克鉴校.北京:中国人民大学出版社,2008.

【案例6-8】 中外高铁技术谈判

2004年1月7日,国务院常务会议讨论并原则通过了《中长期铁路网规划》。这是大力推进铁路建设的纲领性文献。2004年4月,国务院召开专题会议,就发展高速铁路和机车装备问题提出重大指导方针:"引进先进技术,联合设计生产,打造中国品牌。"在"中国铁路"这个世界最大的棋盘上,一场需要深谋远虑、大智大勇的大国博弈开始了。

掌握和代表当今世界高铁技术制高点的四大跨国集团德国西门子、法国阿尔斯通、日本川崎重工和加拿大庞巴迪纷至沓来,进入中国的"旋转门"。红地毯上上演了真诚而热烈的有美酒加咖啡的欢迎仪式。中国东道主个个西装革履,彬彬有礼,因为他们都是地道的"学生辈"。改革开放以来,铁道部领导和高层技术人员曾多次到这几个国家或留学,或考察访问,或参加相关学术会议。

2004年初夏的一个早晨,"学生"和"老师"分坐在谈判桌两侧。中国"学生"们注意到,在座的德国"老师"们不仅鼻子最高,神情也相当倨傲。他们确实有恃才傲物的资本——德国高铁堪称世界一流,他们的精密制造技术也一向称霸世界、无可匹敌。

中方郑重表示,希望引进各国高铁机车车辆制造的先进技术。不过,中方负责人明确表示:"参观过故宫的外国朋友都知道,进入中国大门是有门槛的。我们的门槛就是:整个市场只有一个入口,不搞'诸侯混战'。整个中国只有一个买主,就是铁道部。从整车技术到任何一个零部件,都由铁道部代表中国政府统一招标、统一向制造商下订单。"同时,中方郑重地约法三章:"想要进入中国铁路市场的外国朋友,必须实行关键技术全面转让,必须使用中国品牌,实行本土化生产,必须价格合理……"

行事谦恭的日本人频频点头,性情浪漫的法国人报以灿烂的微笑,表情深沉的加拿大人不动声色,只有盛产哲学家的德国人保持着"哲学式"的孤傲。在他们看来,一流的德国高铁技术是中方非买不可的。万万没想到,两个月后,铁道部一位负责人严肃而又不失幽默地对西门子公司谈判代表说:"你们德国人长着'方脑袋'!"

　　长春客车公司同时拉住法国阿尔斯通和德国西门子分别谈,意思很明白,谁的价格优惠就跟谁合作。但过于自信的德国代表根本没把法国对手放在眼里,也完全不考虑中方意愿,"方脑袋"和大鼻子挺得高高的,就是不肯圆通,咬住每列原型车单价3.5亿元人民币、技术转让费3.9亿欧元的天价,死不松口。

　　开标前夜的2004年7月27日,双方依然没有达成协议。深夜,中方领导亲自出面斡旋,话说得语重心长和直截了当:"作为同行,我对德国技术是非常欣赏和尊重的,很希望西门子成为我们的合作伙伴。但你们的出价实在不像是伙伴,倒有点儿半夜劫道、趁火打劫的意思。我可以负责任地表明中方的态度:你们每列原型车价格必须降到2.5亿元人民币以下,技术转让费必须降到1.5亿欧元以下,否则免谈。"

　　德方首席代表靠在沙发椅上,不屑地摇摇头说:"不可能。"

　　中方领导坚定地说:"中国人一向与人为善,我不希望看到贵公司就此出局。何去何从,给你们5分钟,出去商量吧。"

　　"方脑袋"确实像个撬不开的钱匣子,商量回来,脑袋仍然很"方",没有一点儿变通的余地。中方领导把刚刚点燃的一根香烟按灭在烟缸里,微笑着扔下一句话:"各位可以订回程机票了。"然后拂袖而去。

　　第二天早晨7点,距铁道部开标仅有两个小时,长春客车公司宣布,他们决定选择法国阿尔斯通作为合作伙伴,双方在富有诚意和建设性的气氛中达成协议。

　　大梦初醒的德国人呆若木鸡。早餐桌上,得意扬扬的法国人品着香甜的咖啡,还不忘幽了德国哥们儿一默:"回想当年的滑铁卢之战,今天可以说我们扯平了。"德国人从中国的"旋转门"又转出去了,消息传开,世界各大股市的西门子股票随之狂跌,放弃世界上最大、发展最快的中国高铁市场,显然是战略性的错误。西门子有关主管递交了辞职报告,谈判团队被集体炒了鱿鱼。

　　2005年,铁道部启动第二次招标。唐山轨道客车公司与西门子同时意识到,对方是自己必须抓住不放的最后一根"救命稻草"。这回,西门子终于放下身段,同意以每列原型车2.5亿元人民币、技术转让费8 000万欧元的价格与唐山轨道客车公司合作。与德国人第一次出价相比,中方节省了90亿元人民币采购成本。但中国的"高铁模式"没有失败者,德方也获得一份巨额订单和广阔的中国市场达到双赢。德国人的脑袋其实还是很"圆"的。

　　资料来源:蒋巍:《闪着泪光的事业》,有删改。

　　问题:

　　1.为什么西门子公司会在第一次招标中失败?

　　2.西门子公司在第二次招标中成功的原因是什么?

　　3.从上述案例中你可以得到哪些谈判启示?

本章小结

本章对商务谈判签约阶段的策略进行了介绍。论述了合同文本的撰写和审核的重要性及合同文本的内容和撰写要求、审核要求;介绍了签约仪式安排的内容;阐述了谈判签约阶段的策略。掌握上述内容对于顺利完成谈判具有重要意义。

复习思考题

1.阐述书面合同的形式和构成?

2.阐述书面合同的意义?

3.如何审核合同?

4.如何表述准确的验收标准?

5.如何应用场外交易策略?

6.什么是期限策略?

7.签字仪式的准备工作有哪些?

实 训 题

一、判断题

1.对以口头协商达成的交易,书面合同的作用和意义尤为明显。　　　　　　(　　)

2.尽管许多国家的民法、合同法及联合国国际货物买卖合同公约均承认口头合同的效力,但在国际贸易实践中,一般多要求签订书面合同,以"立字为据"。　(　　)

3.我方当感到谈判对手很难对付时,可以打算作一下让步,早点结束谈判算了。(　　)

4.确认书适用于金额大、批数较少的产品的交易。　　　　　　　　　　　(　　)

5.确认书在法律上与正式合同具有同等效力。　　　　　　　　　　　　　(　　)

6.正文是合同的主体部分,供需双方的权利、义务、责任等均在正文部分加以约定。

　　　　　　　　　　　　　　　　　　　　　　　　　　　　　　　(　　)

7.担保条款是合同的必要条款。　　　　　　　　　　　　　　　　　　　(　　)

8.签字桌的桌面上应该覆盖浅色台布。　　　　　　　　　　　　　　　　(　　)

二、单项选择题

1.我国及多数国家举行的签字仪式通常是在签字厅内设置一张(　　　)桌作为签字桌。

　　A.长方形　　　　　B.圆形　　　　　C.椭圆形　　　　　D.三角形

2.谈判签字仪式中,在签字桌后放置(　　　)座椅。

　　A.三把　　　　　　B.两把　　　　　C.四把　　　　　　D.六把

3.在谈判过程中,对于某些双方一时难以达成妥协的棘手问题,就不必操之过急地强求

解决,要善于运用(　　)的策略。

　　　　A.场外交易策略　　B.期限策略　　　　C.优惠策略　　　　D.最后让步策略

　　三、多项选择题

　　1.在谈最后一两个问题之前要想打破谈判僵局,应当(　　　　)。

　　　　A.巩固过去的感情与友谊　　　　　　B.作出较大的让步

　　　　C.采取强硬手段,压倒对方气势　　　D.组织谈判外的旅游、休闲等活动

　　　　E.暂时休会、以后再谈

　　2.在谈判中,有争议的问题最好放在(　　　　)。

　　　　A.谈判开头　　　　　　　　　　　　B.谈判中间

　　　　C.谈成几个问题之后　　　　　　　　D.在谈最后一两个问题之前

　　　　E.谈判结尾

　　3.书面合同一般由下列 3 个部分组成,即(　　　　)。

　　　　A.约首　　　　　　B.前言　　　　　C.正文　　　　　　D.约尾

　　4.书面合同的形式包括(　　　　)。

　　　　A.合同　　　　　　B.备忘录　　　　C.协议　　　　　　D.确认书

　　5.在合同的包装标准、包装物的供应与签收和费用负担条款的表述中应该注意的问题有(　　　　)。

　　　　A.包装材料的性质要写清

　　　　B.包装形式的描述一般为从外到内

　　　　C.如果所采用的包装物为供方惯用的包装,条款可以写得简略一些

　　　　D.验收标准要同质量要求的技术标准一致

　　6.签字仪式的准备工作一般应包括(　　　　)。

　　　　A.确定参加签字仪式的人员　　　　　B.做好协议文本的准备

　　　　C.签字场所的选择　　　　　　　　　D.签字场所的布置

　　四、问答题

　　如果你是公司的谈判负责人,你公司准备引进一套大容量锅炉设备,许多外商纷纷前来洽谈。你在谈判中会怎样做?

　　五、实际操作题

　　1.谈判背景资料:2016 年 8 月 20 日天津市金鼎纺织品进出口公司(卖方)与澳大利亚 ARHWA 公司(买方,地址:70 CHAPEL STREET NORWOOD SA 5067 AUSTRALIA,电话:61-02-226-3322,电传:61-02-226-3531)在天津举行了购买全棉白毛巾的谈判。你是金鼎纺织品进出口公司的主谈人,爱德华·亚当·戴维斯(Edward Adam Davis)是 ARHWA 公司的主谈人,他是英国后裔。你们是第一次打交道。

　　澳方先报价:每打 A $40.85CFR 奥尔巴尼,支付方式为出票后 30 天承兑交单,购买数量 2 800 打,不允许转船,不允许分批装运。

　　中方还价:每打 A $50.85CFR 奥尔巴尼,支付方式为不可撤销即期信用证,允许转船,允许分批装运;其他没有异议。

　　……

　　经过激烈的反复较量,双方于 2016 年 8 月 30 日就以下内容达成了一致:

①产品名称、数量:全棉白毛巾 2 800 打;

②单价:每打 A $45.85CFR 奥尔巴尼;

③支付:买方应于 2016 年 9 月 15 日前通过卖方所接受的银行开出以卖方为受益人的不可撤销的全部发票金额的即期信用证,信用证有效期延至装运月份后第 15 天在中国到期;

④运输:海运,装运期 2016 年 10 月,允许转船,允许分批装运;

⑤唛头:由卖方设计;

⑥包装:每 5 打装一纸箱,共 560 纸箱,每箱毛重:30 千克;每箱净重:28 千克;用两个 40 英尺集装箱装运;

⑦保险:按中国人民保险公司保险条款按发票金额的 110% 投保一切险;

⑧检验:由中国出入境检验检疫局出具检验证书;

⑨需提供中国官方的产地证明书;

⑩装运港:天津新港。

要求:

①由你和你的同学分别扮演不同的角色,完成此次谈判过程。谈判中注意运用所学过的谈判策略。

②就双方达成一致的内容填制完成下列出口合同。

售货合同

合同号:

日　期:

签约地点:

卖方:天津市金鼎纺织品进出口公司　　地址:天津市河西区湘江道 1 号

电传:0086-022-88267632　电话:0086-022-88267634

买方:_____　地址:_____

电传:_____　电话:_____

买卖双方同意按下列条款由买方购进,由卖方出售下列商品,订立本合同:

1.合同货物

品名及规格	数　量	单　价	总　价

2.合同总值:

3.包　　装:

4.保　　险:

5.唛　　头:

6.装运口岸:

7.目的口岸:

8.装运期限:

9.付款条件:买方应通过买卖双方同意的银行,开立以卖方为受益人的、不可撤销的、可

转让和分割的信用证。该信用证凭装运单据在_____银行见单即付。该信用证必须在_____前开到卖方。信用证有效期为装船后 15 天在_____到期。

10.装运单据:卖方应提供下列单据:

(1)已装船清洁提单;

(2)发票;

(3)装箱单;

(4)保险单。

11.装运条件:

(1)装运船由卖方安排,允许分批装运,并允许转船;

(2)卖方于货物装船后,应将合同号码、品名、数量、船名、装船日期以电报形式通知买方。

12.索赔:卖方同意受理因货物的质量、数量和(或)规格与合同规定不符的异议索赔,但卖方仅负责赔偿由于制造工艺不良或材质不佳所造成的质量不符部分。有关使用不善造成的索赔或损失,卖方均不予受理。提出索赔异议必须提供有名的并经卖方认可的公证行的检验报告。有关质量方面索赔异议应于货到目的地后 3 个月内提出,有关数量和(或)规格索赔异议应于货到目的地后 30 天内提出。一切由于自然原因造成或属于船方或保险公司责任范围内的损失,卖方概不受理。如买方不能在合同规定期限内将信用证开出,或者开来的信用证不符合合同规定,而在接到卖方通知后,不能按期办妥修正,卖方可以撤销合同或延期交货,并有权提出赔偿要求。

13.不可抗力:因不可抗力不能如期交货或不能交货时,卖方不负责任。但卖方必须向买方提供中国国际贸易促进委员会或其他有关机构所出具的证明。

14.仲裁:凡因执行本合同或与本合同有关事项发生的一切争执均由双方通过友好协商方式解决。如不能取得协议时,则在被告国家根据被告国家仲裁机构的仲裁程序规则进行仲裁。仲裁裁决是终局的,对双方具有同等的约束力。仲裁费用,除仲裁机构另有决定外,均由败诉方负担。

15.其他:对本合同之任何变更及增加,仅在以书面经双方签字后,方为有效。任何一方在未取得对方书面同意前,无权将本合同规定之权利及义务转让给第三者。

16.备注:

买方:_____ 卖方:天津市金鼎纺织品进出口公司

代表:_____ 代表:_____

2.假如你是甲公司的谈判负责人,经过与美方 A 公司的谈判,双方就合同的内容达成了一致意见,准备组织一次正式的签字仪式。请你用图示表示出用于这次签字仪式的场所的布置方案,并与同学一起进行实际演示。

3.下列这份协议书的内容有所缺漏,请根据工矿产品购销合同的填制要求指出存在的缺漏之处。

协议书

供方:天津宇通国际贸易有限公司(以下简称甲方)

买方:唐山光荣伞业有限公司(以下简称乙方)

甲乙双方经友好协商,就伞骨的买卖问题达成以下协议,并共同遵守执行:

1.产品名称:伞骨;

2.数量:6 000 把;

3.规格:进口 1 寸折叠伞骨,其中,男用伞伞骨 3 000 把,女用伞伞骨3 000 把;

4.包装:纸箱包装,每箱 50 把;

5.价格:7.50 元/把;

6.总金额:45 000 元;

7.验收办法:2016 年 12 月 20 日,甲乙双方代表到甲方仓库检验;

8.付款办法:甲方在 2017 年第一季度内至少付 50%,第四季度全部付清(货款按甲方实际发出数结算);

9.运输:自合同签订之日起,一个月内由甲方代办运输至唐山火车站,短途运输由甲方负责,铁路运输由甲方按实际发出数向乙方托运;

10.如乙方在指定期限内不能如数付清货款时,所欠款项必须按每日罚款×百分数计算,直至全部货款付清为止;

11.本协议自双方代表签字盖章之日生效。

甲方:天津宇通国际贸易有限公司　　　　乙方:唐山光荣伞业有限公司

代表×××(章)　　　　　　　　　　　　代表×××(章)

签约日期:2016 年 12 月 15 日

案　例

【6-1】　日本人素有"圆桌武士"之称。中国某公司正面对这样一些"圆桌武士"。在上海著名的国际大厦,围绕进口农业机械加工设备,进行了一场别开生面的竞争与合作。中方在这一谈判中也谋略不凡,身手高超,使这场谈判成为一个成功的范例。

在谈判的准备阶段,双方都组织了精干的谈判小组。特别是作为买方的中方,在谈判之前,已做好了充分的国际市场行情预测,摸清了这种农业机械加工设备的国际行情的变化情况及趋势,同时制订了己方的谈判方案,从而为赢得谈判奠定了基础。

首回合的相互试探

第一轮谈判,从日方的角度看,不过是放了一个"试探气球"。因此,凭此取胜是侥幸的,而"告吹"则是必然的。因为对交易谈判来说,很少有在开局的第一次报价中就获成功的。日方在这轮谈判中试探了中方的虚实,摸清了中方的态度,同时也了解了中方主谈人的谈判能力和风格。从中方角度说,在谈判的开局就成功地掏出了对方的"筑高台"手段,使对方的高目标要求受挫。同时也向对方展示了己方的实力,掌握了谈判的主动权。双方在这轮谈判中,互通了信息,加深了了解,增加了谈判成功的信心。从这一意义上看,首轮谈判对双方来说,都是成功的。

第二回合的拉锯战

第二轮谈判开始后,双方首先漫谈了一阵,调节了情绪,融洽了感情,创造了有利于谈判的良好气氛。之后,日方再次报价:"我们请示了总经理,又核实了一下成本,同意削价100

万日元"。

　　同时,他们夸张地表示,这个削价的幅度是不小的,要中方"还盘"。中方认为日方削价的幅度虽不小,但离中方的要价仍有较大的距离,马上"还盘"还有困难。因为"还盘"就是向对方表明己方可以接受的价格。

　　在弄不清对方的报价离实际卖价的"水分"究竟相差多大时就轻易"还盘",容易造成被动,高了己方吃亏,低了只能刺激对方。究竟"还盘"多少才是适当的,中方一时还不能确定。为了慎重起见,中方一边电话联系,再次核实该产品国际市场的最新价格,一边对日方的两次报价进行分析。根据分析,这个价格日方虽表明是总经理批准的,但根据情况看,此次降价是谈判者自行决定的。

　　日方报价中所含水分仍然不少,弹性很大。基于此点,中方确定"还盘"价格为750万日元。日方立即回绝,认为这个价格不能成交,中方坚持认为讨价还价的高潮已经过去。因此,中方认为最后成交的时机已经到了,该是展示自己实力,运用谈判技巧的时候了。

　　于是,中方主谈人使出具有决定意义的一招,郑重向对方指出:"这次引进,我们从几家公司中选中了贵公司,这说明我们成交的诚意,该价虽比贵公司销往C国的价格低一点,但由于运往上海口岸的运费比运往C国的运费低,所以利润并没有减少。再者,诸位也知道我国有关部门的外汇政策规定,这笔生意允许我们使用的外汇只有这些。要增加,需再审批。如果这样,那只好改日再谈。"这是一种欲擒故纵的谈判方法,旨在向对方表示己方对该谈判已失去兴趣,以迫使其作出让步。

　　但中方仍觉得这一招的分量还不够,又使用了类似"竞卖会"的高招,把对方推向一个与"第三者"竞争的境地。中方主谈人接着明确地说:"A国、C国还等着我们的邀请。"说到这里,中方主谈人把一张捏在手里的王牌摊了出来,恰到好处地向对方泄露情报,把中国外汇使用批文和A国、C国的电报传递给日方主谈人。日方见后大为惊讶,他们坚持继续讨价还价的决心被摧毁了,陷入必须"竞卖"的困境:要么压价握手成交,要么谈判就此告吹。日方一再举棋不定,握手成交,利润不大,有失所望;告吹回国,跋山涉水,兴师动众,自身花费了不少的人力、物力和财力,最后空手而归,不好向公司交代。日方再三考虑,还是认为成交可以获利,"告吹"只能赔本。

　　问题:

　　1.中方对谈判中成交信号分析的技能点是如何运用的?

　　2.在本案例中,中方主谈人说A国和C国还等着我们的邀请,这给对方传递了什么信息? 对方的反应如何?

　　3.中方主谈人运用了什么心理学知识? 抓住了对方哪些心理上的弱点? 成效如何?

【6-2】 提单破绽案例分析

2016年3月,国内某公司(以下简称甲方)与加拿大某公司(以下简称乙方)签订了一设备引进合同。根据合同,甲方于2016年4月30日开立以乙方为受益人的不可撤销的即期信用证。

信用证中要求乙方在交单时,提供全套已装船清洁提单。

2016年6月12日,甲方收到开证银行进口信用证付款通知书。甲方业务人员审核议付单据后发现乙方提交的提单存在以下疑点:

1.提单签署日期早于装船日期。

2.提单中没有已装船字样。

根据以上疑点,甲方断定该提单为备运提单,并采取以下措施:

1.向开证银行提出单据不符疑点,并拒付货款。

2.向有关司法机关提出诈骗立案请求。

3.查询有关船运信息,确定货物是否已装船发运。

4.向乙方发出书面通知,提出甲方疑义并要求对方作出书面解释。

乙方公司在收到甲方通知及开证银行的拒付函后,知道了事情的严重性并向甲方作出书面解释并片面强调船务公司方面的责任。在此情况下,甲方公司再次发函表明立场,并指出,由于乙方原因,设备未按合同规定期限到港并安排调试,已严重违反合同,并给甲方造成了不可估量的实际损失。要求乙方及时派人来协商解决问题,否则,甲方将采取必要的法律手段来解决双方的纠纷。乙方遂于2016年7月派人来中国。在甲方出具了充分的证据后,乙方承认该批货物由于种种原因并未按合同规定时间装运,同时承认了其所提交的提单为备运提单。最终,经双方协商,乙方同意在总货款12.5万美元的基础上降价4万美元,并提供3年免费维修服务作为赔偿,并同意取消信用证,付款方式改为货到目的港后以电汇方式支付。

问题:

1.本案例的焦点在哪里?

2.如何避免类似事情再发生?

【6-3】 日本某公司向中国某外贸公司购买电石,此时是他们间交易的第五个年头。去年谈价时,日方压价中方30美元/吨,今年又要压价20美元/吨,即从410美元/吨压到390美元/吨。据日方讲,他已拿到多家报价,有430美元/吨,有370美元/吨,也有390美元/吨。据中方了解,370美元/吨是个体户报的价,430美元/吨是生产能力较小的工厂供的货。供货厂的厂长与中方外贸公司的代表共4人组成了谈判小组,由中方外贸公司代表作为主谈。洽谈前,工厂厂长与中方外贸公司代表达成了价格共同的意见,工厂可以在390美元/吨成交,因为工厂需订单连续生产。公司代表讲:"对外不能说,价格水平我会掌握。"公司代表又向其主管领导汇报,分析价格形势;主管领导认为价格不取最低,因为我们是大公司,讲质量,讲服务。谈判中可以灵活,但步子要小,若在400美元/吨及以上拿下则可成交,拿不下时把价格提高定在405~410美元/吨,然后主管领导再出面谈。请工厂配合。

中方外贸公司代表将此意见向工厂厂长转达,并达成共识和工厂厂长一起在谈判桌争取该条件。中方外贸公司代表作为主谈。经过交锋,价格比去年仅降了10美元/吨,在400美元/吨成交,比工厂厂长的成交价高了10美元/吨。工厂代表十分满意,日方也满意。

问题:

1.怎么评价该谈判结果?

2.该谈判中中方组织与主持上有何经验?

第7章
商务谈判语言

【本章导读】

　　本章主要介绍了有声谈判语言和无声谈判语言的特点及运用要领、面谈的有声语言技巧、倾听和通过观察捕捉无声语言信息的技巧,使用文字语言的技巧。目的是使读者掌握有声谈判语言和无声谈判语言的运用要领和技巧,并能够在谈判的实践中加以运用。

【关键词汇】

　　有声语言　无声语言　体态语言　物体语言　文字语言

语言是人们进行各种交流活动的工具。思想的表达、感情的沟通以及某种需求的满足等,都离不开语言的运用,商务谈判活动更是集中体现了这一点。商务谈判的过程是谈判双方运用各种语言进行沟通的过程。在这个过程中,商务谈判对抗的基本特征,如行动导致反行动、双方策略的互引互含性等都通过谈判语言集中反映出来。因此,语言技巧的运用往往决定着双方的关系状态,甚至谈判的成功。

按表达方式的不同可以将商务谈判语言分为两类:有声语言和无声语言。有声语言即口头表达语言,这种语言借助于人的听觉交流思想、传递信息;无声语言即行为表达语言,这种语言借助于人的视觉传递信息、表示态度。在商务谈判过程中作为信息的发出者巧妙地运用这两种语言,可以产生珠联璧合、相辅相成的效果;而作为信息的接受者通过对两类语言的综合分析判断,可以准确地把握对方的真实意图,有的放矢地予以应对。

7.1 有声语言

【案例7-1】 有个秀才去买柴,他对卖柴的人说:荷薪者过来。卖柴的人听不懂“荷薪者”什么意思,就愣在那里,不敢朝秀才走去。于是秀才只好自己走上去问:其价如何? 卖柴的人听不太懂,但是听懂了一个“价”字,于是告诉了秀才价格。秀才接着说:外实而内虚,烟多而焰少,请损之。卖柴的人因为听不懂秀才的话,担着柴转身要走。见卖柴人要走,想到那么冷的天,没柴怎么取暖? 秀才急了,一把抓住卖柴人,说:你这柴表面上看起来是干的,里头却是湿的,烧起来肯定会烟多火焰小,请减些价钱吧。

【小贴士7-1】 【案例7-1】说明清晰表达的重要性。秀才文绉绉的表达方式,无法让卖柴人理解,沟通的双方由于文化层次的差异性影响了沟通的有效性。因此,清楚地表达,有助于双方的相互理解和接受,才能达到沟通的目的。

7.1.1 有声语言的类型

有声(口头)语言是最基本的谈判语言方式。按其表达特征可以分为专业语言、法律语言、外交语言、文学语言、军事语言等。

1) 专业语言

专业语言是指有关商务谈判业务内容的一些术语,不同的谈判业务有不同的专业语言。例如,产品购销谈判中有市场价格、品质、交货方式、付款方式、包装、装运、保险等专业用语;在工程建筑谈判中有造价、工期、开工、竣工、交付使用等专业术语。专业语言具有简练、明了、专指性强等特征。

2) 法律语言

法律语言是指商务谈判业务所涉及的有关法律规定用语,通过对法律语言的运用可以

明确谈判双方的权利、义务、责任等。例如,国际商会制定的《2010 年国际贸易术语解释通则》对 13 种贸易术语的解释,《联合国国际货物买卖合同公约》关于买卖双方权利与义务的规定、要约与接受的定义等。每种法律语言及其术语都有特定的含义,不能随意解释使用。法律语言具有规范性、强制性和通用性等特征。

【案例 7-2】   定金与预付款

某水泥厂与个体户刘某签订了一份"水泥买卖合同"。双方约定,买方刘某预付货款 3 万元,可是合同书上却写明"买方预付定金 3 万元,履行期限 3 个月"。后因卖方成本上涨,其不能按期履行。合同到期后,刘某以该水泥厂违约为由向法院起诉,法院判决水泥厂"双倍返还定金",其直接授权签约的供销员李某悔恨莫及。在本案例中,"定金"和"预付款"就有着不同的法律解释,责任和义务也不同。"定金"是合同担保的形式之一,即合同当事人一方表示诚意的一种方法。它对合同双方履行合同具有约束性,对合同双方的违约行为具有制裁性。而"预付款"虽然也是一方表示诚意的一种方式,但是对合同双方只具有约束性,并不具有制裁性。在签订合同时,如果混淆了"定金"和"预付款"的含义,在履行中就可能会遇到类似本案例中的麻烦。

3) 外交语言

外交语言是一种弹性语言。在商务谈判中,适当运用外交语言既可满足对方自尊的需要,又可以避免失去礼节;既可以有效地说明立场,同时又为己方留有余地。但大量使用外交语言,会使对方感到过于圆滑,缺乏合作诚意。外交语言具有模糊性、缓冲性和幽默性等特征。在商务谈判中常说的"互利互惠""双方互惠""可以考虑""深表遗憾""很抱歉,恕我权力有限""很遗憾,您的要求我无法满足""请原谅,这项条款有待研究"等语言,都属外交语言。

4) 文学语言

文学语言是一种富有想象力的语言。在商务谈判中恰如其分地运用文学语言,既可以生动明快地说明问题,还可以调节、缓和谈判气氛。其特点是生动活泼、优雅诙谐、适用性广。例如,"初次相见,请多多关照""合作架桥""巧妇难为无米之炊""雪中送炭"等语言,都属文学语言。

5) 军事语言

军事语言是一种带有命令性和威胁性的语言。在商务谈判中,适时运用军事语言可以起到强化信心、稳住阵脚、加速谈判进程的作用。其特点是简洁利落、坚定从容、毋庸置疑。例如,"每个人要守住自己的阵地""请听从指挥、令行禁止,不要让对方钻空子""您的言行与您的身份不相称""这是我方的最后条件,贵方同意就成交,不同意我们就走人""请于明天中午之前回答我方的要求"等语言,都属军事语言。

7.1.2 有声语言在商务谈判中的重要性

1）有声语言的运用是商务谈判成功的必要条件

成功的商务谈判是谈判双方出色运用语言技巧进行有效沟通的结果。大多数商务问题的解决需要各方在面对面的谈判中展开。尤其是初次的、较为重要的、复杂的谈判，通常要求谈判各方以面谈或电话交流等形式来完成。同样一个问题的表达，恰当地运用有声语言技巧可以使对方饶有兴趣，而且乐于合作；否则可能让对方觉得是陈词滥调，产生反感。

2）有声语言的运用是处理谈判双方人际关系的关键

在商务谈判中，双方人际关系的变化主要通过语言交流来体现。双方通过对不同语气、语调、语速等的使用，在传达着一定语意的同时，也在表达着特定的情感内涵。当双方的愿望和要求趋向一致时，就可以维持并发展双方良好的人际关系，进而达到皆大欢喜的结果。因此，有声语言的运用影响了谈判双方关系的建立、巩固、发展、改善和调整，从而决定了双方对待谈判的基本态度。

3）有声语言是实施谈判策略的重要形式

在商务谈判过程中，谈判双方若要把己方的判断、推理、论证准确无误地表达出来，就离不开语言这个工具。同样，要想使自己实施的谈判策略获得成功，也要出色地运用语言，在与对方的信息交流中施以各种各样的影响。

7.1.3 有声语言的运用要求

1）客观性

运用语言表达思想、传递信息时，必须以客观事实为依据，并且运用恰当的语言，向对方提供令人信服的论据。一旦失去了客观性，再有三寸不烂之舌，也经不起对方的认真质询从而露出马脚，使自己陷于被动。

2）针对性

"一把钥匙开一把锁"，谈判者应根据谈判的不同对手、不同目的、不同阶段的不同要求使用不同的语言。简言之，就是谈判语言要有的放矢、对症下药。

3）逻辑性

【小贴士7-2】 谈判过程中，论点突出，论据充分，逻辑层次清楚，阐明双方的利益，在商务谈判中十分重要。

在商务谈判中，逻辑性反映在问题的陈述、提问、回答、辩论、说服等各个语言运用方面。陈述问题时，要注意术语概念的同一性，问题或事件的衔接性、全面性、本质性和具体性；提

问时要注意与谈判议题的密切联系;回答时要切题,一般不要答非所问;说服对方时要使语词、声调、语速等恰如其分地反映你的立场、态度和要求。同时,还要善于利用谈判对手在语言逻辑上的混乱和漏洞,及时驳斥对手,增强自身言辞的说服力。

4) 隐含性

根据特定的情境和条件,有时需要委婉而含蓄地表达思想、传递信息,甚至做一些暗示。如语义双关地说"这种事情恐怕外星人也做不来"。

5) 说服性

诸如客观性、针对性、逻辑性等有声语言的运用要求集中反映为提高语言本身的说服性。说服力大小是衡量语言艺术高低的重要尺度,在商务谈判中运用有声语言,必须坚持上述几点要求的有机结合和辩证统一。只有这样,才能达到提高语言说服力的目的。

【案例 7-3】 阿里森是美国的一家电器公司的推销员。一次,阿里森到一家公司去推销电机。这家公司的总工程师一看到他就不客气地说:"阿里森,你不是想让我多买你的电机吗?"

原来,这家公司认为不久前从阿里森手里购买的电机发热超过了正常指标。阿里森仔细了解情况后,知道对方的说法是不对的。但他没有跟对方强行争辩,他决定以理服人,让对方自己改变态度。于是,他对这位总工程师说:"好吧,斯宾塞先生,我的意见和你的一样,如果那台电机发热过高,别说再卖,就是已经卖出去的也要退货,怎么样?""好的!"斯宾塞先生作出了肯定的回答。

阿里森又接着说:"当然,电机是会发热的。但是,你当然不希望它的热度超过全国电工协会规定的标准,是吗?"对方又一次作了肯定的回答。

在得到对方的两个肯定回答之后,阿里森开始讨论实质性的问题了。他问斯宾塞:"按标准,电机温度可比室温高 72 ℃,是吗?"

"是的,"斯宾塞说,"但是你们的电机却比这个指标高出许多,简直让人无法用手摸。难道这不是事实吗?"

阿里森没有与对方争辩,而是继续问道:"你们车间的温度是多少?"

斯宾塞稍微想了一下,回答说:"大约 75 ℃。"阿里森兴奋地拍拍对方的肩膀说:"好极了,车间温度是 75 ℃,加上电机应有的 72 ℃,一共是 147 ℃。而目前电机的温度只有 140 ℃,请问:要是你把手放进 140 ℃ 热的水里,会不会把手烫伤呢?"对方不情愿地点了点头。

阿里森接着说:"那么,你以后就不要用手去摸电机了。放心,那热度完全是正常的。"

最后,阿里森不仅说服了对方,消除了对方的疑虑,而且还做成了一笔生意。

7.1.4 有声语言的运用技巧

1) 听的技巧

【案例 7-4】 一天,一位客户突然专程赶到迪特公司,声称他接到一份通知,催他归还欠迪特公司的 15 美元的货款。这使他感到特别恼火,因为他从不欠这家公司的款项,而且还是这么少的一笔。同时,他生气地告诉公司经理,以后再也不买这家公司的产品了。迪特先生耐心地倾听,让他讲了个痛快。最后感谢他专程来芝加哥提意见,承认错误可能在公司方面,很大度地向他推荐其他公司,并按惯例请他吃饭。结果,这位客户不仅消了气,反而又在这家公司签了一大笔订单。回去后他重新检查了自己的账目,发现有一张放错了位置,正是这 15 美元的账单,他马上给迪特公司寄了一张支票,并附上一封道歉信。本案例中,迪特的做法很简单,就是耐心地听对方的倾诉甚至是指责,就使对方消了气,因为对方感觉受到了尊重和理解。但是如果迪特不这样做,而是更加严厉地指责对方,并拿出证据让他下不来台,后果会怎样呢? 也许客户会当场归还所欠的 15 美元,但以后的关系就可想而知了。

【小贴士 7-3】 虽然大多数人认为超级销售员伶牙俐齿,拥有一副三寸不烂之舌,但忽视了他们更是一名最佳的听众。如果销售人员不善于倾听,就容易造成误解。更为严重的是,顾客会感到没有受到重视。这可能是侮辱性的,会破坏信任感。由此可见,谈判中的倾听需要掌握一定的技巧。

在商务谈判过程中,"听"是谈判者必须具备的一种素养。不能听也就不能说,不会听也就不会说,不能有效地倾听也就不能有效地去说服,"听"是"说"的前提。这里所谓的"听",不仅是指运用耳朵这一听觉器官的听(Hearing),而且是指运用自己的心去设身处地地感悟对方的话语,用自己的脑去研究判断对方话语背后的动机。因此,谈判场合的"听"是倾听,即"耳到、眼到、心到、脑到"四种综合效应的听(Listening)。

一般来讲,我们听他人讲话并思考的速度大约比对方讲话的速度快四倍。因此,标准的倾听,应该主动地给对方以反馈——面带微笑、注视对方、点头示意、深入问询、恳请对方进一步阐释或复述等。同时,要随时留心对方的"弦外之音",有选择有分析地去听。即便如此,也不可能把对方的话全部记下。拉夫·尼可拉斯的研究表明:一般人在听过别人说话以后,不论他心里如何想着注意去听,也只能记得所听到内容的 50% 左右。

倾听,是一种廉价的让步,"洗耳恭听"带给你的一定会比你所付出的要多。"说三分听七分"应成为在谈判桌前的基本行为准则之一。著名学者查理·艾略特说:"关于成功的商业交往,没有什么神秘……专心致志地听人讲话——这是最重要的。什么也比不上善于听对谈话人的恭维了。"甚至一个被激怒的正在激烈地述说自己不满的批评者,也经常在有耐性的温文尔雅听他讲话的人面前情绪缓和下来。

如果您想成为精明的商务谈判者,请记住:"要善于听别人讲话并鼓励其讲话。"盖文·肯尼迪在《谈判人》一书中为谈判者如何提高倾听能力作了如下提示:

①为了弄清楚,问些问题;
②按说话人的意愿进行概括;
③不要打断(对方的发言);
④要避免在他们未讲完之前对他们所说的话作出拒绝的决定;
⑤不要推测对方准备说的内容(你会错过意想不到的事情);
⑥不要视说话人来评判所说的内容;
⑦要尊重他们所说的话;
⑧要避免对你发现的令人厌恶的或者不赞同的观点作出激动的反应。

【小贴士 7-4】　　　　　　　如何做一个好的倾听者

①凝视说话者；

②向对方表示你关心他讲的所有内容；

③单独听对方谈话时稍稍前倾身子；

④适时而恰当地提出问题；

⑤不要中途打断对方,让他把话说完；

⑥忠于对方所讲的话题；

⑦加快思考速度；

⑧配合对方语气,提出自己的意见。

2)问的技巧

问询是商务谈判中首要的语言技巧。就好像转动水龙头控制水量一样,发问也能控制收集情报的多寡。当我们需要特定的答案时,我们只需提出特定的问题并通过问题引导和控制对方的思考。通过巧妙而恰当的提问可以摸清对方的需求,把握对方的心理状态,其目的是探求情报、引导话题、以利沟通。出于不同的目的,应提出不同的问题;对同一个问题,也可以用不同的方法、从不同的角度进行发问。具体地讲,谈判中问询的方式方法主要有:

(1)引导性提问

引导性提问,是指提出对答案具有强烈暗示性的问题。这种提问方式通常会令对手毫无选择地按照发问者预想的答案作答。在谈判中,连续的几个引导性提问,往往会导致对方产生对己方观点赞同的心理反应倾向,以强化己方的谈判地位和立场。如:

"讲求商业道德的人是不会胡乱提价的,您说是不是?"

"您我都是讲求商业道德的人,您以为呢?"

"这样的算法,对您我都有利,是不是?"

"成本不会很高吧,是不是?"

【小贴士 7-5】　　有一名教士这样问教主:我在祈祷时可以抽烟吗?毫无疑问,他的请求给教主以祈祷不专心、对上帝不敬的感觉,自然遭到拒绝。另一名教士也问教主:抽烟的时候我可以祈祷吗?主教则会认为,教士休息的时候仍不忘敬拜上帝,自然这名教士得到了肯定的答复。

换一种问法,换一个角度,便走进了一片新天地。商务谈判应掌握发问的一些基本知识,熟悉发问的技巧。

(2)坦诚性提问

坦诚性提问,是指一种推心置腹的友好性发问。一般是当对方陷入困境或对我方心存疑虑时,出于友好,帮其排忧解难的发问。可以制造出某种和谐的谈判气氛。如:

"告诉我,您至少要销掉多少(产品)?"

"请告诉我,您需要我做些什么?"

"需要我怎样做,您才能满意?"

"要改变您的现状,需要花费多少钱?"

（3）封闭式提问

封闭式提问，是指足以在特定领域中获得特定答复（如"是"或"否"）的问句。这一类问题可以使发问者获得特定信息或确切的回答。如：

"您是否认为'上门服务'没有可能？"

"贵公司第一次发现食品变质是在什么时候？"

"你们给予 H 公司的折扣是多少？"

"我们能否得到最优惠的价格？"

这类发问有时会蕴含相当程度的威胁性，提问者可根据提问目的不同在语气上或严厉或和缓，恰如其分地表达自己的态度。

（4）证实式提问

证实式提问，是针对对方的表述或答复使用新的意义相同的措辞，要求其证实或补充（包括要求引申或举例说明）的一种发问。运用证实式提问方式发问，不但可以确保谈判各方能在述说"同一语言"的基础上进行沟通，而且可以充分地发掘信息，表示发问者对该问题的重视。如：

"您刚才说，对目前所进行的这笔买卖，您可以作取舍，这是不是说，您可以全权跟我进行谈判？"

"您说，贵方对所有的经销点都一视同仁地按定价给予 30％的折扣。请说明一下，为什么不对销售量较大的经销点给予更大折扣？"

（5）假设式提问

假设式提问，是提出各种假设条件，诱使对方作答。是一种非常重要的谈判语言技术，主要用于试探对方虚实和底线。如：

"如果我现在就决定买下您的货物，您给我什么优惠条件？"

"假如我买 200 台的话，单价是多少？"

"如果我们自己提货，打几折？"

"要是付现金呢？"

在谈判中适当地发问，这是发现对方需要的一种手段。一般应该考虑 4 个主要因素：提出什么问题；如何表述问题；何时进行发问；对方将会产生什么反应。

【案例 7-5】 下面是一位卡车推销员（卖主）和买主的对话：

卖主："您需要的卡车我们有。"

买主："多少吨位的？"

卖主："4 吨的。"

买主："我需要 2 吨的。"

卖主："您运的货每次平均是多重？"

买主："一般来说，大概是 2 吨左右。"

卖主："有时多些，有时少些，是吗？"

买主："是的。"

卖主："到底需要哪种型号的卡车，一方面需要看您运的货是什么，另一方面要看卡车是在什么路上行驶,是吗?"

买主:"是的,不过……"

卖主:"如果您的卡车在丘陵地区行驶,而且你们那儿冬季较长,这时汽车的机器和本身所承受的压力是不是比正常情况下大一些?"

买主:"是的。"

卖主:"您冬天出车的次数比夏天多,是吧?"

买主:"是的。多得多。"

卖主:"有时货物太多,又是在冬季的丘陵地区行驶,汽车是不是经常处于超负荷状态?"

买主:"是的,您说得不错。"

卖主:"您在决定购买卡车的型号时,是不是应该留有余地?"

买主:"您的意思是……"

卖主:"从长远的眼光看,是什么因素决定买一辆车是否值得?"

买主:"当然是看它的使用寿命喽。"

卖主:"一辆车总是满负荷,另一辆车却从不过载,您认为哪辆车的寿命长?"

买主:"当然是马力大、载货量不过载的那一辆。"

经过这样的讨论,最后买主决定,多花 3 500 美元买一辆 4 吨吨位的卡车。

谈判的一方通过巧妙地提问,让对方不断地说"是",使对方在不知不觉中被诱导到他所希望的结论中去。

运用问的技巧时,应注意以下问题:

①注意发问时机。应该选择对方最适宜答复问题的时候才发问。

②按平常的语速发问。太急速的发问,容易使对方认为你不耐烦或是在审问;太缓慢的发问,会使对方感到沉闷。

③事先应拟定发问的腹稿,以便提高发问的效能。

④对初次见面的谈判对手,在谈判刚开始时,应该先取得对方的同意再进行发问,这是一种礼节。

⑤从较为广泛的问题开始再逐步转向专门性的问题,将有助于缩短沟通的时间。

⑥问题的提出必须有一个中心,并且环环相扣。

⑦提出敏感性问题时,应该说明一下发问的理由,以示对他人的尊重。

⑧谨慎使用威胁性和盘问式的发问,杜绝使用讽刺性和审问式的发问。

3) 答的技巧

【小贴士 7-6】　谈判中正确的答复未必就是最好的答复,正确的答复有时可能愚蠢无比。答复的艺术在于知道什么应该说,什么不应该说,而并不在于答复内容的对错。机智敏锐的答复有时可能起到事半功倍的效果。

商务谈判中,需要巧问,更需要巧答。谈判是由一系列的问、答所构成,巧妙而得体的回答与善于发问同样重要。

在洽谈过程中,谈判的各方往往或多或少地会感受到既要及时、准确、有效地答复对方的问题,同时又不陷入被动,为对方所操纵和控制的压力。谈判者应该清楚地意识到在谈判中回答问题的关键不在于所答内容的"对"或"错",而在于应该说什么,不应该说什么和怎样说。在面对各种各样提问时,一般应遵循如下原则来应答:

①谈判之前应做好充分准备,预先估计对方可能提出的问题,特别是多假设一些难度较大的棘手问题来思考,并准备好应答策略。

②回答前应有充分的思考时间,对没有弄清楚真实含义的问题,千万不要随意回答。

③并不是每问必答,对一些不值得回答或不便回答的问题,可以不置可否或礼貌地、策略性地拒答。擅长应答的谈判高手,经常给对方提供一些等于没有答复的答复。如:

"在答复您的问题之前,我想先听听贵方的观点。"

"很抱歉,对您所提及的问题,我并无第一手资料可作答复,但就我所了解的粗略印象是……"

"我不太清楚您所说的含义是什么?能否请您把这个问题再说一下。"

"我所报的价格是高了点儿,但是我们的产品在关键部位使用了优质进口零件,增加了产品的使用寿命。"

"贵公司的要求我完全可以理解,但是,正如您所了解的,我们公司对价格一向采取铁腕政策,因此,我……实在无能为力!"

以上第一种应答,在于利用对方的再次叙述来争取自己的思考时间;第二种应答属于模糊应答,主要是为了避开实质性问题;第三种应答主要是针对一些不值得回答的问题,要求对方澄清,或许当对方再说一次的时候,自己也就有了答案;第四种和第五种应答,同属"先肯定,后否定"的逆转式语句,让对方首先感觉到你是尊重他的,然后话锋一转,提出自己的看法,从而达到"以退为进"的效果。

【案例7-6】   **顺水推舟的解答**

一位记者问外交部发言人:"中国为什么不放弃使用武力解决台湾问题?"发言人答:"我们也不愿使用武力,武力解决对各方都不利。和平统一是我们的既定方针,我们将尽最大努力去和平解决台湾问题。但问题是台湾当局坚持搞'台独',如果我们放弃使用武力,和平统一岂不是一句空话?"

4) 叙的技巧

叙述就是向对方介绍己方的情况,阐述己方的观点,从而让对方了解自己的意愿和立场。这主要发生在开局阶段,通常是从介绍己方谈判人员、自己企业的基本情况入题,以原则阐述己方立场和意见为中心而展开。具体技术要求有如下几点:

①简明扼要。以诚挚和轻松的语气简要介绍或提出会谈所要解决的主要问题。不要面面俱到,详细陈述,泛泛议论。

②立足己方。表明己方看法、立场、要求即可,不要涉及对方,一般也不要涉及双方的共同利益。尤其是不要猜测对方的立场,以免引起对方的不满。

③有原则而不具体。一般不宜谈及实质性问题,更不必完全袒露或剖析自己的想法。

④机会均等。必须坚持双方的发言时间均等,如果能让对方先谈,通常会使自己处于较为有利的局势之中。

5) 说的技巧

这里的"说"专指说服。说服是一种在遇到难题时设法改变他人初衷并接受你意见的谈判技巧。在谈判中,面对面的交谈要比用书信等其他方式更具有说服力。首要的是采用"客观标准",摆事实、讲道理;其次是能够既站在自己的立场上,也站在对方的立场上,针对对方最关切的问题;最后要编织富有逻辑的语句、吐纳坚定不移的语气、传达诚恳坦率的情绪。不要为一时未能说服对方而灰心、愤怒,更不要因为对方不能理解你的观点而憎恨他,将说服演变成争论。

盖文·肯尼迪在《谈判人》一书中针对如何提高说服效力建议如下:

①努力在简单、容易达成一致意见的问题上说服对方,尽量避免复杂、有争议的问题。

②强调你对达成协议的渴望,不要强迫他们照你的意图做,也就是不要把说服与威胁相混淆。

③要集中精力于能够支持你方的那些有利的经得起仔细研究的论据上,而不要用一些不堪一击的论据使你的论证变得软弱无力。

④使对方更注意到自身的利益,而不是仅注意到你应得的利益。

6) 辩的技巧

辩论在谈判各方观点不一,信息不对称情况下是在所难免的。事实不辩不明,道理不辩不透,观点不辩不清。但纠缠于枝节,一味斗气争胜是不可取的。谈判中辩论的关键在于辨别,在于论证,而不在于逞强争风。因此,保持一种良好的心态和儒雅的风范,再加上雄辩的口才是必需的。具体地讲:

①观点要明确,立场要坚定。"辩"的目的就是论证己方观点,反驳对方观点。要充分运用客观材料和所有能够支持己方论点的论据,坚定地捍卫己方立场的正确性和公正性。

②思路要敏捷,措辞要严密。保持头脑的冷静和思维的敏捷,辩论才可能严密而富有逻辑性。以客观公正的态度,严谨细密的措辞展开辩论,才不会给对方留有话柄和攻击的软肋。

③掌握大的原则,不纠缠细枝末节。辩论中要有大局观,把握大方向、大前提、大原则。在反驳对方错误观点时,要切中要害,有的放矢,才能掌握主动。

④举止庄重,气度大方。辩论时不要厉声尖叫、吐沫飞溅、指手画脚;要端庄稳重、处变不惊,对人温和但对事强硬。良好的举止和气度不仅会在谈判桌上给人留下良好的印象,而且在一定程度上可以促进谈判辩论气氛的和谐发展。

7.1.5 有声语言在运用中应注意的问题

【小贴士7-7】　　　　　　　　声音检查的要点

①语气是否平和友好;

②语调是否抑扬顿挫;

③语速是否适中;

④声音是否悦耳动听;

⑤表达是否准确明白;

⑥是否有口头禅。

有声语言的运用受多种因素的影响,在不同的谈判活动中,针对不同的谈判对象,面对不同性质的谈判问题所运用的语言也会截然有别。但不论采用何种语言都要注意以下几点:

1) 文明礼貌

语言的文明反映了人格的高尚,礼貌的用语也体现了对他人的尊重。作为谈判者任何情况下都要保持冷静和理智,不能口出污言秽语、作出攻击侮辱对方人格之事。面对他人某些不恰当的语言应理性地、幽默地予以批评;对某些恶意挑衅的语言,应坚决、果敢地予以反击。

2) 流畅大方

在谈判中要做到咬字准确,吐词清晰,口齿伶俐,语音纯正,话语流畅。避免不适当的停顿或语速过快、过慢,哼哈呢喃、习惯性尾语等不良语言习惯应努力戒除。

3) 简洁准确

在谈判中要用最简练的语言表达最丰富的信息,用尽可能少的语句传递尽可能多的意思,做到紧扣主题、干净利落,没有闲言废语,不节外生枝。同时语词的使用要尽可能准确,除非服从某种策略上的需要故意为之。一般不要使用含糊错乱、模棱两可、词不达意的语言,以妨碍信息的交流。

【小贴士7-8】   商务谈判过程中的语言禁忌

①忌任何有损对方自尊心的语言;

②忌含糊其辞与简单生硬的语言;

③忌用催促语言;

④忌用动作代替语言;

⑤忌在对方未说完话之前就提出反对意见。

4) 清晰易懂

谈判者应注意语言的标准化,尽量采用对方能够听得懂、听得清、熟悉而不生僻的语言与对方进行沟通。克服浓重的地方乡音,在专业术语或行话的使用方面应考虑到对方的接受程度,不要盲目运用,更不要生造词句。在对外谈判中,应格外注意翻译的标准化水平,消除或减少信息传达的失真,一旦产生误解,必须马上弥补。

7.2　无声语言

【案例7-7】 美国著名心理学家艾伯特·赫拉伯恩曾提出过一个公式:信息交流的结

果=7%的语言+38%的语调语速+55%的表情和动作。由此可知,人们在人际交往中,多达93%的信息是通过非语言方式传递的。读懂和使用身体语言具有重要的意义。

谈判双方的沟通并不一定要通过语言来进行,眼神、手势或者姿势都隐藏着比言语更丰富的信息。

7.2.1 无声语言的分类和功能

现代传播学的研究表明:当人们交谈时,他们之间所交换的信息仅有一小部分是由语言传播的。世界著名非语言传播专家伯德威斯泰尔指出:"两个人之间一次普通的交谈,语言传播部分还不到35%,而非语言部分则传递了65%以上的信息。"

谈判活动中,谈判者需要运用3大类无声语言来表达特定的信息,并有效地影响对方的行为。一是体态语言,通过人体各部位变化所表现出的种种表情、姿态传递信息;二是物体语言,通过人对物品空间位置的不同处理来传递不同的信息;三是文字语言,这是通过书面形式用文字处理及其载体记录来表达意愿的一种重要的谈判语言形式。

作为商务谈判人员,掌握和运用无声语言知识及其技巧,首先,对洞察对方的心理状态、捕捉其内心活动的蛛丝马迹,进而采取相应对策具有重要的意义;其次,通过自己的无声语言作用于对方,促使对方相信他所听到、看到和想到的一切,从而更加有效地影响对方的行为;另外,通过对文字语言处理所形成的各种书面文件为各方提供了极其重要的谈判根据和确凿无疑的谈判成果。

7.2.2 体态语言的运用

1)体态语言的含义

【小贴士 7-9】 眼睛所传达的信息主要有如下这些方面:

①当周围的环境发生变化时,如果人的眼睛突然睁大,这表明他对客观环境的态度是积极的,而且可能比自己所想的还要富于进取心。因为在面临攻击或危险时,睁大双眼是决心迎接挑战的第一反应。

②根本不看对方,而只是听对方讲话,是企图掩饰什么的表现。据一位有经验的海关人员总结,他在检查通关人员已填好的报关单时,还要再问一句:"你还有什么没有申报的吗?"这时,如果通关人员不敢正视海关人员的眼睛,往往是通关人员有情况没有申报。

③在人们处于兴奋、喜欢、肯定的情绪时,瞳孔会放大,眼睛显得非常有神;当人们处于低沉、厌恶、否定的情绪时,眼睛中的瞳孔会缩小,眼睛则显得暗淡无光。

④假如你抬起下巴并垂下眼睛,这反映你对当时所处的环境或对谈判对手有一种不屑一顾的态度;如果你低垂下巴两眼向上望,那是一种羞怯腼腆的表情,也可能会让人觉得你有求于人。

⑤你的对手摘下眼镜,开始擦拭时,你应当停止谈判。因为擦拭眼镜是擦拭者正在仔细考虑某一论点的表现。所以,当擦拭开始时,应停止施加压力,让你的对手有足够的时间考虑,等眼镜再挂上鼻梁时,即可重新谈判。

⑥在1秒钟之内连续眨眼数次,这是神情活跃、对其事件感兴趣的表现;有时也可理解为由于个性怯懦或腼腆,不敢正眼直视而不自觉作出的动作。在正常的情况下,一般人每分钟眨眼5~8次,每次眨眼不超过1秒钟。时间超过1秒钟的眨眼表示厌烦,不感兴趣,或为了显示自己的优越性。瞪大眼睛看着对方表示对对方有很大的兴趣。

体态语言主要是通过眉眼、手势、姿态等来表现特定的情感内容。

(1)面部表情

面部表情在传递信息方面起着重要的作用,特别是在谈判的情感交流中,表情的作用占了很大的比例。

①表示有兴趣:

眼睛轻轻一瞥;

眉毛轻扬;

微笑。

②表示疑虑,批评甚至敌意:

眼睛轻轻一瞥;

皱眉;

嘴角向下。

③表示对对方感兴趣:

亲密注视(视线停留在对方双目与胸部的三角区域);

眉毛轻扬或持平;

微笑或嘴角向上。

④表示严肃:

严肃注视(视线停留在对方双眼底线和前额构成的三角区域);

眉毛持平;

嘴角平平或微微向下。

⑤表示不置可否、无所谓:

眼睛平视;

眉毛持平;

面带微笑。

⑥表示距离或冷静观察:

眼睛平视,视角向下;

眉毛平平;

面带微笑。

⑦表示发怒、生气或气愤:

眼睛睁大;

眉毛倒竖;

嘴角向两边拉开。

⑧表示愉快、高兴:

瞳孔放大;

嘴张开;

眉毛上扬。

⑨表示兴奋与暗喜:

眼睛睁得很大;

眉毛向上扬起;

嘴角持平或微微向上。

(2)手势

手势是人们在交谈中用得最多的一种身体语言,在商务谈判中常见的手势有:

①伸出并敞开双掌,表示诚恳、坦率,言行一致。

②谈话时掌心向上的手势,表示谦虚、诚实、屈从,不带有任何威胁性。

③掌心向下的手势,尤其是双掌按压在桌面上,表示控制、压抑,带有强制性。

④用手挠头,表示犹豫不决,感到为难。

⑤托腮。托腮时若身体前倾,双目注视对方的脸,意味着对对方所谈的内容颇感兴趣;若是身体后仰托腮,同时视线向上,则意味着对对方所谈的内容有疑虑、有戒心、不以为然甚至厌烦。

⑥搓手,显示出对某种谈判结果的急切期待。

⑦当彼此站立交谈时,若双手交叠置于腹部,意味着比较谦恭、有求于人,自认交易地位处于下风。若双臂交叉、叠置胸前并上身后仰,意味着不愿意合作或心存一种优越、傲慢的态度。若倒背双手的同时身体重心在分开的两腿中间,意味着充满自信和愿意合作的态度;若背手时作"稍息"状,则意味着戒备、敌意、不愿合作、傲慢甚至蔑视。

⑧食指伸出,其余手指紧握,呈指点状,表示教训、镇压,带有很大威胁性。这种行为令人讨厌,在谈判中应尽量避免使用。

(3)姿态

人们对自身姿态的有意控制往往是最难以做到的,绝大多数情况下一个人所呈现的姿态都是下意识或习惯性的。

①一般性的交叉跷腿的坐姿(俗称"二郎腿"),伴之以消极的手势,常表示紧张、缄默和防御态度。

②架腿。与对方初次打交道时采取这种姿势并仰靠在沙发背上,通常带有倨傲、戒备、猜疑、不愿合作等内在情绪;若上身前倾同时又滔滔不绝地说话,则意味着对方是个热情且文化素质较低的人,但对谈判内容感兴趣。

③并腿。交谈中始终或经常保持这一姿势并上身直立或前倾,意味着谦恭、尊敬,表明有求于人,自觉交易地位低下。时常并腿后仰的谈判者大多小心谨慎,思考细致、全面但缺乏自信和魄力。

④分腿。双膝分开上身后仰者,是一个充满信心、愿意合作、自觉交易地位优越的人。

⑤食指交叉、搂住后脑,则显示一种权威、优势和信心。

⑥一手支撑着头部,则说明正处于思考状态。

⑦若频频弹烟灰、一根接一根地抽烟,往往意味着内心紧张、不安、借烟雾和抽烟的动作掩饰面部表情和可能会颤抖的手,这十有八九是一个谈判新手或正在采取欺诈手段。

⑧点上烟后却很少抽,说明戒备心重或心神不定。

2)体态语言的运用

人的面部表情变化是除了口语外最丰富的表达思想的方式,每种表情都反映了一定的内在心理活动状态。手势,步态、坐或站的方位、距离、姿态等都可以表明一个人的性格、态度以及心理变化特征。因此,通过对一个人体态语言与有声语言一致性的考量,可以判断其内心活动状态和真实意图。

但经验老到的谈判者可以通过意志努力"修饰"自己的表情或动作。

①商务谈判人员在洽谈过程中为了更明确地表达语义,或为了使语义更加隐晦、扭曲、造成对方理解上的误差,要有意识地根据表达的需要和环境条件,配合口语使用体态语言。

②人们对体态语言的敏感和确信程度一般要高于口头语言,因此,正确或有目的的使用好体态语言,可以更加有效地影响他人的情绪和思维意识。

另外,需要注意的是不同民族、地区,不同文化层次及修养的人,其在动作、姿态及其所传达的信息方面可能会有所差异,应在具体的文化环境下区别对待。

【案例7-8】 有一家美国汽车公司,想要选用一种布料装饰汽车内部,有三家公司提供样品供汽车公司选用。公司董事会经过研究后,请他们每一家来公司作最后的说明,然后决定与谁签约。三家厂商中,有一家的业务代表患有严重的喉头炎,无法流利地讲话,只能由汽车公司的董事长代为说明。董事长按该厂商的产品介绍讲了产品的优点、特点,有关人员纷纷表示意见,董事长代为回答。而患有喉头炎的业务代表则以微笑、点头或各种动作来表达谢意。结果,他博得了大家的好感。

会谈结束后,这位不能说话的业务代表却获得了50万码布的订单,总金额相当于160万美元,这是他有生以来获得的最大的一笔订单。

7.2.3 物体语言的运用

【案例7-9】 公司的茶水间贴有明显的"禁止吸烟"的标志。但是,在最近新进公司的几个男同事的影响下,这个标志完全被吸烟的男同事忽视,以至于他们总是三五成群地在茶水间吸烟聊天,这让身为行政人员的小曹很是头疼,总担心行政部经理哪天就这个情况来指责她工作不负责任。

小曹决定说服吸烟的男同事不再在茶水间吸烟。

直接向他们提要求肯定是行不通的,不仅不管用,还很有可能引起他们的反感。小曹经过几天的观察,发现男同事们在吸烟的时候总是不自觉地朝里面的办公室张望——行政部办公室就在里面,这说明他们还是有所顾忌的。

但是,行政部经理办公室与茶水间之间的视线被一棵盆栽挡住了,除非站在办公室门口,否则刚好不能看到茶水间的情况。于是,小曹请清洁工将那棵盆栽挪到了走廊的另一端,这样从行政部到茶水间的视线就完全敞开了,在行政部经理办公室即可将茶水间一览无余。

果然,盆栽移走的第二天,男同事们几乎就没有人在茶水间吸烟了,小曹也终于解决了心头之患,成功地"说服"了男同事们。

从上面的例子可以看出,说服不一定真的需要"说",不用语言的说服,同样可以达到目的。这就是非语言信号与说服之间的关联——通过对非语言信号提供的真实信息的揣摩与分析,并将其与说服对象的心理诉求结合起来,从而大大提高说服的成功率。甚至可以这样说,结合非语言信号而进行的说服工作,其成功率明显高于仅仅根据语言信号而进行的说服工作。

1) 物体语言的含义

物体语言是指谈判者在商务谈判中使用笔、本、眼镜、提包、帽子、香烟、打火机、烟斗、茶杯以及服装、衣饰等"道具"或有意或无意地向对方传达着某种信息。如:

①手中玩笔,表示漫不经心,对所谈问题不感兴趣或表明不在乎的态度。

②慢慢打开笔记本,表示关注对方讲话,快速打开笔记本说明发现了重要问题。

③猛推一下眼镜,则说明对方因某事而气愤。

④摘下眼镜,轻轻揉眼或擦镜片,说明对方精神疲劳,对争论不休的问题感到厌倦和正在积蓄力量准备再战。

⑤如果轻轻拿起桌上的帽子,或轻轻戴帽,则可能表示要结束这轮谈判,或暗示告辞。

⑥打开包可能想再谈新的问题,关上包则表示到此为止,夹起包则表示可能无法挽留。

⑦将文件包合而不夹、夹而不起、起而不走,是在暗示对方只要肯作出积极表示,随时准备响应。

⑧将烟向上吐,表示有主见、傲慢和自信;将烟向下吐,则表示情绪低沉、犹豫、沮丧等。

2) 物体语言的运用

物体语言实际上可以看作是情态语言的一种延伸。其运用主要体现在两个方面:

①所谓"物内亦有精神",说明在人们的观念形态里往往赋予某些物品以特定的精神内涵。如衣着西装革履,常被联想为具有开放、时尚思想的人;佩用高级金笔的人,会自然地被认为是地位颇高的成功人士;驾乘高级轿车的是大老板,骑乘摩托车的是小老板;卖车的向客户赠送高级仿真汽模,卖钢材的使用不锈钢薄板名片等等。正如戏剧表演中对"道具"的使用一样,谈判者利用特定的物品,可以简单地向对方传递着某种难以用其他语言表达的重要信息。

②人们施加于物品上的行为动作,能够反映出其内在的情绪状态。通过观察可以捕捉到对手的情绪变化和思想状况,进而采取有效的策略控制谈判局面的发展。

7.2.4 文字语言的运用

【案例 7-10】   诗人与盲乞丐

一个盲人,在路边乞讨,胸前挂着一块牌子:"自幼失明"。可是,他每天要来的钱只够吃两顿。有一天,一个诗人路过,可是他翻遍了口袋也没有找出半分钱来帮助这个可怜的盲人。于是,他拿起笔,在盲人胸前的牌子上进行了一番改动,然后走了。意外的是,从此以后,这个盲人收到的钱比以前多多了。当那位诗人再次路过时,盲人听出他的声音,好奇地问他为自己做了什么,诗人说:"没什么,我只是把牌子上的字改成'春天来了,我却什么也看不见'！"正是这句富有感染力的话语,打动了无数的路人,让大家慷慨解囊,帮助这个可怜的盲人。

商务谈判中,对文字语言的运用有着极其重要的意义,尤其是采取书面谈判方式时,文字语言运用的正确与否决定了谈判的成果。即使是口头谈判,也需要使用文字、图表等语言文件,"立字为据"。诸如谈判日程表、报价单、技术资料、合同草案、备忘录、协议或合同等在商务谈判中的作用是其他语言无法替代的。

1) 文字语言的运用原则

(1) 实用性

一般来讲,文字形成的东西都不会是"很热情的"。谈判语言文字更是讲究直接、专业、精练、明了,避免大量修辞或辞藻堆积。

(2) 可靠性

文字语言是一种谈判意思表达的永久记录。提交方对文件中的任何条文都要无条件的承担义务,受其约束。因此,必须认真考量、仔细斟酌、反复校对,避免受制于自己的疏漏和错误。特别是需要翻译为别种语言时,一定不能出现意思表达不明确或遗漏的现象。

(3) 准确性

谈判文字语言的运用除有意玩弄文字游戏以诓骗对方外,还可能会出现文不达意的情况,使对方花费时间揣摩。如果由此造成谈判双方各有不同解释,进而引起争议和纠纷,往往会给自己带来更加困难的局面。所以,保持文字语言的准确无误是取得高效能谈判结果的重要条件,必须引起谈判者的高度注意。

2) 文字语言的运用

(1) 商务谈判方案的文字语言处理

谈判方案的形式多种多样,文字可长可短,但简明、具体、灵活适用是其文字语言处理的基本要求。例如某公司原先报价的预期利润为销售额的35%,这35%幅度的大致内容是:

商业性开支	15%
利润	12.5%
意外风险	5%
谈判机动幅度	2.5%

因此,在这个谈判方案中,价格水准的谈判目标可表述如下:"在报盘的有效期内,如无意外风险因素,拟以30%的预期利润率成交。"

(2) 商务谈判记录的文字语言处理

谈判记录是谈判中的原始性文件。因而要按谈判程序和议题,随谈随记,必须做到行文真实、准确、完整。记要点、录原话是谈判记录文字语言处理的基本要求。对速记符号的使用必须规范,每次会谈后,要及时将会谈记录予以整理、备案。

(3) 商务谈判备忘录的文字语言处理

谈判备忘录是谈判人员在谈判过程中,对谈判的重要原则、内容及相关协议精神,予以

196　　　　　　　　　　　　　　　　　　　　　　　　　商务谈判(第3版)

记载、确认的谈判文书(完成后由双方签字确认)。因此,其行文多采用条款式的,且语言要精练,内容要集中,结构要严谨。不能像谈判记录那样详尽、全面,而要近似于协议或合同,抓住要点、原则和关键性的内容写。

本章小结

　　本章对谈判语言进行了介绍。阐述了谈判语言在谈判中的重要性和谈判语言的类别——有声语言和无声语言。对有声语言的具体运用技术——倾听、提问、回答、叙述、说服、辩论等进行了详细的介绍;对无声语言的运用技术——体态语言(表情、手势、姿态等)和物体语言、文字语言进行了详细的说明。商务谈判人员的思维都是通过言谈举止和表情达意的。一方面通过自己的言谈举止准确表达己方的要求、意图;另一方面通过对方的言谈举止探寻其目的、要求。谈判便是运用各种语言进行沟通和直接交锋,尤其是有声(口头)语言和无声(文字)语言运用水平的高低决定了谈判的效果和成败。

复习思考题

　　1.如何理解"说服力大小是衡量语言艺术高低的重要尺度"?
　　2.如何提高谈判语言的说服力?
　　3.提问时应遵循哪些原则?
　　4.无声语言有哪几大类,怎样认识它们在谈判中的作用?
　　5.盖文·肯尼迪关于提高倾听能力的意见对你有何启迪?

实 训 题

一、判断题
1.谈判语言的运用实际上包含着一个问题的两个方面,即"说"和"听"。　　　　(　　)
2.倾听,是一种廉价的让步。从策略上讲善于倾听比善于恭维更重要。　　　　(　　)
3.一个谈判者在谈判桌上所讲的话是可以修饰的,但他的表情绝对是不能伪装的。
　　　　　　　　　　　　　　　　　　　　　　　　　　　　　　　　(　　)
　　4.在谈判中回答问题的关键在于所答内容的"对"或"错",而不在于应该说什么,不应该说什么和怎样说。　　　　　　　　　　　　　　　　　　　　　　　(　　)
　　5.通过对一个人体态语言与有声语言一致性的考量,可以判断其内心活动状态和真实意图。　　　　　　　　　　　　　　　　　　　　　　　　　　　　　(　　)
二、单项选择题
　　1.问句"违约要受惩罚,你说是不是?"属于(　　)提问方式。
　　A.引导性　　　　　　B.坦诚性　　　　　　C.封闭式　　　　　　D.证实式

2.按表达方式的不同可以将商务谈判语言分为(　)。

　　A.有声语言和无声语言

　　B.专业语言、外交语言、军事语言、文学语言、法律语言

　　C.表情、手势、姿态

3.能够最丰富的表达思想的无声语言方式是(　)。

　　A.面部表情　　　　B.手势　　　　　　C.身体姿态　　　　D.物体语言

三、多项选择题

1.叙述的具体技术要求包括(　)。

　　A.简明扼要　　　　B.立足己方　　　　C.原则而不具体　　D.机会均等

2.文字语言的运用原则包括(　)。

　　A.实用性　　　　　B.可靠性　　　　　C.针对性　　　　　D.准确性

3.有声语言的运用要求包括(　)。

　　A.客观性　　　　　B.针对性　　　　　C.逻辑性　　　　　D.隐含性

　　E.说服性

4.有声语言在运用中应注意的问题包括(　)。

　　A.文明礼貌　　　　B.流畅大方　　　　C.简洁准确　　　　D.清晰易懂

5.表示有兴趣的面部表情特征是(　)。

　　A.眼睛轻轻一瞥　　B.眉毛轻扬　　　　C.微笑　　　　　　D.上身前倾

四、问答题

1.你作为公司的谈判人员,在与客户谈判的过程中,对对方的体态语言将如何应对?

2.你是否使用过体态语言? 请举一个体态语言的例子。

五、实际操作题

1.请你与小商贩进行一次商品买卖谈判。在谈判中注意观察你的谈判对手的有声语言和体态语言的运用。

2.观察你的同学及亲友在日常生活中物体语言的运用情况。

案 例

【7-1】 纽约一家银行有个叫詹姆斯·埃麦逊的出纳员运用"肯定答复"这个办法,留住了一位险些失去的大客户。

詹姆斯说:"有个人要在我们银行开个户头,就必须让他填写一张应填的表格,有些问题他很愿回答,有些问题则断然拒答。"

"在研究交际学之前,我碰到类似情况时总是对存款人说,如果他拒绝通报必需的情况,我们则拒绝为他存款。现在我为过去的做法感到惭愧。当然,这种最后通牒式的办法也曾使我得到一些满足,那就是我感受到了我是主人,并向人们表明银行的章法是不能破坏的。但是,来我们银行存款的人当然不会接受这种态度。"

"这次我决心合理地解决这个问题。我不是替银行说话,而是替顾主说话。此外,我决心让他从一开始就说出'是'字。于是我就说,在所有需要提供的情况中,他拒绝提供的那部

分情况正是银行不怎么需要的。"

"'但是',我说,'您想过没有,这笔存款即使在您身后也是有效的。难道您就不想让我们把这笔存款转交给您有继承权的亲属吗?'"

"'说得对,当然想啦',他答道。"

"我接着说:'这样好不好,您把自己一位亲属的姓名告诉我们,这样就可以在您遇到不测的情况下,便于我们迅速无误地实现您的愿望。您看行不行?'他又说:'可以'。"

"当他懂得我们这样做不是为了我们而是为他自己的时候,其态度就发生了变化。我认为,由于从我们谈话开始时就让他说出了'是的''对',才使我有可能让他忘记我们之间的分歧,愉快地接受了我的劝说。"

如果你要想让商务谈判取得成功,请记住:"在谈判开始时就要设法得到对方肯定的回答。"

问题:

1.詹姆斯·埃麦逊所谓"合理地解决这个问题"(任何人要在他们银行开个户头,都必须填写一张表格,有些问题人们很愿回答,有些问题则断然拒答)的做法,体现了怎样的语言技巧?

2.如果你是那位客户的话,你如何看待并会如何来应答詹姆斯·埃麦逊运用"肯定答复"这个办法对你所展开的说服?

3.詹姆斯·埃麦逊在研究交际学之前和之后,就必须让存款人填写一张应填的表格一事的说法有什么本质上的区别?

【7-2】　意大利与中国某公司谈判出售某项技术。由于谈判已经进行了一周,但仍进展缓慢,于是意方代表罗尼先生在前一天作了一次发问后告诉中方代表李先生:"他还有两天时间可谈判,希望中方配合在次日拿出新的方案来。"次日上午,中方李先生在分析的基础上拿出了一份方案:比中方原要求(要求意方降价40%)改善5%(要求意方降价35%)。意方罗尼先生讲:"李先生,我已降了两次价,计15%,还要再降价实在困难。"双方相互评论、解释一阵后,建议休会,下午2:00再谈。

下午复会后,意方先要中方报新的条件,李先生将其定价的基础和理由向意方作了解释并再次要求意方考虑其要求。罗尼先生又讲了一遍其理由,讲中方要求太高。谈判到下午4:00时,罗尼先生说:"我为表示诚意,向中方拿出最后的价格,请中方考虑,最迟明天12:00以前告诉我是否接受。若不接受,我就乘下午2:30的飞机回国。"说着把机票从包里抽出在李先生面前显了一下。中方把意方的条件理清后,(意方再降5%)表示仍有困难,但可以研究。谈判随即结束。

中方研究意方价格后认为还差15%,(中方要求意方降35%,意方同意降20%)但能不能再压价呢?明天怎么答?李先生一方面向领导汇报,与助手、项目单位商量对策;一方面派人调查是否有次日下午2:30去欧洲的航班。

结果次日下午2:30没有去欧洲的飞机,李先生认为意方的最后还价、机票是演戏,判定意方可能还有降价余地。于是在次日10:00给意方去了电话,表示:"意方的努力,中方很赞赏,但双方距离仍存在,需要双方进一步努力。作为响应,中方可以在意方改善的基础上,再改善5%,即意方从35%降到30%。"

意方听到中方有改进的意见后,没有走。只是认为中方要求仍太高。

问题:

1.意方的戏做得如何? 效果如何? 它还有别的方式做戏吗?

2.中方破戏的效果怎么评价?

3.意方和中方在谈判的进取性上各表现如何?

【7-3】 中国某公司与美国公司谈判投资项目。其间双方对原工厂的财务账目反映的原资产总值有分歧。

美方:中方财务报表上有模糊之处。

中方:美方可以核查。

美方:核查也难,因为被查的依据就不可靠。

中方:美方不应该空口讲话,应有凭据证明查账依据不可靠。

美方:所有财务凭证均系中方工厂所造,我作为外国人无法一一核查。

中方:那贵方可以请信得过的中国机构协助核查。

美方:目前尚未找到可以信任的中国机构帮助核查。

中方:那贵方的断言只能是主观的,不能令人信服。

美方:虽然我方没有法律上的证据证明贵方账面数字不合理。但我们有经验,贵方的现有资产不值账面价值。

中方:尊敬的先生,我承认您经验的丰富,但财务数据不是经验,而是事实。如果贵方诚意合作,我方愿意配合贵方查账,到现场一一核对物与账。

美方:贵方不必做这么多工作,请贵方自己纠正后,再谈。

中方:贵方不想讲理? 我奉陪!

美方:不是我方不想讲理,而是与贵方的账没法说理。

中方:贵方是什么意思,我没听明白,什么"不是不想;而是没法"?

美方:请原谅我方的直率,我方感到贵方欲利用账面值来扩大贵方所占股份。

中方:感谢贵方终于说出了真心话,给我指明了思考方向。

美方:贵方应理解一个投资者的顾虑,尤其像我公司与贵方诚心合作的情况下。若让我们感到贵方账目有虚占股份之嫌,实在会使我方却步不前,还会产生不愉快的感觉。

中方:我理解贵方的顾虑。但在贵方心里恐惧面前,我方不能只申辩这不是"老虎账"来说它"不吃肉"。但愿听贵方有何"安神"的要求。

美方:通过与贵方的谈判,我信任贵方代表的人品。由于账面值让人生畏,不能不请贵方考虑修改问题,或许会给贵方带来麻烦。

中方:为了合作,为了让贵方安心,我方可以考虑账面总值的问题。至于怎么做账是我方的事。如果没理解错的话,我们双方将就中方现有资产的作价进行谈判。

美方:是的。

(以下是对中方现有资产的作价谈判,省略)

问题:

1.上述谈判中,双方均运用了哪些语言?

2.双方的语言运用有何不妥之处?

3.如果你作为美方或中方代表,你会怎么谈?

【7-4】 有一次,奥格威去拜访一位年事较高的美籍俄国人亚历山大·柯诺夫,他生产拉链赚了大钱。在领着奥格威参观了他在奈瓦克的工厂之后,柯诺夫让奥格威搭乘他的凯迪拉克轿车回纽约。奥格威注意到,柯诺夫手里拿着一本《新共和》,这种杂志在当时只有很少的订户。于是他发问道:"您是民主党还是共和党?"

"我是社会主义者。我曾积极参加过俄国革命。"听得出来,柯诺夫对自己过去的经历颇为自豪。

"那您认不认识克伦斯基?"奥格威又问。

"不是那次革命,"柯诺夫轻蔑地说,"是1904年的革命。在我还是孩子的时候,我要赤着脚在雪地里走8千米去一家烟卷厂干活。我的真名是卡冈诺维奇,联邦调查局以为我是俄国政治局里的那个卡冈诺维奇的兄弟,他们搞错了。"他大笑起来,过了一会儿,又接着说:"我刚来美国的时候,在匹兹堡当机械工,每小时挣50美分。我的妻子是绣花工人,她每周能绣出14美元的活,可是从来没有得到过工钱。"

这位颇为自豪的百万富翁接下去又告诉奥格威,在列宁和托洛茨基被流放期间,他和他们交往甚密。奥格威只是静静地听着,结果他得到了这家客户。

问题:

1.分析认真倾听的益处。

2.怎样才能达到倾听效果?

第8章
谈判心理在商务谈判中的运用

【本章导读】

　　本章主要介绍了需要的概念和马斯洛需要层次理论;知觉在商务谈判中的运用技巧、需要在商务谈判中的运用技巧、个性心理在商务谈判中的运用技巧;商务谈判中心理挫折的防范与应对措施。目的是使读者充分了解谈判心理在商务谈判中的作用,并能够在谈判中积极主动地加以运用。

【关键词汇】

　　马斯洛需要层次理论　知觉　需要　个性心理　心理挫折

【案例8-1】 2008年底,由冯小刚执导的爱情喜剧《非诚勿扰》上映,影片一开始讲述男主角以200万英镑卖出了自己发明的"分歧终端机",并称其发明能解决世上所有的纷争,靠的就是锤子、剪刀、布的游戏模式。为了在这种博弈过程中不能投机取巧,包括耍赖等,"分歧终端机"能让各方都在一种"不可视",也就是"无知"的状态下进行博弈。虽然,剧中用来解决纷争的儿童式博弈方法只是编剧用来幽默一番的情节,但还是说明男主角充分把握住了老板的心理。与之类似的情节出现在小品《卖拐》《卖车》等一系列经典小品中,小品主角"大忽悠"正是因为抓住了"范厨师"的心理,一步一步地最终成功"忽悠"了"范厨师"。撇开这些情节涉及的道德问题不谈,双方的谈判至少从一个侧面反映出谈判绝对不仅仅是实力的较量,某种程度上是考察谈判者能否准确把握对方的个性和心理特征,是一种心理战术的较量。

8.1 知觉在商务谈判中的运用

人对客观现实的反映,是从知觉开始的。正确运用商务谈判的知觉,对于进行商务谈判具有一定意义。

8.1.1 知觉的主要现象

知觉是人对客观事物的各种属性的整体、概括的反映。它对于我们认识客观事物是十分重要的。

知觉的现象主要有:

①第一印象。第一印象是指对人的知觉过程中,存在的对某人的第一次印象。第一印象往往比较鲜明、深刻,甚至终生难忘。在许多情况下,人们对某人的看法、见解、情感、态度,往往产生于第一印象。如果对某人第一印象好,很可能对其形成肯定的态度;否则,很可能就此形成否定态度。第一印象是人们认识人的过程中出现的一种常见的现象,它有助于人们对人的知觉,但又可能由于对人的知觉不全面,停留在表面而不深入,形成一些影响对人正确知觉的偏见。第一印象的形成主要取决于人的外表、着装、举止和言谈。在正常情况下,仪表端庄、着装得体、言谈举止大方的人较易获得良好的第一印象,得到人们的好感。但心理学家研究发现,如果一个人很善于沟通或感染别人,那么他的第一印象也比较好。

②晕轮效应。晕轮效应也叫以点概面效应,是指人们在观察某个人时,对于他的某个品质特征有清晰明显的知觉。在观察者看来这一非常突出的品质、特征,妨碍了观察者对这个人其他品质、特征的知觉。晕轮效应就像太阳的光环把太阳的表面扩大了一样,是人们知觉认识上的扩大。例如,一个人崇拜某个人,可能会把其看得十分伟大,其缺点怪癖也会被认为很有特点,而这些如果出现在其他人身上,则不能忍受。

【案例8-2】 2010年前后,中国企业乘着4万亿大投资的东风,一路高歌猛进,不断书写经济发展的奇迹,其中家电企业美的也不例外。为了庆祝美的总部大楼落成以及美的进入"千亿俱乐部",美的组织了一场前所未有的盛大典礼。主会场背景板上有几个白色大字"圆千亿梦想,创世界美的"。台下一片花海,数万员工、上千合作经销伙伴、广东省的官员以及其他十几个城市的书记和市长都前来祝贺。彩带喷发,气球悬空,会场上弥漫着无比喜悦的气氛。现场68岁的企业创始人和掌门人何享健宣布了**美的**未来发展的新五年计划:"再造一个**美的**,销售收入达到2 000亿元,进入世界500强……"

在此目标的驱使下,**美的**的高层都处于亢奋状态,追逐销售增长的欲望使他们竞相攀比。看当年的财报:2011年第一季度**美的**的制冷集团同比增长90%,家电集团同比增长60%,最低的机电集团也实现增长50%。公司董事长请高管们吃饭,未能跻身高速增长行列的负责人如坐针毡,反复向下属打电话,确认增速指标。当时大家感觉,不用到2015年,公司就能突破2 000亿的销售目标。一时间,公司内部争相拓展新领域,生产项目遍地开花,天天办喜事,月月有剪彩。这种对业务拓展无限放大的晕轮效应激励着每一个**美的**人。

③先入为主。先入为主是指人们最先所得到的关于事物的看法、观点等信息对人存在着强烈的影响,比如影响人的知觉和判断。如当人们在未认识某一个人时,就听到有关此人的一些传言,当见到此人时,就很可能根据传言对此人的某些言行作出相应的理解和解释。先入为主的存在是由于人们惯于接受日常生活经验、定向思维和习惯作用的影响,这些影响造成了人们对新信息的排斥。

④刻板。人的知觉有刻板的习惯,会存在着对某类人的固定形象。这是在过去有限的经验基础上对他人作结论的结果。刻板,最常见的是在看到某个人时把他划归到某一类群体之中。但通过改变知觉者的兴趣、注意力,给知觉者增加更多的感知信息,就有可能改变这一刻板的印记。

【案例8-3】 2014年《中外管理》杂志第7期刊登了这样一个小故事,很令人深思。

威尔逊是假日酒店的创始人。一次,威尔逊和员工聚餐,有个员工拿起一个橘子直接就啃下去,原来那个员工高度近视,错把橘子当苹果了。为了掩饰尴尬,他只好装作不在意,强忍着咽了下去,惹得众人哄堂大笑。

第二天,威尔逊又邀请员工聚餐,而且菜肴与水果都和昨天一样。看到人都来齐了,威尔逊拿起一个橘子,像昨天那个员工一样,大口咬下去。众人看了看,也跟着威尔逊一起吃了起来。结果,大家发现这次的橘子和昨天的完全不同,是用其他食材做成的仿真橘子,味道又香又甜。大家正吃得高兴时,威尔逊忽然宣布:"从明天开始,安拉当我的助理!"所有人都惊呆了,觉得老板的决定很突然。

这时,威尔逊说:"昨天,大家看到有人误吃了橘子皮,安拉是唯一一个没有嘲笑他,反而送上一杯果汁的人。今天,看到我又重复昨天的错误,他也是唯一没有跟着模仿的人。像这样对同事不落井下石,也不会盲目追随领导的人,不正是最好的助理人选吗?"

8.1.2 知觉在商务谈判中的运用

①由于第一印象有较大的影响作用,商务谈判人员必须十分重视谈判双方的初次接触。要力求在初次接触中给对方留下深刻印象,赢得对方的信任和好感,增加谈判的筹码;同时,也要注意在初次接触后对对方多作些了解。

②先入为主直接影响人们的知觉认识,影响人们对问题的进一步客观判断,凭主观印象下结论。先入为主在谈判中常表现为主观武断地猜测对方的心理活动,如对方的意图、对方

关注的焦点问题、对方的心理期望等。这些主观预测一旦失误,就会直接或间接地影响谈判。所以,在谈判中对人们先入为主的知觉规律要予以注意。另外,在商务谈判的前几分钟,谈判双方的交流对谈判气氛会产生重要的影响,会产生"先入为主"的效应。这时,在言谈举止方面要谨慎。一般来说,在寒暄之后选择有共同兴趣的中性话题为宜,对于令人不愉快的话题尽可能不谈,也不要一见面就开门见山、直奔正题。

③晕轮效应在谈判中的作用既有积极的一面,又有消极的一面。如果谈判的一方给另一方的感觉或印象较好,那么,他提出的要求、建议都会引起对方积极的响应,他们要求的东西也容易得到满足。如果能引起对方的尊敬或更大程度的崇拜,那么他就会具有威慑力量,完全掌握谈判的主动权。

但如果给对方的第一印象不好,这种晕轮效应就会向相反的方向扩大,他会对你提出的对双方都有利的建议也不信任。总之,他对你提出的一切都表示怀疑、不信任或反感,寻找借口拒绝,甚至回避你个人。

认识知觉的规律性,有助于谈判中的观察和判断。在商务谈判中,谈判对手是不会轻易让你了解商业秘密或某些事实的真实情况的,而且还会故意制造一些假象来迷惑你。这样,就需要"眼观六路,耳听八方",注意观察从他的言行举止中偶尔流露出来的真实自我和信息,运用敏锐的洞察力,透过现象看本质,弄清对方的真实状况和意图。

8.2　需要在商务谈判中的运用

8.2.1　需要的概念

【小贴士8-1】　谈判中各方所要达到的目的,即谈判的动机。通过满足这些动机以使谈判成功的手段就是所谓的需求策略。需求策略有助于我们处理每一个谈判中的环节和谈判技巧间的关系。更重要的是,需求策略可以提供更多的选择,让我们决定是用进攻还是防御战略,在了解每项需要的重要性及彼此间的联系以后,可以选择最好的方案。

需要是人缺乏某种东西时产生的一种主观状态,是人对一定客观事物需求的反映,也即是人的自然和社会的客观需求在人脑中的反映。所谓客观需求,可以是人体的生理需求,如一个人长时间在酷热的阳光下活动,出汗过多,体内水分失调,口干舌燥,就会通过神经传达到大脑,使人产生喝水的需要。客观需求也可以是外部的社会需求,一个从事某个方面专业活动的人,如果缺乏必备的专业知识,其活动就难以顺利开展。只有补充了必备的专业知识,他才能顺利地开展活动,这就是一种社会需求。这种社会需求一旦被这个人所接受,就会转化为对专业知识学习的需要。

需要有一定的事物对象,它或者表现为追求某东西的意念或者表现为避开某事物,停止某活动而获得新的情境的意念。需要有周而复始的周期性,需要随着社会历史的进步,一般由低级到高级,简单到复杂,物质到精神,单一到多样而不断地发展。

商务谈判需要是指商务谈判人员的谈判客观需求在其头脑中的反映。

商务谈判活动是建立在人们需要的基础上的,正是因为有了需要,才使谈判的各方坐下来进行磋商,最后达到满足彼此需要的目的。我们知道,人的需要是可以变动的,是受许多因素影响的,满足需要的方式也是多种多样的。尽管谈判活动的需要是集体的需要,是理性的需要,但是,它是由代表企业的人来实现的,它的满足与否是由人来评价的,这就难免会带有个人感情的因素,受个人需要的影响。常见这样的场面,在谈判中由于一方语言或行为的不慎,另一方感到受了不公正的待遇或丢了面子,即使他的目的达到了,他也会感到不满意,甚至还可能出现为维护面子愤而反击、中止谈判的行为。也有这样的情况,双方在最初的洽谈时,都感到各方的要求差异很大,很难协调。但随着谈判的进展、关系的融洽、感情的加深,居然达成了双方都十分满意的协议。原因很简单,就是谈判双方都感到了他们的需要得到了满足。

应该指出的是,这里需要的满足,不一定就是达到企业原有的既定目标,而是谈判者认为需要的满足。谈判所签订的协议条款,很可能与企业原计划相差较大,这可能是在双方的洽谈中,制订计划的一方认为原有的标准过高,不符合实际情况,或者情况发生了变化,谈判的结果是合理的。或许他认为,不管怎么说,签订这个协议是值得的。这就是需要的满足对谈判的影响。满足不同层次的需要是取得理想谈判结果的重要因素,同时,也是缓和或解开谈判僵局的关键所在,它有利于谈判人员采取灵活变通的办法,取得双方满意的结果。

8.2.2 马斯洛需要层次理论

人的需要是多种多样的,并且随着社会的发展与时代的进步而变得越来越多样化、复杂化。恩格斯从人所需要的资料的角度,把人的需要区分为生存需要、享受需要与发展需要;阿尔德发的"ERC 理论"把人类的需要归纳为存在需要、关系需要与成长需要;麦克凯兰的"三分法需要论"则把人的需要分为成就需要、权力需要与归属需要,等等。在众多的需要理论中,马斯洛提出的"需要层次论"得到最广泛的认可与应用。

美国心理学家马斯洛的需要层次理论认为,人类的需要是以层次的形式出现的。按照它们的重要程度和发生顺序,由低级的需要开始,向上发展到高级的需要,呈现出阶梯状,可分为 5 个层次:

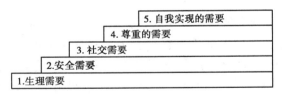

图 8.1 马斯洛需要层次结构图

马斯洛认为,5 个需要的层次是逐级上升的,当低一层次的需要获得相对满足之后,人们才能追求高一层次的需要。由于各人的动机结构的发展情况不同,这 5 种需要在个体内所形成的优势动机也不同,但在高层次的需要发展后,低层次的需要仍继续存在,各层次的需要是相互依赖和重叠的,只是对行为的影响作用降低了而已。还应注意的是,这 5 种需要不可能完全满足,而越到高层,满足的百分比越小。同时,马斯洛还认为,上述那种固定的顺序会有许多例外,即会出现颠倒的情况。

需要层次的基本内容如下:

(1)生理需要

生理需要是人类为维持和发展生命所必需的最原始、最基本的需要,它包括维持生活的衣、食、住、行等方面所必需的各种物质上的需求。这是人类赖以生存的基本生理需要。这些需要如果不能满足,人类就难以生存下去。在这种需要未得到满足之前,人们不会对其他4种形式的需要发生更大的兴趣。从这个意义上讲,它是推动人们行动的最强大的动力。

【小贴士 8-2】 通常生理需要在谈判中主要表现为谈判者对衣、食、住、行等方面的需要。谈判是一种大量消耗谈判者体力和脑力的复杂劳动。同时,谈判者还要承受很大的心理压力。因此,如果谈判者的生理需要得不到满足,就会影响到谈判人员的精力与情绪,不能完成预定的谈判目标。

(2)安全需要

【小贴士 8-3】 地位安全是指谈判双方对平等地位的需要。谈判双方都可能会把达成协议作为自己的任务和前提。甚至错误地认为:达成一个不太理想的谈判协议总比达不成协议、一无所获的结果更好。这是在谈判中委曲求全、一再退让的症结所在。对于这样的想法,谈判者及其上级应对谈判的平等互利有一个正确的认识,不能简单地以是否达成协议作为标准来考核谈判人员的业绩。

安全需要是指人类希望保护自身的肉体和精神不受威胁,保证安全的欲望,是人降低生活不确定性,对安全稳定和秩序的心理欲求。当人的生理需要得到基本满足后,就希望满足安全需要。它表现为希望生命不受伤害、职业得到保障、健康得到维护、财产不受损失和免受不公正待遇等方面的需要。一个最具有代表性的现象就是参与交易的洽谈者普遍对交易中的风险比较关注、担心。对安全需要较为敏感的人,宁可放弃很有吸引力的大笔交易,而选择比较稳妥保险的小额交易,甚至放弃交易。我们这里指的风险,主要是指交易者感觉到的风险,如资金风险、产品性能风险。有些风险尽管实际存在着,但却没有被人觉察到,是不会影响其决策行为的。

(3)社交需要

社交需要是指寻求和改善社会交往中人际关系的需要。这是在前两种需要满足基础上又产生的进一步的要求。任何人都不是在社会上孤立地生活的,人们相互之间需要交往。因此,这方面的需要就成为人们行为活动的主要目标和动力。它表现为两方面的内容:一个内容是爱的需要,也就是希望得到和给予友谊、关怀、忠诚和爱护,希望得到爱并给予别人爱;另一个内容是归属的需要,也就是人有一种要求归属于团体的愿望,希望成为其中的一员,得到关怀和照顾,增强力量感和信心。社交需要是一种较为细腻而微妙的需要,其具体的需要如何与人的个性、心理特性、经历、文化教养、生活习惯、宗教信仰都有关系。

社交需要是人的一种较高层次的需要。在经济文化较发达的社会,人们的行为活动更多的是表现为社交需要,通过谈判协调行为的活动就是典型的社会交际活动。

(4)尊重的需要

尊重的需要是指自尊和受人尊重的一种社会承认。受人尊重指人希望有地位、有威望,渴望得到别人的认可、赏识、尊敬和信赖;自尊指人希望在各种不同的情境中,有胜任自身角色的能力,有自信心。如果尊重的需要得到满足,会使人们增强自信心,觉得自己在社会上有地位、有价值、有实力、有发展前途;反之,如果这种需要一旦受到挫折或阻挠,遇到障碍,便会使人产生自卑感和失去自信心,产生无能感。这种心理需要在谈判活动中表现得最典型的就是有人喜欢显示自己的身份、地位、权威,有的人特别要面子,有的人喜欢听别人的恭维话,也有的人喜欢排场、阔气与豪华。人们在谈判时可能会为了维护面子与尊严愤而退出谈判,放弃他原打算进行的交易,也可能为了取得令人钦佩的谈判业绩,废寝忘食、夜以继日地工作。

(5)自我实现的需要

自我实现的需要是指人充分发挥其潜能,实现个人的理想抱负的需要。当上述种种需要都已得到充分的满足之后,人们需要的层次又会上升,这就是自我实现的需要,即每个人都处在最适合于他的工作岗位,充分发挥每个人的能力。所以,人们也称这一层次的需要为创造性的需要。这种需要包括:胜任感——表现为出色完成任务的欲望,喜欢承担具有挑战性的工作等;成就感——表现为进行创造性的活动并取得成功。

就谈判活动来讲,有项目负责人、专业人员、辅助人员,每个人所具备的能力与应发挥的作用是不一样的。领导者不但要能够把谈判小组中每个成员协调在一起,充分发挥集体的智慧,还要使谈判小组的成员明确各自承担的具体的工作,使其各司其职,使谈判活动取得理想的结果。

【案例8-4】 一家日本公司想与另一家公司共同承担风险进行经营,但困难的是双方都不太了解对方的信誉。为了解决这个问题,有关人员请两家公司决策人在一个特别的地点会面商谈。这是个小火车站,车站门口有一座狗的雕塑,在它的周围站满了人,但几乎没有人看这件雕塑,只是在等人。为什么都在这儿等人呢?原来这儿有个传说故事。故事中有一只犬名叫"八公",对主人非常忠诚,有一次主人出门未回,这只狗不吃不喝,一直等到死。后来人们把它称为"忠犬八公",把它当成了"忠诚和信用"的象征,并在这个传说的地方为它塑了像。所以,许多人为了表示自己的忠诚和信用,就把这儿当成了约会地点。当两个公司的决策人来到这里时,彼此都心领神会,不需太多的言语交流,就顺利地签订了合同。

【案例8-5】 美国著名谈判专家荷伯·科恩一次在墨西哥旅行,被一个当地的土著人缠住了,那人向他推销一件毛毯披肩。他根本不想买这东西,所以开始没太理会,继续赶路。小贩的开价由开始的1 200比索一直向下降,当降到200比索时,科恩开始动心了。对方说:"好吧,你胜利了,只对你,200比索。"科恩接过披肩,边看边想:"我喜欢吗?我需要吗?都不是,但是我改变了不想买的主意。是我把他的要价由最初的1 200比索降到现在的200比索。"于是,科恩开始与小贩讨价还价。小贩告诉他,在墨西哥市场的历史上,以最低价格买到这样一件披肩的人是一个来自加拿大的人,他花了175比索。最后科恩花了170比索买下了披肩,创造了墨西哥市场历史上买毛毯披肩的最低价"新纪录"。所以,直到他回到旅馆见妻子之前,还一直陶醉在他成功的喜悦之中。回到旅馆,他迫不及待地向妻子炫耀了他的胜利:"一个土著谈判家要1 200比索,而一个国际谈判家花170比索就买下来了。"当他的妻子告诉他,她花了150比索买到了同样的披肩时,他兴奋的心情顿时烟消云散。仔细回想一下,不由得感叹道,这个土著谈判家最巧妙地利用了科恩的自我实现或自尊的需要,因为最能打动科恩的是"你是墨西哥市场历史上以最低价格购买毛毯披肩的人"这句话。

【案例 8-6】 美国著名谈判专家荷伯·科恩有一次代表一家大公司去东俄亥俄购买一座煤矿。矿主开价 2 600 万美元,而科恩还价 1 500 万美元,但矿主态度十分强硬,拒不让价。最后,当科恩开价上升到 2 150 万美元时,矿主仍不妥协,这使科恩感到奇怪。按理说,这个开价比较客观、合理。为了找出原因,他邀请矿主共进晚餐,在晚餐中矿主讲出了他不让价的原委。原来他兄弟的煤矿卖了 2 550 万美元,还有一些附加利益。科恩明白了,矿主除了想卖矿山以外,还有其他的需要——自尊的需要。随后,科恩根据调查得知了矿主的兄弟从卖矿山上得到的附加利益,与矿主进行了进一步的协商,结果达成了一个双方都满意的协议。买方所付出的价格没超过公司的预算,而卖方则觉得他的卖出条件要比他兄弟好得多。

8.2.3 需要在商务谈判中的运用

1) 商务谈判中需要的表现

商务谈判人员在谈判过程中,既有资金、资产、物资资料等方面的物质性需要,也有尊重、公正、成就感等方面的精神性的需要。所以,在与谈判对手进行谈判时,既应注意对方的物质方面的需要,同时也不能忽视对方精神方面的需要。商务谈判人员的需要,具体表现为:

①生理和安全的需要。在洽谈活动中,就餐、住宿、休息、娱乐等事宜安排得越好、越周到,谈判活动的效率就越高,成效也就越显著;否则,会直接影响谈判效果。另外,出于信用安全的考虑,谈判人员通常乐意与老客户打交道,在与新客户打交道时往往会心存顾忌,对其主体资格、财产、资金、信誉等状况会较为关注。所以,在谈判中,我们必须做好就餐、住宿、休息、娱乐等事宜的安排,同时向对方提供主体资格、财产、资金、信誉等方面的信息。

②社交需要。在谈判开始之时,双方应进入良好的沟通气氛之中,在为谈判程序协商统一意见阶段,更要增加社交活动来满足谈判者个人的需要。比较理想的方式是以轻松、自然和愉快的气氛商谈双方容易达成一致意见的话题。

③尊重的需要。谈判人员得不到应有的尊重往往是导致谈判破裂的原因。有着强烈尊重需要的人,当自尊心受到伤害而感觉到没面子时,在心理防卫机制的作用下,很可能会出现攻击性的敌意行为,或者是不愿意继续合作,这会给谈判带来很大的障碍。

为此,我们在谈判中,必须从两个方面予以注意:一是在保证己方获得利益的同时,设法给对方以满足,必要时进行让步、妥协;二是必须提高对方对我方让步项目的评价,降低其对我方不能让步项目的评价。采取这种方式,可以求得双方在谈判中的"皆大欢喜"的结果。

【小贴士 8-4】 谈判高手的心得:要注意谈判对手的尊严。因为在很多时候,钱并不是唯一的目标。人对尊严的需求主要表现为自尊、自重、威信和成功等。人的尊严既有内部尊重,有实力,能胜任,能独立自主,充满信心和自尊心;又有外部尊重,有地位,有威望,受到别人尊重、信赖和高度评价等。谈判中对对手的尊重体现在以下 3 个方面:

首先,应当尊重对手的人格。

其次,应当尊重对手的身份和地位。

最后,应当尊重对手的学识与能力。

④自我实现的需要。对敢于冒险的谈判者而言,其谈判的目的是为了追求更大的成就,也是为了获得自我满足。

值得注意的是,谈判人员作为社会的一个特定群体,其需要有其特殊之处。在许多场合,谈判人员不是代表个人,而是代表组织参加谈判,其在寻找个人需要满足的同时,还要寻求群体或组织需要的满足。这样,谈判需要可以说是谈判人员个人需要与群体、组织需要的集合。而且在许多情况下,谈判人员所代表的群体、组织需要的满足应摆在优先的地位。

【案例8-7】 美国著名的柯达公司创始人乔治·伊斯曼,成为美国巨富之后,不忘社会公益事业,捐赠巨款在罗彻斯特建造一座音乐堂、一座纪念馆和一座戏院。为承接这批建筑物内的座椅,许多制造商展开了激烈的竞争。

但是,找伊斯曼谈生意的商人无不乘兴而来,败兴而归,毫无所获。

正是在这样的情况下,美国优美座位公司的经理亚当森,前来会见伊斯曼,希望能够得到这笔价值9万美元的生意。

伊斯曼的秘书在引见亚当森前,就对亚当森说:"我知道您急于想得到这批订货,但我现在可以告诉您,如果您占用了伊斯曼先生5分钟以上的时间,您就完了。他是一个很严厉的大忙人,所以您进去以后要快快地讲。"

亚当森微笑着点头称是。

亚当森被引进伊斯曼的办公室后,看见伊斯曼正埋头于桌上的一堆文件,于是静静地站在那里仔细地打量起这间办公室来。

过了一会儿,伊斯曼抬起头,发现亚当森,便问道:"先生有何见教?"

秘书把亚当森作了简单的介绍后,便退了出去。这时,亚当森没有谈生意,而是说:"伊斯曼先生,在我们等您的时候,我仔细地观察了您的这间办公室。我本人长期从事室内的木工装修,但从来没见过装修得这么精致的办公室。"

伊斯曼回答说:"哎呀!您提醒了我差不多忘记了的事情。这间办公室是我亲自设计的,当初刚建好的时候,我喜欢极了。但是后来一忙,一连几个星期都没有机会仔细欣赏一下这个房间。"

亚当森走到墙边,用手在木板上一擦,说:"我想这是英国橡木,是不是?意大利的橡木质地不是这样的。"

"是的,"伊斯曼高兴得站起身来回答说,"那是从英国进口的橡木,是我的一位专门研究室内细木的朋友专程去英国为我订的货。"

伊斯曼心情极好,便带着亚当森仔细地参观起办公室来了。

他把办公室内所有的装饰一件件向亚当森作介绍,从木质谈到比例,又从比例扯到颜色,从手艺谈到价格,然后又详细介绍了他设计的经过。

此时,亚当森微笑着聆听,饶有兴致。

亚当森看到伊斯曼谈兴正浓,便好奇地询问起他的经历。伊斯曼便向他讲述了自己苦难的青少年时代的生活,母子俩如何在贫困中挣扎的情景,自己发明柯达相机的经历,以及

自己打算为社会所做的巨额的捐赠……

亚当森由衷地赞扬他的美德。

亚当森和伊斯曼谈了一个小时,又一个小时,一直谈到中午。

最后,伊斯曼对亚当森说:"上次我在日本买了几把椅子,放在我家的走廊里,由于日晒,都脱了漆。昨天我上街买了油漆,打算由我自己把它们重新漆好。您有兴趣看看我的油漆表演吗? 好了,到我家里和我一起吃午饭,再看看我的手艺。"

午饭以后,伊斯曼便动手把椅子一一漆好,并深感自豪。

直到亚当森告别的时候,两人都未谈及生意。

最后,亚当森不但得到了大批的订单,而且和伊斯曼结下了终生的友谊。

2)正确对待对方提出的需要

(1)发现对方的真正需要

在商务谈判中必须了解对方真正的需要是什么。对方的需要,可从下列途径获得:

①通过提问了解对手的需要。提问是获取信息的一个重要手段,在商务谈判中,通过提问可以发现对方的需要和要求。

②通过倾听了解对方的需要。在商务谈判中通过倾听,也可以获得对方的需要和要求的信息。在倾听的过程中对对方吐露的每一个字都要认真思考,并注意对方的措辞、表达方式、说话的语气和声调。因为,所有这些都能为我们提供发现对方言语背后隐藏着的意图与要求的线索。

③通过举止了解对方的需要。举止有着种种心理上的含义和暗示。因此,在商务谈判中应仔细地观察谈判对手的举止,从中发现他的需要。

(2)抵制对方不合理的要求

在谈判中对对方提出的不合理要求要进行抵制,使对方不敢再提出进一步的不合理要求。无论是卖方还是买方,倘若要想让对方知道只能到此为止,不能再有其他奢望时,就应该采取一些较灵活的策略来抵制对方的要求,让其不能得寸进尺。不合理要求的表现方式是多种多样的。例如,买卖双方已经谈妥价格问题,可是次日卖方却出尔反尔,要求提高价格。此时买主很气愤,但由于不愿使谈判破裂将买卖告吹,只好和卖主重新谈判,再讨价还价。这样,一般常以较高的价格成交。

8.3 个性心理在商务谈判中的运用

个性是指个人带有倾向的、本质的、稳定的心理特征的总和。个性是由多层次、多侧面的心理特征结合构成的整体,这些层次特征包括气质特征、性格特征、能力特征等。

商务谈判人员的个性与商务谈判有着极其密切的关系,它对商务谈判的方式、风格、成效都有着较大的影响。

8.3.1　气质在商务谈判中的运用

1）根据气质类型选择谈判人员

这里所说的气质与人们在日常生活中所指的"某人很有气质"的气质含义是不同的,后者所指的气质是指一个人的风格、风度以及职业特点等;而前者指的是人生来就具有的稳定的心理特征。人的这种具有先天性的气质是具有个体差异的,其差异是由人的神经类型的差异造成的。

具体一点说,气质是指人的心理的动力方面特征的总和。它决定着人的心理活动进行的速度、强度、指向性等方面。

人有许多不同的气质特征,这些特征并不是有规则地互相联系的。气质特征不是有规则地互相联系,从而构成代表一定组织结构的气质类型。根据研究,心理学家认为人有4种较为典型的气质类型:多血质、胆汁质、黏液质和抑郁质。纯粹属于这4种典型气质类型的人很少,大多都是混合类型。

出于谈判的需要,要根据谈判人员的气质特征、气质类型来选择谈判人员。

2）根据对手的气质类型采用相应的谈判策略

出于谈判的需要,要根据谈判对手的气质类型采取相应的谈判策略。如谈判对手属于胆汁质,则这类人急躁、外向,对外界富有挑战性,却往往缺乏耐力,一旦扼制住其突如其来的气势,其气势就会很快丧失。对付的办法可以采取马拉松式的战术,避其锐气、攻其弱点,以柔克刚。

8.3.2　性格在商务谈判中的运用

【小贴士8-5】

①性格的结构。四个层次:世界观(核心层)、现实态度(中介层)、心理特征(中介层)、活动方式(外表层)。

②性格分为两类:外倾型、内倾型。

③商务谈判中需要的人,最好是具有外倾型的热情、积极、能主动交往,同时兼备内倾型的沉着、稳定、善于思考等风格。

性格是个性特征的核心,它决定人的活动的内容和方向。在现实活动中,人们的性格是千差万别的。比如在交际方面,有的人活泼外向,喜欢结交朋友,有的人孤寂内向,爱独自沉思;在待人处事上,有的人诚实、和蔼,有的人虚伪、狡诈;在情绪特点方面,有的人乐观进取,有的人悲观失望;在行动上,有的人果敢坚强,有的人则谨慎怯懦。这些都会在商务谈判活动中明显地表现出来,直接影响人们的行为方式。为了促使谈判成功,必须对各类性格的人有所了解、把握并制订相应的对策。

【案例8-8】　苏联领导人赫鲁晓夫在20世纪50年代中期,与当时的联邦德国总理阿登纳进行谈判。赫鲁晓夫的性格强硬,气势逼人;阿登纳也据理力争,毫不让步,结果他们的谈

判一直是硝烟弥漫,火药味十足。赫鲁晓夫在回答阿登纳的一项建议时说:"在我同意你的这一项建议时,我肯定看到你在地狱里!"阿登纳回击说:"如果你看到我在地狱里,那是因为你比我先到地狱!"在谈判桌上,当赫鲁晓夫愤怒地挥拳时,阿登纳则站起来,挥舞他的双拳。当赫鲁晓夫威胁要退出谈判时,阿登纳则命令飞机准备起飞回国。最后,赫鲁晓夫终于发现阿登纳的强硬姿态是性格使然,不是装出来的,以后他的谈判态度有了很大的收敛。

1) 商务谈判人员的性格类型

(1)权力型

权力型谈判者强烈地追求专权,全力以赴地实现目标,敢冒风险,喜欢挑剔,缺少同情,不惜代价。贪权人对烦琐的数字和事实不感兴趣,他们认为那只是以往的结果,而结果是由他们创造的。在谈判中,这是最难对付的一类人。因为如果你顺从他,你必然被剥夺得一干二净;如果你反抗他,谈判有可能陷入僵局甚至破裂,而这并不是你希望得到的结果。

权力型谈判者的特点:

①对权力、成绩狂热地追求。这一点正是这种类型的人最根本的特征。他们通常无视他人的反应和感觉,为了取得最大成就,获得最大利益,他们不惜一切代价。对具有与其同样雄心、同样目标和同样手段的人他们会无情打击。通常,这类人在谈判中十分难处。他们不会给别人留下任何余地,在大部分问题上,他们我行我素,以自我为中心。一旦他们控制谈判,就会充分运用手中的权力,向对方讨价还价,甚至不择手段,逼迫对方接受条件。他们时常抱怨权力有限,束缚了他们谈判能力的发挥。更有甚者,为了体现他们是权力的拥有者,他们追求豪华的谈判场所、舒适的谈判环境、精美的宴席、隆重的场面。

②敢冒风险,喜欢挑战。他们不仅喜欢向对方挑战,而且喜欢迎接困难和挑战,因为只有经过艰苦的讨价还价,调动他们的全部力量获取成功,才能显现自己的能力和实现自我形象,他们才会感到满足。

③急于建树,决策果断。这种人求胜心切,不喜欢也不能容忍任何拖沓、延误,对官僚习气更是水火不相容。由于受到要获得更大权力和成绩的心情驱使,他们总是迅速地处理手头的工作,然后着手下一步的行动。因此,他们拍板果断、决策坚决。面对当机立断的问题,一般人会犹豫、拖延,并尽可能避免决策;而这种人则正好相反,他们乐于决策,他们对决策确有把握并充满信心。

权力型谈判者的弱点:

①不顾及冒险代价,一意孤行;

②缺乏必要的警惕性;

③缺乏耐心,讨厌拖拉;

④对细节不感兴趣,不愿陷入琐事;

⑤希望统治他人,包括自己的同事;

⑥必须是谈判的主导者,不能当配角;

⑦易于冲动,容易激动,有时控制不住自己。

(2)说服型

在谈判活动中,最普遍、最有代表性的人是说服型的人。在某种程度上,这种人比权力型的人更难对付。权力型的人容易引起对方的警惕,但说服型的人却容易被人所忽视。在谈判中,他们十分随和,能迎合对手的兴趣,在不知不觉中把人说服。在说服者温文尔雅的外表下,通常暗藏雄心,为了达到目标,这类人在拼命努力。

说服型谈判者的特点:

①具有良好的人际关系。人际关系好是说服型谈判者追求的重要目标,为了好人缘他们不惜代价。他们需要别人的赞扬和欢迎,受到社会的承认对他们来说比什么都重要。如果说服型谈判者失去外界的信赖,简直无法生存,任何对他们形象不利的议论都会引起他们的焦虑。他们也喜欢帮助别人,会主动消除交际中的障碍,在和谐融洽的气氛中,他们如鱼得水,发挥自如。同时,这种人与下属的关系比较融洽,他能与他们一起创造出一种良好的工作气氛,给下属更多的权力,使下属对他保持忠诚,并对他充满信赖。

②处理问题三思而后行。他们对自己的面子,和对方的面子都竭力维护,决不轻易做伤害双方感情的事。在许多场合下,即使他们不同意对方的提议,也不愿意直截了当地拒绝,总是想方设法说服对方或阐述他们不能接受的理由。

③着眼于战略问题,超脱细节。说服型谈判者对陷入琐事极不适应,他们的目标是规划总体蓝图和制定战略。他们总是力图摆脱工作细节,在他们的心目中,细节被视为对正常生活趣味的干扰。

说服型与权力型的区别:

权力型的谈判者认为权力是能力的象征。而说服型谈判者并不认为权力是能力的象征,他们认为权力只是一种形式。虽然他们也喜欢权力,但实质的追求并不在于权力的多少。他们认为,人的报酬才是能力的象征,希望获得更多的报酬。

权力型的谈判者不顾及别人的看法,他们自认为自己是超人就足够了。而说服型谈判者却不是这样,持久的社会认可是他们工作的动力。

权力型谈判者总是与人为敌。说服型谈判者则需要有一个良好的人际环境,他们喜欢帮助别人,使大家都振作起来,在和善的气氛中他们才能发挥最大作用。

说服型谈判者的弱点:

①过分热心与对方搞好关系,忽略了必要的进攻和反击;

②对细节问题不感兴趣,不愿进行数字研究;

③不能长时间专注于单一的具体工作,希望考虑重大问题;

④不适应冲突气氛;

⑤不喜欢单独工作等。

(3)执行型

这种性格类型的人在谈判中并不少见,他们对变革无动于衷,不愿接受挑战。他们根本无法理解和接受任何对目前造成威胁的创见,维护现状是他们最大的愿望。

执行型谈判者的特点:

①工作安全感强。他们喜欢安全、有秩序、没有太大波折的谈判。他们不愿接受挑战,也不喜欢爱挑战的人。

②照章办事。这种性格的人对上级的命令和指示,以及事先定好的计划坚决执行,全力以赴,但是拿不出自己的主张和见解,缺乏创造性。他们的决策能力很差,喜欢照章办事,在

处理问题时,喜欢寻找先例。

③适应能力差。他们需要不断地被上级认可、指示。特别是在比较复杂的环境中,面对各种挑战,他们往往不知所措,很难评价对方提出新建议的价值。自然,他也无法拿出有建设性的意见。

④能力有限,只能做执行性的工作。这种性格的人不可能在重大工作中独当一面。他们缺乏构思能力和想象力。但是,这种人在特定的局部领域中,往往得心应手。如果有一个构思能力很强的人领导他们,他们便会起很大的作用。他们最大的价值是起平衡器和缓冲器的作用。

执行型谈判者的弱点:

①讨厌挑战、冲突,不喜欢新提议、新花样;

②没有能力把握大的问题,不习惯也不善于从全局考虑问题;

③不愿意很快决策,也尽量避免决策;

④不愿单独谈判,需要得到同伴的支持;

⑤适应能力差,有时无法应付复杂的、多种方案的局面。

(4) 疑虑型

疑虑型谈判者的特点:

①怀疑多虑。这一点正是这类性格的人的典型特征。他们对任何事都持怀疑、批评的态度。每当一项新建议拿到谈判桌上来,即使是对他们有明显的好处,但只要是对方提出的,他们就会怀疑、反对,千方百计地探求他们所不知道的一切。

②犹豫不定,难以决策。他们对问题考虑慎重,不轻易下结论。在关键时刻,如拍板、签合同、选择方案等问题上,他们不能当机立断,老是犹豫反复,拿不定主意,担心吃亏上当。结果,常常贻误时机,错过达成更有利的协议的机会。

③对细节问题观察仔细,注意较多。常常提出一些出人意料的问题。

④不喜欢矛盾冲突。虽然他们经常怀疑一切,经常批评、抱怨他人,但很少会弄到冲突激化的程度,他们竭力避免对立,如果真的发生冲突,也很少固执己见。

疑虑型谈判者的弱点:

①难以作出抉择;

②凡事都要怀疑;

③害怕冲突;

④易因小失大;

⑤往往错失良机。

2) 性格类型的应对策略

(1) 权力型

对于权力型的谈判对手可使用以下策略和方法:

①表现出极大的耐心,靠韧性取胜,以柔克刚。即使对方发火,甚至暴跳如雷,也一定要沉着冷静,耐心倾听,不要急于反驳、反击。如果能冷眼旁观,无动于衷,效果会更好。因为对方就是想通过这种方式来制服你,如果你能承受住,他便无计可施,甚至还会对你产生尊

重、敬佩之情。

②在个人谈判时,必须努力创造一种直率的、能让对手接受的讨论气氛。在个人谈判中,面对面直接冲突应加以避免,这不是惧怕对方,而是因为面对面直接冲突并不能解决问题,应把更多的精力放在唤起对手的兴趣和欲望上。例如:"我们一贯承认这样的事实,你是谈判另一方的核心人物"(引诱其权力欲);"我们的分析表明,谈判已经到了有所创造、有所建树的时刻"(激起挑战感)。当然,在某些特殊情况下,冲突是不可避免的,也是回避不了的。这种情况下,切不可屈服,而应冷静以对、沉着回击。

③在谈判前设计出大量的、具有创造性的建议,一旦谈判陷入僵局,就抛出一个建议。

④在进行团队谈判时,可以在对方内部关系上大做文章。在开始谈判时,可用多种方式满足贪权人的追求,让他发号施令,让他夸夸其谈,对他格外尊敬。但当谈判进入决定性阶段后,我们可把兴趣突然转移到其下属身上,造成贪权人的失落感。出于本能,贪权人必然要"夺回"自己失去的权力。为了出风头,引人注目,他会不惜出人意料地同意我方的许多要求,这显然对我方是有利的。所以,与贪权人正面作战不会有任何好结果,而巧妙地利用他的弱点迂回取胜,才是明智之举。

⑤要尽可能利用文件,尤其是数字复杂的资料来证明自己观点的可靠性。必须指出,与贪权人打交道必须及早准备。如果等到谈判开始之后才知道对手是什么类型的人的话,就为时过晚了。在那种情况下,我方肯定会陷入一片忙乱之中,谈判的最终结果也绝不会令人满意。

(2)说服型

对于说服型的谈判对手可使用以下策略和方法:

①在维持礼节的前提下保持进攻的态度。从谈判一开始就造成一种公事公办的气氛,注意保持双方的感情距离,不要与对手交往过于亲密。在不激怒对手的情况下,保持态度上的进攻性,引起一些争论,使对手感到紧张不适。

②准备大量的细节问题。说服型谈判者对细节问题不感兴趣,他希望立即取得具有实质意义和影响全局的成果,以此证明他的能力。我们可以利用这种心理,在谈判中不断向对方人员提出大量的细节问题,对其施加压力。通常经过一轮大量的提问,会使对方人员难以忍受,并想尽快与我方达成协议。

③在可能的情况下,努力形成一对一的谈判局面。说服型谈判者的群体意识较强,他们善于利用他人形成有利于自己的环境气氛,不喜欢单独工作。利用这一点可使我方轻易获得主动,因为在一对一的谈判格局中,对手总有不适之感,其结果自然不会那么理想。

④准备好奉承话,随时准备戴高帽。说服型谈判者需要自己的能力得到外界认可,为了达到目的,我们可以充分利用这一特点。在需要时,送给对方一些奉承话,这对具有说服者性格的人非常有效,但必须恭维得恰到好处。

⑤具有耐性。说服型谈判者不喜欢长久局限于某个问题之中,他们希望以一种友善的方式尽快解决实质问题。这种情况下,我方既要耐心又要使对手感到冷漠,让说服型谈判者感到谈判的紧张和漫长性对我方是十分有利的。

⑥必要时制造冲突。当对方对达成协议报有迟疑态度时,我方可以有意制造冲突,迫使对手妥协。对于说服型谈判者而言,重要的问题是完美的自我形象,他们不希望直接冲突。

但冲突制造必须恰到好处。因为当冲突过于激烈时,他们会被迫回击,一旦撕开脸面,就很难指望会有好的结果。

(3)执行型

对于执行型的谈判对手可使用以下策略和方法:

①努力造成一对一谈判的格局。执行型谈判者需要同伴的支持,当只身一人时,他们会感到自己弱小无力。

②力争缩短谈判的每一个具体过程。这类人反应迟缓,谈判时间越长,他们的防御性也越强。所以,从某种角度讲,达成协议的速度是成功的关键。

③准备详细的资料支持自己的观点。由于执行型谈判者常会要求回答一些详细和具体的问题,因此,必须有足够的准备来应对,但不要轻易提出新建议或主张,这会引起他们的反感或防卫。实在必要时,要加以巧妙地掩护或一步步提出,如果能让他们认识到新建议对他有很大益处,则是最大的成功;否则,会引起他们的反对,而且这种反对很少有通融的余地。

④讲话的态度、措辞也很重要,冷静、耐心都是不可缺少的。与这类人谈判,必须十分冷静和有耐心,克制自己的脾气是至关重要的。当他们对决策顾虑重重时,会让我们感到十分沮丧,这时更要注意自己的态度。如果我们做了周密的准备,并真正注意把诱发需求与利用弱点结合起来进行攻击的话,是完全可以控制整个谈判的最终结果的。

(4)疑虑型

对于疑虑型的谈判对手可使用以下策略和方法:

①提出的方案、建议一定要详细、具体、准确,避免使用"大概""差不多"等词句,要论点清楚,论据充分。

②在谈判中耐心、细心是十分重要的。如果对方决策时间长,千万不要催促,逼迫对方表态,这样反而会更加重他的疑心。在陈述问题的同时,留出充裕的时间让对方思考,并提出详细的说明数据。

③在谈判中要尽量胸怀坦荡、诚实、热情。如果他发现你有一个问题欺骗了他,那么再想获得他的信任是不可能的。虽然这类人不适应矛盾冲突,但也不能过多地运用这种方法。否则,会促使他更多地防卫、封闭自己来躲避你的进攻,双方无法进行坦诚、友好的合作。

8.4 商务谈判中心理挫折的防范与应对

商务谈判人员应做好防范谈判心理挫折的心理准备,对所出现的心理挫折能有效地化解。

8.4.1 商务谈判中的心理挫折

【案例8-9】 美国谈判专家斯图尔特·戴蒙德认为,一个人在大众场合的表现是他内心的反应。得体和应对技巧会极大赢得人们的好感,反之,就会有很大的负面影响。他说,2008年美国总统大选,奥巴马之所以会获胜,主要取决于第二场总统选举辩论。每一次,当共和党人约翰·麦凯恩要对奥巴马施以猛烈抨击的时候,奥巴马总是面带笑容,表现得非常合作,沉着冷静,显示出一派总统风范。当时,《纽约时报》和哥伦比亚广播公司联合开展的一项民意调查显示,麦凯恩怒气冲冲的样子和对奥巴马进行人身攻击的行为给60%的选民留下了负面印象。

1)心理挫折的含义

心理挫折是指人在追求实现目标的过程中遇到自己感到无法克服的障碍、干扰而产生的一种焦虑、紧张、愤懑或沮丧、失意的心理状态。在商务谈判中,心理挫折造成的人的情绪上的沮丧、愤怒,会引发与对手的对立甚至敌意,容易导致谈判的破裂。

人们的行为活动很少有一帆风顺的,都会遇到这样或那样的困难,碰到各种各样的障碍。当实际活动受阻时,人的心理会受到影响,从而产生各种挫折感。心理挫折是人的一种主观感受,有别于实际上的行动挫折。人们的行为活动,在客观上遭受挫折是经常的。但是,并不是一遇到了挫折,人就会产生挫折感,而且面对同一挫折,人们的感觉反应也不相同。例如,在商务谈判中,当双方就某一问题各不相让、僵持不下时,形成了活动中的挫折,对此,人们的感受是不同的。有的人遇到了困难,可能会激起他更大的决心,要全力以赴把这一问题处理好;而有的人则感到沮丧、失望乃至丧失信心。

人们心理挫折的产生有主观、客观两方面的原因。其主观原因在于人的知识、经验、能力水平、智商等方面;而客观原因则是活动对象、环境条件的复杂、困难程度。在人的行为活动遇到挫折时,人们的主观心态由于各种原因会产生不同的反应。如对行为挫折情境的主观判断,遭受挫折目标的重要性,抱负水平及对挫折的忍受力都会影响人们遭受挫折后的心态反应。

2)心理挫折的行为表现

当人遭受心理挫折时,会产生紧张不安的情绪和引发行为上的异常。

①攻击。攻击是人在遭受挫折时最常见的行为,即将受挫折时产生的生气、愤怒的情绪向人或物发泄。诸如,语言过火、激烈,情绪冲动,易发脾气,并伴有挑衅、煽动的动作。攻击行为可能直接指向阻碍人们达到目标的人或物,也可能指向其他的替代物。

②退化。退化是指人在遭受挫折时所表现出来的与自己年龄不相符的幼稚行为。例如情绪上失控,像孩子一样的哭闹、暴怒、耍脾气等,目的是为了威胁对方或唤起别人的同情。

③固执。固执是指一个人明知从事某种行为不能取得预期的效果,但仍不断重复这种行为的行为表现。具体表现为心胸狭窄、意志薄弱、思想不开明。这都会直接影响人们对具体事物的判断、分析,从而导致行动失误。此外,不安、冷漠等都是心理挫折的表现。在人遭受挫折后,为了减轻心理上所承受的压力,或想证实自己行为的正确以逃避指责,在逆反心理的作用下,人往往无视行为的结果而不断地重复某种无效的行为。

④畏缩。畏缩是指人在受挫折后有失去自信、消极悲观、孤僻不合群、盲目顺从、易受暗示等行为表现。这时其敏感性、判断力都会相应降低。

8.4.2　心理挫折的预防和应对

商务谈判是一项艰辛而困难重重的工作。谈判所遇到的困难很多,困难多就易遭遇失败,有失败就有挫折。心理挫折会引发谈判人员情绪上的沮丧,从而产生对谈判对手的敌意,容易导致谈判的破裂。因此,商务谈判人员对商务谈判中客观存在的挫折应有心理准备,应做好对心理挫折的防范,对自己所出现的心理挫折应有有效的办法,及时地加以化解,并对谈判对手出现挫折而影响谈判顺利进行的问题有较好的应对办法。

1)心理挫折的预防

①消除引起客观挫折的原因。人的心理挫折是伴随着客观挫折的产生而产生的。如果能减少引起客观挫折的原因,人的心理挫折就可以减少。

②提高心理素质。一个人遭受客观挫折时是否体验到挫折,与他对客观挫折的容忍力有关,容忍力较弱者比容忍力较强者易感受到挫折。人对挫折的容忍力又与人的意志品质、承受挫折的经历及个人对挫折的主观判断有关。有着坚强意志品质的人能承受较大的挫折;有较多承受挫折的经历的人对挫折有较高的承受力。

为了预防心理挫折的产生,从主观方面来说,就要尽力提高谈判人员的意志品质,提高对挫折的容忍力。

2)心理挫折的应对

【小贴士8-6】　　　　　　　　　　　心理挫折的应对
①理喻作用:给自己找理由解释失败。
②替代法:目标转移(这次不行,下次一定行);失误转移。
③转移注意力:过去的辉煌成就。
④压抑:不表露。

在商务谈判中,不管是我方人员还是谈判对方产生心理挫折,都不利于谈判的顺利开展。为了使谈判能顺利进行,对心理挫折应积极应对。

①要勇于面对挫折。商务谈判往往要经过曲折的谈判过程,通过艰苦的努力才能到达成功的彼岸。商务谈判人员对于谈判将要遇到的困难,甚至失败要有充分的心理准备,以提高对挫折打击的承受力,并能在挫折打击下从容应对,做好下一步的工作。

②摆脱挫折情境。遭受挫折后,当商务谈判人员无法面对挫折情境时,可通过脱离挫折的环境情境、人际情境或转移注意力等方式,让情绪得到修补,使之能以新的精神状态迎接新的挑战。

③情绪宣泄。情绪宣泄是一种利用合适的途径、手段将挫折的消极情绪释放排泄出去的办法。其目的是把因挫折引起的一系列生理变化产生的能量发泄出去,消除紧张状态。

情绪宣泄有助于维持人的身心健康,形成对挫折的积极适应,并获得应对挫折的适当办法和力量。情绪宣泄有直接宣泄和间接宣泄两种办法。直接宣泄有流泪、痛哭、怨气发泄等形式,间接宣泄有活动释放、诉说等形式。

谈判时面对对方的愤怒、沮丧和反感,一个好的办法是给对方一个能够发泄情绪的机会,让对方把心中郁闷的情绪和不满发泄出来,让他把话说完,这样他心理就不再留下什么会破坏谈判的忧患。让对方发泄情绪,可借此了解对方心理等状况,可以有针对性地开展说服性的工作。

【案例8-10】　迪巴诺面包公司是纽约一家较有名气的面包公司,但是纽约一家大饭店却从未向它订购过面包。4年来,公司经理迪巴诺每星期去拜访大饭店经理一次,也参加他所举行的会议,甚至以客人的身份住进大饭店。不论他采取正面攻势,还是旁敲侧击,这家大饭店仍是丝毫不为其所动。这反而更激起了迪巴诺推销面包的决心,问题是需要采取什么策略。通过调查,迪巴诺发现,该饭店的经理是美国饭店协会的会长,特别热心协会的具体工作,凡是协会召开的会议,不论在何地,他都一定参加。于是,迪巴诺再去拜访他时,便大谈起协会的有关事情,果然引起了饭店经理的兴趣。饭店经理滔滔不绝地讲了协会的各种情况,声称协会给他带来了无穷乐趣,并邀请迪巴诺参加。在两人的交谈中,丝毫也没涉及购买面包的事宜。但几天后,饭店的采购部门打来电话,表示要立刻购买迪巴诺公司的面包。

本章小结

本章从心理学的角度对影响商务谈判的有关因素进行了介绍。阐述了知觉在商务谈判中的表现形式及运用技巧;详细介绍了需要在商务谈判中的作用及运用技巧;论述了个性心理在商务谈判中的运用技巧及商务谈判中心理挫折的防范与应对措施。掌握上述内容有助于商务谈判的顺利进行。

复习思考题

1.知觉具有什么特性?
2.知觉在商务谈判中有何作用?
3.什么是需要?
4.马斯洛需要层次理论将人的需要分为哪几个层次?
5.需要在商务谈判中有何作用?
6.什么是心理挫折?
7.心理挫折的行为表现有哪些?

实 训 题

一、判断题
1.在谈判中无论对方提出的要求是否合理,都要进行抵制。　　　　　　　　　　（　　）

2.在谈判活动中,最普遍、最有代表性的人是说服型的人。在某种程度上,这种人比权力型的人更难对付。   (   )

3.为了使谈判能顺利进行,对心理挫折应积极应对。   (   )

二、单项选择题

1.在马斯洛的需要层次理论中,处于最高层次的需要是(   )。

    A.安全需要   B.社交需要

    C.自我实现的需要   D.尊重的需要

2.下列不属于心理挫折的应对措施的是(   )。

    A.勇于面对挫折   B.摆脱挫折情境

    C.情绪宣泄   D.提高心理素质

三、多项选择题

1.下列属于知觉现象的有(   )。

    A.晕轮效应   B.先入为主

    C.需要   D.第一印象

2.下列属于商务谈判人员的性格类型的有(   )。

    A.说服型   B.疑虑型

    C.执行型   D.权力型

3.心理挫折的行为表现主要有(   )。

    A.攻击   B.固执

    C.退化   D.畏缩

四、问答题

1.假如你是公司的谈判负责人,在与客户谈判的过程中,对方提出了十分不合理的要求,你将怎么做?

2.你作为公司的谈判人员,将与一个新客户进行交易谈判。为了给新客户一个良好的印象,你将怎么做?

五、实际操作题

1.观察你的同学中有哪些性格类型的人,并分别与他们进行模拟谈判。

要求:

根据不同性格类型的谈判对手的特点,使用不同的谈判策略。

2.观察你的同学中是否有受到过心理挫折的情况。如果有,请注意观察他们的行为表现,并利用所学习的谈判原理帮助你的同学应对心理挫折。

案　例

【8-1】　奥康与 GEOX 公司的成功合作

浙江奥康集团是国内知名鞋业生产企业,GEOX 公司是世界鞋业巨头之一。2003 年 2 月 14 日,两家企业达成协议:奥康负责 GEOX 在中国的品牌推广、网络建设和产品销售。GEOX 借奥康之力布网中国,而奥康也借 GEOX 的全球网络走向世界。在中国入世之初,

GEOX 把目光对准了中国,意图在中国建立一个亚洲最大的生产基地。2002 年初,GEOX 总裁波莱加托先生开始到亚洲的市场进行调研。经过一段时间的实地考察,他将目标对准了中国奥康集团。但奥康能否接住 GEOX 抛过来的"红绣球",实现企业发展的国际化战略,最终起决定作用的是商务谈判制胜原则的精彩应用。

进行谈判前的准备

"凡事预则立,不预则废",进行商务谈判,前期准备工作非常重要。只有事先做好充足准备,谈判者才会充满自信,从容应对谈判中出现的突发事件、矛盾冲突,才能取得事半功倍的谈判结果。更进一步说,即便只有 1% 成功的希望,也要做好 100% 的准备,不管自己在谈判中处于优势还是劣势。

GEOX 曾用两年时间对中国市场进行调研,先后考察了 8 家中国著名的鞋业公司,为最终坐到谈判桌前进行了周密的准备。谈判中,波莱加托能把几十页的谈判框架、协议条款熟练背出,令在场的人大吃一惊。波莱加托的中国之行排得满满的。去奥康考察只有 20% 的可能,谈判成功预期很低,合作机会也很小。波莱加托做了如此周密的准备,是值得国内企业家们学习和借鉴的。

尽管奥康对与 GEOX 合作成功的心理预期也是极其低的,但他们的宗旨是:即便只有 0.1% 的成功机会也绝不放过。奥康为迎接波莱加托一行进行了周密的准备和策划。首先,他们通过一位香港翻译全面了解对手公司的情况,包括对手的资信情况、经营状况、市场地位、此行目的以及谈判对手个人的一些情况。其次,为了使谈判对手有宾至如归的感觉,奥康公司专门成立了以总裁为首的接待班子,拟订了周密的接待方案。从礼仪小姐献给刚下飞机的谈判方波莱加托一行的鲜花,到谈判地点的选择、谈判时间的安排、客人入住的酒店预订,整个流程都是奥康公司精心策划和安排的,结果使得谈判对手"一直很满意",为谈判最终获得成功奠定了基础。

谈判情感注入

王振滔(奥康集团总裁)努力寻找奥康与 GEOX 公司的共同点,并把此次谈判的成功归结为"除了缘分,更重要的是奥康与 GEOX 公司有太多相似的地方"。的确,GEOX 以营销起家,短短 10 多年时间,年产值就达 15 亿欧元,产品遍及全球 55 个国家和地区,增长速度超过 50%,最终由一家酿酒企业跨入世界一流制鞋企业行列(排名世界鞋业前四位)。而奥康是从 3 万元起家,以营销制胜于中国市场,经过 15 年的发展,产值超过 10 亿元。年轻、富有远见和同样的跳跃性增长轨迹,奥康与 GEOX 在很多方面是如此惊人的相似,难怪两位总裁惺惺相惜。

为了营造氛围消除利益对抗,奥康在上海黄浦江包下豪华游轮宴请谈判对手,借游船赏月品茗的美好氛围消除利益冲突引发的对抗,平衡谈判双方实力,此举可以称为谈判领域的经典案例。

在 2003 年 2 月 14 日,也就是西方传统情人节,GEOX 与中国皮鞋业巨头奥康集团签订了合作协议。后来在中秋月圆之夜,王振滔与波莱加托举杯对饮,共谋发展大计。追求浪漫是现代人共同的价值取向,选择中西方传统节日中秋节、情人节为此次合作增添了浓郁的文化氛围和浪漫气息,奥康借此营造了和谐氛围,智取此次谈判。结果正如王振滔所愿,波莱加托对王振滔亲自策划的这些活动非常满意,也对奥康集团的策划能力有了更深的认识。

谈判毕竟不是为交友而来,谈判者花在联络感情上的时间总是有限的,如果找一种方

法,能够用较少的成本赢得对手的友谊和好感,那就非赠送礼物以表情达意莫属了。王振滔选择寓含奥康和 GEOX 完美无缺之意的"花好月圆"青田玉雕,送给波莱加托先生。礼物虽轻,但表达了赠送人的情真意切。谈判双方建立起真诚的友谊和好感,对日后的履约和合作具有重要的意义。

以让步对障碍进行回避

　　GEOX 公司有备而来,拟订了长达几十页的协议文书,每一条都相当苛刻,为了达成合作,双方都作了让步。但在两件事上出现了重大分歧,一是对担保银行的确认上,奥康一方提出以中国银行为担保银行,对方不同意,经过权衡,双方本者利益均衡的原则,最后以香港某银行为担保银行达成妥协。另一件事是双方关于以哪国法律解决日后争端的问题产生了分歧,此问题使谈判一度陷入破裂边缘。波莱加托提出必须以意大利法律为准绳,但王振滔对意大利法律一无所知,而予以坚决抵制。王振滔提议用中国法律,也因波莱加托对中国法律一窍不通而遭到了坚决反对。眼看所做的努力将前功尽弃,最后还是双方各让了一步,以第三国法律(英国)为解决争端的法律依据而达成妥协。

　　问题:

　　1.在此案例中,奥康集团采取了哪些情感注入方式? 你认为这些方式起到了哪些作用?

　　2.此案例中,有哪些障碍回避策略?

　　3.此次合作中,GEOX 看中奥康的什么?

　　【8-2】　松下幸之助有一次与西欧的一家公司进行贸易谈判。由于双方都不愿意作出妥协,谈判的气氛非常紧张,双方情绪激动地大声争吵、拍案跺脚,谈判只好暂时中止,等吃完午饭之后再进行。

　　下午谈判重新开始,松下幸之助首先发言。他说:"我刚才去了一趟科学馆,觉得人类的钻研精神实在令人赞叹。目前人类已经拥有了许多了不起的科研成果。阿波罗火箭又要飞向月球了。人类智慧及科学事业能发展到这样的水平,这实在应该归功于伟大的人类。然而,现在人与人之间的关系却没有如科学事业那样取得长远的进步。人们之间都怀有一种不信任感,他们在互相憎恨、吵架,在世界各地,类似战争和暴乱那样的恶性事件频繁发生。在大街上,人群熙来攘往,看起来似乎一片和平。其实,在人们的内心深处却仍相互间进行着丑恶的争斗。"他稍微停顿了一会儿,接着说,"那么,人与人之间的关系为什么不能发展得更文明和进步呢? 我认为人们之间应该具有一种信任感,不应一味地指责对方的缺点和过失,而且对此应该持相互谅解的态度,一定要携起手来,努力为人类共同的繁荣和进步事业奋斗。科学事业的飞速发展与人们精神文明的落后,很可能导致更大的不幸事件的发生。人们也许会用自己制造的原子弹相互残杀,毕竟日本已经蒙受过原子弹所造成的巨大灾难。"

　　开始时,对方的谈判人员以为松下幸之助是在闲聊天,逐渐地,他们被松下幸之助的谈论所吸引,并且为这些问题所感叹,谈判现场一片寂静。随后,慢慢转入正题的谈判,气氛与上午的激烈对抗完全不同,谈判双方成了为人类共同事业携手共进的伙伴,欧洲的这家公司接受了松下公司的条件,双方愉快地在协议上签了字。

　　问题:

　　为什么松下幸之助以科学与人类的关系为题的讲话会使谈判顺利完成,请用商务谈判的原理进行解释。

【8-3】 美国著名的谈判专家荷伯·科恩的第一次谈判遭遇了滑铁卢。荷伯·科恩刚进入公司,得知公司有一个到日本东京进行为期14天谈判的任务,于是,荷伯·科恩就主动向领导请缨。在得到领导同意后,荷伯·科恩满怀信心地来到了日本。当荷伯·科恩在东京羽田机场走下飞机时,已经有两位日本代表在等候他了。两位日本人热情帮助他领取行李,并顺利通过海关,带他坐入一辆高级豪华轿车的后座,而两位日本人则坐到了前排。当荷伯·科恩让两位日本人与他同坐时,得到的回答是:"后座是尊贵的客人坐的。"对于这一切,荷伯·科恩十分感动。在车上日本代表问荷伯·科恩是否来过日本,荷伯·科恩回答是第一次来日本。日本代表又问荷伯·科恩对日语是否有研究,荷伯·科恩回答有一些研究,并拿起一本英日字典告诉日本代表,他正在抓紧进行研究。日本代表一再表示,谈判期间将会对客人的生活尽力照顾。紧接着日本人似乎漫不经意地问道:"你回去的时间确定了吗?是否已经订好了回程的机票?我们可以事先按时把这辆轿车准备好,送您到机场。"毫无经验的荷伯·科恩觉得日本方面非常友好,就毫不犹豫地从口袋里拿出回程的机票给他们看,好让对方安排送行时的车子。

在荷伯·科恩下榻之后,日本人并没有安排立即开始谈判,而是花了一个多星期的时间陪他参观游览从天皇宫殿到京都神社的日本名胜古迹,甚至还安排了一项用英语讲授的课程来说明日本人的信仰。每天晚上还安排长达四五个小时的日本传统宴会招待荷伯·科恩。每当荷伯·科恩要求开始谈判时,日本人总是说:"谈判问题很简单,有的是时间!"

到第12天,谈判总算开始了,但很快又提前结束,因为日本人又安排了一场高尔夫球比赛供客人去玩。第13天,再接着谈判,但是又提前结束,因为要参加主人为荷伯·科恩举办的告别宴会。最后,在第14天早上双方终于谈到了问题的核心。正当在这关键时刻,那辆大型的豪华轿车悄然而至,于是日本人建议在车上继续讨论。

在日本人策划的局面之下,荷伯·科恩已经没有时间与对方周旋了,但又不愿空手而归,结果就在轿车到达机场之时,他答应了对方的全部条件,达成了协议。

问题:

日本人在此次谈判中为什么会获得如此巨大的成功,请用谈判心理的有关原理进行分析。

【8-4】 一对美国老夫妻在浏览杂志时看到一幅广告中当作背景的老式座钟非常喜欢。研究之后,他们决定要在古董店里寻找那座钟,并且商定只能出500美元以内的价钱。他们经过3个月的搜寻后,终于在一家古董店的橱窗里看到那座钟,妻子兴奋地叫了起来:"就是这座钟!没错,就是这座钟!"丈夫说:"记住,我们绝对不能超出500美元的预算。"他们走近那座钟。"哦喔!"妻子说道,"时钟上的标价是750美元,我们还是回家算了,我们说过不能超过500美元的预算,记得吗?""我记得,"丈夫说,"不过还是试一试吧,我们已经找了那么久,不差这一会儿。"夫妻私下商量,由丈夫作为谈判者,争取以500美元买下。随后,丈夫鼓起勇气,对售货员说:"我注意到你们有座钟要卖,定价就贴在那座钟上,而且蒙了不少灰,显得有些旧了,"之后,他又说,"告诉你我的打算吧,我给你出个价,只出一次价,就这么说定。我想你可能会吓一跳,你准备好了吗?"他停了一下以增加效果。"你听着——250美元。"售货员连眼也不眨一下,说道:"卖了,那座钟是你的了。"

那个丈夫的第一反应是:"我真蠢!我该对那个家伙出价150美元才对!"他的第二个反应:"这座钟怎么这么便宜?一定是有什么问题!"

然而,他还是把那座钟放在了客厅里。座钟看起来非常美丽,好像也没什么毛病。但是他和太太却始终感到不安。那晚他们安歇后,半夜曾3次起来,因为他们没有听到座钟的声响。这种情形持续了无数个夜晚,他们的健康迅速恶化,开始感到紧张过度。

问题:

1.是什么原因导致了这对老夫妇的心情沮丧?

2.售货员在这场交易中是否存在问题?请用谈判的原理进行说明。

【8-5】 2011年12月,日本三家株式会社的老板同一天接踵而至,到江西省欣美工艺雕刻厂订货,其中一家资本雄厚的大商社,要求原价包销该厂的佛坛产品。由此生产厂家与三家商社在价格上展开谈判。

在这次谈判中,江西省欣美工艺雕刻厂查阅了日本市场的资料,明白了日本商社主要是因为本厂的木材质量上乘,技艺高超,制造出的产品质量高于别国而来订货的。于是该厂先不理那家大商社,而是先与小商家谈判,把产品与其他国家的产品作比较。在此基础上,该厂将产品当金条一样争价钱、论成色,使其价格达到理想的高度。首先与小商社拍板成交,造成那家大客商产生货源损失的危机感。那家大客商不但更急于订货,而且想垄断货源,于是大批订货,以至订货数量超过该厂现有生产能力的好几倍。

问题:

1.该厂采用了哪些谈判的策略?

2.该厂用了什么办法使日商就范?

第9章
商务谈判的礼仪

【本章导读】

　　本章主要介绍了服饰、迎送、会见、洽谈、宴请和舞会、参观与馈赠礼品等方面的礼仪在商务谈判活动中的重要性及一般礼仪;一些特殊国家或地区的特别禁忌。目的是使读者了解礼仪在商务谈判活动中的重要性及各种礼仪的内容,了解一些特殊国家或地区的特别禁忌,以便在涉外商务谈判中自觉地加以运用,取得良好的谈判效果。

【关键词汇】

　　礼仪　禁忌

【案例 9-1】　2005 年 4 月 12 日,美国的 W 公司来中国与我方 D 公司商谈关于双方合作事宜。我方热情接待,美方代表对我方的招待表示感谢,气氛很融洽。这一天是正式谈判开始的日子,一进会场,美方代表就显得非常生气,转身就走,把中方谈判人员搞得莫名其妙。经过再三追问,才明白原来我方将谈判桌上的美国国旗摆到了左方,而根据以右为尊的国际惯例,为了表示尊重,客方的国旗应该在右方。我方赶紧进行解释,在中国传统中是以左为上,经过再三道歉并将国旗方向改过来后,谈判才终于得以正式开始,然而这一插曲却使双方原本融洽的气氛紧张起来,形成了开局不利的局面。

【案例 9-2】　　　　　　　　　　　女职员的亲切举动
日本有一家叫木村事务所的企业想扩建厂房,他们看中了一块近郊土地意欲购买。同时也有其他几家商社想购买这块地。董事长木村前后半年多次登门,费尽口舌,但该块土地的所有者——一位倔强的老寡妇,说什么也不卖。

一个下雪天,老太太进城购物顺便来到木村事务所,她本意想告诉木村先生死了这份心。老太太推门刚要进去,突然犹豫起来,因为屋内整洁干净,而自己脚下的木屐沾满雪水。正当老人欲进又退之时,一位年轻的小姐出现在老人面前:“欢迎光临!”小姐看到老太太的窘态,马上回屋想为她找一双拖鞋,不巧正好没有了。小姐便毫不犹豫地把自己的拖鞋脱下来,整齐地放在老人脚前,笑着说:“很抱歉,请穿这个好吗?”老太太犹豫了:她不在乎脚冷?“别客气,请穿吧! 我没有什么关系。”等老人换好鞋,小姐才问道:“太太,请问我能为您做些什么?”“哦,我要找木村先生。”“他在楼上,我带您去。”小姐就像女儿扶母亲那样,小心翼翼地把老太太扶上楼。于是,老人就在要踏进木村办公室的一瞬间改变了主意,决定把地卖给木村事务所。那位老人后来告诉木村先生说:“在我漫长的一生里,遇到的大多数人是冷酷的。我也去过其他几家想买我地的公司,他们的接待人员没有一个像你这里的职员对我这么好,你的女职员年纪这么轻,就对人那么善良、体贴,真令我感动。真的,我不缺钱花,我不是为了钱才卖地的。”就这样,一个大企业家倾其全力交涉半年也徒劳无功的事情,竟然因为一个女职员彬彬有礼而亲切的举动无意促成了,真是奇妙之极。商务谈判中,得体、到位的礼仪会为你加分不少,因此,一定要善用礼仪。

由上例可以看出,一些看似微小的礼仪漏洞往往会导致谈判的失败,所以商务谈判人员对商务谈判中的各种礼仪应该有足够的了解。

9.1　商务谈判的服饰礼仪

服饰礼仪是人们在交往过程中为了表示相互的尊重与友好,达到交往的和谐而体现在服饰上的一种行为规范。古今中外,着装从来都体现着一种社会文化,体现着一个人的文化修养和审美情趣,是一个人的身份、气质、内在素质的无言的介绍信。从某种意义上说,服饰是一门艺术,服饰所能传达的情感与意蕴甚至不是用语言所能替代的。在不同场合,穿着得体、适度的人,给人留下良好的印象;而穿着不当,则会降低人的身份,损害自身的形象。同样的,在商务谈判中,端庄整洁而富有特点的衣着不仅传递着一种对对方尊敬和重视的信息,也能给双方留下良好的第一印象。因此,商务谈判人员必须对服饰问题予以足够的重视。那么,在什么样的场合应该如何穿着才算合适呢?

9.1.1 服装的类型

服饰与季节、性别、年龄、场合、民族习惯等都有着极大的关系,因此服装可以根据这些因素分为不同的类型。

首先,商务谈判桌上的季节特征按国际惯例只分春秋季和夏季,服装与季节相适应也分春秋装和夏装两种。在我国的谈判季节则有春秋季、夏季、冬季,因此服装也分为春秋装、夏装和冬装。

其次,商务谈判的服装根据性别不同,可以分为男装和女装;根据年龄不同,可以分为中青年服装和中老年服装;根据所参加活动的性质不同,可以分为礼服和便服;根据民族习惯不同,服装的类型更为繁多,如中国的中山装、旗袍,日本的和服等。

另外,这些分类标准还可以结合在一起,例如春秋装和夏装都可以分为中青年男装、中青年女装、中老年男装、中老年女装。

【小贴士9-1】 谈判者对穿着的需求是穿戴整齐,衣着服饰与自己的身份和地位相符。这样不仅能满足自己对穿着的需求,鼓舞自己和同伴的士气,振奋精神,而且能够引起对方的敬佩和认同感,增强自己的谈判实力。反之,降低穿着服饰的标准,会在谈判中形成一种心理压力,产生在服饰上不如人的自卑感,还会招致对方的轻视,不利于谈判。

1) 春秋装

(1) 中青年男装

中青年男性参加商务谈判时,一般穿着西装、中山装或夹克衫。其中,西装和中山装适合比较正式、庄重的场合,因此参加大型谈判、高层谈判和正式谈判时应穿着这两类服装。而参加一般谈判活动时可以穿着西装、中山装,也可以穿着夹克衫。其中西装是最常见的商务服饰,适合穿着的场合、人群都比较广泛。中山装虽然也适合参加比较隆重的活动,但必须由重要人物穿着才显得庄重,由其他人穿着会显得古板。夹克衫会显得谈判者年轻而富有朝气,但是不适合在隆重的活动中穿着,而且年轻人穿着会给人一种资历浅、不稳重的感觉。

(2) 中老年男装

中老年男性通常已经拥有一定的社会地位,所参加的商务谈判一般处于较高层次,应穿着西装或中山装。需要注意的是,穿着服装的颜色既不能显得古板,又不能显得轻浮,应讲究颜色柔和、色调协调,给人一种慈祥、豁达、稳重、博雅的感觉,以增强对方对自己的尊重和信任。

(3) 中青年女装

中青年女性作为谈判代表参加商务活动时,可以选择西装、毛衣外套、西装套裙、旗袍等服装,参加大型谈判、高层谈判和正式谈判时最好穿着西装或西装套裙。无论穿着何种服装都应注意显示出女性的自尊、自强和自信。颜色和款式可以选择亮丽、明快的,也可以选择

庄重、大方的,但切记不可过于花哨、艳丽。

(4)中老年女装

中老年女性所参加的商务谈判通常也处于较高层次,西装或西装套裙是常见的服饰。注意事项与中老年男装类似,应讲究颜色柔和、色调协调,避免选择色彩反差过大或过亮的服装。

2)夏装

(1)中青年男装

中青年男性夏季参加商务谈判活动,可以穿衬衫长裤或单西装,在隆重场合应穿单西装,打领带或穿短袖衬衫扎在长裤内,打领带。颜色以浅色、单色为主,可以带浅色花格或浅色条纹,这样显得大方得体且比较凉爽。需要注意,在正式场合中不宜穿T恤衫、短西裤。

(2)中老年男装

中老年男性夏季参加商务谈判活动,可以穿长、短袖衬衫配长裤或单西装,衬衫通常扎在长裤内,打领带。在隆重场合应穿单西装,打领带。颜色以浅灰、淡蓝、米黄为宜。

(3)中青年女装

中青年女性夏季参加商务谈判,可以穿长、短袖衬衫配长裤或裙子,也可以穿连衣裙、旗袍或西装套裙,在重要场合多选择西装套裙。需要注意,在正式场合中应避免穿T恤衫、牛仔裤、紧身衣或较暴露的服装。

(4)中老年女装

中老年女性夏季参加商务谈判,可以穿长、短袖衬衫配长裤或裙子,但多选择西装套裙。要注意突出庄重、和谐,达到美而不艳的效果,避免过于花哨的款式与衣料。

9.1.2　服装的搭配

1)西装的搭配

穿着西装时,必须掌握衬衫、领带、鞋袜、公文包与服装的搭配常识。

正式商务谈判活动中所穿的衬衫应该是以高织精纺的纯棉或纯毛面料制作的白色长袖衬衫,衬衫上通常没有图案和衣袋。在两手伸直时,衬衫的袖子应该比西装袖子长1 cm左右。

领带多选用真丝、羊毛面料,色彩可以使用蓝色、灰色、棕色、黑色、紫红等单色,图案以条纹、圆点、方格等几何形状为主或者没有任何图案。通常,西装、衬衫、领带这三样中必须有两样是素色的。西装、领带的颜色,必须跟头发、肤色、眼睛相配合。领带的长度须触及皮带扣。

与西装配套的鞋袜,通常是深色、单色的,最合适的搭配是黑色。牛皮系带的黑色皮鞋最为常见,而羊皮、猪皮、磨砂皮、翻毛皮鞋都不宜与西装搭配。

男士通常会随身携带一个公文包来放置相关物品。最标准的公文包是手提式长方形公文包,其他箱式、夹式、挎式、背式皮包均不可作为公文包使用。公文包的颜色应尽量接近皮鞋的颜色,一般不宜有图案、文字,材质以牛皮、羊皮为佳。包里的东西应摆放整齐,进入别人的室内后应将包放在主人指定的地方或置于自己座位附近的地板上。

另外,在搭配时还应该注意三色原则、"三一定律"、三大禁忌。三色原则是指全身不要超过三个色系,尽量少,但不要完全一样。"三一定律"是指鞋子、腰带、公文包一个颜色。最好是黑色系代表庄重。三大禁忌则是指穿尼龙袜(会臭),穿白袜子,鞋子袜子应浑然一色才最好看;穿夹克打领带;袖子商标不拆,这代表未启封,是盲流的基本特征。

2) 套裙的搭配

套裙的搭配通常应注意衬衫、内衣、衬裙、鞋袜、饰品等方面。

衬衫应选择轻薄柔软的面料,如真丝、麻纱、涤棉等;色彩则选择与套裙颜色不相互排斥的单色为宜,一般不要带有图案。穿着时,纽扣要一一系好,下摆必须掖入裙腰之内。

内衣一般选择真丝、纯棉面料,不宜过大或过小,内衣轮廓不宜外透,所以色彩可以选择与外衣相近的浅色、单色。

衬裙应注意线条简单,穿着合身,大小应小于套裙。衬裙不宜外露,因此一般没有图案,色彩要比套裙颜色淡或为浅色。

与套裙配套的鞋子最好是牛皮皮鞋,可以选择黑色或与套裙相同的颜色。袜子可以是尼龙袜或羊毛袜,颜色有肉色、浅灰、浅棕等。

需特别注意不能穿黑皮裙(在国际上是不雅着装);不光腿,要穿双包鞋把易磨的前后都包住;不能在裙子下加健美裤,不能穿半截的袜子弄出三截腿,用专业术语形容叫"恶意分割"。

饰品主要包括项链、耳环、戒指。在正式场合,女性可以不戴饰品,如果要戴,数量以少为佳,不要多于 3 种,而且一定要戴质量上乘的,否则宁可不戴。其中,项链和耳环佩戴时应考虑与服装及个人的身材、脸型相适应。例如,矮胖圆脸的女性适合佩戴下垂到胸部的项链和贴耳的长型耳环,这样可以从视觉上使身材增高,脸型加长,能起到装饰美化的作用。习俗规矩是男戴观音女戴佛,女性不适宜戴十字架。戒指的佩戴更需注意的是佩戴的位置,通常戒指都戴在左手上,戴在食指上表示无偶,戴在中指上表示正处于恋爱中,戴在无名指上表示已订婚或结婚,戴在小指上表示自己独身。因此,不可随意佩戴。

9.1.3 着装的原则及注意事项

【案例 9-3】 　　　　　　　　　　　　　　**求职面试**

今天要去面试了,刚刚毕业的小何掩饰不住自己内心的兴奋。出门之前,他再一次站在镜子面前端详自己的一番打扮:刚买的黑色西装,袖子上的商标显示出这是一套名牌货;洁净的衬衫,鲜艳的碎花领带,体现着自己的青春活泼;锃亮的黑色皮鞋,白色干净的袜子。这样的一身打扮,一定会给面试的考官留下良好的第一印象,小何这样想。

请思考:你能指出小何着装的错误之处吗?

TPO 原则是穿着和打扮的基本原则:T 表示 time,P 表示 place,O 表示 occasion。时间分为早、中、晚,春、夏、秋、冬;地点是指所去之处;场合可以分为上班、社交、休闲。应该尽量做

到传统、朴素、庄重、得体、大方、协调。

在正式场合的穿着应注意：

①选择适合特定场合的服装。在参加正式活动时，男子一般应穿着上下同色同质的毛料西装、中山装或礼服；女性应选择西装套裙、旗袍或礼服。而那些休闲服、运动服、T恤衫、紧身衣、牛仔裤等，无论多么高档、多么昂贵甚至是国际名牌都不可以出现在正式场合，各式休闲鞋、时装鞋都不能与正式礼服相配。

②按规定着装。重大的宴会、庆典和会见等比较正式和隆重的场合，尤其是涉外活动，组织者所发请柬上如注有着装要求，参加者就应按规定着装。即使组织者没有提出具体的着装规定，参加者也应穿较正式的服装。

③按规范着装。正式场合的着衣配装有一定的礼仪规范。如中山服的着装规范是扣好衣扣、领扣和裤扣，不把衬衣领口翻出，皮带不得垂露在外。穿长袖衬衣应将前后下摆塞入裤内，袖口、裤腿不能卷起。穿西服一定要配颜色相宜的皮鞋，忌戴帽子。西服的衣裤兜内，忌塞得鼓鼓囊囊，腰带上不要挂钥匙、手机。参加宴会的女士穿旗袍时，开衩不可太高，以在膝上 1~2 寸(1 寸≈3.33 cm)为宜。

【小贴士 9-2】　　　　　　　商务男士着装礼仪

①领带

②口袋

③扣子

④鞋袜

⑤"三个三"原则 {
  a.三色原则
  b.三一定律
  c.三大禁忌
}

④注意服饰的细节。任何服装都应洗涤干净，熨烫平整，裤子要熨出裤线，不可有折痕；衣领袖口要干净，鞋面要光亮。女士着裙装、套装应配以皮鞋或不露脚趾的皮凉鞋。不能赤足穿鞋，鞋袜不得有破损。扣子、领钩、衣带等要扣好、系好。穿好服装后，最好自己在镜子前仔细检查或请别人观察一下，以确保万无一失。

⑤裁剪合体，式样流行，颜色传统，质料高级。服装是否合体直接关系着服装穿着的效果，而式样、颜色、材质的选择则显示着穿着者的素质和风格。

⑥公共场合只穿内衣是非常失礼的。睡衣只适宜在卧室穿着。在家里或宾馆内接待来宾和客人时，也不得光脚或只穿内衣、睡衣、短裤。如来不及更衣，应先请客人稍坐，自己进内室换好服装后再与客人谈话。

【小贴士 9-3】　　　　　　　首饰的选择

①尽量避免用价格低廉、制造粗糙的首饰。

②以少为佳，不戴亦可。

③同质同色，即佩戴一件以上的首饰，要讲究质地相同、色彩一致。

④合乎惯例，如戒指一般戴在左手，只戴一枚，不可超过两枚。

⑦进入室内场所，均应摘帽，脱掉大衣、风雨衣等。男子任何时候在室内都不得戴帽子

和手套。室内一般忌戴墨镜,在室外遇有隆重仪式或迎送等礼节性场合,也不应戴墨镜。有眼病需戴有色眼镜时,应向客人或主人说明并表示歉意,或在握手、交谈时将眼镜摘下,离别时再戴上。

9.1.4 部分国家服饰礼仪的特点与禁忌

【案例9-4】 **中瑞合资谈判**

瑞士某财团副总裁率代表团来华考察合资办药厂的环境和商洽有关事宜,国内某国营药厂出面接待安排。第一天洽谈会,瑞士人员全部西装革履,穿着规范出席。而中方有穿夹克衫帆布鞋的,有穿牛仔裤运动鞋的,还有的干脆穿着毛衣外套。结果,在当天的会谈草草结束后,瑞方连考察的现场都没去,第二天找个理由便匆匆地打道回府了。

瑞士代表团打道回府的原因是什么?找出原因后,请进行情景模拟。模拟开始……

在欧洲大陆,西装是人们常穿的服装,即使是在炎热的季节,在办公室、饭店及大街上仍到处是穿着西服的人,且欧洲人相对比较保守,在室外一般都不解开西装的纽扣。在颜色方面,不同的国家有着不同的禁忌。西方许多国家都把黑色作为葬礼的表示,并认为棕色会带来厄运;比利时人忌讳穿蓝色服装,以蓝色物作装饰也不吉利;在英国,忌系有纹的领带,因为带纹的领带可能被认为是军队或学生校服领带的仿制品;大部分欧洲人,认为红色代表的是鲜血,不吉利,挪威人却普遍视红色为流行色;在德国,不要将手放在口袋里,这会被认为是无礼的表现。

在亚洲,也有很多需注意的穿着特点与禁忌。例如,日本人穿衣都是右向掩衣襟,他们喜爱红、白、蓝、橙、黄等色,忌黑白相间色、绿色、深灰色;在蒙古,黑色被视为是不幸和灾祸,故蒙古人不穿黑衣服;泰国人喜爱红、黄色,忌褐色;缅甸人笃信佛教,参拜寺院宝塔必须脱鞋赤脚进入以表示对佛祖的尊敬;进入韩国人、日本人和朝鲜人的住宅时,不要将室外穿的鞋穿到屋里去,要换备用的拖鞋。

其他国家的人,例如埃塞俄比亚人出门做客时忌穿黄色服装,因为这是哀悼死者时的穿着;巴西人认为用黄与紫的调配色作装饰色会引起恶兆;在阿根廷最好不要穿灰色的套装、套裙;墨西哥人认为紫色为棺材色,不可使用。在阿拉伯国家,服装非常保守,穿着不当会遭到惩罚,在坐着时,不要把鞋底冲着东道主,那是侮辱人的举止。

世界上各个国家或地区的习俗都有很大的区别,在此不可能一一介绍,只能在实际应用时多多留意,实在不明白时可以向当地人询问,以免出现常识性错误。

9.2 迎送礼仪

【案例9-5】 **你就是公司的形象大使**

2010年9月,上海某西服厂得知一个阿联酋外商要来上海采购一批西服。并且从内部消息获知,这位外商要来考察好几家公司,再确定最后的合作伙伴。但令人欣慰的是,该公司是这位外商来考察的第一家公司。那天下午,正好由分管后勤的小琪去迎接这位客人。

在浦东国际机场,这位客人刚下飞机走到出口,就看到穿着得体、端庄秀丽的小琪抱着

鲜花来迎接他。小琪替客人拉着行李箱,笑意盈盈地用英语与客人交谈。当时,天气闷热难当,客人额头渗出细小的汗珠,小琪拿出一小包餐巾纸微笑着递给客人,客人感到分外亲切,连声说:"谢谢!谢谢!"

上了车,客人发现车内一尘不染,香喷喷的,十分凉爽。显然,飞机快到达前,小琪特地开了空调。此时,小琪又拿出一瓶冰红茶,说:"您先喝口水。"又问,"您晕车吗?""不晕。""不晕我就开快点,晕车我就开慢点。"开车之后,小琪又说:"您累了,给您听点轻音乐。"这令客人十分感动,车到了云台路,突然慢了下来,小琪打开了右侧的车窗,对客人说:"您看,那就是上海的世博园,那个高大红色如冠盖的是中国馆,贵国的国家馆离中国馆不远。我已给您准备了后天的世博会门票,欢迎您光临我们的世博会。"这令客人喜出望外。客人不禁要问:"你们单位给你开多少工资?"小琪说:"在我们单位谈钱是耻辱,如果没有为公司工作,我能接触到像您这样尊贵的客人吗?公司给我们的机会比金钱更重要。"一席话说得客人心里热乎乎的,客人心想,有这样好的员工,企业差不了。

小琪把客人带到预订好的宾馆,一直把客人送到房间,然后微欠着身,微笑着说:"您先休息一下,晚上我们老总为您接风洗尘。"随后轻轻地拉上门离去。

当天晚上,客商见到公司老总非常高兴,晚宴刚刚开始,令人意外的是,客商竟郑重地宣布,明天即与公司签署西服供需合同,价值百万美元,足够公司半年的生产量。公司老总有些不解地问:"您不是来考察的吗?还没有考察怎么就签合同?"客商笑着说:"我已经考察完了,我很满意。"

后来,老总得知了事情的原委,对小琪大为称赞。是呀,是小琪完美的接待,让客商感慨不已,从而认定这个公司一定是一个管理非常到位的公司,是一个员工素质非常过硬的公司,其产品质量也一定毋庸置疑,跟这样的公司合作,可以一百个放心。

资料来源:崔鹤同:《你就是公司的形象大使》,载《中外企业文化》,2011(5)。有删改。

问题:

①为什么阿联酋外商还未对上海某西服厂进行正式考察就决定与该厂签署西服供需合同?

②请结合案例,说明礼仪在商务谈判中的重要性。

在国际交往中,对来访的客人迎来送往,是不可缺少的礼仪活动。现在有一个外国代表团前来考察谈判,我们应该如何安排接待事项呢?

要安排好迎送接待工作,首先要摸清底细,弄清来宾人数、姓名、性别、职务、职称、年龄、民族,带队人及目的、方式、要求,来访起讫日期,来访路线,交通工具及来宾的生活习惯、饮食爱好和禁忌等情况。在此基础上,主要从确定迎送规格、制订迎送计划,掌握抵达和离开的时间,陪车,安排食宿等几方面着手,做好迎送工作。

9.2.1 确定迎送规格、制订迎送计划

确定迎送规格、制订迎送计划主要依据 3 个方面的情况来确定:即前来谈判的人员的身份和目的,我方与被迎送者之间的关系以及国际惯例。在礼仪安排上,应既尊重国际惯例,又有我国独特的做法;确定迎送规格,主要是确定由哪一级人员出面迎送,是接待来宾的一个礼遇规格;根据国际惯例,主要迎送人通常都要同来宾的身份相当,以便综合平衡。但遇

到特殊情况,如当事人不在当地、身体不适不能出面,不能完全与来宾身份相当时,则可以由职位相当的人员或副职出面迎接,但要注意不能与对方身份相差太大,同时应以同客人对口、对等为宜,以示对客人的尊重。当事人不能出面时,无论作何种处理,应从礼貌出发,向对方作出解释。另外,可以结合前来谈判的人员的目的,我方与被迎送者之间的关系提高迎送规格,以表示我方对本次谈判活动的重视。例如,在双方准备建立长期业务关系或进行重要交易的谈判时,可以使我方主要迎送人的级别略高于对方,但应该注意一方面要正确表明己方的态度,不要因此而使对方轻视我们;另一方面,不要给其他同类人员造成厚此薄彼的印象。

在确定迎送规格后,需制订迎送计划。迎送计划应包括确定迎送人员名单、安排交通工具、迎送场地布置、照相、摄像、陪车、安排住宿等内容。

①确定迎送人员名单。在挑选接待人员时,尤其是那些直接面对外国来访者的迎送人员、翻译人员、陪同人员、安全保卫人员以及司机时,要优中选优,切勿滥竽充数。除了仪表堂堂、身体健康、政治可靠、业务上乘之外,还应将反应敏捷、善于交际、责任心强列入用人的基本条件。外宾抵达后,需派人协助办理出入境手续、乘机(车、船)手续和行李提取或托运等手续。如代表团人数众多,行李也多,应将主要客人的行李先取出(最好请对方派人配合,及时送往住地,以便更衣)。应当注意,迎接人员一般不要主动要求帮助男宾拿公文包或帮助女宾拿手提包。

②安排好交通工具。迎接工作中迎送人员必须准确掌握来宾乘坐的飞机(车、船)抵达的时间,在客人抵达之前到达迎接地点等候客人,并备好专用车辆接送客人。

③预订房间。制订迎送计划时应该根据来宾的人数预先订好客房。如有条件,在客人到达之前将住房和乘车号码通知客人。如果做不到,可印好住房、乘车表,或打好卡片,在客人刚到达时,及时发到每个人手中,或通过对方的联络秘书转达。这既可以避免混乱,又可以使客人心中有数,主动配合。迎接人员用专用车辆将外宾直接送抵下榻之处。抵达住处后,一般不马上安排活动,应稍事休息,给外宾留下更衣时间。迎接人员大体告知来宾有关活动计划、第一次活动的时间以及有关接待部门的办公电话后即可离去。

④因故提前或推迟迎送时间的,要预先做好相应准备,及时调整活动安排。

⑤来宾离去时,也要做好送行的礼仪工作。组织专人协助来宾办理出境或机票(车、船票)手续,以及帮助客人提行李、办理托运手续。分别时,可按来宾国度的行礼习惯与之告别,并用热情的话语为客人送行,如欢迎客人再次访问、祝客人一路平安等。最后应目送客人登机(车、船)离去后方可离开。

9.2.2 掌握抵达和离开的时间

为顺利迎送客人,迎送人员必须准确掌握来宾乘坐的飞机(火车、船舶)的抵离时间。如有变化,应及时告知。由于天气变化等意外原因,飞机、火车、船舶可能不准时,迎送人员应在客人抵达之前到机场、车站或码头,不能出现让客人等候的现象。接待重要外宾应组织迎宾人员提前20分钟到达机场或车站预定地点。待客人下飞机或火车时,及时组织迎宾人员前往迎宾,握手问候并介绍认识,尽快引导宾主按预先安排乘车,同时帮助客人领取行李。送行人员应在客人启程之前到达,如有欢送仪式,应在欢送仪式之前到达,直到客人乘坐的

交通工具看不见时再离去。

9.2.3 陪车

在迎送工作中,还应注意陪车的礼仪。迎送车辆都应事先安排好,不可临阵调遣,给人以仓促之感。迎接客人抵达、欢送客人离开以及一些外事访问活动时,一般应当安排人员陪车,起到接待和引路的作用。在陪车中,商务人员应主要注意的是上下车的顺序和坐车时的位置安排。

在顺序上,掌握"后上先下"的原则。"后上先下"的礼节体现了主客有序的礼仪,客人为重,客人为尊。"男士应最后一个上车,第一个下车"这条规则适用于不同文化背景下的许多国家。男士应为女士开车门和关车门,如果有必要的话,还可以帮助她们上车和下车。不过如果女士愿意让男士先上车的话,这条规则可以打破。

在坐车的位置上,应掌握"以右为尊"的原则。按西方的礼俗,右为尊,左为卑。两人同行,右者为尊,三人并行中者为尊。在陪车时,应请客人从右侧门上车,坐于右座,主人或公关人员从左侧门上车,坐于左侧,但是如果客人上车后,坐到了左侧座位上,则应主随客便,不必再请客人挪动位置。如果车中的后排乘坐三人,则顺序是中间为大,右边为次,左边为再次,前排为最小。如是三排座的轿车,译员坐在主人前面的加座上;如是二排座,译员坐在司机旁边。司机要专心致志地开车,不要因流连于观赏周围的景色,或因交谈、打手势、左顾右盼而分散了注意力。

另外,迎送外宾时,主要迎送人不可兼做驾驶员,而应当雇佣一名素质较高的专门司机。司机应注意文明开车,遵守交通法规,不要酒后驾车。

9.2.4 安排食宿

【小贴士9-4】 谈判者对饮食的需求是"吃好"。"吃好"的标准因人而异,但必须是营养搭配合理,符合谈判者的口味和饮食习惯,并符合卫生要求。

谈判者对住的需求,不仅要符合其身份、地位和居住习惯,还要安静、舒适和方便。这样的居住环境有利于消除疲劳、恢复精神和激发谈判者的思绪与兴趣,也有利于保持友善的心理。相反,过分地降低居住标准,会有失谈判人员的身份和地位,造成对方的轻视,不利于谈判。

根据事先掌握的来访者的生活习惯、饮食爱好和禁忌提前安排好客人的食宿。如果事先的了解不太详细,可以结合外宾所在国的流行饮食和东道主所在国的特色饮食进行准备,在安排食宿的过程中,东道主应注意以下事项:

①根据外宾的级别安排相应的食宿条件,既不可以太过奢华,也不可以太过简朴。招待费用的高低,食宿条件的好坏与交易的成败并不是成正比的。过高的招待标准有时会适得其反,当然,如果招待太过简单或安排不当,也会让对方感到不受重视,心情不愉快而导致交易失败。因此,食宿条件的安排应以适度为宜,既让对方感到舒服、满意,又不显得奢侈。

②不可以以我们的喜好来代替客人的喜好。以自己的喜好代替客人的喜好的做法是错误的。正确的做法应该是既结合我国的特色,又兼顾客人的习惯,在准备中国特色菜的同

时,也应该准备一些外商来源国的特色食品。

③观察客人的喜好,及时调整食谱。在外宾住宿的若干天内,接待方应随时关注对方的喜好,并随时对我们的食谱进行调整,保证客人吃得开心。

④住宿地点不要离谈判的主要地点太远。在外商停留的日子里,双方要进行多次谈判及其他活动,活动的地点通常以我公司内部为主。因此,我们应该选择离公司较近的地点,保证双方频繁接触的便利。

⑤在重视旅馆设施硬件的同时,更应保证旅馆的服务及卫生条件等软件的质量。旅馆通常都应装备有商务活动和日常活动常用的设备,如电话、电视、空调、洗浴等设备及其他日常所需的物品。在网络经济发达的今天,最好能有上网条件,使外商与外界沟通顺畅。另外,应该保证旅馆的服务水平与卫生条件。良好的服务和卫生状况能使人心情愉快,而糟糕的服务和卫生状况则使人难以忍受,甚至导致谈判的破裂。

⑥要注意住宿地点的周边环境和交通条件,尽量选择环境优美、交通便利的旅馆。

总之,从外宾的角度出发,多为外宾着想,以外宾为尊是我们进行招待的核心思想。在这一思想的指导下进行工作,我们一定可以使外宾满意,达到最优效果。

【案例9-6】 我国一家企业与外商谈判合资建厂的投资项目。当外方来人谈判时,我方企业花费了大量人力、物力、财力来组织招待工作,结果这种招待不仅没让对方感到高兴,反而让外商觉得我们铺张浪费,担心将来合资企业的命运而撤销了原来的合资计划。

【案例9-7】 我方某公司招待一位外宾,准备了丰盛的中国菜,并且一再劝外宾多多品尝,外宾也是赞不绝口,似乎一切都很顺利。然而在会餐后外宾却马上找了一个西餐厅吃了起来。这说明我方的安排其实并不适应外宾的需要,外宾的赞不绝口是出于礼貌。

9.3 会见礼仪

会见是谈判过程中的一项重要活动。在国际商务谈判活动中,东道主应根据来宾的目的,安排相应的部门负责人与之进行礼节性会见。

9.3.1 做好会见的准备工作

会见前要做的准备工作包括对时间、地点的选择,对会见的主题、内容、议程的准备,要制订好会见计划和目标。

会见的时间距离外宾抵达的时间不宜过短和过长。外宾经过长途旅行一般都比较疲劳,如果抵达后不久就参加会见,精力不足会影响会见的效果;相反,如果抵达后很长时间都未安排与主方主要人物会见,外宾会感觉到不被重视。同时,由于现代社会经济活动的快节奏,迟迟不安排会见,无谓地浪费时间,会使客方认为主方办事效率太低,对主方产生不信任感,继而阻碍谈判的进行,影响谈判的结果;另外,会见的时间应注意不要与外宾的休息和用餐时间相冲突。

会见的地点应选择距外宾下榻的旅馆比较近的地方,最好在本公司内部,但一定要是一

个正式场地,不可以用办公室代替,最好选择一个没有外界干扰的地方。房间面积适中,桌椅摆放紧凑但不拥挤。环境布置要温馨,灯光要明亮,室内颜色要明快宜人,以营造一种比较热烈的气氛。

需要注意的是,会见的时间确定后应提前通知外宾,使外宾有充足的时间去做相应的准备。在正式会见时,应提前 20~30 分钟派人到外宾住所迎接并陪同前往会见地点。主方会见人员应提前到达会见地点以迎候客人。迎候时,可以站在会见的大楼正门,也可以在会客厅门口等候。当客人到达时,应主动上前行礼表示欢迎,并引导客人入座。会见结束时,主人应将客人送到车前或门口握别,然后目送客人离去。

会见的目的并不在于达成某项交易,而是作为双方正式接触,相互认识,加强沟通和了解的一个途径。因此,会见的主题和内容主要是回顾过去、展望未来。双方如果以前有过良好的合作,可以进行回顾,并以此为契机对双方的友好关系进行总结、展望;如果双方以前有过不愉快的回忆,不妨一笔勾销,绕过不谈或仅简单提及后说"相信在双方的努力下,本次会谈会取得圆满成功""相信这将是一个新的起点"之类的语言,将话题引向新的议题,切记不可揪住过去不放,影响双方的情绪;如果双方此前互不相识,会见内容则可以从双方对对方的了解和认识开始,逐步引向双方建立关系、加强合作的话题。总之,会见的主题和内容应以营造友好气氛,推进双方合作,建立稳定联系、加强沟通了解为核心和目标。

会见前,还应制订详细的计划并对会见的议程进行准备。一般来讲,会见的议程应包括双方相互介绍、认识、就座,主方负责人发言致辞表示欢迎,客方发言答谢,双方就本次谈判的原则性事项交换意见,对未来表示信心和展望,送外宾回旅馆休息等事项。在整个过程中,一些需要注意的问题必须事先制订详细的计划以保证会见的成功。

9.3.2　会见时的礼仪

1)打招呼

打招呼是人们见面时的第一礼仪,在商务往来中,见面时不打招呼或不回答对方向你打的招呼都是非常失礼的行为。

商务活动中最常见的问候语有"早上(下午、晚上)好""您早""您好"。与日本人打招呼还可以有"拜托您了""请多关照"等;与来自巴基斯坦及中东地区信奉伊斯兰教的人士打招呼可以说"真主保佑";与泰国、缅甸、印度等信奉佛教的人士打招呼可以说"菩萨保佑""佛祖保佑";与西方人士打招呼多说"见到你很高兴"("Nice to meet you"or"Pleased to meet you")。应避免用中国式的招呼方式,如"您到哪里去?""您吃饭了吗?""您在哪儿发财?"等,以免引起不必要的麻烦,被对方误认为你在打听他的私事或准备请他吃饭,甚至如果对方是位女士还可能认为你心怀不轨。

2)介绍

谈判双方主要是靠介绍来达到彼此的相识。一般来说,无论是在正式场合还是非正式场合,谈判者都可以采取自我介绍的方法来介绍自己,介绍通常以"请允许我向您介绍""请允许我自我介绍一下"等礼貌用语开始,然后将自己的姓名、职务、简历、在谈判中的地位等基本内容简单介绍给对方。对双方人员的相互介绍主要由双方的主谈人或主要负责人进行,如果双方的主谈人或主要负责人相互不认识,也可以由中间人或礼宾进行介绍。介绍时应注意介绍的顺序,一般的介绍顺序是:

①先把年轻的介绍给年长的;

②先把职务、身份较低的介绍给职务、身份较高的;

③先把男性介绍给女性,如果女性职务、身份较低时,则先将女性介绍给职务、身份较高的男性;

④先把未婚的介绍给已婚的;

⑤先把公司同事介绍给客户;

⑥先把非官方人士介绍给官方人士;

⑦先把本国同事介绍给外国同事;

⑧先把客人引见给主人。

在人多的场合,主人应对所有的客人一一认识,这一点在商务谈判中很重要。谈判双方无论谁是主方,都应拜见客方所有人员。另外,对首次见面的客人,介绍人应准确无误地将客人介绍给主人。如果作为客人又未被介绍人介绍,最好能礼貌并巧妙地找别人来向主人引见,必要时也可以自我介绍。

介绍他人时,通常也用"请允许我介绍我方成员""请允许我介绍×××"等礼貌用语开始。介绍时,首先说明被介绍人是谁,并注意加上头衔及一些必要的个人资料,如职位、公司名称、在本次谈判中的身份等。当介绍一方时,目光应热情注视对方,并用自己的视线将另一方的注意力吸引过来。同时,应礼貌地举起手掌示意,手的姿势是四指并拢,拇指张开,掌心向上,胳膊略向外伸,手指指向被介绍人,切记不要用手指点人。

被介绍的一方应该有所表示,或微笑,或点头,或握手。如果坐着,应该起立,在宴会桌或谈判桌上可以不必起立,只需点头或稍稍欠身即可。被介绍方的目光应正视对方,不可左顾右盼。被介绍后可以和对方简短寒暄或问候,常用"见到你很高兴"等打招呼的方式,但不宜交谈过多,以免影响主谈人介绍他人。

3) 称呼

在见面后打招呼或介绍后寒暄或问候时,恰当的称谓可以表现出对人的尊敬和热情。

在英美及其他欧洲国家,中东地区的阿拉伯国家以及受英美影响较大的印度、菲律宾、泰国等亚洲国家,姓名的排列顺序是先名后姓。

其中在英美国家,姓一般只有一个,名字可以有一个、两个或者更多,妇女婚后一般是自己的名加上丈夫的姓。称呼时,欧洲人比较正规,美国人则显得随意些,他们更喜欢别人称呼其教名,认为这样会显得更亲近。在称呼时,对男性可以称为"先生"(Sir or Mr),对女性结合其婚姻状况可以称为女士、小姐、夫人(Ms,Miss,Madam or Mrs)。小姐(Miss)用来称呼未婚女性,夫人(Madam or Mrs)用来称呼已婚女性,女士(Ms)用来称呼婚姻状况不明的女性。对于有头衔的人,在称呼中还可以采用"头衔+姓氏"的称谓。如"贝尔教授""斯威夫特博士"可以称为"Prof. Bell""Dr. Swift"。需要注意的是,Sir 和 Madam 通常用于不知对方姓名的场合,只能单独使用,后面不可以与姓名相连,如不可以说"Sir Smith"或"Madam Linda Bell";头衔、Miss、Ms、Mrs、Mr 等后面只接姓氏,不跟全名;Miss 虽可单独使用,但通常只作为

店员、仆人对年轻女顾客或年轻女顾客对女店员、女服务员的称呼。

在阿拉伯国家,姓名一般由 3~4 节组成,也有长达 8~9 节的,其排列顺序是:本人名—父名—祖父名—姓。在正式场合应用全名,简称时只称本人名字,对于有一定社会地位的上层人士则简称其姓。

另外,像日本、朝鲜、韩国、越南、柬埔寨等国,姓名的顺序与我国大致相同,也是姓前名后。日本人姓名通常由 3~5 个字组成,其中前两字为姓,后面的是名。在书写时,姓与名之间应留 1 个字的空格,例如,"藤田　茂""田中　角荣""山口　美智子"等。而在缅甸和印度尼西亚的爪哇岛则只有名没有姓,在称呼时应在名前冠以称呼,表示性别、长幼或社会地位。

4) 见面礼仪

见面礼仪包括握手礼、脱帽礼、拥抱礼、亲吻礼、鞠躬礼、合十礼等。不同的国家和地区有不同的习惯礼节。

见面时男士应摘下帽子或举一举帽子,并向对方致意或问好,这种礼节在欧洲国家多见。若与同一人在同一场合前后多次相遇,则不必反复脱帽。进入主人房间时,客人必须脱帽。在庄重、正规的场合应自觉脱帽。

拥抱礼和亲吻礼流行于欧美国家。拥抱礼多用于官方、民间的迎送宾客或祝贺致谢等社交场合。两人相对而立,上身稍稍前倾,各自右臂偏上,左臂偏下,右手环拥对方左肩部位,左手环拥对方右腰部位,彼此头部及上身向左相互拥抱,再向右拥抱一次,最后再向左拥抱一次。它是欧美各国熟人、朋友之间表示亲密感情的礼节,在拉丁美洲,问候时饱含激情,热烈的拥抱在男性和异性间都很普遍。

亲吻礼多见于西方、东欧等国家,是上级对下级、长辈对晚辈以及朋友之间表示亲昵、爱抚的一种见面礼。多采用拥抱、亲脸或额头、贴面颊、吻手或接吻等形式。见面时如表示亲近,女子之间可相互亲脸,男子之间抱肩拥抱,男女之间互贴面颊,长辈亲晚辈的额头,男子对高贵的女宾行吻手礼等。

日本人见面时有相互鞠躬的传统,主要表示下级对上级、同级之间、初次见面的朋友之间对对方的由衷的尊敬和深深的感谢之情。鞠躬时双手平摊扶膝,与受礼者相距 2~3 步远,面向受礼者,身体上部向前倾约 15°~90° 不等,同时表示问候。前倾度数越大表达的敬意越深。目前,随着与西方生意的频繁,又加上了握手这一程序。

在印度,只有受西方影响较大的人使用握手方式。通常的礼节是双手合十,点头问候,即双手在胸前对合,掌尖和鼻尖基本平行,手掌向外倾斜,头略低。在印度与妇女的身体接触被认为十分无礼,因此不要主动伸手。

【小贴士 9-5】

①握手的规则:

a.握手用力要适度,时间要短。

b.握手时,目光要注视对方,切忌左顾右盼。

c.男士同女士握手时,应先脱去手套。

②握手顺序:

a.上下级之间,上级伸手后,下级才能伸手相握。

b.长辈和晚辈之间,长辈伸手后,晚辈才能伸手相握。

c.男女之间,女士伸手后,男士才能伸手相握。

d.主、客人之间,主人应先伸手,客人再伸手相握。

在目前的商务活动中,脱帽礼、拥抱礼、亲吻礼已经比较少见,常常在双方比较熟悉时才使用。鞠躬礼、合十礼在特定地区仍很盛行,但是商务人士也开始越来越多地使用握手礼。

握手礼是会见中最常用的见面礼节,在全世界都被广泛地使用,人们在相互介绍和会见时握手,在谈判成交和告别时也以握手为礼。握手这个小小的动作,关系着个人和公司的形象,影响到谈判的成功。所以应掌握握手的正确方式、顺序、力度、时间、禁忌等,避免不礼貌的握手方式。

正确的握手姿势是:

①先脱掉手套,摘下帽子。

②掌握握手时间。第一次见面时,握手时间要短。熟人之间为了表示热烈,握手时间可以适当长一些,但对方是女士时不适用。

③掌握用力程度。握手的力量要适度,过重容易让人感到态度粗鲁,过轻则容易使人感到缺乏热情。一般来说,握住后捏一下即可,不必太用力。男士与女士握手,只捏一下女方的手指部分即可,过于用力或时间过长,容易失礼。美国人握手时,力度和幅度较大,胳膊上下摆动,甚至带动肩膀;德国人也习惯握手,他们还会通过手上下动作中的一个停顿暗示对方可以开始交换名片了。

④掌握握手姿势。握手时,身体稍稍前倾,两足立正,伸出右手,双方间距约一步,右手四指并拢,拇指张开。

⑤注意握手顺序。握手一般应由主人、年长者、女士先伸手,客人、年轻者、男士见面应先向对方表示问候,待对方伸手后再握。年轻者对年长者、资历浅者对资历深者还应稍稍欠身,双手握住对方的手,以示尊敬。

⑥有多人握手时应注意不能相互交叉,应该等别人握完后再伸手。

⑦握手时双目注视对方,微笑致意,不要左顾右盼,也不要看着第三者握手。更不可一面与人握手,另一面又与他人交谈。

【案例9-8】 某厂长去广交会考察,恰巧碰上出口经理和印度尼西亚客户在热烈地洽谈合同。见厂长来了,出口经理忙向客户介绍,厂长因右手拿着公文包,便伸出左手握住对方伸出的右手。谁知刚才还笑容满面的客人忽然笑容全无,并且就座后也失去了先前讨价还价的热情,不一会便声称有其他约会,匆匆离开了摊位。

原来,问题出在厂长伸出的左手上。在伊斯兰教中,左手是不能来做签字、握手、拿食物等干净的工作的,否则会被看作粗鲁的表现,左手一般是用来做不洁之事的。这次商务谈判的失败,就是厂长不了解这一文化差异而用左手与对方握手造成的。

5) 名片

名片是商务谈判中使用频率较高的一种自我介绍手段。

(1) 名片的作用

名片首先是一种自我介绍的手段,初次相识为了加深彼此印象,建立相互联系,常常互换名片。其次,名片往往是身份的象征。在西方国家,赠送礼品时附上自己的名片,就有了亲自前往的含义。另外,在拜访陌生人时,可以先递上名片,名片就兼有了通报的作用。

(2)名片的设计

①应选择合适的纸张。印刷名片的纸张有很多种,可以根据自己的喜好选择,但需注意纸张的质量,不宜选择过薄或粗糙的。

②名片的内容。名片上的内容主要有姓名、职务、单位名称、联系方式、住址、办公地点等。姓名通常印在名片的中央,字体最大;职务用较小的字体印在名片的左上角,单位名称通常印在名片的最上方,字体应比姓名略小;联系方式、住址、办公地点一般写在名片的底部。如果是商务名片可以不写住址,而私人名片一般不写办公地点。联系方式应该详细写,因为建立联系本来就是名片的意义所在。它应该包括座机号码、手机号码、邮政编码、传真号码、电子邮箱等内容。需要注意名片上的内容一般不要使用缩写,以免影响对方的理解。

西方人在使用名片时通常在名片的左下角写有几个国际通用的英文单词的缩写,它们分别代表如下不同含义:

P.P.(pour presentation):意即介绍,通常用来把一个朋友介绍给另一个朋友。当你收到一个朋友送来左下角写有"P.P."字样的名片和一个陌生人的名片时,便是为你介绍了一个新朋友,应立即给新朋友送张名片或打个电话。

P.f.(pour felicitation):意即敬贺,用于节日或其他固定纪念日。

P.c.(pour condoleance):意即谨唁,在重要人物逝世时,表示慰问。

P.r.(pour remerciement):意即谨谢,在收到礼物、祝贺信或受到款待后表示感谢。它是对收到"P.f."或"P.c."名片的回复。

P.P.c.(pour prendre conge):意即辞行,在分手时使用。

P.f.n.a.(pour feliciter nenouvel an):意即恭贺新禧。

N.b.(nota bene):意即请注意,提醒对方注意名片上的附言。

③名片的文字。英语是比较普及的一种世界语言,因此,目前中国人使用的名片通常是正面中文,背面英文。如果在谈判前你特意用对方国家的语言制作一部分名片,对方定会非常高兴,当然需注意对方国家制作名片的方法。英文名片通常也是姓名在中间,但是职务一般用较小的字体写在姓名的下方。

(3)名片的交换

【小贴士9-6】 交换名片的顺序:

①地位较低的或来访的人要先递出名片,由近而远,由尊而卑依次进行。

②如果对方有很多人,先与主人或地位较高的人交换,如果自己这边的人较多,就由地位较高的人先向对方递出名片。

③切勿递名片时挑三拣四、采用"跳跃式。"

④注意掌握递交名片的时机。

名片的交换可以在初次相识握手之后立即进行,经他人介绍后交流前或交流结束、临别之际也可以交换名片,这一点可以结合当时的情况自己选择。不要在会议进程中擅自与别人交换名片。在西方文化中,向对方索要名片会被认为有冒失之嫌,一般要等对方主动提供;而在中国文化中,主动地索要名片表示自己对对方的敬意和重视。身为主人应先递上名片表示想急于认识的诚意。

①名片的递赠。递赠名片的姿势是手指并拢,将名片放在掌上,用大拇指夹住名片的左端,恭敬地送到对方的胸前,或食指弯曲与大拇指夹住名片递上,或双手的食指和大拇指分别夹住名片的左右两端奉上。为了表示对对方的尊敬最好用双手,名片的正面应朝着对方,以便对方阅读。递交名片时,应同时说一些礼貌的话,如"这是我的名片,欢迎多多联系"等。

②名片的接受。名片是一个人人格的象征,因此尊重一个人的名片就是尊重他的人格,这就要求我们在接受名片时应注意礼貌。接受名片时,最好用双手捧接,除非手中有东西不太方便,接过对方的名片后应致谢。在收下对方的名片之后,要马上过目,先仔细看一遍对方的姓名、职务,有不明白的地方应该认真请教。看完后不宜随手放在口袋中或放在桌上,或显得漫不经心,应将名片慎重地放进皮夹或名片夹中,以示尊重。另一方面,收取对方名片后应迅速将自己的名片递上,如果手边没有,应该向对方解释,并在下一次碰面时补上。

（4）名片的存放

自己随身携带的名片,应放在专用的名片盒或名片夹中,在外出前再将它放在容易取出的地方,以便需要时迅速拿取。男士一般可以放在口袋或公文包里,女士可以放在手提袋里。在接过对方的名片后,也应当面郑重地将其放在名片盒或名片夹中,不要弄脏或弄皱。回家应及时进行整理,分类存放,可以在名片上记下相关的情况,如认识的时间、场合、是否亲自交接、是否回赠名片等,千万不要弄丢,以免影响将来的联系。

【案例9-9】　　　　　　　　小细节失掉生意

两位商界的老总,经中间人介绍,相聚谈一笔合作的生意。这是一笔双赢的生意,而且做得好还会大赢,看到合作的美好前景,双方的积极性都很高。A老总首先拿出友好的姿态,恭恭敬敬地递上了自己的名片,B老总单手把名片接过来,一眼没看就放在了茶几上。接着他拿起了茶杯喝了几口水,随手又把茶杯压在名片上。A老总看在眼里,明在心里,随口谈了几句话,起身告辞。事后,他郑重地告诉中间人,这笔生意他不做了。当中间人将这个消息告诉B老总时,他简直不敢相信自己的耳朵,一拍桌子说:"不可能!哪儿有见钱不赚的人?"于是立即打通A老总的电话,一定要他讲出个所以然来。A老总道出了实情:"从你接我的名片的动作中,我看到了我们之间的差距,并且预见到了未来的合作还会有许多的不愉快,因此,还是早放弃的好。"闻听此言,B老总放下电话痛惜失掉了生意,更为自己的失礼感到羞愧。

问题:

1.B老总违反了哪些礼仪?

2.B老总应该怎么做?

9.4　洽谈中的礼仪

在经过欢迎、会见的接触后,双方建立了一定的关系,即将进入正式谈判阶段,在这个阶段,礼仪同样起着至关重要的作用。正式洽谈中的礼仪主要包括谈判语言礼仪和谈判举止礼仪两个方面。

9.4.1 谈判语言礼仪

语言礼仪是指人们在交谈中所应该注意的礼节、仪态。一般来说,它集中体现在礼貌语言的使用,谈话时的表情、声音及内容上。

1) 礼貌语言的运用

在任何社交场合,诚实和热情都是交谈的基础,只有开诚布公的谈话才能使人感到亲切、自然,气氛才会融洽。要知道,与任何人进行面对面的交谈,都是一种对等关系。以礼待人,不仅能显示出自身的人格尊严,还可以满足对方的自尊需要。因此,交谈中要随时随地有意识地使用礼貌语言,这是商务谈判人员应当具备的基本素养。

人们见面时要互致问候,如"你好!""早安!""好久不见,近况如何?""能够认识你真是太高兴了!"等,尽管这些问候用语的本身并不表示特定的含义,但它能传递出尊重、亲切、友好的信息,从而形成一种和谐、友善的良好"人际气候"。有事相托时,不要忘记说"请"字。接受别人任何服务、感谢他人时,不要忘记说声"谢谢";万不得已需暂时离去或打断对方,或自觉不周到时,应说"对不起"。

2) 声音的讲究

交谈过程中,说话者的语速、音质和声调,也是传递信息的符号。同一句话,说时和缓或急促,柔声细语或粗声粗气,商商量量或颐指气使,面带笑容或板着面孔,其效果大相径庭,要根据对象、场合进行调整。

交谈中,说话的速度不宜太快,也不宜太慢,陈述意见要尽量做到平稳中速。说话太快会令人应接不暇,反应跟不上,而且自己也容易疲倦。有些人以为自己说话快些,可以节省时间,其实说话的目的,在于使对方领悟你的意思。此外,不管是讲话的人,或者是听话的人,都必须运用思想。说话太慢,也会使人着急,既浪费时间,也会使听的人不耐烦,甚至失去谈下去的兴趣。因此,谈话中,只有使自己谈话的速度适中(大约每分钟讲 120 个字)才最适宜。在特定的场合下,可以通过改变语速来引起对方的注意,加强表达的效果。一般问题的阐述应使用正常的语速。

其次要注意语调。人们说话时常常要流露真情,语调就是流露这种真情的一个窗口。愉快、失望、坚定、犹豫、轻松、压抑、狂喜、悲哀等复杂的感情都会在语调的抑扬顿挫、轻重缓急中表现出来。语调同时还流露出一个人的社交态度,那种心不在焉、和尚念经式的语调绝不会引起别人感情上的共鸣。在社交场合,为使自己的谈话引人注目,谈吐得体,一定要在声音的大小、轻重、高低、快慢上有所用心,这样才能收到好的效果。比如:放低声调总比提高嗓门说话显得悦耳得多;委婉柔和的声调总比粗粝僵硬的声调显得动人;发音稍缓总比连珠炮式喋喋不休易于使人接受;抑扬顿挫总比单调平板易于使人产生兴趣……但这一切都要追求自然,如果装腔作势,过分追求所谓的抑扬顿挫,也会给人华而不实、好像在演戏的感觉。因此,自然的音调是最美好动听的。

3) 交谈时语气、语态、神色、动作、表情等都要专心致志,聚精会神,合乎规范

①谈话时目光注视对方是一种起码的礼貌。目光注视对方表示对谈话的兴趣和对对方的尊重,同时也可以为愉快和谐的谈话气氛创造条件。假如你是个有心人,一定会发现,交谈一方有时偶尔把目光随意转向一旁,会引起另一方的十分注意,可能会因此认为一方对谈话不感兴趣而关闭谈话的大门。当然,注视并不等于凝视,直勾勾地盯着对方,或目光在对方身上上下左右乱扫,甚至还跑到对方身边去,这只会使对方透不过气来或惶惑不安,有话也说不出来。一般来说,如果两个人在室内面对面交谈,目光距离最好为 1~2 m,目光注视对方胸部以上、额头以下部位。有时可能会出现谈话双方目光对视的情况,此时不必躲闪,泰然自若地徐徐移开就可以了。

②交谈时要专心致志。不要东张西望、左顾右盼,更不应看书看报,或者面带倦意,哈欠连天。也不要做一些不必要的小动作,如玩指甲、弄衣角、搔脑勺等,这些动作显得猥琐,不礼貌,也会使人感到你心不在焉,傲慢无理。

③不要随便打断对方的谈话。为表示对交谈一方的尊重,交谈时要尽量让对方把话说完,不要轻易打断对方的谈话,要有耐心,这是一种基本修养。尤其是对方谈兴正浓时,突然打断对方,可能使对方思路中断,也可能使对方被突如其来的“拒绝”弄得不知所措,下不了台。当对方对某话题兴趣不减之,你却感到不耐烦时,立即将话题转移到自己感兴趣的方面也是一种不礼貌的做法。如果有紧急事件发生,或确实有必要打断对方,要在对方说话的间歇,以婉转的口气,很自然得体地将自己的话简短说出,如“你的看法的确有道理,不过请允许我打断一下”,或“请让我提个问题好吗?”……这样就不会让人感到你轻视他或不耐烦了。恰当的插话,会引起对方的注意,停止自己的言谈,让你先说。但插话如果违背对方原意,未听明白就下结论,或插得不着边际,转移话题,或抢过话头,显示自己高明,则有不尊重或揶揄味道,闹不好还会引起争执,不欢而散。

4) 交谈时双方发言都要掌握各自所占用的时间,不能出现一方独霸的局面

交谈过程中要常常说话,但不要说得太长。社交场合,参加谈话是一种义务,不能只静坐听别人的谈话,而自己却一直三缄其口,因此要常常说话。但谈话并不是独白,如果只顾自己发表意见,而不愿听别人说话,甚至不容别人插话,便会使人厌倦而不耐烦。别人可能认为你自高自大,蔑视他人的存在。聪明的谈话者不但自己说,常常发言以加深别人的印象,也要让别人说,谈他所关心的问题。

5) 切忌只谈个别人知道或感兴趣的事,或只与个别人交谈而冷落其他人

如果是许多朋友在一起交谈,讲话的人不能把注意力只集中在其中一两个熟悉的人身上,要照顾到在场的每一个人。应不时地同其他人聊上几句,不要论远近亲疏、凭衣帽或印象取人。不要对有的人一见如故,谈个不休;而对另一些人则一言不发,不闻不问。这样既是对他人的不尊重,也会让其他人觉得你没有教养。

6) 要注意能够让对方感受到你对谈话的态度

任何有经验、有教养的人,在与人交谈时,都不会忽略应当引起谈话对象的谈话兴趣。称道对方,关怀对方,对对方所说的一切表示出浓厚的兴趣,都可以提高对方的谈话兴趣。在谈判过程中,当双方的观点类似或基本一致时,谈判人员应当迅速抓住时机,用溢美的言词,中肯地肯定这些共同点。赞同、肯定的语言在交谈中常常会产生异乎寻常的积极作用。当交谈一方适时中肯地确认另一方的观点之后,会使整个交谈气氛变得活跃、和谐起来,陌生的双方从众多差异中开始产生了一致感,进而十分微妙地将心理距离拉近。当对方赞同或肯定我方的意见和观点时,我方应以动作、语言进行反馈交流。这种有来有往的双向交流,利于双方谈判人员交流感情,从而为达成一致协议奠定良好的基础。在他人讲话时,应尽可能地以柔和的目光注视着对方,以便与对方进行心灵上的交流与沟通。这样做,会使对方感受到无声的鼓励或赞许,可以赢得其好感。当然,善于聆听的人光会用眼神还远远不够,还要学会用声音、动作去呼应,也就是说要随着说话人的情绪的变化而伴以相应的表情。身体稍稍倾向于说话人,面带微笑。在说话者谈到要点,或是其观点需要得到理解和支持时,应适时地点点头,或是简洁地表明一下自己的态度。当然,只是在关键地方点点头就可以了,不必频频点头。同时,还可以通过一些简短的插话和提问,暗示对方自己对他的话确实感兴趣,或启发对方,以引起感兴趣的话题。由此话题才可能谈得更广、更深,相互间的感染也就越多,甚至在心理上达到某种程度的默契。

当听到别人意见与你不一致时,也要立即表示什么地方不同意。交谈中经常会遇到不同意对方某个观点,或某一明显错误的说法的情况,一般以表示疑问或商讨的语气提出为宜,以免伤害对方的自尊心。比如,若不同意对方的某个观点,可以说:"我对这个问题也十分感兴趣,不过好像我不这么认为""你刚才的某个观点好像很新,能否再详细地解释一下"等。假如认为对方的某个观点和说法根本是错的,可以说:"在我的记忆中,好像这个问题不是这样的。"或者说:"我在某本书上看到的好像与你讲的不完全一样。"虽然语言非常婉转,但这足以使对方明白其中的意思。遇到别人真的犯了错误,又不肯接受劝告和批评时,也不要急于求成,退一步想想,把时间延长些,隔一两天或一两个星期再谈。否则,大家固执己见,这样不仅没有进展,反而伤害了彼此的感情。如果对方反驳你的意见,大可不必急躁、恼怒,从容说出自己的道理便是。谈判争执时不要针对某一个人,以免使对手处于尴尬的境地。

7) 交谈的话题与内容的要求

【小贴士 9-7】　　　　　　　　　职场交谈忌讳

①不能非议国家和政府。

②不能涉及国家秘密和行业秘密。

③不能在背后议论同行、领导和同事——说是非者必是是非人。

④不能随意涉及交往对象的内部事务。

⑤不能谈论格调不高的内容——家长里短、小道消息、男女关系、下流故事。

⑥不涉及私人问题——关心过度是一种伤害。

a.不问收入——收入高低与个人能力、企业经济效益有关,痛苦来自比较,谈论这些问题容易破坏气氛;

b.不问年龄——临近退休的人年龄不能问,白领丽人的年龄不能问;

c.不问婚姻家庭,不问经历——英雄不问出处,关键是现在;

d.不问健康——个人健康决定事业的发展,因此不可跟人谈健康。

①交谈时,不要涉及令人不愉快的内容,如疾病、死亡、荒诞、淫秽的事情。最好交谈一些轻松愉快的问题,把快乐与人分享,把苦恼留给自己。这一做人的常识也应在选择谈话内容时得到体现。

②话题不要涉及他人的隐私。如对女士不问年龄、婚否、服饰价格等;不用身体壮实、保养好等模糊用语来形容女士的身材。对男士不问钱财、收入、履历等;不随便谈论他人的宗教信仰和政治信仰,以免犯忌讳,也不要随便散播和听信蜚语。

③遇到不便谈论的话题不要轻易表态,应当转移话题以缓和气氛。涉及对方反感的话题应及时表示歉意。一般不宜用批评的语气谈论在场者和其他相关人士,也不要讥笑他人,更不能出言不逊,恶语伤人。

④男士一般不参与女士圈内的话题议论。与女士谈话时要宽容、谦让、尊重,不随便开玩笑,也不可与女士无休止地攀谈,否则会引起对方的反感和旁人的侧目。

8)交谈过程中还要注意说话应留有余地

在交谈中,遇有需要赞美对方时,应措辞得当,注意分寸,赞美的目的在于使对方感觉到你真的对他(或她)钦佩,用空洞不切实际的溢美之词,反会使对方觉得你缺乏诚意。若一名公关人员热情友好地接待了一位来访者之后,得到了"你的接待真令人愉快,你的热情给我留下了深刻印象"的评价,显然比"你是一位全世界最热情的人"的赞誉入耳得多。所以称赞要适度,过分讨好、谄媚或近于肉麻的恭维只会给人带来反感。

9.4.2 谈判中的举止礼仪

谈判中的举止礼仪包括坐、立、行、手势等方面。总的要求是落落大方、仪态端庄、举止不俗。

首先坐姿要端正。坐下后,应保持上身挺直,两肩平正,两手放在腿上或沙发扶手上,双膝并拢,小腿垂直于地面。如果双腿重叠,也就是我们俗称的"二郎腿",一定要注意上边的腿向里收,贴住另一腿,脚尖向下,千万不能摇腿跷脚。

规范的站姿要求头正、肩平、臂垂、躯挺、腿并。站立时,两眼平视前方,嘴微闭,收颌挺胸;两肩平正,稍向后下沉;两臂自然下垂,中指对准裤缝;胸部挺起,腹部往里收;两腿立直、贴紧,脚跟靠拢。在参加接待活动,需长时间站立时,也可以采用叉手站姿,即两手在腹前交叉,右手搭在左手上直立,切忌双臂在胸前交叉。

规范的行姿也有头正、肩平、躯挺等方面,其要求与站姿相同,另外还要求步位直、步幅适度、步速平稳。在行走时,双臂前后自然摆动,两脚尖略开,脚跟先着地,走出的轨迹保持在一条直线上;行走中两脚落地的距离要适度,速度保持均匀、平衡,不要忽快忽慢。一定要防止八字步、低头驼背、摇晃肩膀、扭腰摆臀、双臂大甩手、脚摩擦地面。另外,在向人告别时,应先向后倒退两三步,再转身离去;在给宾客带路时,应将身体半转向宾客的方向,保持两步距离,遇到拐弯、上下楼梯、进门时应以手势示意前进的方向。

人们在以手势进行示意时,手掌应当自然伸直,掌心向内向上,手指并拢,拇指稍稍分开,手腕伸直,使手与小臂成一直线,肘关节自然弯曲,指向宾客前进的方向,表示"请进""请坐"等内容。做其他手势时则要考虑各国独特的敏感之处。例如:在印度尼西亚,不能用左手递送或接收东西。还有我们熟悉的"OK"手势——用拇指和食指弯成一个圆,这个手势并非世界通用,在中国台湾或日本表示铜板或钱;在法国表示头脑空空或愚蠢;在马耳他表示来个同性恋性交吧;在突尼斯表示我要杀父;在拉丁美洲它是一个庸俗低级的动作;希腊人和俄罗斯人也认为这是一个不礼貌的手势。在斯里兰卡、尼泊尔、保加利亚、阿尔巴尼亚和希腊,要特别注意摇头表示赞同的意思,而点头则表示不赞成。招手对我们来说是友好的手势,在希腊却意味着下地狱,希腊人表示道别,是把手背朝向对方招手。所以,千万不要乱打手势。

　　【案例 9-10】　据说,美国前总统老布什一次访问澳大利亚,一切似乎都堪称圆满。可是,当他走上飞机舷梯,转身向友好的澳大利亚人告别时,一个小小的手势却出了一个不大不小的问题。布什竖起了大拇指! 对北美人来说,这是友好的赞誉表示,然而澳大利亚和新西兰人则视之为猥亵,结果此事沸沸扬扬了好几年!

9.5　宴请和舞会礼仪

　　宴请和舞会是商务谈判者常用的增进和融洽感情的社交活动,适当地举办与参加相关活动对促成交易有着非常重要的作用。

9.5.1　宴请礼仪

【案例 9-11】　　　　　　　　　　　**刘小姐与张先生的就餐**

　　刘小姐和张先生在一家西餐厅就餐,张先生点了海鲜大餐,刘小姐则点了烤羊排。主菜上桌,两人的话匣子也打开了。张先生一边听刘小姐聊童年往事,一边吃着海鲜,心情愉快极了。正在陶醉的当口,他发现有根鱼刺塞在牙缝中,让他不舒服。张先生心想,用手去掏太不雅了,所以就用舌头舔,舔也舔不出来,还发出啧啧喳喳的声音,好不容易将它舔吐出来,就随手放在餐巾上。之后他在吃虾时又在餐巾上吐了几口虾壳,刘小姐对这些不太计较。可这时张先生想打喷嚏,拿起餐巾遮嘴,用力打了一声喷嚏,餐巾上的鱼刺、虾壳随着风势飞出去,其中的一些正好飞落在刘小姐的烤羊排上,这下刘小姐有些不高兴了。接下来,刘小姐话也少了许多,饭也没怎么吃。

　　各个国家都有些餐桌礼仪要遵循。商务谈判中,有时难免要与对方一起吃饭。因此,掌握必备的餐桌礼仪也是非常重要的。如果像本案例中的张先生这样,势必会引起对方的反感,从而阻碍商务谈判的顺利进行。

1) 宴请活动的种类

　　宴请活动可以根据其性质与目的、参加人员的多寡和当地的习惯做法等,采取不同的方式。常见的方式有宴会、招待会、茶会和工作餐。

宴会为正餐,分国宴、正式宴会、便宴和家宴4种。按照举行的时间来分,宴会分为早宴、午宴、晚宴。一般情况下,国宴和正式宴会最为隆重,对服饰、座次安排、餐具、酒水等的规定都很严格,常用于外交场合。便宴的形式比较简单,可以不排座位,不作正式讲话,比较随意和亲切;家宴则是在家中设宴招待客人,可以增加亲密感。

招待会形式比较灵活,通常指冷餐招待会(或称自助餐),是不备正餐,但准备有菜肴和酒水饮料的宴请形式。招待会期间不排座位,宾客自由活动。常见的有冷餐会、酒会两种形式。

茶会是一种简单的招待形式,举行的时间多在下午4时左右。茶会通常设在客厅,厅内设茶几、座椅,不排座次。

工作餐是现代交往中经常采用的一种非正式宴请形式,利用进餐时间,边吃边谈问题。这类活动一般只请与工作相关的人员。

2) 宴请的礼仪

成功的宴请有赖于成功的组织。一般来说,宴请的组织工作主要包括:确定宴请的目的、名义、对象、范围与形式;确定宴请的时间、地点;发出邀请及请柬格式;订菜;席位安排;现场布置;餐具的准备;宴请程序及现场工作。

举行宴请活动,邀请来宾的范围应根据宴请的目的、当地习惯和双方关系等研究确定。宴会时间的选定,应以主客双方方便为宜。一般应避开双方重大的节日、假日、有重要活动的日子以及有禁忌的日子。

确定宴请的时间、地点后应发出邀请,正式宴会要制作请柬,请柬一般提前1~2周发出。已经口头约妥的活动,仍应补送请柬,在请柬右上方或下方注上"To remind(备忘)"字样。需安排座位的宴请活动,应要求被邀者答复能否出席。请柬上一般注上 R.S.V.P(请答复)英文缩写字样,并注明联系电话,也可用电话询问能否出席。下面介绍几种请柬格式。

(1)正式宴会请柬

为欢迎××总裁率领的美国××公司商务代表团访问,谨订于××××年×月×日(星期×)晚×时在××宾馆××楼举行宴会。

　　敬请

光临

R.S.V.P

××公司

总经理×××

(2)普通请柬

谨订于××××年×月×日(星期×)晚×时在××饭店举行宴会。

敬请

光临

敬请回复   ×××
电话:××××××××   (主人姓名)

    宴会上的菜肴、酒水,应当注重质量,精心调配。例如对于某些常来中国的外宾,可以飨之以各色不同的地方风味,使其每次都感到有些新意。不要一味地追求"洋"味,因为有些"洋"味,如"人头马"、鸡尾酒等对于外国人来讲并不稀罕。

    正式宴会,一般都事先排好座次。非正式的小型便宴,有时也可不排座次。安排座位时,应考虑以下几点:

    ①以主人的座位为中心。如有女主人参加时,则以主人和女主人为基准,以靠近者为上,依次排列。

    ②要把主宾和夫人安排在最尊贵显要的位置上。通常做法是以右为上,即主人的右手边是最主要的位置;其余主客人员,按礼宾次序就座。

    ③在遵从礼宾次序的前提下,尽可能使相邻就座者便于交谈。

    ④主人方面的陪客,应尽可能插在客人之间就座。

    ⑤夫妇一般不相邻而坐。西方习惯,女主人可坐在男主人对面,男女依次相间而坐。女主人面向上菜的门。

    ⑥译员可安排在主宾的右侧,以便于翻译。有些国家习惯不给译员安排席次,译员坐在主人和主宾背后工作,另行安排用餐。

    ⑦座次排定后,一般在餐桌杯盘前放置写有主、客姓名的座位卡,以便按席次就座。

    西餐的上菜顺序是冷盘、汤、热菜,然后是甜食和水果。中餐一般是最后喝汤。不论中餐、西餐,均应按菜单顺序依次上菜。如双方有讲话,西方习惯为:一般安排在热菜之后,甜食之前。我国做法:入席后先讲话,后用餐。冷餐、酒会的讲话时间可灵活掌握。讲稿可事先交换,由主方先提供。

    最后,一个好的宴会的主人,应当努力营造一种良好的气氛,使每一位来宾都感受到主人对自己的盛情友好之意。要争取与所有来宾见面握手致意,努力使客人之间有机会相互认识和交谈,使席间的谈话活泼有趣、气氛融洽。如果有人谈及不恰当的话题,主人应立即巧妙地设法转移话题。客人告辞时,应热情送别,感谢客人光临。

    3)赴宴的礼仪

    赴宴即参加宴请,和宴请宾客一样,在大型商务谈判交际活动中具有同等机会。因而有必要了解参加宴请的一些礼仪。

    ①应邀。接到宴会的邀请,要根据邀请方的具体要求,尽早地答复对方能否出席,以便主人安排。如果计划出席,应按照请柬内容做好充分的准备。

    ②掌握出席时间。出席宴请活动,抵达时间的迟早,逗留时间的长短,在某种程度上反映了对主人的尊重。一般客人应略早或正点抵达,但注意不要太早。

    ③抵达。抵达宴请地点,应主动向主人问好。如果是喜庆活动,应表示祝贺。对其他客

人,无论是否认识都应微笑、点头示意或握手问好,对长者或身份高的人士要表现出尊重。

④入座。应邀出席宴请活动,应听从主人安排。注意检查是否与座位卡上的名字相符,待主人或主宾已经入座后,再行入座。男客人应帮助其右边的女宾挪动一下椅子,待女宾入席下座时,再帮助她将椅子往前稍推,使其身体离桌边半尺左右为合适。男士在女士坐下后再从自己座位左侧入座。入座后,坐姿要端正、自然,不可将双臂放在桌子上,也不要随意摆弄菜谱、餐巾或餐具,最好将双手放在腿上。

⑤进餐。入座后,主人招呼,便开始进餐。

⑥交谈。无论是主人、陪客或宾客,都应与同桌人交谈。

⑦祝酒。宴会上互相敬酒,表示友好,活跃气氛。一般由主人与主宾先碰杯,再由主人与其他人一一碰杯,人多时可以同时举杯,不必一一碰杯,注意尽量不要交叉碰杯。

⑧告辞。正式宴会,吃完水果,主人与主宾起立,宴会即告结束。按西方习惯,上完咖啡或茶,客人即可开始告辞。

⑨致谢。在出席私人宴请活动之后,一般可以以便函或名片示谢。

4)进餐中的礼仪

(1)餐姿

身体与餐桌之间要保持适当距离,仪态自然。进食时,身体要坐正,不要前俯后仰,也不要把两臂放在桌上,身子可以略向前靠,但不要把头低向盘子,更不要低头用嘴去凑碗边吃东西,也不要把碗碟端起来吃,而应用叉子或勺子取食物放到嘴里,细嚼慢咽。

(2)餐巾的使用

当女主人拿起餐巾时,你也可以拿起餐巾,铺在双腿上,餐巾很大时,可以叠起来使用。不要将餐巾别在衣领上或背心上,也不要放在手中乱揉。可以用餐巾的一角擦去嘴上或手上的油渍或食物,但不可用它来擦刀叉或碗碟。注意,进餐前用餐巾纸擦拭餐具是极不礼貌的陋习。

(3)刀叉的使用

①右手用刀,左手持叉。

②使用刀时,不要将刀刃向外,更不要用刀送食物入口,切肉应避免刀切在瓷盘上发出响声,切一块吃一块。

③吃面条,可以用叉卷起来吃,不要挑。

④谈话时,可不必把手中刀叉放下,但做手势时则应将刀叉放下,不要手持刀叉在空中比画。

⑤中途放下刀叉,应将刀叉呈八字形分开放在盘子上。

⑥用餐完毕,则将刀叉并拢一起,放在盘子里,招待员只有这时才能撤换餐具。

(4)筷子的使用

在中国、朝鲜、韩国、日本等国家,习惯使用筷子用餐。在长期的生活实践中,人们对使用筷子也形成了一些礼仪上的忌讳。

①忌敲筷。在等待就餐时,不能坐在餐桌边,一手拿一根筷子随意敲打,或用筷子敲打

碗盏或茶杯。

②忌掷筷。在餐前发放筷子时,要把筷子一双双理顺,然后轻轻地放在每个人的餐桌前;距离较远时,可以请人递过去,不能随手掷在桌上。

③忌叉筷。筷子不能一横一竖交叉摆放,不能一根是大头,一根是小头。筷子要摆放在碗的旁边,不能搁在碗上。

④忌插筷。在用餐中途因故需暂时离开时,要把筷子轻轻搁在桌子上或餐碟边,不能插在饭碗里。

⑤忌挥筷。在夹菜时,不能把筷子在菜盘里拨来拨去,上下乱翻,遇到别人也来夹菜时,要有意避让,谨防"筷子打架"。

⑥忌舞筷。在说话时,不要把筷子当作刀具,在餐桌上乱舞;也不要在请别人用菜时,把筷子戳到别人面前,这样做是失礼的。

⑦忌舔筷。忌用舌头舔筷子。

⑧忌游筷。不要拿不定主意,手握筷子在餐桌上四处游寻。

⑨忌移筷。不要动了一个菜后不夹起来吃,接着又去夹另一个菜。

⑩忌粘筷。忌用粘着饭菜的筷子去夹菜。

⑪忌攒筷。忌用筷子将盘子里的菜拨在一起,攒成一小堆。

⑫忌跨筷。忌别人夹菜时,越过别人的筷子去夹另一个菜。

⑬忌掏筷。忌用筷子从菜的当中扒弄着吃。

⑭忌剔筷。忌用筷子代替牙签剔牙。

⑮忌抖筷。忌把菜夹起后抖一抖再吃。

(5)用餐时的注意事项

①开始用餐,应等全体客人面前都上了菜,女主人示意后才开始用餐。在女主人拿起勺子或叉子以前,客人不要自行用餐。在餐桌上不能只顾自己,也要关心别人,尤其要招呼两侧的女宾。

②口内有食物,应避免说话。必须小口进食,不要大口地塞,食物未咽下,不能再塞入口。吃西餐中的肉类,要边切边吃,切一次吃一口。喝汤时,宜先试温,待凉后再用,忌用口吹。吃进口的东西,不能吐出来,如是滚烫的食物,可喝水或果汁冲凉。

③自用餐具不可伸入公用餐盘夹取菜肴,取菜舀汤,应使用公筷公匙;将送到你面前的食物多少都用一点,在用西餐时,如果吃不完盛在盘中的食物是失礼行为。

④切忌用手指掏牙。掏牙时应用牙签,并以手或手帕遮掩;食物带汁,不能匆忙送入口,否则汤汁滴在桌布上,极为不雅。

⑤如欲取用摆在同桌其他客人面前之调味品,应请邻座客人帮忙传递,不可伸手横越,长驱取物;如餐具坠地,可请侍者拾起;如不慎将酒、水、汤汁溅到他人衣服上,应表示歉意。

⑥避免在餐桌上咳嗽、打喷嚏、哈气。万一不禁,应说声"对不起"。

⑦喝酒宜各随意,敬酒以礼到为止,切忌劝酒、猜拳、吆喝。

⑧如吃到不洁或异味食品,不可吞入,应将入口食物轻巧地用拇指和食指取出,放入盘中;倘发现在盘中的菜肴有昆虫或碎石之类,不要大惊小怪,宜唤侍者走近,轻声告知侍者更换。

⑨吃带腥味食品时,常备有柠檬,可用手将汁挤出滴在食品上,以去腥味。

⑩要保持桌面干净,食毕,餐具务必摆放整齐,不可凌乱放置。餐巾也应折好,放在桌上。

用餐要注意的细节甚多,但大部分都是日常的礼仪,只要保持冷静,不做大动作,不出声响或阻碍别人,即可做到大方得体。

9.5.2　舞会礼仪

举办方要定好舞会的时间,并提前向客人发出邀请,说明起止时间,以方便客人安排何时进退场。邀请的男女客人人数要大致相等。

参加者在参加舞会前,应做一些准备工作。首先,要仪容整洁,穿戴得体大方。确切地知道今晚舞会的性质,再决定该穿的衣服与做适当的修饰,过与不及都要避免。不可浓妆艳抹地参加舞会,也不要穿牛仔裤挤在人群里。其次,舞会前应洗澡,换干净衣服。不要吃带有刺激气味的食物,如韭菜、大蒜、酒等,要注意清洁口腔,如漱口、嚼口香糖或茶叶。

交际舞的特点是男女共舞,邀舞通常是男士的义务。第一场舞,通常由主人夫妇、主宾夫妇共舞。第二场,男主人与主宾夫人,女主人与男主宾共舞。舞会中,男主人应陪无舞伴的女宾跳舞,或为她们介绍舞伴,并要照顾其他客人。男主宾应轮流邀请其他女宾,而其他男宾则应争取先邀女主人共舞。男子应避免全场只同一位女子共舞,切忌同性共舞。舞曲响起时,男士庄重从容、彬彬有礼地走到女士面前,面带微笑,微微鞠躬,伸出右手,手指向舞池并礼貌地说"我可以请你跳支曲子吗?"或"请你跳支舞,可以吗?"如果女士的父母或丈夫在场,应先向他们致意问候,得到同意后再邀请女士跳舞。舞曲结束后,男士要向女士致谢,然后把女士送到座位旁并向其周围亲属点头致意后方可离去。

女士单身去赴一个舞会时,应听从舞会主人给你安排舞伴。当别的男士到你面前彬彬有礼地邀请时,不答应是极不礼貌的,你应该微笑地站起来,接受他的邀请。对不熟的舞步,不要贸然地接受邀请,除非邀舞的人,不在乎你踩他的脚,或你自己不怕出洋相。当你不想跳,而刚好有人向你邀舞时,你可以拒绝他,但请注意拒绝的艺术,不要让他有"下不了台"的感觉。如果女士已接受某位男士的邀请,对再来邀请者应表示歉意。如果自己愿意与他跳舞,可以告诉他下曲再与他跳。如果两位男士同时邀请一位女士跳舞,最礼貌的做法是同时礼貌地拒绝两位邀请者,也可以先同其中的一位跳,并礼貌地对另一位男士说:"对不起,下一曲与您跳,好吗?"

在舞会上,应注意舞姿与坐姿。跳舞时,要注意舞姿,男方应挺胸收腹,右手放在女方腰部正中。不要晃动你的肩膀,因为这样会让人觉得轻佻、不庄重。另外,女士要特别注意自己的坐姿,因为舞会中的灯光通常比较暗,而且朦胧,男士只能看见你的形态。所以,即使你坐在一个黑暗的角落,也要随时保持优美的仪态。不论参加何种性质的舞会,在服装和首饰上都不能喧宾夺主。请特别小心,不要把口红沾染在男伴的衣襟或领带上。

如果你想提早离开会场,应悄悄地向主人招呼一声,说明原因,千万不可在大众面前,言明要早走之意,以免破坏其他人的玩兴而使主人难以控制场中的气氛。

9.6　参观与馈赠礼品礼仪

9.6.1　参观礼仪

在商务谈判中,及时安排参观企业,让对方正确认识企业的管理水平、技术层次、员工素质,增进相互了解,培养良好感情,提高对方对合作的信心,有着非常重要的影响。

1)外宾参观的礼仪安排

（1）项目的选定

参观游览项目的选择主要考虑以下几个因素:访问目的、性质,以使参观项目的安排具有一定针对性;客人的意愿与兴趣及特点;结合当地实际情况,选定某些参观的项目。

（2）安排布置

项目确定之后,应作出详细计划,向被接待单位交代清楚,并告知全体接待人员。参观的地区必须整齐、清洁。

（3）陪同

按国际交往礼节,外宾前往参观时,一般都由身份相应的人员陪同,如由身份高的主人陪同,应提前通知对方。为了使参观达到较好的效果,陪同人员应该做好以下工作:

①陪同人员必须做好充分的准备工作,要熟悉本部门情况和有关方针政策,熟悉省、市概况,熟悉参观单位的主要情况和特点。

②陪同人员应自始至终注意了解外宾的思想状况,把接待工作的全过程作为调查研究的过程。通过外宾的谈话、提问、要求、情绪等,掌握外宾的思想脉搏。同时,也可以有目的地向外宾提一些问题,了解对方情况,有针对性地多做工作和积累资料。

③外宾到参观单位后,接待工作以参观单位为主,陪同人员应注意掌握情况,配合参观单位做好工作。对于参观单位在对外宣传中的不足或不妥之处,可视情况在当时或事后相机补充或纠正。

④地方陪同人员应同全程陪同人员密切配合,及时交流情况,研究问题,发现和解决工作中存在的问题。

⑤介绍情况。参观工农业项目,一般是边看边介绍,但保密的内容不要介绍。参观项目概况尽可能事先整理成书面材料,以节约介绍时间,让客人尽可能多地实地参观。陪同人员要了解外宾要求,对外宾可能提出的各种问题有所准备,不要一问三不知。

⑥摄影。通常可以参观的地方都允许摄影。遇到不让摄影的项目,应先向来宾说明,并在现场安放外文的说明标志。

⑦用餐安排。参观地点远,或是外出游览时,要考虑用餐时间和地点,如果是郊游,则应准备食品、饮料、餐具等。有的地方还要预订休息室。

最后,为了使外宾对我方的介绍有准确的理解,选派一名好的翻译人员十分有必要。

2) 出国参观的礼仪

①出国参观所提出的参观项目,要符合访问目的,但也要客随主便,不要强人所难,参观前应事先约好。

②参观过程中,可以广泛接触,交谈,以增进了解,增进友谊。同时也要注意对方的风俗习惯和宗教信仰。

③如要拍照,需事先向接待人员了解有无禁止摄影的规定。

④参观完毕,向主人表示感谢。如主人在门口送行,上车之后,应挥手致意。

9.6.2 馈赠礼品礼仪

【案例 9-12】   送礼的学问

云南省的一家外贸公司与印度某商贸公司做了一笔生意。为表示合作愉快,加强两公司今后的联系,中方决定向印方赠送一批具有地方特色的工艺品——皮质的相框。当赠礼的日子快要临近时,这家外贸公司的一位曾经去过印度的职员突然发现这批皮质相框是用牛皮做的,这在奉牛为神明的印度是绝对不允许的,很难想象如果将这批礼品赠送给印方会造成什么样的后果。幸好发现及时,这家外贸公司才没有犯下错误、造成损失。他们又让工艺品厂赶制了一批新的相框,这回在原材料的选择上特地考察了一番。最后将礼品送给对方时,对方相当满意。

礼尚往来也是国际上通行的社交活动形式之一,是向对方表达心意的物质表现。在外事活动中,为了向宾客或对方表示恭贺、感谢或慰问,常常需要赠送礼物,以增进友谊与合作,不断联络感情,表示对这次合作成功的祝贺和对再次合作能够顺利进行所做的促进。因此,在适当时机,针对不同对象选择不同礼品馈赠,成为一门敏感性和寓意性强的艺术。许多国家把赠送礼品视为一种商务礼节的标准。

1) 馈赠礼品的礼仪

双方赠送礼品为下一步谈判奠定了友好基础,但礼物的价值应视洽谈内容及洽谈的具体情况而定。

(1) 送礼的一般礼仪

与中国人送礼不同,国外送礼有其独特之处,一些基本的约定俗成的"规则"有:

①西方社会较为重视礼物的意义和感情价值,而不是值多少钱,送礼花费不必太大,礼品不必太贵重。太贵重的礼物送人不妥当,易引起"重礼之下,必有所求"的猜测。一般可以送点有民族特色或地方特色的纪念品、艺术品、鲜花、书籍、画册等小礼品,也可以给儿童买件称心的小玩具。

②外国人在送礼及收礼时,都很少有谦卑之词。中国人在送礼时习惯说"礼不好,请笑纳",但外国人认为这有遭贬之感;中国人习惯在受礼时说"受之有愧"等自谦语,而外国人认为这是无礼的行为,会使送礼者不愉快甚至难堪。

③外国人送礼十分讲究外包装精美。

④送礼一定要公开大方。把礼品不声不响地丢在某个角落然后离开是不适当的。

【小贴士9-8】　　　　　　　　　赠送礼节

在对外交往中,交往双方互赠礼品是常见的事。适当的礼品可以表达彼此的敬意和良好祝愿。要使赠送礼品达到最好的效果,就必须遵守有关的礼仪规范。否则,可能会事与愿违。

赠送礼品首先考虑的是礼品的选择。第一,礼品的特色性。从交往对象的心理分析,本地的具有地方特色的和具有民族特色的东西比较受欢迎,这样的礼品在他们看来是最具有纪念意义的。第二,礼品的针对性。挑选的礼品应该因人而异,因事而异。因人而异,即要考虑到受礼人的性格、爱好与品位,要"投其所好";因事而异,指在不同情况下,赠送的礼品也应该有所不同。第三,礼品的差异性。不同的国家、民族或地区有不同的风俗习惯,同一件东西,在一个地区是受人欢迎的,在另一个地方则未必。在考虑到前两点的基础上,还必须对受礼人所在地区或国家的风俗习惯进行了解,不要触犯对方的宗教禁忌、民族禁忌和个人禁忌。在礼品选择上可以归纳为"礼品六忌",即礼品的品种、色彩、图案、形状、数目和包装。

在涉外交往中有"涉外交往八不送":a.现金和有价证券;b.贵重的珠宝首饰;c.药品与营养品;d.广告性产品或宣传用品;e.容易引起异性误会的用品;f.为受礼人所忌讳的物品;g.涉及国家或商业机密的物品;h.不道德的物品。

此外,赠送礼品还应注重礼品的包装,尤其是在涉外交往中,礼品的包装也属于礼品的组成部分,同样在仔细考虑范围之内;送礼的时机也要适当,这样才能达到最佳效果。

(2)一些国家赠送礼品的喜好与禁忌

在美国,法律只允许送相当于付25美元税的那些商品。因此,可"以玩代礼",邀请对方共度良宵就可算作送礼。当然也可送葡萄酒或烈性酒,高雅的名牌礼物他们很喜欢,可尽量送一些具有浓厚乡土气息或精巧别致的工艺品,以满足美国人的猎奇心。送礼应在应酬前或结束时,不要在应酬中将礼物拿出来。到美国人家中做客,通常不带礼物,取而代之的是事后一封感谢信。但如果一定要送,可象征性地送些花、植物或酒之类的礼品。

给英国人送礼要轻,可送些鲜花、小工艺品、巧克力或名酒,送礼一般在晚上。

德国人喜欢价格适中、典雅别致的礼物。包装一定要尽善尽美,且不能用白色、棕色的包装物。

法国人对礼物十分看重,但又有其特别的讲究。法国人最讨厌初次见面就送礼,一般在第二次见面时才送。宜选具有艺术品位和纪念意义的物品或是几枝不加捆扎的鲜花,但是不能赠送菊花,因为菊花是和丧礼相联系的。不宜送以刀、剑、剪、餐具或是带有明显的广告标志的物品。男士向一般关系的女士赠送香水、红玫瑰也是不合适的。

送礼是日本人的一大喜好。商务送礼一般在第一次商务会上,日本人之间互赠礼品一般在盂兰盆节或年末。他们比较注重牌子,喜欢名牌礼物和礼品的包装,但不一定要贵重礼品。互送仪式比礼品本身更重要。送礼通常以送对其本人用途不大的物品为宜。送礼者不要在礼物上刻字作画以留纪念,因为他还要将此礼品继续送出去。在日本,礼物的数量不要是4和9。

到韩国人家中做客最好带些鲜花或小礼品。韩国人喜欢本地出产的东西,故你在送礼时只需备一份本国、本民族、本地区的特产即可,也可以送上印有本公司介绍的精美笔记本或办公用品。因为在朝鲜语中"4"与"死"同音被认为是不吉祥的,因此,礼物的数量也不可以是4。

阿拉伯人喜欢赠送贵重物品,也喜欢得到贵重物品,喜欢名牌和多姿多彩的礼物,不喜欢纯实用性的东西,但初次见面不能送礼给他们,否则会被认为有贿赂的嫌疑。不能送酒和绘有动物图案的礼品。

在信奉基督教的国家不可以送数量为13的礼物。朝鲜人喜欢送花,斯里兰卡人喜欢赠茶,澳大利亚、新加坡人喜欢鲜花与美酒。一般外国人喜欢中国的景泰蓝、刺绣品等。

2) 接受礼品的礼仪

【小贴士9-9】　　　　　　　　受礼礼仪

①受礼者应在赞美和夸奖声中收下礼品,并表示感谢。一般应赞美礼品的精致、优雅或实用,夸奖赠礼者的周到和细致,并伴有感谢之词(按中国传统习惯,是伴有谦恭态度的感谢之词)。

②双手接过礼品。视具体情况或拆看礼品或只看外包装,还可请赠礼人介绍礼品功能、特性、使用方法等,以示对礼品的喜爱。

在国际商务谈判中,接受礼物必须符合国家和企业的有关规定、纪律。当对礼物不能接受时,应说明情况并致谢。对符合规定的礼物,对欧美人一定要用双手接过礼品。当面亲自拆开礼品包装,并表示欣赏、真诚接受和道谢。

受礼后还有还礼的问题。还礼时可以是实物,一般为对方礼物价值的一半。也可以在适当的时候提及,表示不忘和再次感谢。在接受礼品时若不当着送礼者的面打开包装,则是一种无礼的表现。

总之,随着经济全球化的不断发展,企业家和商家走出国门的机会越来越多。无论到哪一个国家,都应按照当地的风俗习惯做,如果你对当地的礼仪不太清楚,应尽可能多地请教当地人,以免带来不必要的烦恼。

本章小结

本章着重介绍了商务谈判活动中服装的选择、迎送、会见、洽谈、宴请和舞会、参观与馈赠礼品等方面的礼仪常规,为商务谈判人员进行商务活动提供了一定依据。但这些常规礼仪受到很多因素的影响,因此,在具体运用时应该坚持具体问题具体分析的原则。

复习思考题

1.如何选择与搭配适合特定场合的服装?

2.如何做好迎送接待工作?

3.会见时应注意哪些方面的礼仪?

4.洽谈中哪些言谈、举止属于失仪行为?

5.参观与馈赠礼品方面有哪些礼仪常规?

实 训 题

一、判断题

1.握手一般应由主人、年长者、女士先伸手。　　　　　　　　　　　　　　(　　)

2.座次安排是洽谈礼仪中一个非常重要的方面,座次的基本讲究是以左为尊。　(　　)

3.根据国际惯例,主要迎送人通常都要比来宾的身份高。　　　　　　　　(　　)

二、单项选择题

1.我方经理陪外方客人乘车,你作为翻译人员应该坐于(　　　)。

　　A.后排右座　　　　　　　B.后排左座　　　　　　　C.司机旁边的座位上

2.接待重要外宾应组织迎宾人员提前(　　　)到达机场或车站预定地点。

　　A.20 分钟　　　　　　B.10 分钟　　　　　　C.30 分钟　　　　　　D.40 分钟

3.我国商务谈判人员进行国际商务谈判活动时应该依据(　　　)原则。

　　A.国际惯例　　　　　　B.我国习惯　　　　　　C.国际惯例结合对方国家习惯做法

三、多项选择题

1.确定迎送规格应根据(　　　)。

　　A.前来谈判人员的身份　　　　　　　　　　B.前来谈判人员的目的

　　C.惯例　　　　　　　　　　　　　　　　　D.己方与被迎送者之间的关系

2.下列关于互赠礼品礼仪的说法中,正确的有(　　　)。

　　A.给日本人送礼应在礼物上刻字作画以作纪念

　　B.给英国人送礼一般应在晚上

　　C.还礼一般为对方礼物价值的一半

　　D.给阿拉伯人送礼应在初次见面时

3.下列介绍顺序属于正确的有(　　　)。

　　A.先把年轻的介绍给年长的　　　　　　　B.先把总裁介绍给业务经理

　　C.先把女秘书介绍给男经理　　　　　　　D.先把公司同事介绍给客户

　　E.先把市长介绍给总经理

四、实际操作题

1.Smith 先生是法国 Media 公司的总经理,他将带领公司人员,一行 10 人(包括 3 名女性)乘机抵达我国,参加与中方某公司关于建立合资企业的谈判。

　　问题:

　　①假如你是中方总经理,是此次谈判的负责人,你应该做哪些安排?

　　②为了促进双方感情,我方准备在法方谈判人员抵达后第二天举办晚宴,为 Smith 先生等法方谈判人员接风洗尘,请问你应做哪些准备?参加晚宴时,你将如何穿着?

③经过艰苦的谈判,双方终于签署了有关协议,Smith 先生即将回国,你公司准备赠送他一些礼品。请问你会选择什么物品?

④如果你是一名谈判小组的成员,请你设计一张招待法国 Media 公司人员的晚宴的请柬。

2.请为联合国际传播有限公司刘伟总经理设计一张名片,地址是山西省太原市五一路 336 号,传真是 0351-352××××,电话是 0351-323××××,E-mail 是 liuwei@ 126.com。

3.试分组模拟一项商务谈判接待活动的全过程。要求做好人员配备、组织安排、分工协作,请注意各环节的商务礼仪要求。

4.请你安排一次中餐宴会,你的身份是中方主谈,由你的同学扮演日本 A 公司的谈判人员。宴会背景是:谈判由于价格问题陷入僵局,你代表中方宣布休会,并取得了日方的同意。

要求:

①模拟谈判的氛围,在餐桌上注意缓和与日方谈判人员的关系(日方的扮演者应尽量模仿日本人的语气说话和办事);

②按照中餐的就餐礼仪就餐;

③按照礼仪要求安排座位。

5.请你安排一次西餐宴会。你的身份是中方主谈,由你的同学扮演美国 B 公司的谈判人员。宴会背景是:你到美国参加商务谈判,谈判由于支付方式问题陷入僵局,美方宣布休会,并取得了中方的同意。

要求:

①模拟谈判的氛围,在餐桌上注意缓和与美方谈判人员的关系(美方的扮演者应尽量模仿美国人的语气说话和办事);

②按照西餐的就餐礼仪就餐;

③按照礼仪要求安排座位。

案 例

【9-1】 为了筹备中国兰州第九届投资贸易洽谈会有关商务活动,大会特意组建了秘书处以做好准备工作。以下是秘书处所做的记录:

8 月 25 日,应中国兰州第九届投资贸易洽谈会组委会委托,我处与甘肃省政府驻京办邀请了 19 个国家的 24 位驻华大使等外交官员由北京飞往兰州出席兰洽会。兰州市政府副秘书长特地前来北京迎接使节团,使外交官们感受到了甘肃的热情和对此次访陇的重视。

飞机在晴空万里的兰州中川机场降落。也许是因第二天兰洽会开幕,机场接机处特别热闹,"兰洽会热"直面扑来。省外办副主任专门到机场迎接使节团,他说,这是九届兰洽会以来外国使节前来参会人数最多的一次。从机场到市内下榻宾馆的路上,这些外交官提了许多关于甘肃的问题,省外办翻译一路上做了十分热情的介绍。

刚一抵达兰州饭店,第一项公务安排就是由省长会见使节团。不过遗憾的是,我们的行李车坏在了半道上,而一些外宾的西服、领带则在行李中,兰州的接待人员直向外宾说"抱歉",那些没有正式着装的外宾则向省领导说"Sorry"。

会见时,省长对大家应邀到会表示了诚挚的欢迎,并介绍了甘肃省的发展。使节团团长

代表大家感谢甘肃省的热心邀请。此时,人们已感到,甘肃正在快步走向世界,世界也正更多地接纳甘肃。

在省长的欢迎宴会上,中外宾客频频举杯,人们已融合为一家。大家纷纷赞美莫高葡萄酒。

宴会后,我处即安排美国商务助理与甘肃某公司董事长李先生会谈。李先生向这位美国商务官员介绍了白牦牛开发项目,一番交谈下来,这位商务官员兴致颇高,表示愿意向美国企业家推荐此项目。

接着,我们随着人流来到展馆。展位前,外交官们仔细看着,认真听着,不时问着。泾川防果树腐烂病的长效康复灵、甘谷辣椒制品、甘南的人参果汁、金昌的镍矿石、张掖的高效蛋白肉、各种当归制品、名目繁多的白酒果酒……让这些外交官们目不暇接,也忙坏了我们的陪同翻译。

下午,安排使节团参观兰州高新技术开发区和市容。应省委省政府的邀请,联谊体理事长做了一场"中国加入WTO与西部地区的应对策略"报告会,副省长主持报告会,甘肃省地市级以上干部出席了报告会。曾任我国加入WTO首席谈判代表的佟部长结合中西部地区实际情况,提出了如何应对入世的积极对策,得到了参会者的普遍好评。

8月27日,使节团日程安排得满满的,参观了兰州三毛厂、博物馆、中科院近代物理研究所、中科院寒旱所。听说兰州黄河边夜景很美,于是晚饭后几位外宾在母亲河边散步、照相留影。黄河边那绚丽多彩的灯光,就似那45万 km^2 的甘肃正向世界闪烁着璀璨夺目的光芒。一路散步交谈时,外交官们都表示回去后向本国介绍甘肃,以促进本国与甘肃的经贸合作。

8月28日,使节团返京。飞机上,几位驻华大使特别让秘书处转达全体外交官对兰洽会组委会的感谢。他们说,今后还会再去甘肃更多的地方看看。

问题:

请你分析这次活动主要由几部分组成。你认为这次活动的组织是否成功,并说明原因。

【9-2】 中国某企业与德国某公司洽谈某种产品的出口业务。按照礼节,中方提前10分钟到达会议室。德国客人到达后,中方人员全体起立,鼓掌欢迎。德方谈判人员男士个个西装革履,女士个个身穿职业装;反观中方人员,只有经理和翻译身穿西装,其他人员有穿夹克衫的,有穿牛仔服的,更有甚者穿着工作服。现场没有见到德方人员脸上出现期待的笑容,反而显示出一丝的不快。更令人不解的是,预定整个上午的谈判日程,在半个小时内就草草结束,德方人员匆匆而去。

问题:

1.德方为何匆匆结束谈判?

2.商务谈判礼仪有什么作用?

第10章
各国商人的谈判风格

【本章导读】

本章主要介绍了世界主要国家和地区的风俗习惯和民族特点以及他们经商和谈判的特点。目的是使读者对世界主要国家和地区的商人的谈判风格有全面的了解,掌握谈判桌上、生意场下对待不同国家外商所应采取的有效对策和手段技巧,做到有的放矢。

【关键词汇】

风俗习惯　谈判风格

10.1　美国商人的谈判风格

美国由于其独特的文化背景以及重要的经济地位,其谈判风格很有特点,在世界上很有影响。从我国对外贸易的角度讲,美国是我国的主要贸易伙伴。在合资、合作的项目中,美国的资金与技术的引进也占较大比重。因此,研究掌握美国商人的谈判风格是十分有必要的。

10.1.1　美国商人的一般特点

【案例 10-1】　日本一家公司与美国一家公司在甲国进行谈判,日本人刚下飞机便被请上了谈判桌。

初次谈判,美国人首先发言,将自己的情况和希望得到的利益向日本人讲得一清二楚,尽显威风。整个谈判只有美国人在讲,日本人只是静静地听。接下来几天的谈判也是如此,美国人在谈判中占据着主动地位,日本人像配角一样安静地聆听。

到最后一天的谈判,意想不到的事情发生了:日本人一改往日的沉默,大谈特谈谈判细则,而且处处直指美国人的软肋。美国人现在才明白,自己前几天看似占据主动的谈判,实际是在给日本人提供自己的信息,尤其是弱点。这次谈判的结果是日本人大获全胜。

1)自信直率,甚至有些自傲

美国人热情洋溢,他们最有代表性的四点特征是民族性、有活力、勤奋和有创造力。他们喜欢别人按他们的意愿行事,喜欢以自我为中心。

美国商人坦诚直率、真挚热情、健谈,不断发表自己的意见和看法。他们注重实际,对是与非有明确理性的定义。当他们无法接受对方提出的条件时,就明白地告诉对方自己不能接受,而且从不含糊其辞。无论介绍还是提出建议,美国谈判者都偏向简明扼要,尽量提供准确数据。对谈判,他们认为是双方公平自由的协商,应该有双赢的结果,所以希望彼此尽量坦诚陈述观点和意见,有理的争论都会受到欢迎。美国人十分欣赏能积极反应、立足事实、大方地讨价还价、为取得经济利益而精于施展策略的人,每当这时他们有种棋逢对手的兴奋;相反,过分谦虚、立场不鲜明的人,会被美国谈判者视为缺乏能力、不自信、不真诚甚至虚伪。美国商人办事比较干净利落,喜欢很快进入谈判主题,谈锋甚健,并且不断地发表自己的见解。美国商人对于一揽子交易兴趣十足,并在气势上咄咄逼人。他们在谈判中分工具体、职责明确,一旦条件符合即迅速拍板,因此决策的速度很快,甚至常常从口袋里拿出早已拟好的合同让对方签约成交。因此,如果我方准备不充分,谈判中很可能处于被动地位,甚至失去成交的机会。

美国现在是世界上经济、科技最发达的国家,国民经济实力也最为雄厚,所以美国商人自我优越感很强。美国商人认为双方进行交易时,双方都要有利可图。他们的谈判方式是:喜欢在双方接触的初始就阐明自己的立场、观点,推出自己的方案,以争取主动。在双方的洽商中充满自信,语言明确肯定,计算也科学准确。如果双方出现分歧,他们只会怀疑对方的分析、计算出了问题,因而坚持自己的看法。正是这种自信、直率的个性,使他们对中国商人,特别是日本商人的婉转、暗示、含糊的表达方式表现出某种不理解、误会,对中国商人与日本商人的谦恭、客气也感觉不适应。这是文化差异的结果。

2)讲究实际,注重利益

美国商人在做交易时往往以获取经济利益作为主要目标。所以,美国商人对于日本商人、中国商人习惯注重友情和看在老朋友的面子上、随意通融的做法很不适应。在经商过程中,美国商人不太重视谈判前个人之间关系的建立。如果在业务关系建立之前竭力与美国对手建立私人关系,反而可能引起他们的猜疑、警惕和挑剔。他们喜欢公事公办,个人交往和商业交往是明确分开的。他们认为:良好的商业关系带来彼此的友谊,而非个人之间的关系带来良好的商业关系。尽管他们注重实际利益,但他们一般不漫天要价,也不喜欢别人漫天要价。他们认为,做买卖要双方都获利,不管哪一方提出的方案都要公平合理。所以,美国商人做生意时,更多考虑的是做生意所能带来的实际利益,而不是生意人之间的私人交情。

不过,美国商人强调个人主义和自由平等,交往中不强调等级差别,且他们生活态度积极、开放,还是很愿意交朋友而且容易结交。美国商人以顾客为主甚于以产品为主,他们很努力地维护和老客户的长期关系,以寻求稳定的市场占有率。

3)注重个人能力,自我表现欲强

【案例10-2】 美国西屋电气公司加拿大分公司,同中国东方汽轮机厂的一个访问团商谈向该公司销售几台大型汽轮机。可是接下来的不是签订合同,而是两次在北京的紧急磋商。西屋公司不得不一次又一次地重申最初的动机,而中方则一次又一次地要求按最初的精神办。兜来兜去,最后西屋公司才弄明白,中方无非是要确定一个最理想的购买价格。这项协议,一直到西屋公司的代表两次回国后才通过电传签订,美国人不理解,为什么中国人一开始不说明要求降低价格呢?

受美国文化的深层影响,美国人对角色的等级和协调的要求比较低,往往尊重个人的作用和个人在实际工作中的表现。在企业的决策上,常常是以个人或少数人为特点,自上而下地进行,在决策中强调个人责任。他们的自我表现欲望很强,在谈判中表现出大权在握的自信模样。在美国商人的谈判队伍中,代表团的人数一般不会超过七人,很少见到大规模的代表团。即使是有小组成员在场,谈判的关键决策者通常也只有1~2人,遇到问题他们往往有权作出决定,先斩后奏之事时常发生。但他们在谈判前往往非常认真、充分、详细而规范地准备资料,以便在谈判过程中能干脆、灵活地决策。

在商务谈判中,美国商人与东方商人,特别是与日本商人和中国商人的表达方式有明显的不同。美国商人常对中国商人在谈判中面对不满与不同意采取迂回、兜圈子的做法感到莫名其妙。东方商人所推崇的谦虚、有耐性、有涵养,可能会被美国商人认为是虚伪、客套、耍花招。

4)重合同,法律观念强

美国是一个高度法制的国家。美国人解决矛盾纠纷习惯于诉诸法律。美国商人重视契约。他们认为,双方谈判的结果一定要达成书面的法律文件。因此,他们特别看重合同,认

真地讨论合同条款,重视合同的法律性,合同履约率较高。在他们看来,如果签订合同不能履约,那么就要严格按照合同的违约条款支付赔偿金和违约金,没有再协商的余地。所以,他们也十分注重违约条款的协商与执行。一旦双方在执行合同条款中出现意外情况,就按双方事先商定的责任条款处理。

美国商人重合同、重法律,还表现在他们认为商业合同就是商业合同,朋友归朋友,两者之间不能混淆起来。私交再好,甚至是父子关系,在经济利益上也是绝对分明的。因此,美国商人对中国商人的传统观念——既然是老朋友,就可以理所当然地要求对方提供比别人更优惠的待遇,出让更大的利益,表示难以理解。

5)注重时间效率

美国商人的生活节奏比较快,他们说话频率快,办事讲究效率。所以在商务谈判中,美国商人常抱怨其他国家的谈判对手拖延时间,缺乏工作效率,而这些国家的商人则埋怨美国商人缺少耐心。所以在国际谈判中,美国商人常显得不合拍。

美国商人的时间观念很强,表现在做事要一切井然有序,有一定的计划性,办事要预约,并且准时。约会迟到的人会感到内疚、羞耻。一旦不能如期赴约,要电话通知对方并为此道歉,否则将被视为无诚意和不可信赖。与美国商人约会,早到或迟到都是不礼貌的。

美国谈判者总是努力节约时间,不喜欢繁文缛节,喜欢直接切入正题。他们喜欢谈判紧凑,强调尽可能有效率地进行,迅速决策不拖沓。谈判的信息收集、决策都比较快速、高效。他们的谈判特点一般是开门见山,报价及提出的具体条件也比较客观,水分较少。在美国商人的价值观念中,时间是线性的而且是有限的,必须珍惜和有效地利用。对整个谈判过程,他们总有个进度安排,精打细算地规划谈判的时间,希望每一阶段逐项进行,并完成阶段性的谈判任务。他们一件事接一件事、一个问题接一个问题地讨论,直至最后完成整个协定的逐项议价的方式被称为美式谈判。他们重视时间成本和谈判效率,常用最后期限策略来增加对方的压力,迫使对手让步。

10.1.2　美国各地商人的特点

【小贴士 10-1】   美国文化习俗

了解美国人的一些文化习俗对商务谈判也是很有益处的:

①美国人问候随便,常用的问候语有 How do you do(您好),或 Nice to meet you(很高兴见到你)。熟悉的女人之间或男女之间会亲吻或拥抱。他们习惯于在见面和离开时进行有力而简短的握手,并且面带微笑。

②美国人喜欢谈论商业、旅行、当今潮流和世界事件。不过美国人虽然喜欢谈论政治,却不喜欢别人批评美国。

③美国人喜欢有一定的身体间距,在交谈时,彼此站立的间距通常在 0.5 米左右。良好的目光接触通常是每隔两秒或 3 秒,持续 5~7 分钟。这样持续的目光接触被认为是表示感兴趣、诚挚和真实的信号。

1) 美国东部地区商人的特点

美国东部地区,犹太血统的人最为活跃。一般说来,犹太人做生意非常苛刻。即使订了契约,只要由于市场的情况发生变化,他们判断无利可图时,便会千方百计地寻找理由毁约。和他们签约时,一定要注意用词严谨,请好经验丰富的律师,把合同订得天衣无缝,以防范纠纷于未然。

当然,与美国其他地区的商人做生意也应当注意这一点。此外,犹太商人之间的联系极为牢固,能做到团结一致、统一对外。因此,与犹太人谈生意,我方务必协调一致,防止他们利用我方内部的矛盾,陷我方于不利。

2) 美国中西部商人的特点

美国中西部商人由于地处内陆,封建意识比较浓厚,但又和蔼可亲。一旦获得了他们的信赖,就能够建立起相对稳定的业务关系。但是,一旦对方发现你有不守信用的情况,则难以重新恢复信任。

美国中西部的商业习惯是把一年所需要的进货归合起来一次采购。所以,从每年9月到11月的这段时间里,美国中西部商人大部分时间都在谈判。如果错过了这段推销的"黄金时间",不仅贸易机会大量减少,而且谈判起来会陡增许多困难。美国中西部的商人,没有预付款的习惯,货未交完就拿不到货款。

不过,即使同是美国西部地区,此地区北边和南边的商人也有一定的差异,北边的商人比较偏于保守,而南边的商人则比较开放。总的来说,美国西部地区的商人比较缺乏商业经验。在这一地区内,洽谈成功一笔生意,一定要腿勤,只有亲自访问、亲自洽商,认真地和对方谈判,才能够有良好的结果。只用电话、传真商谈,在西部地区往往不会有结果。也正因为如此,在美国西部地区想在短时间内迅速地拍板成交一笔生意是不可能的。

3) 美国南部地区商人的特点

美国南部地区商人性急,容易发怒,但不记恨。一般来说,当你向他们催缴逾期未付的货款时,他们往往讨厌签写备忘录确定付款日;如果邀律师交涉,更容易惹怒他们。但只要他们答应在哪天付款,到时他们往往会连本带息一下子全部还清。

美国南部地区商人除了性急以外,还保守,因而同他们一般也不容易建立起商业关系。

10.1.3　与美国商人谈判的技巧

1) 不卑不亢,注重商务交往礼节

美国商界一般以握手为礼。他们习惯于手要握得紧,眼要正视对方,微弓身,认为这样才算是礼貌的举止。握手不可频繁,不论是男士还是女士,都应主动向对方伸出手,等待女士先伸手给男士的习俗已经过时了。在美国,介绍自己时向对方报以热情的微笑胜过对礼仪的考虑,此时,男士必须站着。不过,现在越来越多的女性在介绍时也都这样。

2) 积极竞争, 针锋相对

美国社会的传统是竞争与奋斗。美国商人的竞争意识和奋斗精神是其他任何民族无法比拟的。针对美国商人的这一特性, 利用美国商人喜欢"棋逢对手"的特点, 与其交往时要针锋相对, 以牙还牙。在与美国商人谈判时, 要有初生牛犊不怕虎的意识, 对竞争中的强者, 战略上要藐视它, 敢与强者争高低。表现一下自己赚钱的能力, 可以获得美国商人的敬重。

万一与美国商人发生贸易纠纷, 绝对不可为求解决而强装笑脸。因为, 在他们看来, 出现了纠纷而争论时, 双方的心情都不好, 笑容必定是装出来的。这样做反而会使对方更为生气, 甚至认为你已经自觉理亏了。

3) 清楚无误地介绍自己的职务

因为美国商人非常注重行政职务, 一般销售人员最好也要有个头衔, 否则, 即使有高级职称, 也会被认为是说话不算数的人。

4) 切忌有意无意指名批评某人

批评对方公司中某人的缺点, 或把以前与对方某公司某人有过摩擦的事作为话题, 或把处于竞争关系的公司的缺点抖搂出来进行贬抑等, 都是绝对不可以的。因为美国商人谈到第三者时, 都会注意避免损伤别人的人格。这点务必牢记在心, 否则有可能遭到对方的蔑视。

5) 注意美国人商务谈判中的禁忌

美国人在饮食上忌食各种动物的五趾和内脏; 不吃蒜; 不吃过辣食品; 不爱吃肥肉; 不喜欢清蒸和红烩菜肴。他们不喜欢有人在自己的餐碟里剩食物, 认为这是不礼貌的。

宴请美国商人, 须注意他们口味喜清淡, 以微带甜味为适。他们对淮扬菜、粤菜十分推崇。

在业务交往中, 彼此关系没搞熟之前不要送礼, 宴请和送礼宜在双方关系融洽和谈判成功之后。到美国商人家里做客, 可以送糖果、巧克力和白兰地, 也可以送鲜花, 但花束的枝数和花朵数不能是"13"。

最好能选择一些能贴切地代表本公司业务性质的东西作为礼品, 但应避免送带有本公司标志的便宜礼物, 美国人特别忌讳这一点, 认为这是在为你单位做广告。在美国送礼, 礼品一般以中档的中小件礼品为主, 美国人对礼品包装装潢十分讲究。

美国商人性格开朗、为人诚挚。他们在与互不相识的人交际时, 惯于实事求是, 坦率直言。即使是自我介绍时, 他们也总是对自己的情况据实说出。他们看不惯谦虚、客套的表白, 认为这是一种无能的表现。

美国商人忌询问年龄、个人收入和政治倾向, 也忌别人问买东西的价钱。他们认为这些都属于个人私事, 不需要别人过问和干涉。忌在见面时说: "你长胖了!"美国商人认为这句话有贬义, 因为他们习惯上认为"瘦富胖穷"。

另外, 与美国商人谈话时, 双方之间的距离一般以 0.5 米左右为宜。

10.2 加拿大商人的谈判风格

10.2.1 加拿大商人的谈判风格

加拿大是个移民国家,民族众多,各民族相互影响,文化彼此渗透。大多数人性格开朗,乐于助人,待人诚恳。他们身上既有英国人的含蓄,又有法国人的开朗,还有美国人无拘无束的特点。受多元文化的影响,加拿大商人一般懂英、法两种语言。加拿大商人比较讲实惠,与朋友相处和来往,不讲究过多礼仪。

加拿大居民大多是法国人和英国人的后裔。在谈判决策上,有非常深的法国人和英国人的风格。

加拿大英国系和法国系商人在性格与商业习惯上有较大的差别。

英国系商人较保守,重信用。商谈时较为严谨,在每一个细节尚未了解以前,绝对不会答应要求;而且英国系商人商谈时好设关卡,所以从洽谈开始到价格确定这段时间的商谈是颇费脑筋的,对此要有耐心,急于求成往往办不好事情。但是,一旦签约,废约的事情很少出现。

法国系商人则大不一样,开始接触时非常和蔼可亲,平易近人,款待也很客气大方。但坐下来谈到实际问题时就判若两人,讲话慢慢吞吞,难以捉摸。因此,要谈出结果来,颇需耐心。另外,法国系商人对签约比较马虎,往往是主要条款谈妥后,就要求签字,他们认为次要的条款可以待签字后再谈,然而往往是由于当时不被重视的次要条款导致了日后的纠纷。

总之,英国系商人谈判进程缓慢,但一般会照合同办事;法国系商人对签约比较马虎,但签约后却不太守信用。

10.2.2 与加拿大商人谈判的技巧

利用加拿大英国系商人重信用、处事较为严谨的特点,必须做好沟通前的准备工作。即设计出理想的沟通方案,包括确定主题,搜集各种信息资料,并提供足够的论据,以增强其信赖感。另外,无论采取何种沟通方式,都要让对方感到你的诚意,这对谈判的顺利进行将起到事半功倍的效果。

利用加拿大法国系商人容易接触、不拘小节等特点,沟通中应先谈大的主要问题,一旦谈妥后,绝不忽视对小的问题的商讨,而且随时注意会场的气氛,防止离题甚远,使次要问题得不到妥善解决,以至最终成为毁约的隐患之一。

拜访加拿大政府官员和各类商人时,应注意取得秘书和助手的协助,事先约定,并准时前往。

加拿大是冰雪运动大国,人们讨论的话题多与滑雪、滑冰、冰雕、冰球等有关。他们忌讳13这个数字以及星期五,宴请活动不宜安排在这天。他们忌讳黑色,喜欢蓝色、偏爱白色。应邀做客时,可带上一束较高价值的鲜花或蓝色包装的礼品。他们忌讳百合花,喜爱枫叶。

谈判时不喜欢在商品价格上讨价还价变来变去,不愿做薄利多销的生意。

【小贴士 10-2】　　　　与加拿大商人谈判时的注意事项

按照加拿大商务礼俗,宜穿保守式样西装。一般而言,加拿大商人颇保守,你的销售宜在上班时间,以正式方式提出,态度要谨慎。

加拿大人不像美国人那样随便,大部分招待会在饭店和俱乐部举行。如果应邀到加拿大人家里做客,可以事先送去或随身携带一束鲜花给女主人,但不要送白色的百合花,在加拿大,白色的百合花只有在葬礼上才使用。

10.3　法国商人的谈判风格

10.3.1　法国商人的特点

1) 热情浪漫,尊重妇女,注重个人之间友谊的建立

法国人乐观、开朗、热情、幽默,注重生活情趣,富有浓郁的人情味和浪漫情怀,非常重视相互信任的朋友关系,并以此影响生意。如果你与法国公司的负责人或洽商人员建立了十分友好、相互信任的关系,那么你也就建立了牢固的生意关系。同时,你也会发现他们是十分容易共事的伙伴。在商务交往上,他们不会提出一些过分要求,在坚持原则的前提下,他们较为体谅人。法国商人很少与人发生公开的争吵。在商务交往上,法国商人很注重信誉和人际关系,在未成为朋友之前,是不会同你进行大宗贸易的,只有有了深交,才有可能进行大宗贸易。法国商人很擅长交际,家庭宴会是最隆重的款待。在社交活动中,法国人很顾全对方的面子。

法国商人无论是以家庭宴会还是以午餐招待,都不能看作是交易的延伸,在宴请招待时忌讳谈生意。

法国商人非常喜爱举行沙龙,在沙龙中相聚交谈,他们把这种彼此间的交谈视为艺术,认为静静聆听别人幽雅的谈吐、机智幽默的对话以及谈话中丰富的思想是一种高雅的享受,他们往往在这种享受中做成生意。法国商人谈生意不习惯一开始就进入正题,他们往往先聊一些社会新闻或文化生活的话题(切忌涉及法国商人家庭私事和生意秘密),以此创造一种轻松友好的气氛,培养感情,然后在边聊边谈中慢慢转入正题,最后在决定阶段,才一丝不苟地谈生意。法国商人大多十分健谈,话题广泛,而且口若悬河,出口成章。法国商人以尊重女性而自豪,处处关照女性、保护女性。

2) 坚持使用法语

法国人有很强的民族自豪感。在他们看来,法语是世界上最高贵的语言。因此大多数的商务谈判中,法国商人往往会坚持使用法语,即使法国的洽谈人员英语讲得很好,也不会用英语谈判,除非他们迫切需要和你成交,否则是很少让步的。如果法国洽谈人员同你讲英语,可以说是最大的让步了。

3) 个人能力强, 决策迅速

一般情况下, 法国公司比较重视个人力量, 很少集体决策, 实行个人负责制, 因此个人权力很大, 决策迅速。法国商人知识面广, 能通晓好几个专业。即使是专业性很强的谈判, 他们也能一个人独当一面。

4) 时间意识对人严, 对己松

法国商人的时间意识是单方面的。对别人要求严格, 对自己比较随便是法国人时间观的一大特点。如果你迟到, 不论出于何种原因都会受到冷遇, 但他们自己迟到却会很自然地找到一大堆冠冕堂皇的理由加以开脱。在法国社交场合, 有个非正式的习惯, 主宾越重要越到得迟。因此, 如果有人请你和公司人员一起参加宴会, 可以预料吃饭时间要比规定的晚30 分钟。

5) 注重度假, 注重穿着

法国人工作时认真投入, 讲究效率, 休闲时痛快玩耍。法国商人很注意劳逸结合, 早起早睡。他们十分珍惜假期, 十分舍得在度假中花钱, 会毫不吝惜地把一年辛辛苦苦赚来的钱全都花光。通常八月是法国人的假期。他们很注重穿着, 在他们看来, 衣着代表一个人的修养和身份。

6) 重原则、轻细节, 偏爱横向谈判

法国商人比较注重信用, 一旦签约, 会比较好地执行协议。在合同条款中, 他们非常重视交货期和质量条款。在合同的文字方面, 法国商人往往坚持使用法语, 以示其爱国热情。为此, 与法国商人签订协议不得不使用两种文字, 并且要商定两种文字的合同具有同等的效力。

法国人的商业交易作风比较松垮, 但又富有顽强精神。在谈判方式的选择上, 他们偏爱横向谈判, 谈判的重点在于整个交易是否可行, 不太重视细节部分。法国商人不喜欢为谈判制订严格的日程安排, 但喜欢看到成果, 当主要问题谈妥之后, 他们就催促对方签约。在他们看来, 细节问题可以留待日后商讨或待发现问题时再谈, 因此, 在协议的签订与具体的执行过程中常有一些改变, 经常出现昨天签的协议明天就要修改的情况。这些变更有的是出于他们的工作习惯, 有的则是讨价还价, 争取最后一点利益。与法国商人的交易往往由于细节问题而引起不必要的误会直至改约之事时有发生。法国商人轻易不会放弃自己的观点, 有时会出现因分歧使"纪要""备忘录"无法写成的局面。

【案例 10-3】 法国某公司的经理招待日本商人到自己家做客。在宴席上, 日本商人一时疏忽把碗中洗手用的水喝掉了。主人看到这个情形, 马上就向同座的孩子们使了眼色, 两个孩子不声不响地喝下了洗手碗中的水, 顾全了对方的面子。

10.3.2　与法国商人谈判的技巧

1) 尊重法国礼仪

法国商人的穿戴极为讲究。在他们看来,衣着代表着一个人的修养、身份与地位。法国商人总是想从衣着方面先声夺人,以气势来压倒与之谈判的对方。因此,我们的商务谈判人员应注重服装、外表,以体现我方人员的修养、身份和地位。

法国商人有同人握手的习惯,而且握手次数之多是出人意料的。告辞时还要与已被介绍过的所有的人逐一握手告别。

2) 切忌打听法国商人的政治倾向、宗教信仰、个人收入及其他个人私事

法国商人认为这些都属于个人私事,不需要别人过问。与法国商人不要只谈生意上的事,适当的情况下,与法国人聊聊社会新闻、文化、娱乐等方面的话题,这都是法国商人所喜欢的,更能促进双方的关系,创造良好的会谈气氛。

3) 在法国进行商务活动应避开节假日和八月份

因为每年的八月份是法国人度假的季节,他们都放下手中的工作去旅游度假,这时候想做生意是徒劳的。如果在七月谈的生意,八月份也不会有结果。

4) 注意合同细节问题的商谈

在会谈中,特别是在初期的会谈中,对各种书面的纪要应坚持自己的要求,不能因法国人有异议而过早放弃自己的立场。在法国人的习惯中,这些文件实际上是"准谈判"的成果。所以,为了捍卫正式谈判中有利的地位,不要怕双方有意见分歧,即使出现分歧而使纪要一时无法达成协议的局面也不要过分担忧。只要注意尊重对方的面子,并灵活考虑让步问题,法国商人常常会软化自己的立场,向对方靠拢。

5) 利用各种场合、机会与法国人交朋友

要有计划地安排出访、邀请。在这些社交活动中,尊重对方的时间观念,拜访公私单位,需要事先约定。赴约务必准时,不要迟到。如果法国人迟到了,千万不可发火,要耐心地等待你的客人。

6) 派出与法方对等的人员与之谈判

法国商人进行谈判时,大多由一个人担当,而且还负责作出决定,这就要求对方能派出对等的人员与之谈判。在谈判中,切忌因急于求成而轻易早作让步。

7) 派出女性与法方谈判

在与法国商人谈判时,女性出马往往易获得他们的好感,容易使他们让步。另外,须派懂法语的工作人员前往,或者配备法语翻译。

【小贴士10-3】　　　　与法国商人谈判时的注意事项

①常见的问候语有 Bonjour(您好)、Commentallez-Vous(您好吗)和 CaVa(在较随便场合下使用的"您好吗")。

②法国人会面时,往往喜欢迅速而稍有力的握手,他们在离开时,向所有被引见过的人再次握手道别。

③女士通常不主动向男子伸出手,所以男子应该主动问候。但不要主动向作为领导的女士伸手。

④你可以和法国人谈论法国的艺术、建筑、食品和历史。足球和橄榄球是大众喜爱观看的运动,钓鱼、骑车、网球、徒步旅行、滑雪和划船则是大众喜爱的个人运动。

⑤法国人具有与美国人一样的种族优越感——对他们的文化极端自豪和以自我为中心。

10.4　英国商人的谈判风格

10.4.1　英国商人的特点

1) 重礼仪,讲究绅士风度,但不轻易与对方建立个人关系

英国商人重礼仪,讲究绅士风度,也很注重谈判对手的修养与风度。英国商人与人接触时,开始总保持一段距离,然后才慢慢地接近。他们不轻易相信别人,依靠别人。一般不在公共场合外露个人感情,也绝不随意打听别人的事。偶然纠纷时,英国商人会毫不留情地争辩,即使是他们的错误,也不会轻易认错和道歉。他们除了讲英语之外很少讲其他语言,以英语为母语很骄傲。英国人显得有些保守,对新鲜事物不积极接受。但是你一旦与英国人建立了友谊,他们会十分珍惜,长期信任你,在做生意上关系也会十分融洽。所以,如果你没有赢得他们的信任,没有最优秀的中间人作介绍,你就不要期望与他们做成大买卖。

英国商人习惯于将商业活动和自己个人生活严格分开,有一套关于商业活动交往的行为礼仪的明确准则。个人关系往往以完成某项工作、达成某个谈判为前提。

【案例10-4】　在一次涉外商务活动中,我国企业代表在与英国商务代表协商签订了一份商务合作合同后,举办了一场有关商品的剪彩仪式活动。在仪式活动中,当我国企业代表致辞时,他说:"先生们、女士们,大家下午好,我非常高兴……"此时,英国商务代表中有两位女士、三位男士,他们均表现出不愉快的表情,但没有作出太大的举动。后来,在剪彩过程中,这位企业代表不小心把剪下的红缎带掉落在主席台上。虽然他一再地解释是自己的疏忽造成的错误,但英国商务代表仍然面露不悦之色。

想一想,为什么英国的谈判代表会不高兴?

2) 重身份、重等级

在对外交往中,英国人比较注重对方的身份、经历、业绩、背景。组织中的权力自上而下流动,等级性很强,决策多来自上层。所以,与英国商人谈判,在必要的情况下,派有较高身份、地位的人,有一定的积极作用。英国商人比较看重秩序、纪律和责任,比较重视个人能力,不喜欢分权和集体负责。

3) 做成生意的欲望不强

英国商人对谈判本身不如日本人、美国人那样看重,相应地,他们对谈判的准备也不充分,不够详细周密。英国商人谈判稳健,善于简明扼要地阐述立场、陈述观点,之后便是更多地沉默,表现出平静、自信和谨慎。他们对于物质利益的追求,不如日本人表现得那样强烈,不如美国人表现得那样直接。在谈判中,与英国商人讨价还价的余地不大。有时他们采取非此即彼的态度。在谈判中如果遇到纠纷,英国商人会毫不留情地争辩。在谈判关键时刻,他们往往表现得既固执又不肯花大力气争取。所以,他们宁愿做风险小、利润也少的买卖,也不愿做冒大风险、赚大利润的买卖。

4) 重视合同细节,但不能按期履行合同

英国商人很重视合同的签订,喜欢仔细推敲合同的所有细节。一旦认为某个细节不妥,便拒绝签字,除非耐心说服,并提供有力的证明材料。英国商人一般比较守信用,履约率比较高。注意维护合同的严肃性。但国际上对英国商人比较一致的抱怨是他们有不大关心交货日期的习惯。所以,在与英国商人签订的协议中,万万不可忘记写进延迟发货的惩罚条款加以约束。

10.4.2　与英国商人谈判的技巧

1) 注重选择谈论的话题

在和英国商人交谈时,应注意不要涉及爱尔兰的前途、共和制优于君主制的理由、治理英国经济的方法、北大西洋公约组织中承担义务最多的国家以及大英帝国崩溃的原因等话题。苏格兰人、威尔士人和爱尔兰人还讨厌人们把他们统称为英国人,若以不列颠人相称则会令所有人满意。与英国商人交谈,涉及女王时,正规的说法是"大不列颠及北爱尔兰联合王国女王"。可以以他们喜欢的文化遗产、喂养的宠物等作为谈论的话题,尽量避免讨论政治、宗教、皇家是非等。最佳最安全的话题当然是天气、旅游。英国商人反感客人把皇家的事作为谈笑资料,也讨厌客人问及他们的私事和向其打听别人或别的公司的事。

2) 注重身份的对等

英国人以绅士风度闻名世界,常常处变不惊、谈话轻描淡写,同时也显得非常傲慢。对他人和他物,英国人所能给的赞赏是"像英国式的"。因此,在选择与英国谈生意的人员时,要在形象、修养、气质、风度方面进行严格的筛选,树立自己的形象;如果能在交谈中显示出

自己的教养与风度,则很快就会赢得对方的信赖与尊重。在谈判级别上注意对等,根据英国人很讲究绅士风度这一特点,可选派高级官员出访英国。这样一方面表示尊重对方,另一方面也会削弱对方的傲慢,我方官员若用流利的英语直接与英国官员谈话,更能博得对方的赏识,从而增加成功的机会。

3)注重遵守时间

英国人时间观念强,对时间的看法非常严谨。崇尚准时和守时,有按日程或计划办事的习惯和传统。在商务活动中,讲究效率,谈判大多进行得较紧凑,不拖沓。

4)注意订立合同的索赔条款

根据英国商人善于争辩、不轻易改变自己观点这一特点,与英国商人进行商务谈判时,首先不能急躁,可耐心说服,并拿出有说服力的证明材料,促使他们快速决策。另外,进口商在与英国商人签订的合同上,须加上延期交货的罚款条款。订立索赔条款,这样不但可靠,而且还可逐步改变对方不遵守交货时间的习惯。

【小贴士10-4】　　　　　　与英国商人谈判时的注意事项

①要有严格的时间观念,在约定好的谈判时间前准时达到。

②了解大多数英国谈判者不喜欢讨价还价的特点。尤其在伦敦,英国商人一般都是说一不二,北部英格兰、苏格兰、威尔士以及北爱尔兰的商人则随和一些。

③要尽可能缩短闲谈时间,不要过于突出自己。

④不要指望你与英国人的谈判能像和美国人那样干脆、快速。

⑤谈判陈述应该实际、详尽和稳健。

⑥为了谈判取得进展,应该给自己留有余地,但不必作出太大的让步。因为英国人提出的要求一般比较温和。

⑦尽量不要催促达成协议,也不要显得匆忙。记住在合同里要写上延迟发货要受重罚的条款。

⑧资金和质量不是主要问题。英国人将会在资金方面予以帮助,他们的货物也是高质量的。

10.5　德国商人的谈判风格

【案例10-5】　　　　　　和西门子公司的一次合作谈判

中国某电子设备进口公司就购买德国西门子公司一套先进的电话自动交换机成套设备与该公司的商务代表进行谈判。这一谈判在几年中已经进行过多次。由于受到国内通货膨胀的压力,所需调汇的配套人民币总额大幅上升。原来双方已商定的价格,对我方十分不利。因此,我某电子设备进口公司想争取压低德方的报价,以抵消由于通货膨胀所增加的配套人民币。谈判中,虽然我方进行多方面努力,但双方一直在价格上争执不下,德方态度很强硬,不愿意再次降价。同时还流露出不想继续谈判、准备第二天起身回国的意思。在这种

情况下,为这个项目的购进奔波多年,并对西门子公司产品质量、性能都充满信心的我方谈判代表,急忙向公司总经理作了汇报。公司总经理立即和我国对外贸易部的有关领导商量研究,决定两级领导一同出面,出席当晚为西门子公司代表送行的晚宴。

两位领导一同送行让西门子公司的代表深受感动。我方领导又不失时机地将餐桌变成了谈判桌,席间讨论了双方都很关注的几个问题。通过谈判,德方代表深刻地认识到,买卖是否顺利做成,不仅仅是两家公司的事情,它在某种程度上还涉及两国之间关系这个重大问题,并将对两国业已形成的友好合作关系的发展前景产生很大的影响。为此,德国代表当即取消了回国的打算,表示要继续本着平等互利的原则与我方友好协商下去。在后来的谈判中,德方代表同意调低报价,双方终于达成了互利的购销协议。

请思考:

① 本案例中,谈判双方出现僵局以至于面临破裂的原因是什么?

② 我方谈判人员采用什么策略使僵局得到突破,并取得最终的成功?

③ 采取这种策略需要注意哪些问题?

10.5.1　德国商人的特点

1) 自信,对待个人关系非常严肃,时间观念强

德国商人沉稳、自信、好强、勤奋、严谨,他们十分注重礼节、穿戴、称呼等。对发展个人关系和商业关系都很严肃,不大重视在建立商务往来之前先融洽个人关系。要想得到德国伙伴的尊重和信任,着装必须严肃得体。在交谈中,应避免提及个人隐私、政治以及第二次世界大战等。在与德国商人最初的几次会面中,他们显得拘谨、含蓄甚至生硬。一旦彼此熟悉,建立商务关系且赢得他们的信任后,便能有希望长期保持。德国商人不喜欢做一锤子买卖,求稳心理强。

德国商人在商务交往中特别强调个人才能,个人意见和个人行动对商业活动有重大影响。各公司或企业纪律严,秩序性强。决策大多自上而下作出,不习惯分权或集体负责。他们极喜欢显示自己的身份,重视以职衔相称。见面很讲究礼节,握手没完没了,特别是告别时,总喜欢将对方的手握了又握,以示感谢。德国商人不喜欢请客吃饭,但喜欢送礼,以表示友谊。德国商人喜欢赠送礼品给个人而不是公司。

无论公事还是私事,德国商人非常守时。在商业谈判和交往中忌讳迟到。对迟到者,德国商人会毫不掩饰他们的不信任和厌恶。

2) 重质量、讲效率,善讨价

德国商人具有极为认真负责的工作态度、高效率的工作程序。他们谈判果断,极注重计划性和节奏紧凑,他们在交易中不喜欢漫无边际地闲聊,一开始就一本正经地进入正题。他们办事雷厉风行,不喜欢对方"研究研究""考虑考虑"等拖拖拉拉的谈判语言和工作作风。

在谈判中,德国商人语气严肃,陈述和报价清楚明白;谈判建议具体、切实,以一种清晰、有序和有权威的方式加以表述。德国有些商人性格倔强、自负,缺乏灵活性和妥协性。

他们对买卖的产品质量要求很高,他们购买其他国家的产品,往往以本国产品作为衡量

标准。如果你要与德国人谈生意,务必要使他们相信你公司的产品质量可以满足德国人要求的标准。当然,他们也不会盲目轻信你的承诺,他们会通过各种途径观察你在洽谈中的表现,以确定你是否言而有信。如果你不能信守诺言,那么你就没希望取得大笔买卖的订单。

在价格上,德国商人很善于讨价,一旦他们决定购买,就要对你压价。他们很少让步,讨价还价的余地不大,他们强调交货期,要求对方必须严格遵守交货许诺以便和他们的生产计划相适应。

3)谈判风格认真缜密

德国商人思维缜密,很有系统性和逻辑性。考虑事情周到细致,有计划性,注重细枝末节,力争任何事都完美无缺。在谈判前,他们收集资料详细,准备十分周密。他们不仅要研究购买你的产品的问题而且还包括研究销售产品的公司,公司所处的大环境,公司的信誉、资金状况、管理状况、生产能力等。他们不喜欢与声誉不好的公司打交道。如果谈判对手事先准备不足或谈判中思维混乱,就会引起德国人的反感和不满。

4)重合同、守信用

德国人有"契约之民"的雅称,非常重视和尊重契约。在签订合同之前,他们将每个细节都谈判到,认真研究和推敲合同中的每一句话和各项具体条款,明确双方权利、义务后才签字。一旦达成协议,很少出现毁约行为。他们会一丝不苟地按照合同办事,诚实可信。同时,他们也严格要求对方,除非有特殊情况,否则绝不理会其贸易伙伴在交货和支付的方式及日期等方面提出的宽限请求或事后解释。他们强调交货期,要求对方必须严格遵守交货许诺;为了保护自己,他们甚至还要提出按照他们的要求确定交货期的优惠条件,若对方不能满足这一点,就要加上赔偿的条款。

【小贴士 10-5】 **与德国商人谈判时的注意事项**

德国人有"契约之民"的雅称。他们遵守合同,严守合同信用。因此,他们对合同条文研究得比较仔细,要求谈判协议上的每个字、每句话都十分准确。一般来说,订立合同之后他们绝对会履行,不论发生任何问题也绝不毁约。

德国人有很强的时间观念,如果你在谈判时迟到,那么德国人对你那种不信任的反感就会溢于言表。在签订合同之后,对交货日期或付款日期应严格遵守,任何要求宽延或变更的请求都不会被理睬。

在谈判的时间上,德国人一般不会选择晚上,因为他们认为晚上是家人团聚的时间,他们不会在晚上接受谈判邀请,也不会在晚上邀约别人谈判。

10.5.2 与德国商人谈判的技巧

1)注重称谓和送礼

德国商人的个人权力大,个性突出,因此与他们交往时,一定要突出其个人身份,见面要称呼职衔,尽量避免用"××先生"通称;商谈时要特别重视负责人的意见和行动;送礼时必须要关照某些权威人士或核心人物。故给德国商人送礼时,应直接送给个人而不是公司,若送给一个团体,礼物就等于白送了。要送具有文化内涵或具有民族特色的礼物,不要送自己企业的产品。

2)注重谈判的准备、人选及技巧

德国商人谈判风格的认真缜密,决定了我方谈判人员必须具有清醒的头脑,包括谈判前的准备、谈判中的利益之争、各种条款的商定以及最后的签约、违约条款的认可等,都要谨慎严格,应避免事后更改条款而出现不快。所选拔的谈判人员应是精兵强将,否则不能做到应付自如。

针对有些德国商人的性格缺乏灵活性和妥协性的特点,可在交谈中开门见山表明自己的观点,快速地把谈话内容直指要害,以在洽谈中争取主动,沿着我方思路延伸,这样效果应好一些。

德国商人不轻信任何贸易伙伴,为了取得对方的信赖,应经常向德国有关业务公司提供各种产品的信息资料,提供企业的业务咨询证明,邀请对方来我国考察,对出口产品做生产操作示范,这些都可大大提高我方的信誉度,从而加速谈判进程。

10.6　俄罗斯商人的谈判风格

【案例 10-6】　曾有一个俄罗斯代表团到中国洽商一个合资项目,生产方便面。由中方提供设备和人员培训,需中方投入 120 万元人民币,俄方以厂房、土地作价投资,共计 40 万元人民币。按国际惯例,对于双方合资项目,利润分成是按投资比例确定。但俄方坚持他们占 80%利润,中方占 20%利润,这种明显不合理的要求自然导致谈判破裂。为什么会这样,就是他们事先定的目标是获利 80%。尽管他们认为你的建议也有道理,但是要他们改变原来的打算是困难的,这是诸多谈判者与俄罗斯商人打交道的一致结论,缺乏灵活性。

10.6.1　俄罗斯商人的特点

1)热情好客、重感情

俄罗斯商人热情好客,注重个人之间的关系,愿意与熟人做生意。俄罗斯商人在陌生人面前比较保守,但对朋友,或是他们认为是朋友的人会亲密得多。他们的商业关系是建立在个人关系基础之上的。只有建立了个人关系,相互信任和忠诚,才会发展成为商业关系。他与你做生意时会表现得很诚恳,因此,如果想要与俄罗斯商人建立一种较为长久的合作关系,那么,就应该设法成为他们的朋友。没有个人关系,即使是一家优秀的外国公司进入俄罗斯市场,也很难维持其发展。一旦彼此熟悉,建立起友谊,俄罗斯商人就表现得非常豪爽、质朴、热情。他们健谈、灵活、大方、豪迈,长时间不停地敬酒,见面和离开都要握手。在俄罗斯,生意伙伴通常就成为好朋友,大家不只是一起做生意,也在一起消磨其他的时间,如吃饭喝酒、休闲娱乐等。他们把希望寄托在你身上,一旦希望落空,他们会觉得受了欺骗,这当然不能忍受。在俄罗斯,生意与友情是无法分开的。

2)谈判节奏松弛、决策缓慢

他们往往以谈判小组的形式出现,等级地位观念重,责任常常不太明确、具体。他们推崇集体成员的一致决策和决策过程的等级化。他们喜欢按计划办事,一旦对方的让步与其原定目标有差距,则难以达成协议。俄罗斯商人在谈判中经常要向领导汇报情况,因而谈判中决策与反馈的时间较长。但近几年,这种情况有所改变。

3)重合同,重技术细节

俄罗斯商人重视合同。一旦达成谈判协议,他们会按照协议的字面意义严格执行,同时,他们也很少接受对手变更合同条款的要求。在谈判中,他们对每个条款尤其是技术细节十分重视,他们特别重视谈判项目中的技术内容和索赔条款,并在合同中精确表示这些条款。所以,在与俄罗斯商人进行洽商时,要有充分的准备,注意要就产品的技术问题进行反复大量的磋商。

4)善于在价格上讨价还价

俄罗斯商人非常善于寻找合作与竞争的伙伴,也非常善于讨价还价。如果他们想要引进某个项目,首先要对外招标,引来数家竞争者,从而不慌不忙地进行选择。并采取各种离间手段,让争取合同的对手之间竞相压价,相互残杀,最后从中渔利。

俄罗斯商人在讨价还价上堪称行家里手。他们千方百计地要挤出你报价中的水分,达到他们认为理想的结果。俄罗斯人开低价常用的一个办法就是"我们第一次向你订货,希望你给个最优惠价,以后我们会长期向你订货""如果你们给我们以最低价格,我们会在其他方面予以补偿"等以引诱对方降低价格。

5)喜欢易货贸易

由于俄罗斯银行系统运作极不稳定和缺乏外汇,易货、赊销和记账贸易很流行。他们喜欢在外贸交易中采用易货贸易的形式。由于易货贸易的形式比较多,如转手贸易、补偿贸易、清算账户贸易等,贸易谈判活动就变得十分复杂。

10.6.2 与俄罗斯商人谈判的技巧

1)注重称谓

俄罗斯商人在与你初次见面时将会称呼你的商务头衔,你也应该以同样的方式称呼俄罗斯商人。如果你对商务名片的头衔有所怀疑,而直呼其名,这对俄罗斯商人来说是一种侮辱。

对俄罗斯商人勿称"同志"。在正式场合,俄罗斯商人的称谓习惯是点名道姓外加父称,虽然俄罗斯人名字的3个部分加起来较长,念起来也比较麻烦,但这种叫法却表示了尊重、尊敬。在官方场合,称谓已经完全西方化。

2)讲究交往技巧,建立良好关系

俄罗斯商人主要通过参加各种社会活动来建立关系,增进彼此的友谊。因此,要参加他们的一些活动,包括拜访、生日晚会、参观、聊天等。在与俄罗斯商人交往时,必须注重礼节,尊重民族习惯,对当地的风土民情表示出兴趣,多谈论他们自己津津乐道的他们国家的艺术、建筑、文学、戏剧、芭蕾等。只有这样,在谈判中才会赢得他们的好感、诚意与信任。在实际的交往中,你向俄罗斯商人表明你如何看重他、如何期望与他合作。那么,就容易使他们产生与你真诚合作的愿望。

要熟悉俄罗斯的国情和人文环境。和俄罗斯人做生意,一定要克制浮躁和急于求成的心态,保持耐心和恒心,充分展示自己的实力和诚意,才能赢得他们的信任,从而建立起长久合作关系,获得生意上的成功。要向俄罗斯商人表现自己的优势。优势可能是指产品质量优良,价格有竞争力,也可能是相关产品已在俄罗斯健康委员会(或其他类似的机构)注册过,这些可以形成卖点。如果你给他打折,那你就应该向他特别申明——这个折扣只是给你的,其他人不在此列,这样会使你的客户乐不可支。打折扣也有技巧,初期可以先给一点小折扣,合作久了,订货量大了,再给大一点的折扣。

3)注重有关礼仪

每年4~6月是俄罗斯人的度假季节,不宜进行商务活动。同时商务活动还应当尽量避开节假日。会见客户时要清楚地介绍自己,并把同伴介绍给对方。但要注意,俄罗斯商人一般在初次见面时是不轻易交换名片的。进入客户会客室后,要等对方招呼才能入座。吸烟应看当时的环境并征得主人同意才行,若是主人主动敬烟则另当别论。

在社交场合,一般以握手礼最为普遍。握手时应脱掉手套,站直或上体微前倾,保持一步左右距离。若是许多人同时互相握手,切忌形成十字交叉形。亲吻也是俄罗斯商人常用的重要礼节。在比较隆重的场合,男人要弯腰亲吻女子的右手背。

俄罗斯人非常重视人的仪表、举止。我们在和俄罗斯商人打交道时一定要注意自己的仪态。

俄罗斯人忌讳13,喜欢7。镜子在俄罗斯人看来是神圣的物品,打碎镜子就意味着灵魂被毁灭。俄罗斯境内的犹太人不吃猪肉,伊斯兰教徒则禁食猪肉和使用猪肉制品。

4)注意报价和技术细节以及索赔条款等问题

对俄罗斯商人的报价要在标准价格上加上一定的溢价(如15%),并说明这样做的理由是同其做生意承担的额外费用和风险。要避免价格陷阱,不要太实在,最好报个虚价,并咬牙坚持到底。

另外,为了能准确地阐述技术细节,在谈判中要配置技术方面的专家。同时要十分注意合同用语的精确性。对合同中的索赔条款也要十分慎重。

【小贴士 10-6】　　　　　与俄罗斯商人谈判时的注意事项

专家建议,对俄罗斯商人的报价策略有两种形式:第一种是报出你的标准价格,然后力争做最小的让步。你可以事先印好一份标准价格表,表上所有价格都包含适当的溢价,给以后的谈判留下余地。第二种策略是公开在你的标准价格上加上一定的溢价(如15%),并说明这样做的理由是同其做生意所承担的额外费用和风险。因为在该国政治体制不稳的环境中做生意的风险与费用是难以估量的。一般来讲,第二种策略要好些,因为如果在报价之初就定死一个价格,几个星期甚至数月后情况可能会发生很大变化。

10.7 日本商人的谈判风格

10.7.1 日本商人的特点

1)讲究礼节,注重身份,爱面子

日本商人在商务活动中,十分讲究礼节,稍有失礼,往往前功尽弃。只有在了解日本文化背景的基础上,理解并尊重他们的行为,才能获得日本商人的信任与好感。

日本商人最重视人的身份地位。日本商界对外商务活动有两条不成文的规定:第一,对方的商务活动人员(特别是负责人)应是男士;第二,要求对方派出的商务人员(主要指负责人)在年龄和职务上要与日方基本一致。在日方看来,如果他们自己派出一位职务较高、年龄也较大的人员,而对方派出的是年轻人,则认为对方不太重视本次商务活动或没有诚意,甚至还可能认为是对他们人格的不尊重。

与日本商人谈判,交换名片是一项绝不可少的仪式。在谈判中,你要向对方的每一个人递送名片,绝不能遗漏任何人。

日本人在商务谈判中说话态度婉转暧昧,从不直截了当地拒绝对方。日本人认为直接的表露是粗鲁的,断然拒绝会伤害对方的感情,或使他丢面子。因此,"哈依"便成为日本人的口头禅。尽管这个词在词典里的解释是"是",但实际上绝不是表示同意,它意味着"我在听着你说",但表面上却给人大有诚意之感,因而容易让人产生误会,错解其意。另外,当对方提出要求,日本人回答"我们将研究考虑时",它的真实含义是:他们知道了你的要求,但他们并不赞成或同意。他们之所以这样说,是为了避免使你陷入尴尬的境地。同样,日本人提出建议时也不直截了当,他们更多的是把你往他的方向引。

【案例 10-7】 美国一家医药公司准备与日本人谈一笔买卖,他们派出了一个他们认为是由"最精明强干的人"组成的小组去进行谈判。这个小组由一些头脑敏捷的 30 岁左右的年轻人组成,其中包括一名女士,结果他们访日三次,均遭挫折。在请教了有关专家后,他们在谈判小组中增补了一名已具有 25 年工龄、经验丰富的副总经理。结果再去日本,日本公司态度大变,双方开始了积极的会谈。原因是,在日本公司中的负责人,都是年龄较大、经验丰富的资深企业家,他们不相信美国公司派来的年轻人有什么实权。更主要的是,他们感到和"毛孩子"谈判有损他们的尊严,是对他们地位的贬低。

【案例 10-8】 纽约大学打算成立一家日本经济研究中心,大约需要 300 万美元基金,其中的 150 万美元想在日本筹集。于是他们派了一位很有名望的学者前来日本,拜会了首相和金融界的头面人物,结果得到了日本人"哈依""哈依"的回应。美国学者于是兴冲冲地回国了。当筹建工程开始实施后,日方却连一毛钱也没捐出来,愤怒的学者马上拜会了日本驻美大使,强烈指责日方的不讲信用。

2) 重视集体智慧, 强调集体决策

日商参加谈判的每个人都负有一定的决策权, 每个谈判者都有责任保证谈判成功, 很难说哪一个人重要与否, 所以应该重视日商参与商务活动的全体成员的表情和意见。同时, 日本商务谈判人员对于重要问题往往不能马上作出决策, 需在公司内部与所有有关人员进行彻底磋商后作出。这既是由日本的管理体制决定的, 也是由群体意识的影响造成的。因此, 日本商人在作决策时需要更多的时间。

3) 重视和谐的人际关系

日本商人在商谈过程中, 有相当一部分精力和时间是花在人际关系中, 他们不赞成也不习惯直接的、纯粹的商务活动。参加与日本人的交易谈判就像参加文化交流活动, 如果有人想开门见山直接进入商务问题而不愿展开人际交往, 那就会处处碰壁、欲速则不达。

日本人做生意更注重建立个人之间的人际关系, 要想在日本社会取得成功, 关键是看你能否成功地与日本人结交。在商务谈判中, 如果你赢得了日本人的信任, 那么, 合同条款的商议是次要的。日本人认为, 双方既然已经十分信任和了解, 一定会通力合作, 即使万一做不到合同所保证的, 也可以重新协商合同的条款。

合同在日本一向就被认为是人际关系的一种外在形式, 如果周围环境发生变化, 使得情况有害于公司利益, 那么合同的效力就会丧失。如果外商坚持合同中的惩罚条款, 或是不愿意放宽业已签订的合同的条款, 日本人就会感到极为不满。但如果根据情况的变化, 体谅他们的处境, 日本人也会忠诚地与你合作。

在与日本商人的合作中, 中间人是十分重要的。在谈判的初始阶段, 或是在面对面的讨论细则之前, 对谈判内容的确定往往都由中间人出面。中间人在沟通双方信息, 加强联系, 建立信任与友谊上都有着不可估量的作用。当外商在同从未打交道的日本企业洽商时, 最好的办法是找一个信誉较好的中间人, 这对谈判成功大有益处。

中间人既可以是企业、社团组织、皇族成员、知名人士, 也可以是银行、为企业提供服务的咨询组织等。日本公司是男性占统治地位的机构, 中间人的性别最好是男性, 身份、地位要同日方代表地位相等。如果地位相差较大, 不论高或低, 都可能造成紧张或尴尬的局面。一般来讲, 中间人应同中层管理人员接洽最为理想, 这主要是因为在日本公司, 决策的形成是从中下层开始, 逐级向上反馈, 而进行商贸谈判的决策也始于中层。另外, 中间人与日方的首次接触, 最好是以面谈的形式, 会面也最好在中立场所。

4) 谈判颇具耐心

日本商人在谈判中的耐心是举世闻名的。日本商人的决策缓慢, 准备充分, 考虑周全, 洽商有条不紊。为了一笔理想交易, 他们可以毫无怨言地等上2~3个月, 只要能达到他们预想的目标或取得更好的结果, 时间对于他们来讲不是第一位的。

另外, 日本商人具有耐心还与他们交易中注重个人友谊、相互信任有直接的联系。要建立友谊、信任就需要时间。所以, 与日本商人谈判, 缺乏耐心或急于求成, 都会输得一败涂地。

5) 精于讨价还价,寸利必争

他们精于讨价还价,并且笑容可掬,这种笑脸式的讨价还价往往会掩盖其寸利必争的真相。实际上,日商报价很高,一般是在成交价格的基础上加 20%~30%,甚至有时高达 50%。还价时杀价较狠,有时甚至会令人目瞪口呆。另外日商在讨价还价时对数字较为敏感,日本人认为奇数表示吉祥,但也忌用9,不太喜欢偶数,尤其是4。

日本商人非常刻苦耐劳,为达到谈判目标,能夜以继日地迅速形成文字,以使对方对有些问题能充分理解,以创造成功的机会。

6) 获取情报,不遗余力

日本商人认为,准确的情报能扩大业务;不准确的情报,会坐失良机。日本商社的工作人员都受过搜集情报的专门训练,每个驻外人员和临时出国人员都负有搜集情报的任务。

【案例 10-9】 中国香港人要从国外订购一条船,他们与欧洲人洽商时,欧洲人答应万一拖延交货,将赔偿 400 万美元;与日本人洽商时,日本人却说,不用写索赔条款,如果硬要写,愿意写上索赔整条船的价格都行。这使香港人大为震惊,最后,合同给了日本人。

【案例 10-10】 我国上海一家鞋厂与日本一企业成交了一笔布鞋生意。由于鞋运到时,错过了销售旺季,大量积压,日方提出退货。中方本可以拒绝对方的退货要求,但考虑到日方的困难,中方接受了退货,想法将这批货调到国内其他市场。此事被新闻媒体报道后,马上又有几家日本客户来函要与该厂合作,而原来做生意的日方企业则成为中方厂家在日本销售的总代理。

10.7.2　与日本商人谈判的技巧

1) 注重礼节和身份

我方商务谈判人员在交往之前,要搞清日方人员的身份,派去与对方年龄、性别、身份相对应的人员,以示对日本商人的尊重或对本次商务活动的重视。同时在与日方交往时必须彬彬有礼、举止有度。

2) 注重建立和谐的人际关系

我方在与日方商务谈判中,相当一部分精力和时间要用于搞好人际关系,如在谈判开始时先共同回顾双方的交往与友谊,或在谈判初期安排我方高层负责人拜访日本企业中同等地位的负责人。拜访中一般不谈重要事项,也不涉及实质性问题,这样可以促使日本企业重视与我方的交易关系,也可以邀请对方来中国参观游览。不要直接指责日本人,不要直截了当地拒绝日本人,不要当众提出令日本人难堪或他们不愿回答的问题。较好的方法是把你的建议间接地、婉转地表示出来,或通过中间人去交涉令人不快的问题。

3) 我方报价及商谈事宜时要留有较大的余地

"打折扣吃小亏,拉高价占大便宜"是日本商人商务谈判的典型特征之一。我方谈判人

员绝不可以"折扣率"为谈判标准,应坚持"看货论价",要善于比价,善于解析成本。对于双方共同磋商所达成的协议,我方应保持审视态度,警惕协议条款中的某些微小变化,以免使我方吃亏,某些文字、用词的细微变化将使其结果与原意差之千里。

【案例 10-11】 天津棉纺六厂从日本引进设备,各种条款达成一致。我方把协议拿回才发现,原来所谈的是以 CFR(成本+运费)价格成交,而实际写成 CIF(成本+保险费+运费)成交,一字之差,使我方多负担一笔保险费用。

4) 不要泄露情报

面对日商遍布世界的情报网,我方必须进行严格地筛选才能提供信息,切忌泄露商业机密而造成重大的经济损失。

【案例 10-12】 　　　　　　某化肥厂的教训

某化肥厂从日本引进一套化肥设备,合同中有这样一条:"××管线采用不锈钢材料。"没有具体指明管线应包括阀门、弯管、接头等。

结果,在合同履行中,日方认为管线只指管子,我方则认为包括其他。但由于合同没写明,也无从交涉,只能吃哑巴亏。

5) 会谈的地点尽量选在本国

日本商人时间观念强而决策缓慢,在本国谈判,可避免等候时间过长而影响工作。若会谈在日本,不要有期限的压力,可利用日本商人决策期间,去进行参观、学习、访问等,待他们意见成熟后再回到谈判桌上来。

6) 要十分注意送礼方面的问题

送礼是日本社会最常见的现象。日本的税法鼓励人们在赠送各种礼品方面的开支。日本人在送礼上很慷慨。送礼时要注意根据日方职位的高低,确定礼品价值的大小。如果总裁收到的礼物和副总裁的价值相等,那么前者会感到受到污辱,后者也会觉得尴尬。此外,送礼的标志也十分重要。对特殊或重要人物,最好送带有特殊标记的礼品,一般可酌情选择具有民族特色的纪念品等。

【小贴士 10-7】 如果日方首先向我方递上名片,切记不要急急忙忙马上塞到兜里或有其他不恭敬的表示。日本人十分看重面子,最好把名片拿在手中,反复仔细确认对方名字、公司名称、电话、地址,既显示了你对对方的尊重,又记住了主要内容,显得从容不迫。如果收到对方名片,又很快忘记了对方的姓名,这是十分不礼貌的,会令对方不快。同时,在传递名片时,一般是职位高的、年长的先出示。另外,很随意地交换名片,日本人也认为是一种失礼。

维护颜面,是日本人最普遍的心理。在日本,最畅销的香皂是"颜"牌,"颜"即指人的脸面,当然,无人敢指责这种产品。

10.8 韩国商人的谈判风格

10.8.1 韩国商人的特点

1）重咨询

韩国商人对贸易谈判是相当重视的。尤其重视商务谈判前的准备工作。不对对方有一定的了解，他们是不会与对方坐在同一谈判桌前的。这种了解包括对方的经营项目、资金、规模、经营作风以及有关商品的行情等，而这种咨询了解一般是通过国内外的有关咨询机构来进行。

2）重气氛

韩国商人尤其重视谈判地点的选择。他们比较喜欢将谈判地点安排在有名气的酒店、饭店。如果地点是他们选择的，他们一定会按时到达，如果地点是对方选择的，他们往往会推迟一会儿到达。一般主谈，即"拍板者"总是走在最前面。初谈阶段，他们做的第一件事，就是获得对方的好感，创造一个和谐信赖的气氛，然后才开始谈判。他们会热情地招呼，向对方介绍自己，就天气、旅游等进行寒暄。

3）重技巧

韩国商人逻辑性较强，做事喜欢条理化，谈判也不例外。尤其是较大型的谈判，往往是开门见山，直奔主题。谈判的方法很多，而韩国商人则喜欢用下面两种：横向谈判法和纵向谈判法。有时也把这两种方法结合起来使用。同时，谈判中，韩国商人较爽快，非常善于讨价还价，他们的让步往往是以退为进。

4）重策略

在谈判过程中，韩国商人善于使用各种谈判策略去赢得谈判胜利。如把中国古代军事思想运用到现代的谈判桌上，总是用不太主要的问题去佯攻，模糊掩盖他们的主要目标，对方一不留神，就会让韩国商人钻了空子。谈判中，韩国商人惯于用"苦肉计"，率先忍让去迷惑对方，达到自己的最终目的。

10.8.2 与韩国商人谈判的技巧

1）尊重对方的面子

韩国商人懂礼貌、有修养，面子观念也极强。所以在与他们的交往过程中，无论发生什么情况，都要注意不使他们当场丢面子。不仅如此，在许多场合，你还应恰如其分地赞美他们国家的一些优越之处,诸如经济发展的迅速、国民生活的富足、社会秩序的稳定等。而这样做的结果,往往是事半功倍。

2)愉快地接受宴请并适当地予以答谢

在韩国经商之余,韩国商人往往会邀请你共进午餐或是晚餐,这时无论时间多紧,你都应愉快地接受邀请。席间,你还应了解到韩国人一般都较爱喝酒,因此在韩国能多喝酒,往往也能加速商业事务的成功。当然,宴请之后,你也应在适当的时间予以答谢。答谢的方式,或是设宴,或者赠送小礼物,或是邀请他们打高尔夫球。

3)建立良好的个人关系

在韩国,法律文件不如私人关系重要。韩国人愿意把合同订得很细,并保持有足够的灵活性,以适应情况的变化。对韩国商人而言,重要的是签订合同的人,而不是合同本身。双方虽说签订了合同,但韩国商人看重的不是合同本身,而是合同本身所包含的相互间的良好的个人关系。因此,在商务交往中,发展和促进与韩国商人建立在互惠互利、相互信任基础上的良好关系十分重要。只要我们抓住了他们重友情的这个特点,生意就不难做成。

4)经常赠送商业名片

小小一张名片,在韩国人的眼里意义却很大。因为从名片中,他们会得知你的权力以及你所承担的责任,一个韩国商人如果知道他要会见的人在公司职位与他在本公司的职位相当,会很高兴。因此,交换名片在相互介绍的过程中起着十分重要的作用。

5)选择合适的中间人

韩国商人不喜欢别人毛遂自荐,也不喜欢与陌生人打交道。因此,商务交往中,寻找一位合适的中间人便显得很有必要,因为这比直接联系或贸然访问要好。另外,在选择中间人这一点上也需慎重。如果这位中间人稳重、谦和且又深受对方敬重的话,那么韩国商人往往就会爱屋及乌,与你做生意时,他们便会很有诚意。

6)耐心及合作的谈判方式

韩国商人有耐心、讲信誉,对敏感与细节问题考虑良久,并喜欢集体作出决定。因此,在与韩国商人的交往过程中,谈判桌上一定要有耐心,但要坚定,并尽可能显示出尊严。谈判方式特别重要,争吵、相互对立不合他们的口味。谈判应采取合作态度,给他们足够的决策时间。过分地抬高与表现自己,往往会弄巧成拙、鸡飞蛋打。

韩国商人的英语水平不高,因此,商业交往中,我们应尽量化解语言上的障碍。条件许可的话,会谈后,双方可以回过头来,重新复议一下会谈条款,这样往往也会加速商务会谈的成功。

【小贴士10-8】　韩国人一般用双手接礼物,但不会当着客人的面打开。不宜送外国香烟给韩国友人。酒是送韩国男人最好的礼品,但不能送酒给妇女,除非你说清楚这酒是送给她丈夫的。在赠送韩国人礼品时应注意,韩国男性多喜欢名牌纺织品、领带、打火机、电动剃须刀等。女性喜欢化妆品、提包、手套、围巾之类物品和厨房里用的调料。孩子则喜欢食品。如果送钱,应放在信封内。

韩国人以其文化悠久为荣。进入他们的住处或饭店须脱鞋,相处时,宜少谈当地政治,多谈韩国文化艺术。

韩国人用餐工具之一同中国一样是筷子,但你会发现其筷子一般是铁质的而且又扁又尖。主要是因为韩国人偏爱肉食,这种筷子方便插食。韩国人口味偏清淡,不喜油腻,但特别喜欢辣味菜肴。

韩国人的民族自尊心很强,他们强调所谓"身土不二",反对崇洋媚外,倡导使用国货。在韩国,一身外国名牌的人,往往会被韩国人看不起。向韩国人赠送礼品时,最好选黄褐色。

10.9　印度商人的谈判风格

印度是一个古老的国度,印度商人做生意讲究平和,自我约束。他们不会因为做生意把人与人的关系弄的剑拔弩张。他们善于以静制动,后发制人。在宗教的影响下,印度商人的生活节俭而朴素。但是欠账也成为他们做生意的习惯。

印度商人观念传统、思想保守。印度的企业家,包括技术人员在内,一般不愿把自己掌握的技术和知识教给别人。在商务谈判中往往不愿作出负责任的决定,遇到问题时也常常喜欢找借口逃避责任。在工作中出现失误受到指责时,他们会不厌其烦地重复解释,狡辩到底。所以,与他们做交易,要能够拉下面子,先小人后君子。合同条款规定务必要严密细致,力求消除日后纠纷的隐患。印度商人疑心很重,要在商务往来中建立相互信任需要很长时间,而且无论如何做都无法亲密到推心置腹的地步。在没有利害关系时,他们还是比较容易合作的;然而一旦发生利害冲突,他们就会判若两人,层层设防、处处猜疑。印度社会层次分明、等级森严,与他们打交道时要注意这一点。

印度的税收很高,逃税情况相当严重而普遍。因此对印度公司进行资信调查十分困难,调查报告所列数据的真实性也不易分辨。所以,同印度商人进行商务往来之前,最好先委托我国驻外机构帮助调查,或亲自进行调查,以免受骗上当。

在印度进行商务交往时,务必尊重其民族习俗和宗教习俗。比如切忌用左手传递东西给印度人,不要在斋月期间请穆斯林客户吃饭。

【案例 10-13】　　　　　　　　中印贸易

卖方:中国 SX 五矿进出口公司(中国较大的经营冶炼、铸造用焦炭产品的生产和出口商)

买方:印度 TT 贸易有限公司(印度著名的焦炭采购商之一)

印度 TT 贸易有限公司(以下简称印度 TT 公司)为改善高品质焦炭货源供给,通过多种渠道获得了中国 SX 五矿进出口公司(以下简称中国 SX 公司)的资料,并通过函电表达了愿意与中国 SX 公司就冶金焦、铸造焦、增碳剂等冶金用炉料展开长期贸易合作的意向。中国

SX 公司也正好有扩大海外市场的想法,于是邀请印度 TT 公司的贸易代表来华进行实质性的谈判。

卖方中国 SX 公司按照买方印度 TT 公司的要求,对以一级冶金焦为主的,包括其他 3 个铸造焦、增碳剂产品在内的一揽子长期交易进行报价,其中一级冶金焦报价为:中国主要港口离岸价,565 美元/吨。印度 TT 公司认为该报价高于市场行情,要求中国 SX 公司再次核算,重新报价。中国 SX 公司当然不会轻易改变初始报价,他们针对印度 TT 公司的价格评价给出了详细的价格解释。但印度 TT 公司依旧坚持己方意见。

请根据资料背景,模拟中印双方价格谈判进入细节性的磋商阶段。

【小贴士 10-9】　　　　　　印度商人的特点

守口如瓶,好生猜疑;喜欢强辩,工作效率不高,不愿作出责任性的决定。

注意:向其出口时应避免在目的地交货,向其进口时应避免在内陆交货。印度出口手续冗繁,税费较重。

10.10　澳大利亚商人的谈判风格

【小贴士 10-10】　　　　　　澳大利亚商人的特点

谈判中,澳方派出的谈判人员一定都是具有决定权的人。

澳大利亚人的成见很深,谈判人员必须给他们留下良好的第一印象,才能使谈判顺利进行。

澳大利亚商人追求享乐,他们经商的信条就是赚钱为了享受。因此,与他们进行商务谈判时,应多安排一些娱乐或享受型的活动。

他们时间观念强,对约会讲究信义,因此,我方人员务必准时赴约,切忌迟到。

以平等的身份参与竞争是澳大利亚商人的一个鲜明作风。因此,与他们做生意时,应注重平等交往,并对每个人都一视同仁,不能分等级。与澳大利亚商人交谈时,切忌说"自谦"的客套话,他们认为这是虚伪、无能或瞧不起自己的表现。

澳大利亚商人成见很深。与他们打交道,给他们的第一印象必须良好。切忌对他们国内事务发表评论,即使是善意的评论也不要说。

澳大利亚商人重视办事效率。谈判中他们派出的谈判人员都具有决定权。因此,对方派出的人员也应同样具有决定权,否则他们便会很不乐意。

澳大利亚客户极不愿意把时间浪费在不能作决定的空谈上,而且在进行价格谈判时不喜欢对方报高价,然后再慢慢地减。所以他们采购货物,大多采用招标的方式,根本不予讨价还价的机会。因此,必须以最低价格议价。

由于母国国籍不同,澳大利亚商人之间存在不同的谈判风格。例如,如果和英裔商人进餐时提起生意,他们会不予理睬;与美裔商人就可以边吃边谈生意,而且还会谈得很起劲。因此我方人员应尽量有针对性地开展商务洽谈活动。

10.11 中国商人的谈判风格

10.11.1 中国内地商人的谈判风格

1) 以礼相待

与中国内地商人谈判,无论其年纪大小,均要注意礼节。在商务谈判中,中国内地商人常给对方留面子,很少直截了当地拒绝对方的建议。同时他们也需要对方给自己面子,如果你能帮助他们得到面子,你就会得到许多;反之,任何当众侮辱或轻蔑,即使是无意的,仍会造成很大损失。备好自己的名片是聪明的做法。通过名片的交换,可以了解到双方各自的等级地位,以便注意相应的礼节。

2) 先礼后兵

中国内地商人在以礼相待之时,也会考虑使用强硬手法,尤其是在被逼之时。因此,在谈判的论述之中,在各种条件的进退之中,绝不可让他们感到"以势压人""过于利用优势"。这种感觉只会给谈判带来灾难。过分的言行会伤害自尊心,过分的表现得到的会是"报复"。所以,即使某些分歧非说不可,不妨先打个招呼,使对方有个心理准备。只有先创造良好的谈判气氛,做事恰如其分,对方才会平心静气地认真考虑你的条件。

3) 重视人际关系

【小贴士 10-11】 中国内地商务谈判的八大要素
①关系
②中间人
③社会等级
④关系融洽
⑤整体观念
⑥节俭
⑦面子
⑧吃苦耐劳

中国内地商人十分注重人际关系。在谈判时,他们常常要求在主场进行谈判,以控制议事日程、掌握谈判步调,并在此过程中仔细观察对方,让客人相信他们的诚意,期待着建立起信任和友谊。在中国内地,建立关系是寻求信任和安全感的一种表现。在商业领域和社会交往的各个环节,都渗透着"关系"。"关系"成为人们所依赖的与他人、与社会进行沟通联系的一个重要渠道。在商务交往中建立业务关系,一般情况下,应该借助于一定的中介,找到具有决策权的主管人员。建立关系之后,中国内地商人往往通过一些社交活动来达到相互的沟通与理解。这些活动通常有宴请、观光、购物等。

4) 时间观念不强

中国内地商人对时间的流逝并不十分敏感。人们喜欢有条不紊、按部就班。在商务交往中,对时机的判断直接影响到交易行为。信奉欲速则不达、防止拔苗助长、急躁妄为。如果时机不成熟,他们宁可按兵不动,也不草率行事。随着市场经济的确立和深入,中国内地商人的时间观念正在逐渐加强,工作效率也在不断提高。

5) 比较含蓄,不喜欢直截了当地表明态度

在商务谈判中,他们不喜欢直接、强硬的交流方式,对对方提出的要求常常采取含糊其辞、模棱两可的方法作答,或利用反问把重点转移。例如,在谈判初始阶段,中国内地商人很少提出自己对产品的要求和建议。他们总是要求对方介绍产品的性能,认真倾听对方关于交易的想法、观点和建议。在谈判中,他们常有技术专家参与进来,用竞争者的产品特点来探求对方产品、技术方面的资料。谈判时,若对方提出的问题、条件超出自己的决定权限或自己难以回答,他们常常把这些问题置于腹中,待向上级请示或大家回去讨论后有了确切把握,才予以答复。所以,面对中国内地商人,一时难以抓住他们的真实想法时,千万要沉住气,不必过早地表白自己,更不必在没有摸清对手意向的情况下,盲目改变自己的谈判立场。

6) 对问题的原则性和灵活性把握得很有分寸

当谈判进入实质性阶段,中国内地商人往往会要求首先以意向书的形式达成一个原则框架,然后才洽谈具体细节。中国内地商人在原则问题上寸步不让,表现得非常固执。谈判中如果发现原则框架中的某条原则受到了挑战,或谈判内容不符合长期目标,或提出的建议与计划不合适,中国内地商人的态度就严肃起来并表现出不屈不挠的决心。同时,在具体事务上,他们则表现出极大的灵活性。

10.11.2 中国香港、台湾、澳门地区商人的谈判风格

【小贴士 10-12】 港澳台地区商人的特点

港澳台地区有一个共同特点,就是商业气氛浓厚。其商人谈判的特点和内地相比,最大的区别是前者显得更老练,信息量更大,利益追求更迫切。因此,在和他们谈判时要对信息进行充分准备,包括解决问题的具体方案。

中国香港、台湾、澳门地区因其文化源于中国,同时又深受西方各国文化的影响,因此香港、台湾、澳门商人的意识观念与内地大相径庭。一方面他们具有中国人的一般特性:崇尚古老文明;讲究关系、等级;重人情、重面子;勤奋、智慧。另一方面,他们的商业性极强,一切"钱"字当头。他们在商业交易中,善于与对方拉关系、套近乎;也擅长施用小恩小惠作诱饵取大利。他们报价灵活,水分很大。如果他们想成交,报价常常一降再降给对方造成错觉,使对方感到他们已作了最大让步,其实成交价往往仍高于基本价。因此,与他们谈判前,应充分了解产品的市场行情。他们做交易时,惯于放长线、钓大鱼,常常表示愿赠送一些设备如复印机、电子音响、汽车和其他个人礼品,或表示愿提供无息贷款或提供考察费用等,以博取利益加在货价上。在香港,通常是特定的人,才有决定权。一些企业的老板并不亲自出

马,而由代理人出面,最后经老板拍板后才能成交。与港商打交道,人与人之间的关系常常重于公司对公司的关系。

港澳地区公司、企业多如牛毛,其中有实力的较少,很多都是中、小资本,其中不乏皮包公司,因此要注意作好资信调查,谨防上当受骗。另外,他们一般较注重眼前利益,缺少长远打算,一旦行情变化,他们就会想方设法钻合同的漏洞。为确保合同能切实地履行,与港澳商人谈判时需认真仔细地制定合同中每一项条款,确保合同能得到确实的执行。

10.12 阿拉伯商人的谈判风格

10.12.1 阿拉伯商人的谈判风格

1)十分好客

在阿拉伯,任何人来访,不管自己当时在干什么都一律停下来热情招待,否则,会被认为是不礼貌的。因此,谈判过程也常常被一些突然来访的客人打断,主人可能会抛下你,与新来的人谈天说地,等这些人走后再继续谈。所以,你必须适应这种风俗习惯,不能急躁,学会忍耐和见机行事,学会在洽谈的时候创造新的成交机会,这是达成交易的关键。

2)注重以诚实创立自己的信誉

【案例10-14】 中国某公司出国与阿拉伯某公司谈判出口纺织品的合同。中方给阿方提供了报价条件,阿方说需要研究,约定次日早9:30到饭店咖啡厅谈判。

9:20,中方小组到了阿方指定的饭店,等到10点钟还未见到阿方人影,咖啡已喝了好几杯。这时有人建议:"走吧!"有人抱怨:"太过分了。"组长讲:"既按约到此,就等下去吧。"一直等到10:30,阿方人员才来,一见中方人员就高兴地握手致敬,但未讲一句道歉的话。

在咖啡厅双方谈了一个小时,阿方要求中方降价。中方组长让翻译告诉对方:"我们按约定9:20来此地,已等了一个小时,桌上咖啡杯的数量可以作证,说明诚心与对方做生意,价不虚(尽管有余地)。"对方笑了笑说:"我昨晚睡得太晚了,谈判条件仍难以接受。"中方建议认真考虑后再谈。阿方沉思了一下,提出下午3:30到他家来谈。

下午3:30中方小组准时到他家,并带了几件高档丝绸衣料作礼品。在轻松愉快的气氛中,中方人员将新的价格条件告诉对方。对方高兴地说:"中方说研究,就拿出了新方案。"于是,他也顺口说出了自己的条件。中方一听该条件虽与自己的新方案仍有距离,但已进入成交线。

翻译看着组长,组长很自然地说:"贵方也很讲信用,研究了新方案,但看来双方还有差距,怎么办呢? 我有个建议,既然来了您的家,我们也不好意思只让你们让步,我们双方一起让步如何?"

阿方看了中方组长一眼,讲:"可以考虑,但价格外的其他条件呢?"

中方："我们可以先清理，再谈价。"于是双方又把产品的规格、交货期、文本等核了一遍，确认、廓清、订正。

阿方说："好吧，我们折中让步吧，将刚才贵方的价与我方的价进行折中后成交。"

中方说："贵方的折中是个很好的建议，不过该条件对我方还是过高。我建议将我方刚才的价与贵方同意折中的价进行折中，以此价成交。"

阿方大笑，说："贵方真能讨价还价，看在贵方等我一个小时的诚意上，我们成交吧！"

资料来源：刘文广，张晓明.商务谈判[M].2版.北京：高等教育出版社，2009。有删改。

他们崇尚"和谐重于争斗"的商业观念，注重大家族的团结。诚实是伊斯兰教信仰的基石，是阿拉伯商人奉行的最重要的信条。他们认为赚钱要讲道德。

3）时间观念差

他们约会经常迟到，谈判中会出现随意中断或拖延谈判的现象，决策过程也较长。但阿拉伯商人决策时间长，不能归结于他们拖拉和无效率。这种拖延也可能表明他们对你的建议有不满之处，而且尽管他们暗示了哪些地方令他们不满，你却没有捕捉到这些信号，也没有作出积极的反应。这时，他们并不当着你的面说"不"字，而是根本不作任何决定，他们希望时间能帮助他们达到目的，否则就让谈判的事在置之不理中自然地告吹。

4）注重感情投资，善于交际

他们善于用友情创造利润，不喜欢一见面就谈生意。在访问客户时，第一、第二次会面绝不可以谈生意，他们认为这样做会有失身份。第三次可以稍微提出一下，再访问一两次后，方可进入商谈。因此，与阿拉伯商人打交道，必须先取得他们的信任与好感，建立起朋友关系，创造谈判气氛，下一步交易才会进展顺利。

5）不喜欢同人面对面地争执

阿拉伯商人不喜欢同外国人面对面地对峙和争吵。对外商的失误，他们可以表现得宽宏大量。他们虽然不喜欢同人面对面地争吵，却有自己的一套委婉拒绝别人的办法，这就是IBM。"I"是"因谢拉"，意为"神的意志"；"B"是"布克拉"，意为"明天"；"M"是"迈利西"，意为"不介意"。这是阿拉伯人在交易谈判中保护自己、抵挡对方的一种有力武器。如果阿拉伯人想取消与你的合同，便凭借"神的意志"，你也无可奈何；如果交易气氛对你有利，他要借口"明天"再谈；如果你为他的上述行为不愉快或恼怒的时候，他会轻松地拍着你的肩膀说："不要介意。"

6）习惯讨价还价

他们认为没有讨价还价就不是"严肃的谈判"，他们认为精于讨价还价者是行家。因此他们以能胜于行家而骄傲，否则会采取不屑一顾的态度。如阿拉伯商人对与他讨价还价的人会认真看待，价格与说明会像连珠炮似地甩出，即便未成，一耸肩、双手一摊表示无力做到；对只浏览不理睬他的顾客，他会在对方转身后做个怪异的表情以示不屑一顾。

10.12.2　与阿拉伯商人谈判的技巧

1）谈判人员中应有回族或懂伊斯兰教教义又会说阿拉伯语的人

针对阿拉伯商人重信誉、种族观念强等特点，我们在谈判人员中应该选派回族或懂伊斯兰教教义又会说阿拉伯语的人。彼此同宗同族会增加信任感，也易于创造沟通条件，了解对方意图，摸清对方底牌。与他们交往时要有针对性地采取各种沟通形式和他们做知心朋友，这样就能为谈判扫除障碍，因为他们非常珍惜友谊。

2）让阿拉伯人决定开始谈判的时间

阿拉伯商人认为一见面就谈生意有失身份。利用这一特点，可让阿拉伯商人自己决定何时开始谈正事；非但如此，会谈结束后要对他们的慷慨好客表示热情的谢意。如果还准备进一步交往，可以礼貌地询问："能否改天再来拜访？"对此，他当然不会拒绝，这就可继续再做努力。交谈中如果对方问你为何远道而来，切莫说："我来给您提供一个发财致富的绝妙机会，您愿意做我公司的代理商吗？"聪明的做法是，表明你需要他的帮助以便做成生意。因为，他们自认为阔绰有余，无须再富，并且讨厌你说他有意发财。

3）要选择好约会的场所

如果约会的地点在对方国家，可主动要求到公共场所，以防亲朋好友的突然拜访而中断谈话；其次，即便遇到中途有客人来访，也不要表示出急躁情绪，积极的做法是要事前采取相应的对策，或善于在短期内恢复中断的会谈气氛，把握住会谈的主题，以弥补失去的时间。

4）避免派女性谈判

由于阿拉伯社会宗教与封建意识的影响，妇女一般不在公共场合露面。因此，应当避免派女性去阿拉伯国家谈生意，而且男士到阿拉伯国家谈生意时也不要涉及妇女问题。不要问候对方的女眷。

5）注意阿拉伯人的禁忌

阿拉伯人信奉伊斯兰教，禁忌特别多。如酒是绝对不能饮的，因此，酒也不能作为礼品赠送。遇到斋月，阿拉伯人在太阳落山之前既不吃也不喝。你也要做到入乡随俗，尽量避免接触食物和菜，如果主人没把这些放在待客的房间里，你也要表示理解并尊重他们的习俗。他们认为左手是不洁净的，注意不要用左手接递食物、吃饭、喝茶，也不要用来递赠名片和触摸人。不要用脚掌对着他们，他们认为这是一种侮辱人的动作。可给其孩子送礼物，但不要给其妻子送礼物。他们不喜欢印有动物图案的东西，不喜欢黄色和红色，喜欢绿色。中东是一个敏感的政治冲突地区，在谈生意时，要尽量避免涉及政治问题。

【小贴士 10-13】　①如果是初次与阿拉伯人做生意，请找一名代理人。联系很重要，你的代理人会把你介绍给合适的人，节约许多时间。

②要建立起一种信心和信任。价格应该予以讨论，就像是朋友之间的事情一样，在任何

时候都要保持相互尊敬。阿拉伯谈判者把谈判看作在与"人"而不是与"公司"或"契约"做生意。

③要不断地走访以建立起友谊。通过电话或书面通信的方式做生意可能是徒劳的。

④把你的建议译成阿拉伯文。即使你的对方会讲流利的英语,但他的一些随员可能不会讲。

⑤要有耐心。在谈判期间,不要强迫对方立即作出肯定或否定的回答,要允许其有考虑的时间。

⑥在讨价还价时,通常以高报价开始,然后进行一系列例行公事式的让步。大肆讨价还价的办法不是很奏效。

6) 找好阿拉伯代理商

阿拉伯国家的各国政府都坚持要通过本地代理商做生意。无论外商同阿拉伯国家的私营企业谈判,还是同政府部门谈判,都必须经过代理商。这些代理商要操着纯正的阿拉伯语,有着广泛的社会关系网,熟悉民风国情,特别是同你所要洽商的企业有着直接或间接的联系。阿拉伯商人做生意特别重视朋友的关系,有中间商从中斡旋,可大大加快贸易进程。没有一个得力的阿拉伯代理商,你就做不成长久生意,尤其是大宗交易。代理商不但可以帮你从政府争来赚钱的项目,还可以为实施项目铺平道路;此外,还为你疏通关节,使你加速通过冗杂的文牍壁垒,解决劳工、材料、运输、仓储、膳宿以及贷款等一系列问题。

7) 尊重阿拉伯人的宗教信仰

在任何场合都要得体地表示你对当地人宗教的尊重与理解。阿拉伯商人的生活深受伊斯兰教影响,他们希望与自己洽谈的外商对伊斯兰教及其历史有所了解,并对伊斯兰教在现代社会中的存在和表现表示出尊重。他们非常反感别人用贬损和开玩笑的口气谈论他们的信仰和习惯、嘲弄他们在生活中的不寻常的举动。

阿拉伯商人涉及国家较多,虽然他们有不少共同之处,但在这些国家和民族之间也还存在不少差异。所以,在进行谈判前,必须针对具体的国家和民族再作进一步的考查和了解。

本章小结

本章从全世界选择了 10 多个有代表性的国家、地区,分别介绍了它们的商人的谈判风格,以及在这些国家或地区进行谈判时需要注意的事项、禁忌和应掌握的原则。但是由于不同的谈判者具有不同的个人经历、文化程度,即使是同一个国家的商人也可能具有一些个体差异。因此,在实际谈判中必须灵活运用,绝不能机械地照搬。

复习思考题

1.去各国进行商务谈判应遵循哪些行为准则?

2.不同国家和地区的商务谈判具有哪些特点和风格？

3.中西方商务谈判风格有何特点与不同？

4.在异国文化背景的谈判中,谈判双方关系的融洽主要取决于什么？

实 训 题

一、判断题

1.与美国人谈判,如果美国谈判者提出的条款、意见是无法接受的,应装出有意接受的样子而含糊作答。 (   )

2.英国人素有"契约之民"的雅称,他们崇尚契约,严守信用,权利与义务的意识很强。
(   )

3.在谈判中,如果法国人的英语讲得很好,他会坚持用英语进行谈判。 (   )

二、单项选择题

1.关于美国商人谈判风格的说法中,错误的是(   )。

　A.有着与生俱来的自信和优越感　　　　B.办事干脆利落,不兜圈子

　C.重视效率,喜欢速战速决　　　　　　D.婉转圆滑,不轻易说"不"

2.关于加拿大商人谈判风格的说法中,错误的是(   )。

　A.英国裔商人同法国裔商人在谈判风格上差异不大

　B.英国裔商人在谈判时相当严谨

　C.英国裔商人在执行合同时很少违约

　D.法国裔商人在谈判涉及实质问题时讲话慢吞吞,难以捉摸

3.同英国商人交谈时,较安全的话题是(   )。

　A.爱尔兰的前途　　　　　　　　　　　B.旅游

　C.大英帝国崩溃的原因　　　　　　　　D.英国的继承制度

4.日本人在谈判中往往不断点头并说"哈依",这常常是告诉对方他们(   )。

　A.在注意听　　B.表示同意　　C.表示不同意　　D.表示高兴

三、多项选择题

1.同阿拉伯商人交谈时应注意(   )。

　A.不要涉及中东政治　　　　　　　　　B.不要谈论国际石油政策

　C.不要谈论宗教上的敏感问题　　　　　D.不要谈论女性

2.下列关于德国商人谈判风格的说法中,正确的有(   )。

　A.谈判前准备得十分充足周到　　　　　B.不讲究效率

　C.自信而固执　　　　　　　　　　　　D.非常守时

四、问答题

1.你和当地一位重要的阿拉伯代理商会面,在花了几个小时进行社交活动和喝咖啡后,还没有论及任何生意问题,你急着要讨论你的建议,你该怎么办？

2.某日本商社邀请你们到东京商谈订购农产品事宜。当你抵达机场时,该商社社长率手下的公关部科长已在迎候你们。在送你们前往饭店的途中,该社长交代其科长为你们安排回程机票的订位事宜,并热情要求你们将机票交给该科长,一切由他代为办理。在这种情况下你该怎么办?

五、实际操作题

中方某出口公司于 2006 年 5、6、7 月份向叙利亚 B 公司出口菠萝罐头 900 箱。其中,最后一批 300 箱菠萝罐头到拉塔基亚港后,其中的 60%渗漏受损,经叙利亚卫生检验局检验后认为这批货已不适宜人类食用。叙利亚方认为损坏是在中国的起运港造成的,并且持有叙利亚卫生检验局的检验结果报告。B 公司的谈判代表是纳赛尔(Nasser),你是中方某出口公司的销售经理,是这次索赔谈判的中方主谈人。纳赛尔的索赔要求由一开始的损失货物货款的 50%,逐渐降低;在确认损失是由中方起运港造成后,你的报价是赔偿损失货物货款的 30%,最后,双方在 40%的赔偿比例上达成一致。请你与同学分别扮演谈判的双方,完成此次索赔谈判。

要求:

(1)尽可能模仿谈判氛围;

(2)注意阿拉伯人在谈判中的风格的体验(阿方扮演者应尽量展示出阿方的谈判特点);

(3)将本题中的外方改为美商、日商、德商、法商进行练习,要求同(1)、(2)。

案　例

【10-1】　生产办公机器工厂的副总裁吉拉德突然中风,英国总公司第二天派了一位高级主管凯丝琳,直飞利雅得接替他的职务。凯丝琳到沙特阿拉伯还身兼另一个重要任务,就是要介绍公司的一项新产品——微电脑与文字处理机,该产品准备在当地制造行销。凯丝琳赶到利雅得,正赶上当地的"斋月",接待她的贝格先生是沙特国籍的高级主管,一位年约 50 多岁的传统生意人。虽然正值斋月,他还是尽地主之谊,请凯丝琳到他家为她洗尘。因时间急迫,她一下飞机就直接赴约,当时饥肠辘辘,心想在飞机上没吃东西,等一会儿到了贝格先生家再好好地吃一顿。

见面之后一切还好,虽然是在"斋月",贝格先生仍为来客准备了吃的东西。凯丝琳觉得菜肴非常合口味,于是大吃起来,然而她发觉主人却一口都不吃,就催促主人和她一起享用。狼吞虎咽间,她问贝格,是否可在饭后到他的办公室谈公事。她说:"我对你们的设施很好奇。而且真是迫不及待地想介绍公司的新产品。"虽然凯丝琳是个沉得住气的人,然而因为习惯,偶尔会双腿交叠,上下摇动脚尖。贝格先生一一看在眼里,在她上下摇动脚尖时,他还看到了凯丝琳那双黑皮鞋的鞋底! 顿时之间,贝格先生刚见面的那股热情竟然消失得无影无踪。

问题:

1.凯丝琳要求对方与她共餐并去公司谈生意是否应该? 为什么?

2.凯丝琳的鞋底出了什么问题? 为什么使贝格立即失去了热情?

【10-2】 法国人安瑞是在城市交通管制工程方面颇有名气的专家,一家沙特阿拉伯工程公司邀他到沙特。该公司负责营建部分政府工程。安瑞从来没在中东工作过,当他到达工程公司总经理的办公室时,他被请到地板上的一个坐垫上等。总经理忙着招呼其他来访的人,当时他也清楚地看到了安瑞。安瑞在靠墙的大垫上耐心地等。这一批客人中共有8位,安瑞是最后一位,半个小时过去了,安瑞忍不住问秘书什么时候才能轮到他,秘书也弄不清楚。这期间,有许多人进进出出,打断总经理接见的工作,安瑞开始感到不耐烦。很显然,总经理一点不在乎被他人打扰。一小时过去了,秘书才领着安瑞坐上总经理对面的那张椅子。他们用英文交谈,一阵子客套后,总经理把安瑞介绍给公司里的一个工程师小组,其中包括了总经理的表弟——公司的副总经理,是美国麻省理工学院的毕业生。引见之后,安瑞就热心地简单报告,用的是英文,主题当然是道路规划问题。不久,安瑞发觉许多听众都表情茫然,这时他才想到,许多的专有技术名词和概念必须经过翻译才能使听众听懂。这一组人当中,似乎只有总经理的表弟听懂了简报。

问题:

1.为什么法国人安瑞会有不耐烦的感觉?如果是你,你将如何应对这种情况?

2.沙特阿拉伯的工程师小组人员为什么会表情茫然?

【10-3】 美国人菲尔·道宁的公司和一家日本公司合并后,打算建立一个分公司。菲尔和他的日本同事相处得很好。

经过几个月的商谈,他们制订出总体规划和发展战略。几天后,恰巧这位日本同事的祖父来访。在谈话中,老人滔滔不绝地讲起日本那个公司的创立、发展和管理方式,而这些传统的条条框框恰恰已被菲尔和他的日本同事所放弃。菲尔希望日本同事谈谈他们新制订的规划和策略。然而,他的日本同事一言不发,只是不断地对其祖父的话点头。而菲尔则感到迷惑,继而失望,他当场就提出了异议。一个星期后,日本同事撤销了合作的意向,他认为菲尔当面反驳自己祖父,一点也不留面子,这是对他的不尊重,这样的人以后很难共事。

问题:

1.菲尔的判断和行为有没有道理?为什么?

2.怎样才能避免类似情况的发生?

【10-4】 一个中国谈判小组赴中东某国进行一项工程承包谈判。在闲聊中,中方负责商务条款的成员无意中评论了中东盛行的伊斯兰教,顿时引起对方成员的不悦。当谈及实质性问题时,对方较为激进的商务谈判人员丝毫不让步,并一再流露撤出谈判的意图。

问题:

1.案例中沟通出现的障碍主要表现在什么方面?

2.这种障碍导致谈判出现了什么局面?

3.应采取哪些措施克服这一障碍?

4.从这一案例中,中方谈判人员要吸取什么教训?

【10-5】 2011年,两个美国客户过来中山欧曼科技照明有限公司参观工厂和展厅。因为这两位美国客户是大客户,所以副总经理、外贸部经理、主管还有一位业务员,一共4人,都亲自出来迎接他们。那两位美国客户来到公司的时候已是中午午饭时间,所以中方的副总经理就礼貌地问了句:"是中午饭时间了,请问你们想进午餐吗?"在事先,双方都有了解一

下各国文化,中方知道美方比较直接,所以就直接问了要不要先吃午饭。而美方的回答却是:"不是很饿,随便。"其实美方客户已经很饿了,因为知道中国人的间接表达方式,所以就委婉地说"随便"。最后就是美国客户饿着肚子跟着充满热情的中方人员参观了工厂。由于之前的回答令美方感到疑惑,最后还吃不了饭,也不好意思再说一次,所以他们心里觉得还是直接说比较好。在参观工厂的时候,其中一位美国客户看到了一张贴错英文字母的海报,当场就指着那张海报说:"喂,你看,那个海报的英文写错了。"当时陪同副总经理在内的还有几名车间工人,那位副总经理很不满意,觉得美方客户不给他面子,不给他台阶下。这时候,有位业务员就说:"本来想换掉的,时间比较匆忙,于是先过来接待你们了。"参观完了展厅之后,到了价格谈判的阶段。美国客户直接就问如果他们下一定的订单,中方能够给多少折扣。中方抓住美方直接表达和不耐心的性格,外贸部经理就故意间接地说出一堆影响价格因素,没有直接给出最终价格,谈判持续了大概半小时。最后是一位美国客户急了,就说:"如果贵方不给出最低价,我们就去找其他厂家。"中方经过协商之后,最终决定先和美方客户去饭店吃饭,在吃饭的时候又敬了那两位美国客户很多杯酒,虽然吃饭期间美国客户又问到最低产品价格,但是中方没有回答,只是一直给美方敬酒和吃饭。一直到双方都很醉了才回去。第二天早上,美国客户醒来后就收到了中方副总经理助理发来的邮件,中方最终答应给美方最低的出厂价。美方虽然摸不着脑袋,但还是很高兴地回国了。

问题:

1.由于中美思维方式的不同,在谈判过程中发生了哪些问题?

2.分析外国商人在商务谈判中直接表达的利弊。

3.分析中国商人在商务谈判中间接表达的利弊。

附　录

附录1 工矿产品购销合同

工矿产品购销合同

供方：_____ 合同编号：

需方：_____ 签订地点：

签订时间： 年 月 日

一、产品名称、商标、型号、厂家、数量、金额、供货时间及数量

产品名称	牌号商标	规格型号	生产厂家	计量单位	数量	单价	总金额	交(提)货时间及数量						
								合计						
合计人民币金额(大写)														

(注:空格如不够用,可以另接。)

二、质量要求技术标准、供方对质量负责的条件和期限

三、交(提)货地点、方式

四、运输方式及到达站港和费用负担

五、合理损耗及计算方法

六、包装标准、包装物的供应与回收

七、验收标准、方法及提出异议期限

八、随机备品、配件工具数量及供应办法

九、结算方式及期限

十、如需提供担保,另立合同担保书,作为本合同附件

十一、违约责任

十二、解决合同纠纷的方式:执行本合同发生争议,由当事人双方协商解决。协商不成,双方同意由_____仲裁委员会仲裁(当事人双方不在本合同中约定仲裁机构,事后又没有达成书面仲裁协议的,可向人民法院起诉)

十三、其他约定事项

供　方	需　方	鉴(公)证意见:
单位名称(章) 单位地址: 法定代表人: 委托代理人: 电　　话: 电报挂号: 开户银行: 账　　号: 邮政编码:	单位名称(章) 单位地址: 法定代表人: 委托代理人: 电　　话: 电报挂号: 开户银行: 账　　号: 邮政编码:	经办人: 鉴(公)证机关(章) 　　年　月　日 (注:除国家另有规定外, 鉴(公)证实行自愿原则)

有效期限:　　　年　月　日至　　　年　月　日

监制部门:　　　　　印制单位:

附录2 国际劳务合同

国际劳务合同

甲方:＿＿＿＿＿＿＿＿＿＿＿

地址:＿＿＿＿＿＿＿＿＿电话:＿＿＿＿＿＿＿电传:＿＿＿＿＿＿＿

法定代表人:＿＿＿＿＿职务:＿＿＿＿＿国籍:＿＿＿＿＿

乙方:＿＿＿＿＿＿＿＿＿＿＿

地址:＿＿＿＿＿＿＿＿＿电话:＿＿＿＿＿＿＿电传:＿＿＿＿＿＿＿

法定代表人:＿＿＿＿＿职务:＿＿＿＿＿国籍:＿＿＿＿＿

第一条 合同目的

本合同的目的:乙方根据本合同条款向甲方提供技术工人、工程技术人员和其他人员(以下称为派遣人员),甲方向乙方支付报酬。

为保证甲方工程的顺利完成,双方应互相协作,认真执行合同。

第二条 人员派遣

1.乙方应按双方商定的计划派遣人员。甲方所需派遣的人员应提前2个月用书面正式通知乙方。乙方同意在派出前一个月向甲方提交派遣人员一览表,包括姓名、出生年月日、工种、护照号码及＿＿＿＿＿＿国申请入境所需要的资料。

2.乙方负责办理乙方人员(从其居住国)的出境手续,并承担与此有关的各项费用。在＿＿＿＿＿＿国的入境和居住手续由甲方办理,并负担与此有关的各项费用。

3.根据工程计划的需要,派遣人员可随时增加或减少。

4.如需要增加派遣人员时,甲方同意提前2个月向乙方总部提出派遣人员计划。增加人员的工资,按本协议附件1所列工资标准支付。增加如系新工种,其工资标准应由双方常驻工地的现场代表商定。

5.根据工程进度,如现场需要减少人员,则应由双方现场代表商定后实施。

第三条 准备金

甲方同意付乙方派遣人员的准备金每人＿＿＿＿＿＿美元。准备金应在向乙方提交派遣计划的同时电汇乙方＿＿＿＿＿＿＿＿＿＿＿＿＿＿＿＿＿银行＿＿＿＿＿＿＿＿＿＿账号。

第四条 工资

1.派遣人员的工资应按附件中所商定的工资表支付。工资的计算应从派遣人员离开乙方所在国＿＿＿＿＿＿机场之日起到离开＿＿＿＿＿＿国＿＿＿＿＿＿机场之日止。乙方同意尽可能安排最短路线,以缩短路途时间。

2.派遣人员的基本工资详见附件1。

3.基本工资以月计算,凡不满一个月的按日计算,日工资为月工资的1/25。

4.根据＿＿＿＿＿＿国目前的经济情况,派遣人员基本工资每年增长＿＿＿＿＿＿%。

第五条 工作时间及加班

1.乙方人员的工作时间为每月_____天,每周_____天,每天 8 小时。

2.每周休假_____天,具体休假日期可由双方在现场安排。

3.由于材料短缺、气候条件等影响不能正常施工时,经双方协商可以临时调整工作内容。如因上述及其他因甲方原因造成停工时,甲方同意支付乙方人员的工资。

4.如工作需要并经双方同意,乙方人员可以加班。甲方按下列标准支付加班工资:

(1)平时加班工资为基本工资的 125%;

(2)平时夜间加班(×点至次日晨 5 点)以及休假日加班,工资为基本工资的 150%;

(3)节日加班工资为基本工资的 200%;

(4)加班工资计算方法如下:

(月基本工资/200 小时)×加班小时数×加班工资的百分率

(5)上述加班工资和基本工资同时支付。

第六条 伙食

1.甲方同意向乙方提供厨房全套炊餐具及冷藏设备,由乙方自选办理伙食。

2.甲方同意付给乙方每人每天_____ 美元的伙食费,包干使用。

3.食堂用水、用电和燃料以及生活物资采购用车由甲方提供并支付费用。

第七条 节日和休假

1.所有乙方人员有权享有_____国政府的法定节日。

2.所有乙方人员在工作满11 个月零_____天后,应享受_____天的回国探亲假,由_____国_____机场至_____机场的往返机票由甲方支付,应尽可能安排最短的航线。

3.如果现场施工需要乙方人员推迟回国休假时,乙方同意说服其人员延期休假,甲方同意为了补偿乙方人员的损失,应给予适当的报酬。

4.关于补偿上述损失的报酬,可根据当时的情况由双方现场代表商定。但这项补偿不应少于_____国_____机场至_____机场之间的单程机票价金额。

5.乙方人员由于家属不幸等原因,工作满半年以上时,经双方现场代表协商同意,可以提前享用探亲假。如有关人员已享受回国休假,其往返旅费应由乙方负担,对这一类事假甲方不支付工资。

第八条 旅费及交通

1.甲方负担乙方人员从_____机场至工程现场之间的往返旅费和航空公司招待之外的必需的食宿费。但乙方应努力减少这项额外费用的开支,甲方同意支付乙方人员进入_____国的入境费用(例如机场税等)。

2.甲方负责提供乙方人员上下班的交通工具,同时也提供现场代表、工程师及其他管理人员的工作用车。

3.乙方应凭机票或收据(按购票当日银行公布的外汇牌价)向甲方结算。

第九条 税金

乙方人员应在_____(其原居住国)交纳的一切税金由乙方负担;乙方人员在_____国交纳的一切税金由甲方负担。

第十条　社会保险

1.乙方人员在合同有效期内的人身保险,由乙方自选办理,甲方同意支付乙方派遣人员每人每月＿＿＿＿＿＿＿＿美元的人身保险费。

2.乙方人员在工地发生工伤,甲方只承担其医疗费用。如发生死亡事故,甲方应负担所有的费用,包括善后安葬和抚恤。

3.如乙方人员因工作事故或疾病死亡时,遗体运回其原居住国或就地埋葬,遗物运回其原居住国,一切有关费用由甲方负担。

4.派遣人员经医生证明因疾病或工伤而缺勤30天以内者,发给基本工资;在30天和90天之间者发给基本工资60%;超过90天者则不发工资。

第十一条　医疗

1.乙方所有人员在＿＿＿＿＿＿＿＿国发生工伤或疾病时,其医疗及住院费由甲方支付。

2.现场医务室需用的常用药品和器具,由乙方向甲方提出购置计划,经甲方同意后,由乙方在其本国或其他地方采购,费用由甲方支付。

3.乙方人员在200人之内,配备医生一名,男护士一名,超过200人时,是否增加医务人员,由双方现场代表研究确定。

第十二条　劳保用品

甲方同意支付乙方派遣人员所有的劳动保护用品,包括每人每年两套工作服、工作鞋、手套、眼镜、安全帽、安全带等。

第十三条　支付办法

1.除机票费和准备金全部支付美元外,甲方应支付乙方的其他各项费用,均按80%美元与20%的＿＿＿＿＿＿＿＿国货币的比例支付,如需要改变这一比例,须经双方代表同意。

2.休假工资和应付乙方的机票费应于休假当月之初支付。

3.乙方现场会计每月末编制派遣人员工资及其他各项费用表,包括基本工资、加班费、伙食费等项,经甲方审查和批准后于次月10日前支付。其中80%美元部分,由甲方电汇＿＿＿＿＿＿＿＿＿＿银行＿＿＿＿＿＿＿＿账号,银行汇费由甲方承担。20%的＿＿＿＿＿＿国货币在现场支付。

4.美元与＿＿＿＿国货币的兑换率,按支付日当天＿＿＿＿国政府银行公布的买卖中间价折算。

5.乙方派遣人员到达现场后,甲方同意预支每人1个月的伙食费,如需预支其他费用,由双方现场代表协商解决。

第十四条　住房和办公用房

1.甲方将按下列标准免费提供乙方人员的住房:

(1)代表、工程师、总监工每人一间;

(2)助理工程师、技术员、医生、会计师、翻译及其他管理人员2人1间;

(3)其他工人每人约4平方米,但每间不超过12人。

2.住房内包括空调、卫生设备、家具和卧具等用品。

3.甲方同意提供乙方行政人员所使用的办公设备(如打字机、计算器、复印机等)、洗涤设备和用品。

第十五条　人员转换

1.乙方负责派遣身体健康、技术熟练的合格人员到_____国现场工作,如甲方认为派遣的人员不能胜任工作,经双方现场代表同意后,由乙方负责替换,由此而发生的费用应由乙方负责。

2.乙方人员必须遵守_____国政府的法令和尊重当地的风俗习惯。如违反当地法令和风俗习惯而必须送回国的,经双方协商后,由乙方负责送回,机票由乙方负担。如需另派人员替代时,则乙方应负责_____机场至现场的旅费。

3.乙方人员因疾病和工伤,经甲方指定的医生证明确实不能继续工作者,应送回其原居住国的,其旅费由甲方负担。如身体状况不合格者,经双方医生检查证实,是因乙方体检疏忽,必须送回其本国的,其旅费由乙方负担。

第十六条　不可抗力

1.由于天灾、战争、政治事件等人力不可抗拒的事故而工作不能继续进行,甲方应负责将乙方人员送回其原居住国。

2.如遇上述情况时,甲方人员不撤退,乙方人员也不撤退,但甲方应支付乙方派遣人员的工资。

第十七条　争议及仲裁

1.在执行合同中,如双方发生争议时,双方同意通过友好协商解决。如协商无效,可按_____项仲裁:

(1)中国国际经济贸易仲裁委员会按照该会仲裁程序规则进行仲裁。

(2)在被诉方所在国的仲裁机构按照其仲裁程序规则进行仲裁。

2.争议一经裁决,双方必须忠实履行,所发生的费用由败诉方负担。

第十八条　合同有效期及其他

1.本合同于_____年____月____日在_____签订。

本合同自双方签字之日起生效至本工程结束,所派遣人员返回其原居住国,以及双方账目清后终止。

2.本合同与附件及工程内容,不经另一方允许,任何一方不得向第三方泄露。

3.本合同用_____文、_____文书就;两种文本具有同等效力,双方各持 2 份。

甲方代表:_____　　　　　　乙方代表:_____

见证人:_____律师事务所　见证人:_____律师事务所

　　　　_____律师　　　　　　　　_____律师

_____年____月____日　　　　_____年____月____日

附件:(略)

附录3 技术转让合同

合同登记编号

技术转让合同

项目名称：_____

受让方：_____
（甲方）
转让方：_____
（乙方）
签订地点：_____省_____市（县）
签订日期：　　　　年　　　月　　　日
有效期限：　　　　年　　　月　　　日至　　　　年　　　月　　　日

填写说明

一、"合同登记编号"的填写方式：

合同登记编号为十四位,左起第一、第二位为公历年代号,第三、第四位为省、自治区、直辖市编码,第五、第六位为地、市编码,第七、第八位为合同登记点编号,第九至第十四位为合同登记序号,以上编号不足位的补零,各地区编码按 GB 2260—2007 规定填写。（合同登记序号由各地区自行决定）

二、技术转让合同是指当事人就专利权转让、专利申请权转让、专利实施许可、非专利技术转让所订立的合同。本合同书适用于非专利技术转让合同。专利权转让合同、专利申请权转让合同、专利实施许可合同,均采用专利技术合同书文本签订。

三、计划内项目应填写国务院部委、省、自治区、直辖市、计划单列市、地、市（县）级计划,不属于上述计划的项目此栏画(／)表示。

四、技术秘密的范围和保密期限：

是指各方承担技术保密义务的内容,保密的地域范围和保密的起止时间、泄漏技术秘密应承担的责任。

五、使用非专利技术的范围：

是指使用非专利技术的地域范围和具体方式。

六、其他：

合同如果是通过中介机构介绍签订的,应将中介合同作为本合同的附件。如双方当事人约定定金、财产抵押及担保的,应将给付定金、财产抵押及担保手续的复印件作为本合同的附件。

七、委托代理人签订本合同书时,应出具委托证书。

八、本合同书中,凡是当事人约定无须填写的条款,在该条款填写的空白处画(∕)表示。

根据我国《合同法》的规定,合同双方就＿＿＿＿＿＿＿＿＿＿转让(该项目属计划*),经协商一致,签订本合同。

一、非专利技术的内容、要求和工业化开发程度:

二、技术情报和资料及其提交期限、地点和方式:

乙方自合同生效之日起　　　　天内,在　　　　　(地点),以　　　方式,向甲方提供下列技术资料:

三、*本项目技术秘密的范围和保密期限:

四、*使用非专利技术的范围:

甲方:　　　　　　　　　乙方:

五、验收标准和方法:

甲方使用该项技术,试生产　　　　　　　　后,达到了本合同第一条所列技术指标,按　　　　　标准,采用　　　　方式验收,由　　　　　方出具技术项目验收证明。

六、经费及其支付方式

(一)成交总额:　　　　元。

其中技术交易额(技术使用费):　　　　元。

(二)支付方式(采用以下第　　　种方式):

①一次总付:　　　　元,时间:

②分期支付:　　　　元,时间:

　　　　　　　　　元,时间:

③按利润　　　　%提成,期限:

④按销售额　　　　%提成,期限:

⑤其他方式:

七、违约金或者损失赔偿额的计算方法:

违反本合同约定,违约方应当按＿＿＿＿＿＿＿＿＿＿规定承担违约责任。

(一)违反本合同第　　　条约定,　　　　方应当承担违约责任,承担方式和违约金额如下:

(二)违反本合同第　　　条约定,　　　　方应当承担违约责任,承担方式和违约金额如下:

(三)(略)

八、技术指导的内容(含地点、方式及费用):

九、后续改进的提供与分享:

本合同所称的后续改进,是指在本合同有效期内,任何一方或者双方对合同标的的技术成果所作的革新和改进。双方约定,本合同标的的技术成果后续改进由　　　方完成,后续改进成果属于　　　方。

十、解决合同纠纷的方式：

执行本合同发生争议，由当事人双方协商解决。协商不成，双方同意由＿＿＿＿＿＿＿＿仲裁委员会仲裁(当事人双方不在本合同中约定仲裁机构，事后又没有达成书面仲裁协议的，可向人民法院起诉)。

十一、名词和术语的解释：

十二、其他(含中介方的权利、义务、服务费及其支付方式、定金、财产抵押、担保等上述条款未尽事宜)：

受让方(甲方)	名称(或姓名)			(签章)
	法定代表人	(签章)	委托代理人	(签章)
	联系人			(签章)
	住 所(通信地址)			
	电话		传真	
	开户银行			
	账 号		邮政编码	
转让方(乙方)	名称(或姓名)			(签章)
	法定代表人	(签章)	委托代理人	(签章)
	联系人			(签章)
	住 所(通信地址)			
	电话		传真	
	开户银行			
	账 号		邮政编码	
中介方	单位名称			(公章)　　年　月　日
	法定代表人	(签章)	委托代理人	(签章)
	联系人			(签章)
	住 所(通信地址)			
	电话		传真	
	开户银行			
	账 号		邮政编码	

印花税票粘贴处

登记机关审查登记栏：

　　　　　　　　　　　　　　　　技术合同登记机关（专业章）
　　　　　　　　　经办人：（签章）　　　　年　　月　　日

附录4 国际货物买卖合同

国际货物买卖合同

合同号：＿＿＿＿＿＿＿＿

日 期：＿＿＿＿＿＿＿＿

地 点：＿＿＿＿＿＿＿＿

买方：天津宇通国际贸易有限公司

地址：天津南京路 185 号

电话：0086-022-23357×××

电传：0086-022-23357×××

卖方：＿＿＿＿＿＿＿＿＿＿＿＿＿＿＿＿＿＿

地址：＿＿＿＿＿＿＿＿＿＿＿＿＿＿＿＿

电话：＿＿＿＿＿＿＿＿＿＿＿＿＿＿＿＿

电传：＿＿＿＿＿＿＿＿＿＿＿＿＿＿＿＿

本合同由买方和卖方商订。在合同项下，双方同意按下述条款买卖下述商品：

第一条 品名、规格、数量及单价

＿＿＿＿＿＿＿＿＿＿＿＿＿＿＿＿＿＿＿＿＿＿＿＿＿＿＿＿＿＿

＿＿＿＿＿＿＿＿＿＿＿＿＿＿＿＿＿＿＿＿＿＿＿＿＿＿＿＿＿＿

＿＿＿＿＿＿＿＿＿＿＿＿＿＿＿＿＿＿＿＿＿＿＿＿＿＿＿＿＿＿

＿＿＿＿＿＿＿＿＿＿＿＿＿＿＿＿＿＿＿＿＿＿＿＿＿＿＿＿＿＿

第二条 合同总值

第三条 原产国别及制造厂商

第四条 装运港

第五条 目的港

第六条 装运期

分运：

转运：

第七条 包装

所供货物必须由卖方妥善包装，适合远洋及长途内陆运输，防潮，防湿，防震，防锈，耐野蛮装卸，以确保货物不致由上述原因受损。任何由于包装不妥善导致的任何损失均由卖方负担。

第八条 唛头

卖方必须用不褪色油漆于每一包装箱上印刷包装编号、尺码、毛重、净重、提吊位置、"此端向上"、"小心轻放"、"保持干燥"等字样及下列唛头：

＿＿＿＿＿＿＿＿＿＿＿＿＿＿＿＿＿＿＿＿＿＿

第九条 保险

在 CIF 条款下:由卖方出资按 110%发票金额投保。

在 CFR 条款下:装运后由买方投保。

第十条 付款条件

(1)买方在装运期前 30 天,通过中国银行开立由买方支付以卖方为受益人的不可撤销信用证,其金额为合同总值的_____%,计_____。该信用证在中国银行_____行收到下列单证并核对无误后承付(在分运情况下,则按分运比例承付)。

a.全套可议付已装船清洁海运提单,外加两份副本,注明"运费已付",空白抬头,空白背书,已通知到货口岸中国对外贸易运输公司。

b.商业发票一式五份,注明合同号、信用证号和唛头。

c.装箱单一式四份,注明每包货物数量、毛重和净重。

d.由制造厂家出具并由卖方签字的品质证明书一式三份。

e.已交付全套技术文件的确认书一式两份。

f.装运后即刻发给买方已装运通知电报/电传附本一份。

g.在 CIF 条款下:

全套按发票金额 110%投保_____的保险单。

(2)卖方在装运后 10 天内,须航空邮寄三套上述文件(f 除外),一份寄给买方,两份寄目的港中国对外贸易运输公司。

(3)中国银行在收到合同_____中规定的,由双方签署的验收证明后,在_____天内,承付合同金额的百分之____,金额为_____。

(4)按本合同第 15 条和第 18 条,规定买方在付款时有权将应由卖方支付的延期货物罚款扣除。

(5)所有发生在中国境内的银行费用应由买方承担,所有发生在中国境外的银行费用应由卖方承担。

第十一条 装运条件

(1)卖方必须在装运前 40 天向买方通知预订的船名及其运输路线;供买方确认。

(2)卖方必须在装运前 20 天通知买方预计发货时间、合同号、发票金额、发运件数及每件的重量和尺码。

(3)卖方必须在装船完毕后 48 小时内,以电报/电传方式向买方通知货物名称、数量、毛重,发票金额,船名和启运日期。

(4)在 CFR 条款下:

如果由于卖方未及时按第 11 条第(3)款执行,以致买方未能将货物及时保险而造成的一切损失,由卖方承担。

(5)在目的港卸货和内陆运输的一切费用由买方承担。

第十二条 技术文件

(1)下述全套英文本技术文件一份必须随每批货物一同包装发运:

（2）此外,在签订合同 60 天内,卖方必须向买方或最终用户挂号航空邮寄本条款（1）中规定的技术文件。否则,买方有权拒开信用证或拒付货款。

第十三条　保质条款

卖方必须保证所供货物系用上等材料和一流工艺制造,崭新,未曾使用,并在各方面与合同规定的质量、规格和性能相一致,在货物正确安装、正常操作和维修情况下,卖方必须对合同货物的正常使用给予＿＿＿＿＿＿＿天的保证期,此保证期从货物到达＿＿＿＿＿＿＿起开始计算。

第十四条　检验

（1）卖方/制造厂商必须在交货之前对货物质量、规格、性能和数量进行精确全面的检验,并签发质量证明书,证明货物符合合同规定。此证明书,不作为货物质量、规格、性能和数量的最后依据。卖方或制造厂商必须将记载检验细节和结果的书面报告附在质量证明书内。

（2）在货物抵达目的地港之后,买方须申请中国出入境检验检疫局（以下简称商检局）就货物质量、规格和数量进行初步检验,并签发检验证明书。如果发现到货的质量、规格和数量与合同不符,除应由保险公司或船方负责者外,买方在货物抵达目的港后＿＿＿＿＿＿＿天内有权拒收货物,并向卖方索赔。

（3）如果发现货物的质量和规格与合同规定不符或货物在本合同第 13 条所述保证期内被证明有缺陷,包括内在缺陷或使用不适当原材料,买方将安排商检局检验,并有权依据检验证书向卖方索赔。

（4）如果由于某种不能预料的原因在合同有效期内检验证书来不及办妥,买方应电告卖方延长商检期＿＿＿＿＿＿＿天。

第十五条　索赔

（1）如果卖方对货物与合同规定不符负有责任,且买方在本合同第 13 条、第 14 条规定的检验和质量保证期之内提出索赔时,卖方在征得买方同意后,须按下列方法之一种或几种索赔：

a.同意买方退货,并将所退货物金额用合同规定的货币偿还买方,并承担因退货造成的一切直接损失和费用,包括:利息、银行费用、运费、保险费、检验费、仓储、码头装卸费以及监管保护所退货物的一切其他必要费用。

b.按照货物质量低劣程度、损坏程度和买方蒙受损失金额将货物贬值。

c.用符合合同规定的规格质量和性能的新部件替换有瑕疵的部件,并承担买方所蒙受的一切直接损失及费用。新替换部件的保质期须相应的延长。

（2）若卖方在收到买方上述索赔书后一个月之内未予答复,则视为卖方接受索赔。

第十六条　不可抗力

（1）如签约双方中任何一方受不可抗力所阻,无法履约,履约期限则按照不可抗力影响履约的时间作相应延长。

（2）受阻方应在不可抗力发生和终止时尽快电告另一方,并在事故发生后 14 天内将主管机构出具的事故证明书挂号航空邮寄给另一方认可。

（3）如果不可抗力事故持续超过 120 天,另一方有权用挂号航空邮寄书面通知,通知受阻一方终止合同,通知立即生效。

第十七条　仲裁

（1）凡由于执行本合同而发生的一切争执,应通过友好协商解决。如不能解决,则可诉诸仲裁。

（2）仲裁应提交中国北京中国国际经济贸易仲裁委员会,按照其程序仲裁,也可提交双方同意的第三国仲裁机构。

（3）仲裁机构的裁决具有最终效力,双方必须遵照执行。仲裁费用由败诉一方承担。仲裁机构另有裁定者除外。

（4）仲裁期间,双方应继续执行除争议部分之外的合同其他条款。

第十八条　延期和罚款

如卖方不能按合同规定及时交货,除因不可抗力事故之外,若卖方同意支付延期罚款,买方应同意延期交货,罚款通过议付行在议付时扣除,但是罚款额不得超过货物总值的 5%。罚金率按每星期 0.5%计算,不足一星期者按一星期计。如果卖方交货延期超过合同规定船期 10 个星期,买方有权撤销合同。尽管撤销了合同,卖方仍须向买方立即支付规定罚款。

第十九条　附加条款（如果上述条款与下列附加条款不符,将以附加条款为准）

此鉴:

本合同由双方于_____年___月___日用_____文签署,正本一式____份,买卖双方各执____份。合同以下述(　　)款为生效方式:

（1）立即生效。

（2）合同签署后____天内,由双方交换确认书后生效。

（3）

买方:天津宇通国际贸易有限公司　　　　卖方:_____

签名:_____　　　　　　　签名:_____

附录5 销售确认书

天 津 宇 通 国 际 贸 易 有 限 公 司
TIANJIN YUTONG INTERNATIONAL TRADE CO.,LTD

185 Nan Jing Road,Tian jin China

电话(Tel):0086-022-23357×××   传真(Fax):0086-022-23357×××

销 售 确 认 书
SALES CONFIRMATION

编号 No：

日期 Date：

正 本
ORIGINAL

买方
Buyers：

地址
Add ress：

电话(Tel)：   传真(Fax)：

兹经买卖双方同意成交下列商品订立条款如下：

The undersigned Sellers and Buyers have agreed to close the following transaction according to the terms and conditions stipulated below：

1.货物名称及规格 Name of Commodity and Specifications	2.数量 Quantity	3.单价 Unit Price	4.总值 Total Amount
总值 Totalvalue：7			

5.付款
Payment：

6.装运
Shipment：

7.唛头
Marks & Nos：

8.包装
Packing：

9.保险

Insurance：

10.检验

Inspection：

11.备注

Remarks：

The Buyer：　　　　　　The Seller：

（Signature）　　　　　　（Signature）

GENERAL TERMS AND CONDITION（**on the back**）

附录6　仲裁申请书

仲裁申请书

申诉人：

地　　址：　　　　　　　　　　　　　　　　邮政编码：

法定代表人：　　　　　　　　职务：　　　　电话：

委托代理人：　　　　　　　　职务：　　　　电话：

被诉人：

地　　址：　　　　　　　　　　　　　　　　邮政编码：

法定代表人：　　　　　　　　职务：　　　　电话：

请求事项：

事实与理由：

以上申请,请仲裁委员会审议并作出公正裁决。

　　　　　　　　　　　　　　　　　　　　　　　　　　此致

×××仲裁委员会

　　　　　　　　　　　　　　　　　　　　　　申诉人(盖章)

　　　　　　　　　　　　　　　　　　　　　　年　　月　　日

附：

1.书证(名称)　　　　　　　　件。

2.物证(名称)　　　　　　　　件。

附录 7　仲裁协议

仲裁协议

甲方:×××(姓名或者名称、住址)

乙方:×××(姓名或者名称、住址)

甲乙双方就××(写明仲裁的事由)达成仲裁协议如下:

如果双方在履行××合同过程中发生纠纷,双方自愿将此纠纷交×××仲裁委员会仲裁,其仲裁裁决对双方具有约束力。

本协议一式三份,甲乙双方各执一份,×××仲裁委员会一份。

本协议自双方签字之日起生效。

甲方:×××(签字、盖章)　　　　　　乙方:×××(签字、盖章)

　　年　　月　　日　　　　　　　　　　年　　月　　日

实训题、案例答案

第1章 答 案

实训题

一、判断题

1.对　　2.对　　3.对　　4.对

二、单项选择题

1.B　　2.A　　3.C

三、多项选择题

1.BCD　　2.ABDE　　3.ABDE

案 例

1-1.答:谈判中,外贸公司采用了原则式谈判方法,充分考虑到了对方的利益,使其认为有利可图。

1-2.答:1.因为谈判的双方一开始仅仅强调了自己方面的利益,而没有考虑对方的利益,所以,谈判陷入了僵局。在冷静地审视双方的利益后,发现双方对立的立场背后存在着共同利益。失去土地的农民要办一家机械厂谈何容易,而百货公司要扩大商场规模,就要招募一大批售货员,这也是迫在眉睫的事。早些将项目谈成,让购物中心快点建起来,依靠购物中心吸纳大量农村劳动力,既可解决农民谋生问题,又可解决补充售货员的困难,成为双方共同的利益所在。于是,双方就有了共同的目标,很快就找到了突破僵局的方案。

2.在谈判中,双方采用了原则式谈判方法。(特点略)

1-3.答:1.这是一个关系营销的时代,生意的往来越来越建立在人际关系的基础上,人们总是愿意和他所熟识和信任的人做买卖。而获得信任的最重要的途径就是待人诚恳。在商务谈判出现僵局的时候,如果谈判者能从谈判对手的角度着眼考虑问题,急人之所急,想人之所想,对谈判对手坦诚以待,对方也必然会作出相应的让步,僵持不下的局面也就会随之消失。

2.你如何理解商务谈判中的以诚待人。(答案略)

1-4.答:1.正确,因为按行前条件拿到了合同。

2.中方运用了信息收集、信息分析、方案假设、论证和选取五个步骤;以小范围形式确定;属于战略性决策。

3.分梯次捍卫决策的实行,先电话后面谈;先业务员谈后领导拍板。同时运用时间效益加强执行力度,把原本三天的期限缩短为一天半回复,使态度变得更强硬。

4.韩方的决策变为战略性决策,它在根本条件和总体策略上作了新的决定,成交条件更低,谈判冷处理——让中方坐冷板凳。

5.韩力决策过程较短,仅以杀价为目标,能压就压,不能压再谈,所以实施时,一碰硬就软了。

第2章 答 案

实训题

一、判断题

1.错　2.对　3.错

二、单项选择题

1.B　2.A　3.C

三、多项选择题

1.BCD　2.ABCDE　3.ABCD

案 例

2-1.答:这是一起典型的因谈判人员自身素质的问题而导致我方在谈判中受损的例子。所以在国际商务谈判中,挑选思想品质素质过硬的谈判人员是谈判成功的重要保证。

2-2.答:1.售货员运用的是以柔克刚的策略;找到了孩子这一对方的薄弱环节,通过诱导孩子的需求,从感情上打动顾客。

2.这种策略的特点是利用对方的感情弱点,同时自己要保持耐心。要善于表达友好的态度,以获得对方的好感。在商务谈判中,这种策略适用于那些强硬、自大,同时又存在明显感情弱点的对手。

第3章 答 案

实训题

一、判断题

1.对　2.对　3.错　4.错

二、单项选择题

1.A　2.A　3.B　4.B

三、多项选择题

1.ABCDE　2.ABCD　3.ABCDE　4.ABCDE

四、问答题

1.答:若我是某公司的负责人员,领导要求我布置谈判场地,我需要做以下工作:

①首先应从思想上明确我们是东道主,应该巧妙地运用"地利"之便,使空间环境因素真正发挥作用,有效地促使谈判走向成功。

②精心选择谈判地点。

③巧妙安排谈判场景。包括确定谈判情景的总体色调,一般最好采用暖色调,这样容易使双方建立信任感。灯光要柔和。

④做好谈判人员座次的安排。根据谈判人员的身份地位来安排。

⑤谈判场所一般要安排三类房间:一是主谈室,二是密谈室,三是休息室。

2.答:如果我是某公司的谈判人员,国外 A 公司第一次与我公司做交易,领导要求我收集有关谈判的信息,我需要收集以下信息:

①A 公司所在国的政治状况信息、宗教信仰;

②A 公司的资信情况;

③A 公司的资本、信用及履约能力的情况;

④A 公司谈判人员的权限、时限;

⑤A 公司谈判人员的其他情况;

⑥产品的市场行情;

⑦A 公司谈判人员的思维方式。

收集谈判信息的渠道有:各种出版物、互联网、广播电视、各种会议、政府部门、其他企业、信息咨询公司、知情人员等。

对这些信息的分析整理一般可以分为以下几个阶段:

①信息的评价;

②信息的筛选;

③信息的分类;

④信息的保存。

五、实际操作题

1.提示:谈判时不必过多考虑对方的利益,因为买卖双方是完全陌生的人,而且在谈判以后也不会再见到对方,他们将在卖方家附近的一个咖啡馆里进行谈判。谈判中应尽可能利用有利的因素使自己获利,可以介绍更多的情况,并且在可能的条件下,坚持自己的观点。

2.提示:学生读完背景材料介绍后可以先在自己的同伴之间讨论,确定下一步的计划和打算,重点从以下几个方面考虑:

①可以利用的信息;

②将怎样继续谈判;

③最终出价是多少。

3.答:我校要建设 5 个 80 人的多媒体教室,要我负责编写谈判方案,可以从以下几点去考虑:

①搞清楚多媒体教室需要哪些设备?需要多少?一般需要电脑、电脑桌及投影、话筒、学生的桌椅板凳等设备。

②了解这些设备的市场行情;

③了解供应这些设备的供应商,对他们进行优劣势分析;

④根据学校的经费状况确定谈判的目标,尽量以最少的经费促成交易;

⑤确定谈判的策略;

⑥安排谈判议程。

4.答案(注意,此答案仅供参考):

CDZa 型气体纯化设备出口谈判方案

(一)谈判主题

以适当价格谈成 CDZa 型气体纯化设备出口项目。

（二）目标设定

1.价格

价格下限为每台 2.37 万欧元成交。

价格上限为每台 2.5 万欧元成交。

小组成员在心理上要做好充分准备，争取以价格上限成交，不急于求成；与此同时，在非常困难的情况下，也要坚持不能超过价格下限达成协议。

2.产品质量保证期

尽可能把保证期减至 1 年，但如果能保证在保证期内没有多大风险的话，可以答应买方延长保证期的要求。

3.支付方式

争取以信用证方式付款，如果不增加我方商业费用的话，买方的任何支付方式均可接受。

4.谈判时间

8 天，自 2007 年 4 月 22 日—4 月 29 日。

（三）谈判程序

第一阶段：就产品的技术附件展开洽谈。

第二阶段：价格洽谈。

第三阶段：商订合同条文、合同签字。

（四）日程安排（进度）

4 月 22 日—4 月 23 日上午 9：00～12：00，下午 2：00～6：00 为第一阶段；

4 月 24 日—4 月 27 日上午 9：00～12：00，下午 2：00～6：00 为第二阶段；

4 月 28 日—4 月 29 日上午 9：00～12：00，下午 2：00～6：00 为第三阶段。

（五）谈判地点

第一阶段、第二阶段的谈判安排在公司第一洽谈室。

第三阶段的谈判安排在华富宫大饭店二楼会议厅。

（六）谈判小组分工

×××，谈判负责人、主谈人：为谈判小组总代表，负责主要的谈判任务。

马美君，经济师，副主谈：为主谈提供建议，或见机而谈。负责联系出口信贷担保机构，并负责从出口信贷担保经理手中取得必要的文件。

王刚，工程师：负责所有工程技术和生产方面的谈判，还负责向生产经理索取各种有关的数据与资料。负责谈判中技术方面条款的记录。

张铁林，法律顾问：负责分析对方动向、意图，提供信息支持及法律方面条款的记录，完成合同条款的起草和定稿工作。

韩婷，会计师：负责分析对方动向、意图，提供信息支持及财务方面条款的记录。

郭丽，翻译：为谈判主谈、副主谈担任翻译，并留心对方的反应情况，协助完成合同条款的翻译工作。

谈判小组

2007 年 4 月 17 日

案 例

3-1.答:1.荷方代表立刻将己方价格从4 000元降至3 000元。是因为对于4 000元的价格,他们自己也知道是不合理的,是不符合市场行情的,他们抱着中方不了解市场行情的侥幸心理,要价4 000元。从中方的角度来说,他们准备充分,论据充足,处于有利地位。当中方详细而正确地分析了市场行情之后,荷方觉得根本不可能以高价瞒过中方。因此,荷方在中方代表的反驳之后,立刻改变了自己的报价。

2.荷方提出的4 000元根本是漫天要价,没有任何根据,他们抱着十分侥幸的心理,希望得到额外的利益。这里的3 000元在国际商务谈判中被称为最高目标,它是荷方在商务谈判中所要追求的最高目标,也是中方所能忍受的最大限度。一般来说,最优期望目标是很难达到的。荷方之所以一开始提出这一目标,是因为以最优目标开始,双方才能在此基础上进行谈判,中方必然会把价压得更低一些。若荷方报出更低的价格,那么,中方的还价也必然更低,显然对荷方是不利的。2 700元的价格几乎接近了中方人员的实际需要目标,它是中方人员内心认为比较合适的也完全可以接受的目标。但是,为了给谈判留有更多的余地,中方人员报出2 500元的价格,以求在进一步的谈判中做微小的让步,这样让荷方代表也感觉更舒服一些,从而确定最终的较为合适的价格。

3.荷方代表所说的他们的产品供不应求,还有许多国家的相关企业欲购买他们的产品,其实只是荷方谈判人员所运用一个策略,目的是使中方代表能够尽快地且以高价购买他们的产品。实际上,他们正面临巨额债务,需要尽快收回资金,此次谈判的成功对他们来说是十分重要的。但他们不知道其实中方人员已经十分清楚地摸清了他们的底细,知道他们不会真的终止谈判。因此,当荷方提出终止谈判时,中方谈判人员依旧态度从容。

在此次谈判中,中方人员首先进行了认真细致的准备,这已经为他们谈判的成功打下了牢固的基础,可以说此次谈判他们已经取得了一半的成功。在了解了谈判对手的真实情况后,他们利用对方的急迫心理,采取拖延和忍耐战术。最后,他们仅仅做了微小的让步,就取得了此次谈判的成功。

3-2.答:甲方在谈判中获得了成功,为自己的企业拓展了业务,增加了收益。其谈判成功之处有以下几点:

1.合理处理分段谈判目标

根据案例反映出来的情况看,谈判有三个阶段,出现了不同目标:香港的谈判没达成协议,但达到了"相识"的目的;在甲方所在城市的第一次谈判,达成了"试一试"的协议;试验团顺利接待后,达成了长期合作协议。甲方在谈判中沉着冷静、不急不躁,分阶段求得不同的谈判结果,逐步实现最终追求的谈判目标。

2.策略运用合理有效

先运用了"外围战"中的"反间计",将其竞争对手的内部人员拉过来为自己说"好话",使乙方产生"试一试"的想法,为谈判的进行创造了条件;然后,趁机运用"攻心战"中的"满意感"战术,争取游客的支持;最后,运用"擒将战"中的"感将法",让乙方自己的人也替其说好话。

3.谈判条件的基础设定较好

甲方在谈判中并没有侧重在交易条件的让步上,而是坚持与乙方原合作伙伴的条件相同。这很重要,一方面避免了恶性竞争,另一方面又保证了交易的效益。

3-3.答:1.这种信息收集方法属于归纳法,即通过和对方人员的私下交谈,了解并推断对方的真实情况和对谈判有影响的重要因素。利用这些相关的信息,准确地判断了对方主谈人的真实意图和谈判态度,制订了适宜的报价方案和谈判策略,从而取得成功。

2.日方在信息管理的保密措施上做得不好。对于影响谈判的各种内部信息,应该申明保密制度,并对谈判小组的成员提出严格的纪律要求。尤其要注意在场下社交活动中,不要私自行动,不要随意发挥。在选择成员时,要注意素质要求,不能选择虚荣心强、警惕性差的人员。

3-4.答:1.在国际商务谈判中,翻译是实际的核心人员。一名好的翻译,在谈判过程中,能洞察对方的心理和发言的实质。既能改变谈判气氛,又能挽救谈判失误,在增进双方了解、合作和友谊方面,可起到相当大的作用。

2.谈判队伍的人员包括三个层次:①谈判小组的领导人或首席代表:任务是领导谈判班子的工作;②懂行的专家和专业人员:凭自己的专长负责某一方面的工作;③谈判必需的工作人员:做好谈判准备工作,完整、及时地记录谈判内容。

3.确定主谈人和辅谈人以及他们之间的配合是很重要的。主谈人一旦确定,本方意见、观点都由他来表达,团结起来一致对外,避免各吹各的调。案例中经理跟翻译就是这样进行配合的。

第4章 答 案

实训题

一、判断题

1.错   2.错   3.错   4.对   5.错   6.对   7.对

二、单项选择题

1.C   2.C   3.C   4.A

三、多项选择题

1.ABD   2.BCDE   3.ABCD

四、问答题

1.答:在经过市场调查后,作为买方,报出一个最低可行价格。然后,以该价格为基础,进行谈判。

2.答:根据谈判的内容涉及的业务知识面及性格、气质、能力等方面进行选择,选择的两个人应该在上述方面具有互补性,并且具有谈判经验。

3.答:在这种情况下,我会根据对对方的情况的了解,选择一些对方感兴趣的中性话题主动与对方交谈。通过交谈,使双方感到彼此有共同语言,以形成一种诚挚和轻松的洽谈气氛。气氛融洽后,对方受气氛感染,就有可能主动发言。

五、实际操作题

1.答案(略)

2.答案(略)

案　例

4-1.答:哈罗德先生之所以要掩饰内心的欢喜,装着不满意地讨价还价,然后成交。是因为哈罗德先生知道只有当谈判对手经过艰苦的谈判获得的谈判结果,对方在心理上才能有成就感和满足感,而不会有失落感。

4-2.答:1.这是一个挑剔式开局策略的运用。在一开始的时候对对手的某项错误或礼仪失误严加指责,使其感到内疚,从而达到营造低调气氛、迫使对方让步的目的。本案例中美国谈判代表成功地使用挑剔式开局策略,迫使巴西谈判代表自觉理亏,在来不及认真思考的情况下而匆忙签下对美方有利的合同。

2.这是一个关于国际的商务谈判,应该在谈判之前了解对方的文化,并且要想好一旦迟到的情况下应该怎么做,怎么应对这种文化上的差异。

4-3.答:1.A 公司的探询是失败的。因为外商有的不报价,探询没结果。有结果时,条件太苛刻,非诚意报价。

2.天津工厂的委托有时序错误,必须调整。香港公司不能代天津工厂签进口合同,直接找香港公司探询可能会加快进度,但存在签约和对后续工作影响的问题;应将香港公司的外探纳入 A 公司的对外探询中,并且以 A 公司为主,避免探询混乱。

3.A 公司要与天津工厂、香港公司就内容和策略统一意见,并把该项目的探询统一组织起来。同时要重新部署探询地区和对象,不给外商造成有多个同样项目在询价的错觉。

4-4.答:1.日本人主要使用了最后期限策略、润滑策略、声东击西策略,采用了拖延战术。

2.对策:①事先严肃纪律,严禁泄露归国日程等谈判机密;②要求到日本后第二天便开始谈判,正式谈判前与日方协商好议程安排,并要求严格按议程办事;③谢绝对方参观游览安排,如果无法回绝,也只能答应在谈判结束后进行;④警惕日本人盛情款待的企图,保持清醒头脑,力争在谈判中掌握主动(其他有见解性的对策)。

第 5 章　答　案

实训题

一、判断题

1.错　　2.错　　3.错　　4.错

二、单项选择题

1.C　　2.B　　3.A

三、多项选择题

1.ACE　　2.ABC　　3.ABCE

四、问答题

1.答:与英国和法国公司进行谈判,并将有关信息适时透露给日本公司知晓,以增加日本公司的竞争压力,从而打破谈判僵局。

2.答:利用将于近期开盘的另两处在建商品房的公司报价的情况及所了解的该房地产公司急需资金周转的情况,与其进行谈判,向其施加压力。如果能够联系几家购房者共同购买,效果会更佳。

五、实际操作题

1.答案（略）

2.答案（略）

案 例

5-1.答:1.休会策略和利用调解人

整个金盾大厦设计方案谈判围绕谈判价格曾两次陷入僵局。第一次是 40 万元与 20 万元之争,当双方相持不下陷入僵局时,尼克·博谢提议暂时休会,通过休会来缓解激动紧张的气氛。第二次是 35 万元与 20 万元之争,双方僵持不下整个谈判即将陷入僵局时,蒋工程师提议对方与己方的总经理通话,在这里实际上是一种典型的利用中间调解人来避免僵局的做法,这里借助的调解人是公司内部的人员。从谈判中可以看出,调解人的调解有效地缓和了紧张的气氛,使整个谈判起死回生。

2.避重就轻,转移视线

从此次谈判中还可以看出,在第二次重开谈判之时,双方坐在谈判桌前首先探讨的是建筑方案的设想和构思,然后再将议题转移到敏感的价格上来。这实际上是避重就轻、暂时转移视线的做法,在这些方面容易达成共识从而也有利于在价格方面继续谈判。

3.在现实中很多销售谈判人员经常把僵局视为失败的概念,企图竭力避免它。在这种思想指导下,不是采取积极的措施加以缓和,而是消极躲避。在谈判开始之前,就祈祷能顺利地与对方达成协议,完成交易,别出意外。这样一来,为避免出现僵局,就事事迁就对方。一旦陷入僵局,会很快地失去信心和耐心,甚至怀疑自己的判断力,对预先制订的谈判计划也产生了动摇,这就阻碍了谈判人员更好地运用谈判策略,迁就的结果就是达成一个对己方不利的协议。由此可见,正确认识和对待谈判中出现的僵局是非常重要的,道理很简单,只有勇于面对问题才能够有效地解决问题。

5-2.答:艾柯卡在谈判中采用了以硬碰硬策略打破了僵局。采用这种策略应具备的条件是谈判双方的利益要求的差距不超过合理限度。

5-3.答:1.这是商务谈判战术中典型的兵不厌诈。在这个商务谈判中,上海甲公司采用了兵不厌诈战术,让丙公司认为自己无意与他合作,主动降价,以期以更低的价格达成交易。

2.香港丙公司中计,这在商业谈判中是不可取的。没有坚持自己的底线。

5-4.答:在本案例中,高琪采用了以硬碰硬策略使谈判获得成功。初次接触,当英方提出让曲波多试训两天时,高琪据理力争道:“这不可能,我们认为曲波已经完全展示出了他的实力,没有必要再追加一场比赛啦。现在如果不马上谈转会问题,我们就打点行装回国。”第一轮正式谈判中,面对英方提出的两个不合理方案均予以严词拒绝。当英方安排高琪和曲波去看热刺与格拉斯哥流浪者队的比赛时,高琪和曲波留在了酒店里休息,以此来表明他们的强硬态度。普利特给高琪打电话时,高琪当即表示我们正在收拾行装准备明天回国。英方听到这个消息,马上就慌了手脚。答应俱乐部会拿出一个新的方案。第二轮正式谈判开始前,从早晨一直到中午 11:40,高琪苦等着对方的消息。但始终没有打电话给英方,从而掌握了谈判的主动权。

5-5.答:1.美国公司谈判代表连续指责日本代表迟到,这是一种情感攻击,目的是让日本代表感到内疚,处于被动,美国代表就能从中获取有利条件,开局气氛属于低调气氛。

2.日本公司谈判代表面对美国人的低调开局气氛,一针见血地指出:“如果你方没有诚意,咱们就不要浪费时间,想和我方合作的公司很多,与你方不谈也罢!"日本人用高调开局气氛进行反击,使谈判进入实质阶段。

3.日本公司的谈判代表暂时控制了谈判气氛,风头正劲。如果此时与日本代表正面交锋胜算不大,我方利益难以保证,所以应该避其锋芒,采用"疲劳战术"。先让日本代表慷慨激昂地介绍他们的产品和未来计划,然后我方礼貌地道歉,表示有些问题没听明白,请日本代表就某个或几个问题反复进行陈述,消磨几次之后,日本代表已是强弩之末,心理和生理上都产生疲劳,丧失了对谈判气氛的控制。这时我方突然提出几个尖锐的问题,再次冲击日方的心理防线,不但能逐渐掌握谈判气氛,谈判结果也将向着利于我方的方向发展。

第6章 答 案

实训题

一、判断题

1.对   2.对   3.错   4.错   5.对   6.对   7.错   8.错

二、单项选择题

1.A   2.B   3.B

三、多项选择题

1.ADE   2.BCDE   3.ACD   4.ABCD   5.ABC   6.ABCD

四、问答题

答:我在谈判中会确定一个引进对象,同时与其他外商进行洽谈,并将与其他外商进行洽谈的信息传递给引进对象,使其感到竞争的压力,从而获得谈判的成功。

五、实际操作题

1.答案(略)

2.答案(略)

3.答:该协议书存在以下疏漏:

①伞骨的商标没有标明;

②缺少验收标准及方法;

③没有结算方式;

④没有合同纠纷的解决方式。

案 例

6-1.答:1.这些技能点集中体现在以下几点:

①暗示提示成交意图表达

在第二轮谈判中,中方谈判人员欲擒故纵以及类似"竞卖会"策略的使用实际上是对成交意图表达策略中间接表达策略的使用。通过提示某些事实,暗示己方的成交意图和提醒对方如果现在不签约将错失良机从而造成损失。

②传递成交信号

可以想象中方谈判人员在运用意图表达策略时立场坚定,话语简洁,不卑不亢,沉着冷静。中方的这些态度和表情实际上是在给对方传递成交信号,日方谈判代表的惊讶体现出

成交信号虽然接收了但是己方获利很少的焦虑,却又无可奈何的心理。

　　③机会成交法促成交易

　　在中方成交信号发出和对方成交信号接收并处于两难境地时,中方谈判人员首先称赞对方的精明强干,然后阐明给出的报价是限于政策限制,这实际上是在给日方寻找妥协的台阶。可以说中方成功地把握住了成交促成的恰当时机,并采用成交促成中的利益促成策略迫使对方有些无可奈何地达成交易,结果是中方公司为己方争取到了更多的利益。

　　2.如日方放弃这个机会,中方只能选择 A 国、C 国的产品了。日方坚持讨价还价的决心被摧毁。

　　3.中方主谈人运用心理学知识,根据"自我防卫机制"的文饰心理,称赞日方此次谈判的确精明能干,但限于中方的政策,不能再有伸缩的余地。效果很好,达成了协议。

　　6-2.答:1.本案例的焦点在于乙方提交银行的议付单据中提单不符合信用证规定的已装船清洁提单的要求。乙方按实际业务操作已经不可能在信用证规定的时间内向信用证议付行提交符合要求的单据,便心存侥幸以备运提单作为正式已装船清洁提单作为议付单据。岂不知这种做法不仅违反了合同的有关要求而且已经构成了诈骗,其行为人不仅要负民事责任还要负刑事责任。

　　2.甲方需注意:

　　①在合同和信用证中详细清楚地规定议付单据中的提单必须是全套清洁的已装船提单。

　　②收到议付单据后,仔细认真地审核相关单证,确认所有单据符合单单相符、单证相符的要求。

　　③仔细审核提单中的每一个细节,确保所收到的提单是全套清洁的已装船提单。

　　6-3.答:1.谈判结果基本上应肯定,因为仍处在中高档的价格水平。

　　2.中方组织上基本成功,主要原因:市场调查较好——有定量、定性分析;分工明确——价格由公司代表谈;准备方案到位——有线、有审、有防。

第7章 答　案

实训题

一、判断题

1.对　　2.对　　3.对　　4.错　　5.对

二、单项选择题

1.A　　2.A　　3.A

三、多项选择题

1.ABCD　　2.ABD　　3.ABCDE　　4.ABCD　　5.ABC

四、问答题

1.答:人的面部表情变化是除了口语外最丰富的表达思想的方式,每种表情都反映了一定的内在心理活动状态。手势,步态,坐或站的方位、距离、姿态等都可以表明一个人的性格、态度以及心理变化特征。因此,通过对一个人体态语言与有声语言一致性的考量,可以判断其内心活动状态和真实意图。

但经验老到的谈判者可以通过意志努力"修饰"自己的表情或动作。

2.答:世界著名非语言传播专家伯德威斯泰尔指出:两个人之间一次普通的交谈,语言传播部分还不到35%,而非语言成分则传递了65%以上的信息。

(1)商务谈判者在洽谈过程中为了更明确地表达语义,或为了避免使语义因隐晦、扭曲而造成对方理解上的误差,要有意识地根据表达的需要和环境条件,配合口语使用体态语言。

(2)人们对体态语言的敏感和确信程度一般要高于口头语言,因此,正确或有目的地使用体态语言,可以更加有效地影响他人的情绪和思维意识。

五、实际操作题

1.答案(略)

2.答案(略)

案　例

7-1.答:1.让对方从一开始就说出"是"字。

2.我必须从他处处为我着想的话语中清醒地判断:"这真是我所需要的吗? 我是否要付出如此代价得到它?"

3.詹姆斯·埃麦逊在研究交际学之前是完全站在自己一方的立场上来说的,而在研究了交际学之后则是站在对方的立场上来讲这件事情。

7-2.答:1.意方的戏做得不好,效果也没达到。若仍以机票为道具,则应把时间改成确有回意大利航班的时间,至少也有顺路航班的时间。若为表示"最后通牒",可以把包合上,丢下一句"等贵方的回话"即结束谈判,效果会更好。或仍用原话,但不讲"若不接受,我就乘下午2:30的飞机回国"的话。

2.中方破戏破得较好。

3.双方谈判均有进取性。中方的心理上、做法上以及条件上更具进取性。

7-3.答:1.商业法律语言、外交语言、军事用语和文学用语。

2.美方说的"外国人无法一一检查""目前尚未找到可以信任的中国机构帮助核查"以及"请贵方自己纠正、再谈"均不妥。中方"贵方不想讲理? 我奉陪!"不太妥。若自己账目做得本已存在问题,再这么讲就无礼了。

3.因为是合作性的谈判,双方均可以文学用语开始调好气氛,减少对抗;再以商业法律语言讲事实,有问题讲问题。美方可以指出不妥或提出相应要求。中方也可以再做一次调账,然后再谈。运用一点外交用语,效果会更好。

7-4.答:1.倾听是谈判者所能作出的最省钱的让步方式。如果你认真倾听对方谈话,对方会认为你很有礼貌,觉得你对他很尊重。因而,谈及交易条件的时候,也就会顺利得多。美国广告商大卫·奥格威在创业之初曾遇到这件事,就使他深深体会到了倾听的益处。

倾听不仅是一种获取信息、了解对方需要的手段,也是向对方作出的一种丝毫无损的让步。

2.在谈判中,你必须时时注意说话者的眼睛,保持警觉、坐得挺直、靠近对方、仔细聆听对方讲话,给对方以备受尊重的心理满足感。谁愿意对牛弹琴、对着一群毫无反应的人大谈特谈呢?

第8章 答 案

实训题

一、判断题

1.错　　2.对　　3.对

二、单项选择题

1.C　　2.D

三、多项选择题

1.ABD　　2.ABCD　　3.ABCD

四、问答题

1.答:在尊重对方的前提下,采用相应的谈判策略,有理、有力、有节地进行反击,使其要求回归合理的范畴。

2.答:在与新客户进行交易谈判时,做到仪表端庄、着装得体,言谈举止大方,并通过语言很好地与新客户沟通。

五、实际操作题

1.答案(略)

2.答案(略)

案 例

8-1.答:1.本案例的最突出特点就是情感注入策略的成功运用。人是有感情的,丰富的情感影响着每一个人的行为。谈判是否成功尽管在很大程度上取决于双方利益的互惠,但有时情感的一致和交融却是谈判的制胜法宝。在谈判中,认可和考虑人的情感是十分重要的。一个好的谈判者,应该善于了解对手的需要、希望,努力寻找与之建立和维持长久友谊的契合点,为谈判障碍的回避并使整个谈判向成功方向发展奠定心理基础。奥康集团情感注入策略的成功运用很值得其他国内企业集团和销售人员借鉴。

2.从奥康与GEOX成功合作的谈判中,我们可以看出很多障碍回避策略的成功运用并取得明显成效的影子,这些策略的运用突出表现在以下两点:

①冲突回避策略

本案例重点描述了情感注入在处理谈判障碍方面的重要作用。在谈判之前的情感注入或双方和谐氛围的营造对于谈判中障碍的回避是非常有效的。提前的情感注入对于障碍回避的效果要远远优于在谈判双方出现谈判障碍后再采用情感注入的方式。案例中提到为了营造氛围消除利益对抗,奥康在上海黄浦江包下豪华游轮宴请谈判对手,借游船赏月品茗之美好氛围有效回避利益冲突引发的对抗,这的确可称之为情感注入的经典。

②让步回避策略

在谈判中,GEOX公司有备而来。拟订了长达几十页的协议文本,每一条都相当苛刻,为了避免由于条件的苛刻而导致激烈冲突甚至谈判僵局等谈判障碍的出现,双方都在不断地相互作出让步,通过让步来有效回避谈判障碍。特别是面对双方关于以哪国法律解决日后争端问题的冲突对立,双方更是以恰当让步来回避和处理,才能清除整个谈判破裂的障碍。

3.奥康和 GEOX 的合作无疑是一项互利的合作。王振滔认为,GEOX 看中的不仅仅是奥康的"硬件",更多的还是其"软件"——是一种积极向上、充满活力的企业精神,还有奥康人一直倡导的"诚信"。而奥康看中的则是 GEOX 这艘大船,它要借船出海,走一条国际化路线的捷径。从表面上看谈判双方既得利益并不是均衡的,奥康所得(借船)远远低于 GEOX 所得(奥康的"硬件"和"软件")。因此,引来诸多专业人士或担忧或谴责,王振滔平和的背后并不缺少商人的精明:"许多人预言说,我们是'引狼入室',而我们是'与狼共舞''携狼共舞'。"

8-2.答:在这场谈判中,当双方为各自直接的经济利益而发生激烈对抗的时候,松下幸之助以科学与人类的关系为题,唤起双方为人类的繁荣和进步事业而共同努力的共鸣,从而在心理上引导并满足人们最高层次的心理需求——自我实现。当这一步完成后,回过头来再去解决有关经济利益的分歧,问题当然也就迎刃而解了。

8-3.答:日本人在此次谈判中之所以会获得如此巨大的成功,是因为他们运用谈判心理战术,从而使荷伯·科恩从坐入高级豪华轿车之时起,就由于受到尊重而十分感动。在不经意间将最后期限的"底牌"泄露给了日本人,日本人在得知了荷伯·科恩的最后期限后,有意识将谈判的主要内容压缩到最后一天。随着截止日期的迫近,一心要完成任务的荷伯·科恩最终完全丧失了主动权,只好听凭日方的摆布,草草在协议书上签字了事。

8-4.答:1.是售货员连眼也不眨一下就同意将座钟卖予这对老夫妇的做法导致了他们的心情沮丧。

2.售货员在这场交易中是存在问题的。根据谈判心理学原理,这对老夫妇在购买座钟时,要满足他们的自我实现的需要——即以尽可能低的价格将座钟买回,以证明他们是非常精明的。而售货员连眼也不眨一下就同意将座钟以老夫妇的报价——250 美元卖给他们,使这对老夫妇通过购买座钟并没有满足他们的自我实现的需要。进而得出了"我真蠢!我该对那个家伙出价 150 美元才对!""这座钟怎么这么便宜?一定是有什么问题!"的结论。

8-5.答:1.该厂利用产品质量优势争价格,先与小商社谈判,造成大商社的危机感,采用了"待价而沽"和"欲擒故纵"的谈判策略。

2.该厂积极抓住两家小商社求货心切的心理,使价格达到了理想的高度,之后又利用大商社的迫切心理,为谈判成功赢得了筹码。

第 9 章 答 案

实训题

一、判断题

1.对　　2.错　　3.错

二、单项选择题

1.C　　2.A　　3.C

三、多项选择题

1.ABCD   2.BC   3.ACD

四、实际操作题

1.答:(1)谈判的负责人应该做好两方面工作:一是做好迎送准备:确定迎送规格、确定迎送人员、车辆、时间,安排好住宿地点和行程等;二是做好谈判准备:要确定谈判人员,与对方谈判代表的身份、职务要相当。谈判代表要有良好的综合素质,谈判前应整理好自己的仪容仪表,穿着要整洁、正式、庄重。布置好谈判会场,采用长方形或椭圆形的谈判桌,门的右手座位或对面座位为尊,应让给客方。谈判前应对谈判主题、内容、议程做好充分准备,制订好谈判计划、目标及谈判策略。在接待时应充分注意三位女士的特殊性。

(2)宴会前应首先确定宴会的类型,宴请的时间、地点,然后应发出正式邀请,制作并提前送达请柬;宴会上的菜肴、酒水,应当注重质量,精心调配。事先安排好座次,派人去客人下榻的宾馆迎接。提前到达宴会场所,迎接客人,努力营造一种良好的气氛,使每一位来宾都感受到主人对自己的盛情友好之意。要争取与所有来宾见面握手致意,引导谈话的方向,使谈话活泼有趣、气氛融洽。

(3)宜选具有艺术品位和纪念意义的物品,如中国的瓷器、工艺品等。

(4)为欢迎Smith总经理率领的法国Media公司友好代表团访问,谨订于××××年××月××日(星期×)晚×时在××宾馆××楼举行宴会。

敬请

光临

R.S.V.P

××公司
总经理××

2.答:名片图例:

联合国际传播有限公司

刘　伟　总经理

山西省太原市五一路×××号
传真:0351-3521×××　　电话:0351-3232×××
E-mail:liuwei@126.com

3.答:模拟一项商务谈判接待活动的全过程。要先摸清底数,弄清来宾人数、姓名、性别、职务、职称、年龄、民族,带队人及目的、方式、要求,来访起讫日期、来访路线,交通工具及来宾的生活习惯、饮食爱好和禁忌等情况。在此基础上,主要从确定迎送规格、制订迎送计划,掌握抵达和离开的时间,陪车,安排食宿等几方面着手,做好迎送工作。

首先确定迎送规格,主要迎送人员与对方级别相当。制订迎送计划。迎送计划应包括确定迎送人员名单、安排交通工具、迎送场地布置、照相、摄像、陪车、安排住宿等内容。安排接待人员时,尤其是安排那些直接面对外国来访者的迎送人员、翻译人员、陪同人员、安全保卫人员以及司机时,要优中选优,并要求他们各负其责。外宾抵达后,需专人协助办理出入境手续。

在客人抵达之前到达迎接地点等候客人,并备好专用车辆接送客人,车辆预先检修;根据来宾的人数预先订好客房,住宿地点要提前查看。迎接人员用专用车辆将外宾直接送抵下榻之处,并将日程安排交给来宾。

在适当时间安排会见。会见前,做好相关准备,包括服装的选择、名片的制作、参加会见的人员等,通过会见营造良好的气氛。

根据日程进行谈判活动,其间应时刻注意来宾食宿的情况,如有不妥随时调整。谈判间歇或结束后可安排一些参观、游览等活动调节紧张情绪。谈判结束后,可以举办送别宴会,宴会也要提前做好准备,如座次、菜谱、致辞等,最后按礼仪要求送走外宾。

整个接待过程要求计划周密、准备充分、礼仪规范、气氛融洽、沟通良好。(本题比较灵活,可参考文中详细内容)

4.答案(略)

5.答案(略)

案 例

9-1.答:这次活动的组织基本成功,虽然达到了预期的目的,但也存在一定的问题。

成功之处在于:

1.正常情况下,中方只需到当地机场迎接即可,本案例中中方派人专门去北京迎接,充分体现了对这次会议的重视,为活动的成功奠定了基础。

2.会谈、展览及报告会的日程安排上虽然有点紧,但是内容非常具有特点,基本达到了沟通效果。

存在的问题:

①使节团刚一抵达兰州饭店,就由省长会见。时间有点紧,应该让外宾有一定的休息时间。

②事先未对车辆进行检修,导致行李车坏在了半道上,使外宾行李不能按时运抵,这说明工作准备不够充分、细致。

③会谈、展览及报告会的日程安排上有点紧。

9-2.答:1.从中方人员提前10分钟来到会议室,可以看出中方还是比较重视这次谈判的,并且在德方人员到达时全体起立,鼓掌欢迎,这些并没有问题。但实际上一见面德方人员就不愉快,其原因在于中方代表的着装上。因中方代表着装混乱,在德方看来,中方不重视这次谈判,因此心中产生不快,只好匆匆结束谈判。

2.商务谈判礼仪一方面可以规范自己的行为,表现出良好的素质修养;另一方面可以更好地向对方表达尊敬、友好和友善,增进双方的信任和友谊。因此要求商务谈判人员应从自

身的形象做起,在商务活动中给人留下良好的第一印象。

第10章 答 案

实训题

一、判断题

1.错   2.错   3.错

二、单项选择题

1.D   2.A   3.B   4.A

三、多项选择题

1.ABCD   2.ACD

四、问答题

1.答:应冷静地等待时机。

2.答:婉言谢绝,不说明具体的回国日期。

五、实际操作题

答案(略)

案 例

10-1.答:1.凯丝琳做得不对。应该尊重对方的风俗习惯,因为对方斋月期间日落前是不吃饭的。

2.在阿拉伯国家中认为用鞋底对着别人,是对别人的不尊重。凯丝琳的做法使贝格失去了热情。

10-2.答:1.因为阿拉伯人做事效率不高,所以安瑞不耐烦。如果是我,会继续耐心等待。

2.因为大家都没听懂安瑞的介绍。

10-3.答:1.菲尔的判断和行为是没有道理的。因为对他人的话点头称是,在日本的文化中有多种含义,一般是表示礼貌。菲尔的日本同事在祖父说话时点头,也仅仅是为了顾及老人家的面子,并不是否定了已经和菲尔达成的共识。而菲尔由于不了解日本的文化,做出错误的判断,继而采取错误的行动,导致合作意向的撤销。

2.只有在谈判前,认真学习各国的文化习俗,才能避免类似情况发生。

10-4.答:1.案例中沟通出现的主要障碍在中方负责商务条款的成员无意中评论了中东盛行的伊斯兰教。

2.这种障碍导致对方成员的不悦,不愿意与中方合作。

3.应该为此向对方成员道歉。

4.中方谈判人员在谈判前应该了解对方的习俗及喜好,避免类似情况的再次发生,正所谓知己知彼才能百战百胜。

10-5.答:1.从以上中美商务谈判碰撞案例中我们可以很清楚地看到,由于中美思维方式的不同,因此在谈判的过程中有很多问题发生。在刚刚来到欧曼公司时,由于双方都事先了解了各自文化,因此美方客户想借用中方间接表达的方式回答吃午饭的问题,本来还以为中方会邀请他们共进午餐,而中方却以为美方直接表达了他们的真实意思,就没有请他们吃午饭。看到了英文字母错误的海报,美国客户直接就指出了英文字母的错误,没有顾及副总经理的面子问题,令场面尴尬。到了谈判阶段,中方谈判人员抓住美国客户直接表达和没有耐心的性格特点,知道美国客户不会不和他们合作,又为了不失自己的面子,所以最后邀请美方客户共进晚餐,通过传统的饭局上的谈判方式完成最后的谈判。

2.在商务谈判中,外国商人直接表达的有利方面是语言表达直接、是非分明,让人直接明白,让人觉得充满信心。一方面是可以省时间,另一方面是可以提高办事效率。但是也有它的弊端:直接表达会表现出很强的攻击性和好辩性,会伤害到他人的自尊心。因为对方会觉得外国商人不给自己面子,这样往往会使谈判陷入困境,有时候还会导致谈判破裂。

3.中国人的间接表达的好处是委婉,间接的表达方式会让人觉得对方为自己着想,不容易伤到对方的自尊心,对于敏感的话题又会留有余地。有时候即使是在谈判遇到困境也会让双方都有台阶下。但是间接表达也有它的弊端:它容易让外国人不适应,因为外国人很多时候无法真实地领会中国人的态度。有时候就是因为太委婉了,别人不知道说话人的真实想法和要表达什么。这样对于商务谈判是不利的,很多时候也会使谈判过程变得艰难,甚至导致谈判陷入僵局。

参考文献

[1] 李品缓.现代商务谈判[M].3 版.大连:东北财经大学出版社,2016.

[2] 木子.超级谈判力[M].北京:中国纺织工业出版社,2016.

[3] 郭红生.商务谈判[M].2 版.北京:中国人民大学出版社,2016.

[4] 王扬眉,李爱君.商务谈判[M].郑州:郑州大学出版社,2016.

[5] 高玉清,孙建.商务谈判[M].北京:中国人民大学出版社,2015.

[6] 宾敏,刘建高.商务谈判原理与实务[M].北京:北京邮电大学出版社,2015.

[7] 张远.北大谈判课[M].深圳:海天出版社,2013.

[8] 龚关.商务谈判[M].北京:北京大学出版社,2012.

[9] 马斐.赢在谈判:成功商务谈判的 46 个攻略[M].北京:中国物资出版社,2011.

[10] 方其.商务谈判——理论、技巧、案例[M].北京:中国人民大学出版社,2011.

[11] 李澍晔,刘燕华.商场谈判三十六计[M].天津:天津社会科学出版社,2011.

[12] 邢桂平.谈判就这么简单:商务谈判 106 个实用技巧[M].北京:北京工业大学出版社,2010.

[13] 徐斌,王军旗.商务谈判实务[M].2 版.北京:中国人民大学出版社,2019.

[14] 刘园.国际商务谈判[M].4 版.北京:中国人民大学出版社,2019.

[15] 周延波.商务谈判[M].2 版.北京:科学出版社,2018.